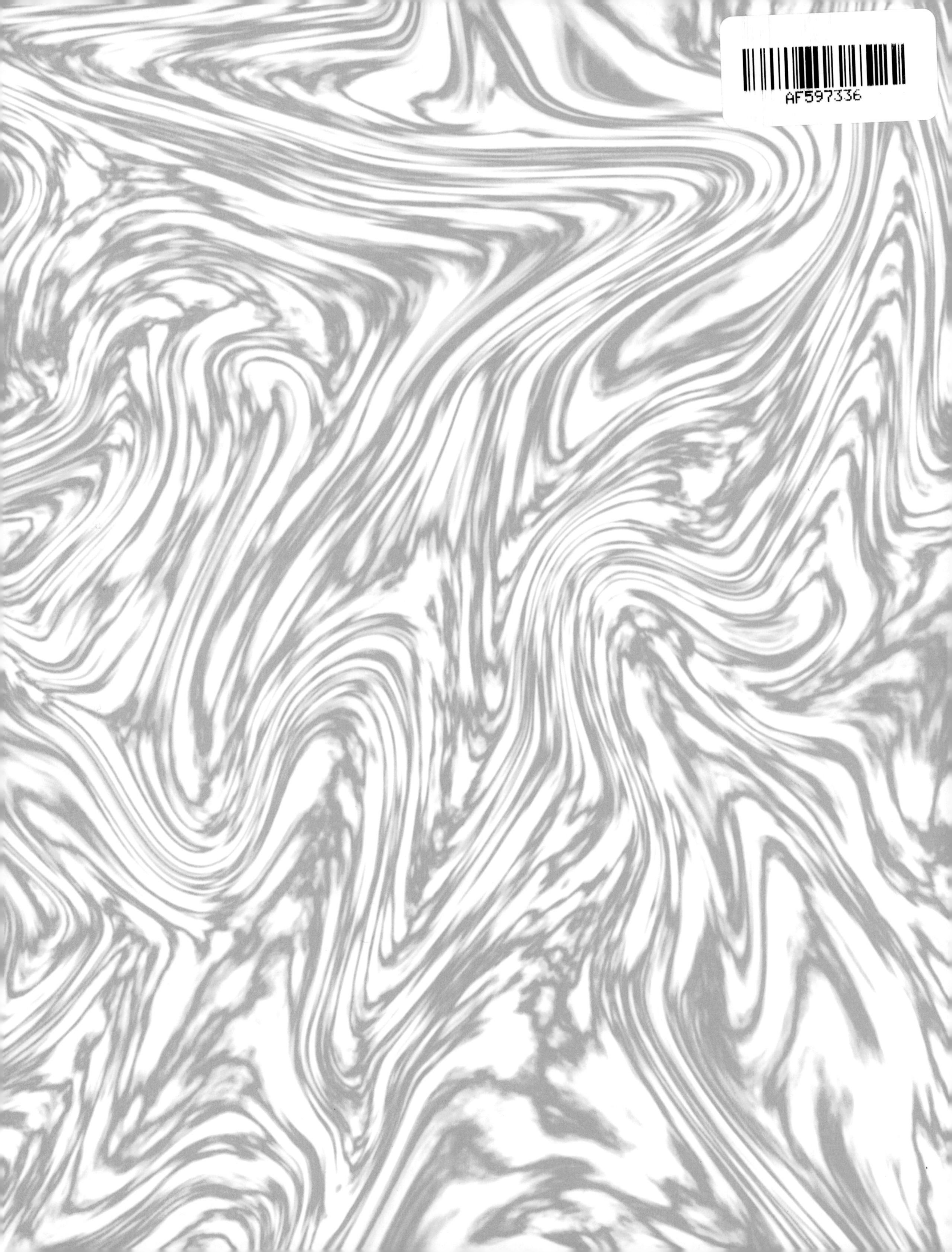

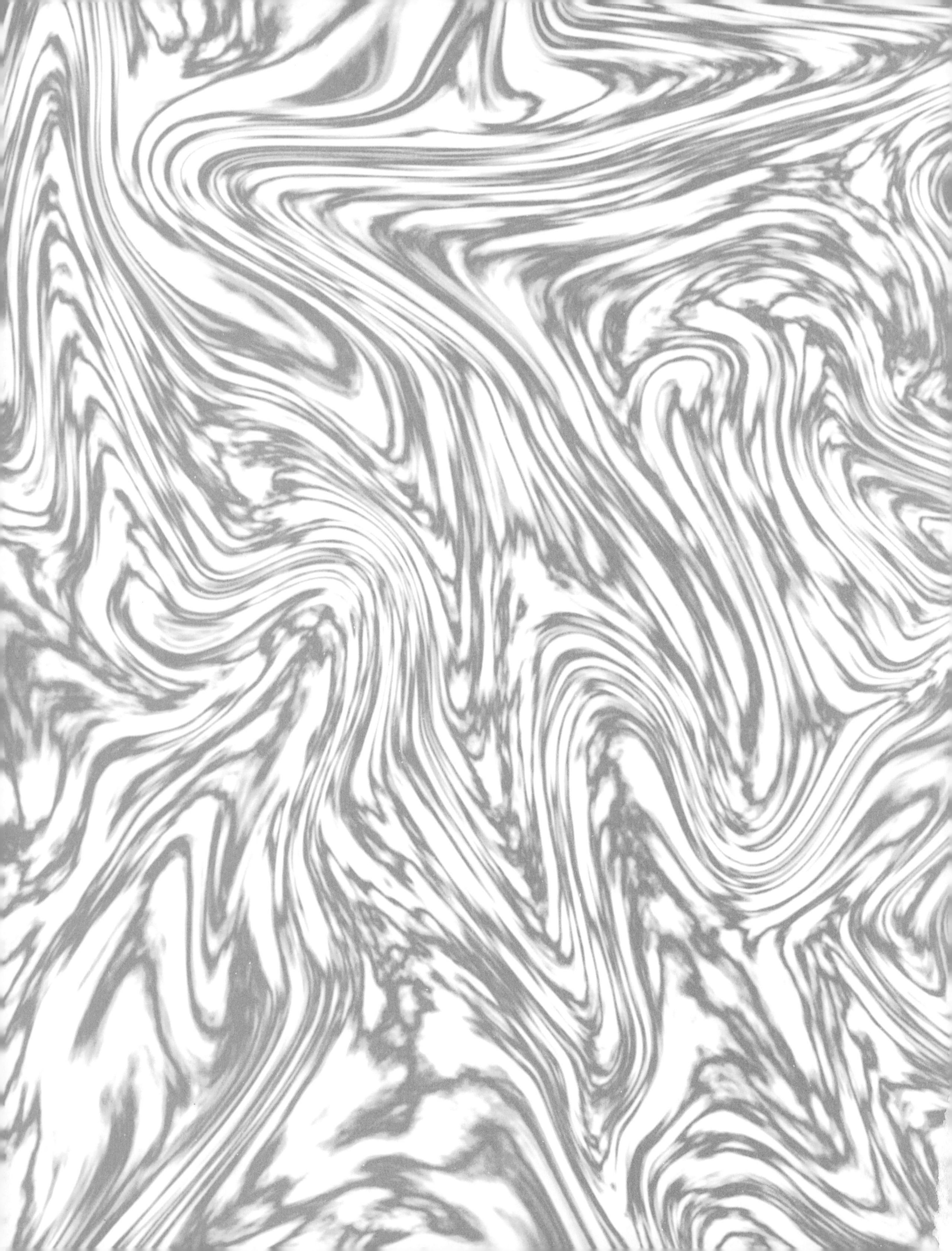

Scripta manent

Schriften zur Sammlung
Oskar Reinhart «Am Römerholz»

Band I

Kunst ohne Geschichte

Ästhetisch motiviertes Sammeln in Europa und Amerika

SYMPOSIUM IN DER SAMMLUNG OSKAR REINHART «AM RÖMERHOLZ», WINTERTHUR 2012

IN ZUSAMMENARBEIT MIT DEM DEUTSCHEN FORUM FÜR KUNSTGESCHICHTE / CENTRE ALLEMAND D'HISTOIRE DE L'ART, PARIS

Sammlung
OSKAR REINHART
'AM RÖMERHOLZ'
Collection
BUNDESAMT FÜR KULTUR

DEUTSCHES FORUM FÜR KUNSTGESCHICHTE
CENTRE ALLEMAND D'HISTOIRE DE L'ART

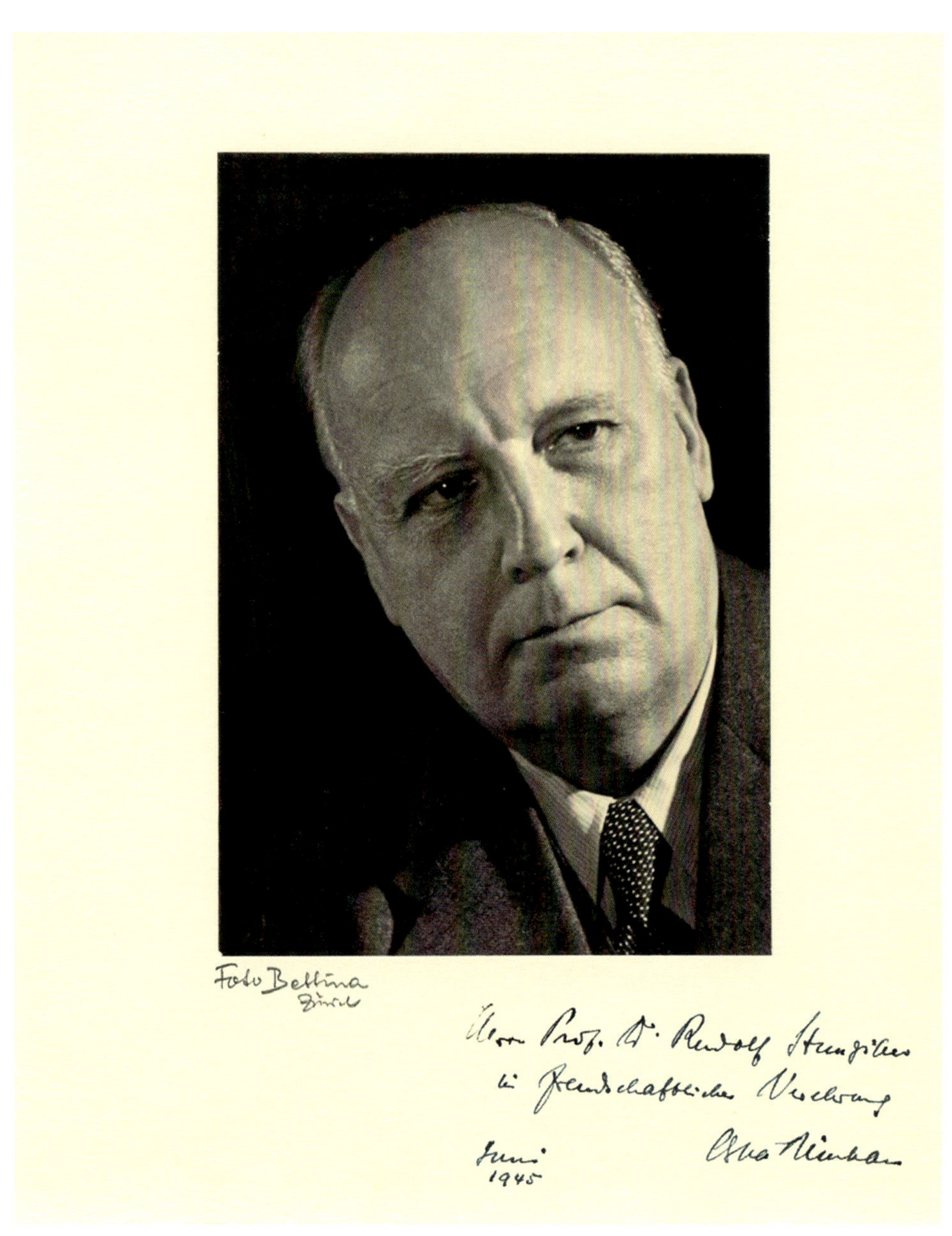

Porträt Oskar Reinhart
Widmung: «Herrn Prof. Dr. Rudolf Hunziker
in freundschaftlicher Verehrung Oskar Reinhart Juni 1945»; bezeichnet: «Foto Bettina Zürich»
Winterthurer Bibliotheken, Studienbibliothek

MARIANTONIA REINHARD-FELICE

Einführung

Diese Publikation vereint die Beiträge des Symposiums «Kunst ohne Geschichte. Ästhetisch motiviertes Sammeln in Europa und Amerika», das am 7. und 8. September 2012 in der Sammlung Oskar Reinhart «Am Römerholz» stattgefunden hat. Im Herzen der Sammlung, in der großen Galerie, wurde für alle Teilnehmer lebendig, worauf das Kolloquium seine Aufmerksamkeit konzentrierte: auf das tiefere Verständnis eines seit dem Beginn des 20. Jahrhunderts entstehenden und sich beständig weiterentwickelnden Kunstortes von außergewöhnlichem Rang durch eine eingehende Untersuchung seines internationalen Kontexts.

Oskar Reinharts weltweites Agieren als Sammler zeichnet die Hauptlinien eines vom späten 19. bis weit ins 20. Jahrhundert hinein in Europa und in den Vereinigten Staaten verbreiteten Sammeldenkens nach und spiegelt dessen schöpferische Möglichkeiten. Die Autorinnen und Autoren des Symposiums erläutern die historischen und ideellen Koordinaten, die eine unmittelbare oder mittelbare Verbindung zu Oskar Reinhart erkennen lassen. Daraus entsteht ein repräsentatives Bild dieses Phänomens.

Im Zentrum von Oskar Reinharts Sammeltätigkeit stehen die französischen Impressionisten, insbesondere jene Maler, die der alten Kunst noch verpflichtet waren, darunter Pierre-Auguste Renoir, Edouard Manet und Paul Cézanne. Der Winterthurer Kaufmann stellte diesen Künstlern ihre unmittelbaren Vorläufer und direkten Nachfolger zur Seite und ergänzte die Ensembles mit einzelnen Beispielen alter Kunst. Mit einschlägigen Ankäufen von deutscher, österreichischer und Schweizer Malerei vom 18. bis frühen 20. Jahrhundert fand das komplexe Sammlungsgefüge zu seinem endgültigen Ausdruck. Die Bestimmung dieser Sammlungsgebiete, die Auswahl der Künstler und der Werke sowie deren Inszenierung in seinem Haus und nicht zuletzt die umfangreichen nachgelassenen Schriften erschließen uns das Malereiverständnis, das diese besondere Orientierung bestimmt hatte. Bildform und -intention, nicht aber die kunsthistorische und historische Bedeutung eines Werks prägten Reinharts Kunsturteil.

Die geschaffene Form setzte der Sammler gleich mit der gestaltenden Kraft der individuellen Persönlichkeit des Künstlers. Sein Interesse richtete er deshalb konsequent auf das jeweilige «Meisterwerk des Malers», da nur ein solches diese Qualitäten aufs Deutlichste zum Ausdruck brächte. Die Erfahrung von Kunst bedeutete für ihn nicht deren wissenschaftliche Erschließung, sondern das Nachempfinden des vom Künstler gestalteten Blicks auf die Welt. Dieses Kunstverständnis trägt Künstler und Werke über die Grenzen ihrer Zeit hinaus und stellt sie allesamt auf die gleiche formalästhetische Ebene, auf der sie nicht mehr über geschichtliche, sondern über gestalterische Korrespondenzen miteinander in Bezug gesetzt sind. Besonders prägnant zeigt sich dieses Konzept interagierender Werke an den Wänden des Hauses und der Gemäldegalerie des Sammlers. Das Kreieren eines solchen, in sich stimmigen und geschlossenen Ganzen wurde für Oskar Reinhart zu einer wichtigen Aufgabe. Ziel war es, die zeitübergreifende Kraft des künstlerischen Schöpfungsaktes vor Augen zu führen, gleichsam die Malerei per se wahrnehmen zu lassen, um so zu einem rein ästhetischen Genuss zu gelangen. In diesem Sinne wurde auch das Bewahren des anschaulichen Potenzials von Bildkonstellationen zu einem entscheidenden Kriterium für den Ausbau der Sammlung.

Diese Idee vom Umgang mit Kunst haben wir im Titel unseres Symposiums «Kunst ohne Geschichte. Ästhetisch motiviertes Sammeln in Europa und Amerika» zusammengefasst. Oskar Reinhart entwickelte dieses Denken in der Auseinandersetzung mit dem französischen Impressionismus, der seit Ende des 19. Jahrhunderts große Resonanz gefunden hatte. Die französische Moderne verlieh der Forderung der Gegenwart Nachdruck, jenseits der Akademie persönliche Fühlung mit der lebendigen Natur aufzunehmen. Durch die Darstellung von Luft, Licht und

Bewegung unter dem Primat der Farbe galt es jene aus den Bedingungen des Malerischen hervorgehende Bildgestalt zu finden, deren Konsistenz auch der Sammler zum Kriterium für die Beurteilung von neuer wie von alter Kunst, von Kunst überhaupt erhob.

Maßgebend für die Ausbildung von Oskar Reinharts Geschmack in den beiden ersten Jahrzehnten des 20. Jahrhunderts war seine Beschäftigung mit der ästhetisch definierten und auf die Intensivierung des Kunsterlebnisses zielenden Sammelkultur, wie sie um die Jahrhundertwende in Deutschland, vorab in Berlin, gepflegt wurde. Nicht zuletzt deshalb haben wir der deutschen Rezeption des Impressionismus in unserem Symposium wie in dieser Publikation einen zentralen Platz eingeräumt.

Die Ausgangspositionen für diese Variante sammlerischen Denkens legt Sven Kuhrau mit seinem Aufsatz über den «Sinn für das Echte» dar, in dem er das private Engagement für alte Kunst im wilhelminischen Berlin untersucht, einem Milieu, mit dem Oskar Reinhart durchaus vertraut war. Kuhrau geht dabei der Frage nach den Verbindungslinien zwischen dem Sammeln alter und moderner Kunst um 1900 nach. Überschneidungen und Entsprechungen zwischen den beiden Kreisen lassen sich ausmachen. Für die Altmeistersammler wie für die Sammler der französischen Moderne – und damit auch für Oskar Reinhart – galt es, möglichst hohe Qualität nicht nur in der Kunst, sondern auch im eigenen Lebensstil zu erreichen. Zu diesem Zweck suchten sie den perfekten Einklang der Werke mit dem eigenen Haus und arrangierten Kunst- und kunstgewerbliche Ensembles, die dem ästhetischen Wohlgefallen, nicht aber einer systematisierenden Denkweise geschuldet waren. So fanden die Sammler alter Kunst vereinzelt auch den Weg zur Moderne, wie *vice versa* deren Sammler – ähnlich wie später Reinhart – die alte Kunst aus ihrer Interessenssphäre nicht ausschlossen und damit die Moderne wie sich selbst als Sammler durch die Geschichte legitimierten. Diese letzte Schlussfolgerung wirkt umso überzeugender, als sie Sven Kuhrau durch ein symptomatisch überraschendes Beispiel demonstriert: Er verweist auf Max Liebermann, der als Sammler und Theoretiker zu einer der wichtigsten Figuren für den Aufstieg des Impressionismus und für die Bildung der entsprechenden «impressionistischen» Ästhetik in Deutschland avancierte.

Alexis Joachimides vertieft in seinem Aufsatz die Analyse dieser neuen Wahrnehmung von historischer Kunst, wobei er insbesondere nach den Voraussetzungen für jenen Rezeptionswandel fragt. Als exemplarisch nimmt er dabei die «prominente Wiederentdeckung» von Frans Hals, Diego Velázquez und Francisco de Goya im späten 19. Jahrhundert auf. Diese Künstler erlebten ihre Renaissance infolge der Erfahrungen mit der Kunst der Gegenwart, des Realismus, des Naturalismus und des Impressionismus. In der Malerei gerade dieser Meister erkannte sich das gestalterische Anliegen der Moderne wieder. Mit der Absolutsetzung bildimmanenter Kriterien wurden die historischen Gesichtspunkte nachrangig. Diese aktualisierte Wahrnehmung alter Kunst, der nicht zuletzt Oskar Reinharts vergleichendes Interesse für Hals und Goya folgte, führt auf Sammlungen wie die von Marczell von Nemes zurück, für deren Bestandsstruktur auch bei den Alten Meistern der Bezug zum Impressionismus konstitutiv war.

Auf die Kunstauffassung dieses Sammlertyps reagierten die Sammler alter Kunst und die entsprechenden Exponenten der Museumswelt gleichermaßen. Nicht allein Museumsdirektoren, die wie Hugo von Tschudi ihre Institutionen auf die Moderne ausrichteten, sondern auch diejenigen, die wie Wilhelm von Bode das Sammeln alter Kunst zu verantworten hatten, ließen sich von den im Umgang mit der Gegenwart entwickelten formalästhetischen Überlegungen leiten.

Stephanie Marchal unternimmt in ihrer Studie den mutigen Versuch, die Verknüpfung zwischen den «ästhetisch motivierten» Sammlern, der Kunstkritik und der entsprechenden Kunsttheorie im Deutschland der Jahrhundertwende zu erörtern. Hierfür berücksichtigt sie die wichtigsten «Resonanzräume» und erkennt dabei die entscheidende Rolle der Sammlungsbesprechungen für den Informations- und Bildungsaustausch zwischen den beiden Kreisen. Sie greift auch die Besprechung der Sammlung Oskar Reinharts durch Karl Scheffler auf, die 1926 in der für die Propagierung der «impressionistischen» Ästhetik ausschlaggebenden Zeitschrift *Kunst und Künstler* erschienen war. Scheffler gehörte mit Emil Heilbut und Julius Meier-Graefe zu den einflussreichsten Kritikern des «neuen» Sammelns, und Oskar Reinhart war seit seiner Jugend umfassend mit diesen Schriften vertraut. Von diesem Quellenmaterial ausgehend, erarbeitet Stephanie Marchal ein den Kritikern und den Sammlern gemeinsames Auffassungsraster, wie es auch Oskar Reinharts Kunstanschauung bestimmte: die Wertung des Impressionismus als Höhepunkt in der Entwicklung der europäischen Malerei, der kompromisslos hohe Qualitätsanspruch, die Forderung nach dem der französischen Moderne eigenen Primat von Form und Farbe, die vergleichende Betrachtung von Kunst aus Sicht der Gegenwart und nicht zuletzt das entsprechende Assoziieren von Kunstwerken über deren historische Zuordnung hinaus.

Das Aufkommen dieser neuen Auffassung in Deutschland und in den Vereinigten Staaten ist seit langem schon Gegenstand einer intensiven Forschung, zu der unser Symposium und somit auch diese Publikation einiges Neues beizutragen vermögen. Dennoch bleibt die Frage nach der Rolle, die Frankreich bei ihrer Herausbildung und Verbreitung gespielt hat, noch völlig offen. Einige Anhaltspunkte hierzu finden sich nun in den Essays von Alexis Joachimides, Wolfgang Drost und Anne Distel.

Aus der Untersuchung von Alexis Joachimides geht hervor, wie entscheidend für die Rezeption von Frans Hals, Diego Velázquez und Francisco de Goya aus der Perspektive von Realismus, Naturalismus und Impressionismus in der zweiten Hälfte des 19. Jahrhunderts die französische Kunstkritik der 1850er- (Hals) und 1860er-Jahre (Velázquez) sowie um 1900 (Goya) war. Joachimides weist dabei auf die unmittelbare Resonanz hin, die diese Rezeption im Werk zeitgenössischer französischer Künstler wie Edouard Manet und ebenso bei französischen Sammlern alter Kunst – etwa Edmond de Rothschild (1845–1934) – fand.

Wolfgang Drost zeigt in seinem Essay die grundlegenden Positionen der französischen Kunstkritik und Literatur zwischen den sensualistischen Attraktionen des Schönen und der Begeisterung für die Vergangenheit um die Mitte des 19. Jahrhunderts auf, mit denen sich dann Manet und die Impressionisten konfrontiert sahen. Gerade die «alte» Kunst wurde mit demselben Anspruch einer «Erlebnisästhetik» betrachtet, wie sie die Entwicklung der modernen Kunst befördert hatte; letztendlich aber stand die Kunstkritik damit der Moderne zunächst ablehnend gegenüber. Eine noch zu starke Bindung an die Geschichte der europäischen Malerei hinderte erste große Kritiker der zeitgenössischen französischen Kunst wie etwa Charles Baudelaire oder Théophile Gautier daran, den neuen malerischen Kanon zu akzeptieren. Um 1860 schien die Zeit für diese Entwicklung noch nicht reif.

Anne Distel schildert in ihrem Aufsatz unter soziokulturellem Aspekt, wie sich dieser Prozess dann ein Jahrzehnt später vollzogen zu haben scheint. In Frankreich beginnen sich ab 1874 Sammler wie Jean Dollfus für den französischen Impressionismus zu begeistern. Auf diese erste folgte eine zweite, ebenfalls auf den Impressionismus ausgerichtete Sammlergeneration, zu der Henri Rouart gehörte. In diesen beiden Kreisen spürt Distel eine gleichzeitige Begeisterung für die impressionistische wie für die alte, insbesondere die spanische Malerei auf und weist Anzeichen einer Gleichstellung aus der Warte der Moderne nach. Mit ihren «kühnen Nachbarschaften» in den Arrangements von Kunstwerken verkörpern somit die ersten Sammler des Impressionismus auch die frühesten Beispiele des Sammlertypus, der sich um die Jahrhundertwende auf internationaler Ebene profilierte und dem sich wie Oskar Reinhart die folgenden Generationen der Impressionisten-Sammler anschlossen. Aus diesen Sammlungen stammen auch die Werke, die die Rezeption und die Entwicklung des Impressionismus in Deutschland wie in der Schweiz überhaupt erst möglich gemacht haben.

Die Herausbildung einer international wirksamen Leitidee des Sammelns unter dem Aspekt eines spezifischen Malereiverständnisses wird damit fassbar. Frances Fowle weist in ihrem Aufsatz nach, dass der Impressionismus in Großbritannien, ähnlich wie in den Vereinigten Staaten und in Deutschland im ausgehenden 19. Jahrhundert, wenn auch zunächst zögerlichen, bald jedoch schon großen Anklang bei Sammlern und Kritikern fand, die wie in Frankreich und Deutschland in enger Beziehung zueinander standen. Auch hier galten formalästhetische Betrachtungsweisen und fanden sich einige Kunstkenner, die die Wurzeln der Moderne in der alten Kunst suchten und entsprechende Werke anhand eines der Moderne abgewonnenen Wertemaßstabs auswählten. Fowle erläutert differenziert die Entstehung und Entwicklung dieser Erscheinung, für die die

Ästhetik von James Whistler ausschlaggebend gewesen war. Dem Werk Whistlers räumten die ersten britischen Sammler der Moderne einen wichtigen Platz ein; dessen druckgrafisches Schaffen wird bereits um 1910 die Aufmerksamkeit des noch jungen Oskar Reinhart auf sich ziehen.

Fowles eingehende Betrachtung gilt insbesondere den Sammlern William Burrell und Samuel Courtauld. Wandte sich Burrell zunächst nur zögerlich dem Impressionismus zu, nahm ihn Courtauld seit 1922 mit großem Enthusiasmus auf. Trotz seiner Liebe zu Claude Monet und Pierre-Auguste Renoir sind es im Fall von Courtauld allerdings vor allem die Werke Paul Cézannes, eines die impressionistische Neuerung mit Distanz betrachtenden Künstlers, die seine Impressionisten-Sammlung prägen.

Eine solche Zurückhaltung gegenüber dem ausgeprägten impressionistischen Stil stellt Robert Jensen bei der vielzähligen Gruppe von Sammlern der Moderne fest, die wie Samuel Courtauld und Oskar Reinhart in den 1920er- und 1930er-Jahren aktiv waren. Jensen begründet diese Haltung durch eine zu jenem Zeitpunkt noch recht enge Verknüpfung der modernen mit der alten Kunst: Es galt Werke der Moderne zu erwerben, die zwar deren malerischem Kanon entsprachen, zugleich jedoch auch einen klassischen Zuschnitt aufwiesen. Eine solche Verpflichtung gegenüber der Tradition wirkte in gewissem Maße als Bremse für die Öffnung gegenüber extremen Ausprägungen moderner Kunst. Die meisten Sammler – so auch Reinhart – zeigten eine mehr oder minder deutliche Reserviertheit gegenüber avantgardistischen Tendenzen. Jensen weist darauf hin, dass diese Distanz bereits als Symptom einer Konventionalisierung des Sehens bei den ersten Förderern und Sammlern des französischen Impressionismus gelten kann, die vor dem Ersten Weltkrieg tätig waren. Ausschlaggebend hierfür dürften die kunsthistorischen Betrachtungen von Julius Meier-Graefe und deren grosser Einfluss auf das internationale Sammeldenken gewesen sein. Die Analyse dieser frühen Generation von Vermittlern der Moderne in Deutschland, Frankreich und England durch Alexis Joachimides, Stephanie Marchal, Anne Distel und Frances Fowle bestätigen Jensens Feststellung: Bereits hier ging die Auswahl der Künstler der Moderne und von deren Werken mit dem Blick auf die Vergangenheit einher.

Die Verbindung von Jensens Beitrag mit diesen Erläuterungen zeichnet so die Genese einer übergreifenden, sich um die Wende vom 19. zum 20. Jahrhundert entwickelnden und in den 1920er- und 1930er-Jahren noch behauptenden Kultur in den Strategien des Sammelns von Kunst nach. Aufgrund der eingehenden Untersuchung einzelner Beispiele (die Budapester Sammlung Marczell von Nemes durch István Németh, die besonders in Deutschland großen Wiederhall erfuhr, die Sammlung Eduard Arnhold in Berlin durch Michael Dorrmann, die Sammlungen von Henry Clay Frick durch Susan Grace Galassi und Albert C. Barnes durch Judith Dolkart in den Vereinigten Staaten) gelingt es dem Symposium und der vorliegenden Publikation, dieses musterbildende Phänomen einer spezifischen «Sammelkultur» zu differenzieren.

Die genannten Kollektionen lassen sich dabei aufschlussreich mit der Sammeltätigkeit Oskar Reinharts in Verbindung bringen. Mein eigener Beitrag untersucht das Verhältnis des Winterthurer Kunstliebhabers zu diesen Sammlungen und deren wechselseitige Bezug- und Einflussnahme gleichermaßen. Die Studie stellt im Sinne des Symposiums die Einbettung der Leistung Oskar Reinharts in diesem durchaus nicht homogenen Sammlerkreis in den Vordergrund. Sie nutzt allerdings auch die Möglichkeit, gerade Reinharts originäre und unnachahmliche Leistung im unmittelbaren Vergleich herauszuarbeiten. Besonders ergiebig in diesem Zusammenhang ist die Konfrontation der Position von Oskar Reinhart mit der Sammeltopografie im eigenen Land, die Lukas Gloor kritisch analysiert. Die französische Moderne fand in der Schweiz seit 1916 eine intensive Aufnahme, wozu die Winterthurer Kunstpflege entscheidend beitrug. Die Schweizer wie die internationale Rezeption des Impressionismus erkannten im «Postulat der gestalterischen Freiheit» den Wertemaßstab für eine neue Betrachtung und Beurteilung von Kunst. Auch war der Einfluss der Kunsttheorie Julius Meier-Graefes auf die Sammler von Bedeutung; nicht zuletzt spielte diese auch für die Bildung des Reinhartschen Kunstgeschmacks eine wichtige Rolle.

Lukas Gloor geht darüber hinaus auf die politischen und künstlerischen Impulse dieser Entwicklung ein. Innovativ ist aber in erster Linie seine anschauliche Beweisführung, dass das

Modell der Sammlung der Moderne in der Schweiz den Typus der Sammlung Alter Meister ersetzte. Ganz im Gegensatz also zur parallelen internationalen Sammelkultur fanden sich diese beiden Modelle hier keineswegs in einer Koexistenz. Vor diesem Hintergrund kann die Bedeutung des Beitrags eines Oskar Reinhart, der – singulär in der Schweiz – neben der Moderne auch der alten Kunst einen vergleichsweise bedeutenden Platz einräumte, kaum hoch genug eingeschätzt werden.

Die Sammlung Oskar Reinhart «Am Römerholz» entwickelte das Konzept des Symposiums in Zusammenarbeit mit dem Deutschen Forum für Kunstgeschichte/Centre Allemand d'Histoire de l'Art in Paris, das hinsichtlich der Erforschung der Kultur des Sammelns tatsächlich Pionierarbeit geleistet hat. Ich danke seinem ehemaligen Direktor, Professor Andreas Beyer, und dem ehemals stellvertretenden Direktor, Professor Johannes Grave, für die kreative Zusammenarbeit. Mein ganz besonderer Dank gilt den Autorinnen und Autoren, die allesamt einen innovativen Beitrag aus ihrem Forschungsgebiet herausgefiltert haben, um so das Thema unserer Tagung und nun dieses Buches zu bereichern.

Ein großer Dank gebührt an dieser Stelle natürlich auch den Moderatoren, die im Rahmen der Diskussionen wichtige Aspekte zum Thema des Symposiums beitrugen. So durften wir uns glücklich schätzen, Professor Thomas W. Gaehtgens als einen der Moderatoren begrüßen zu können. Professor Gaehtgens ist stets ein großer Förderer der Erforschung jener deutsch-französischen Beziehungen innerhalb der Sammelkultur der Moderne gewesen, die im besonderen Fokus unseres diesem Thema gewidmeten Symposiums standen. Als Gründungsdirektor des Deutschen Forums für Kunstgeschichte in Paris unterstützte er die weitere Forschung und trug damit maßgeblich zur Erhellung der Thematik bei. Unter seinem Nachfolger Professor Andreas Beyer fanden diese Untersuchungen ihre Fortsetzung. Besonderer Dank gilt Professor Beyer für seine kenntnisreiche und inspirierte Interaktion während der Diskussion, die zur inhaltlichen Vertiefung der Referate beitrug. In ihrer Moderation ebenso bereichernd, führte uns Dr. Dorothy Kosinski, Direktorin der Phillips Collection in Washington, die wichtige Position aufschlussreich vor Augen, die der amerikanische Sammler Duncan Phillips im Rahmen der «impressionistischen» Ästhetik und des ästhetisch motivierten Sammelns einnimmt.

Den Mitarbeiterinnen und Mitarbeitern des Römerholzes sei an dieser Stelle besonders herzlich gedankt, in erster Linie Frau Maya Jucker für ihre großartige organisatorische Unterstützung. Auch das technische Team sorgte mit Bertalan Bozsanyi und Myles Metzer für einen tadellosen technischen Ablauf unserer Veranstaltung. Ein großer Dank gebührt nicht zuletzt unserer wissenschaftlichen Assistentin, Kerstin Richter, die entscheidend zur Vorbereitung dieser Publikation beigetragen hat.

Bedanken möchten wir uns bei Thomas Müller, Basel, der einmal mehr sein großes Feingefühl bei der grafischen Gestaltung dieses Bandes bewies, sowie bei Christine Traber, Stuttgart, die Redaktion und Lektorat der vorliegenden Publikation mit großer fachlicher Kompetenz übernahm und bei der Koordination dieses ersten Scripta-manent-Bandes eine wichtige Stütze war.

Es freut uns sehr, dass wir die verlegerische Betreuung aufs Neue in die Hände von Jürgen Kleidt, Hirmer Verlag, München, legen konnten; ihm sei für die stets hilfreiche und gute Zusammenarbeit gedankt.

Möge dieses Buch nun als weiterer aufschlussreicher Mosaikstein in einem schillernden Bild dienen, das uns einmal den synthetischen Abriss dieses grenzen- und nationenübergreifenden kulturellen Phänomens in all seinen Aspekten vor Augen führen wird.

Mariantonia Reinhard-Felice
Sammlung Oskar Reinhart «Am Römerholz»

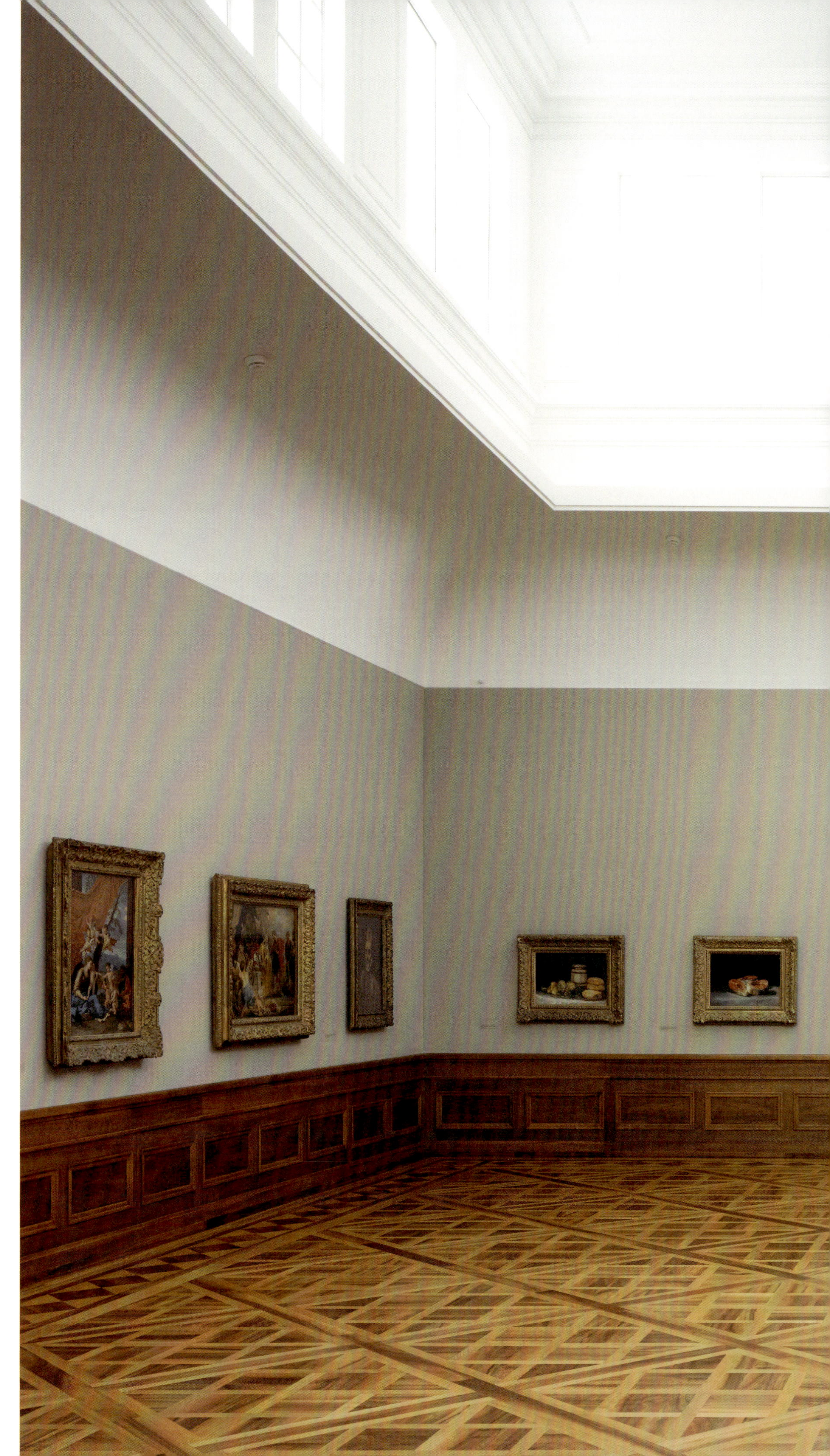

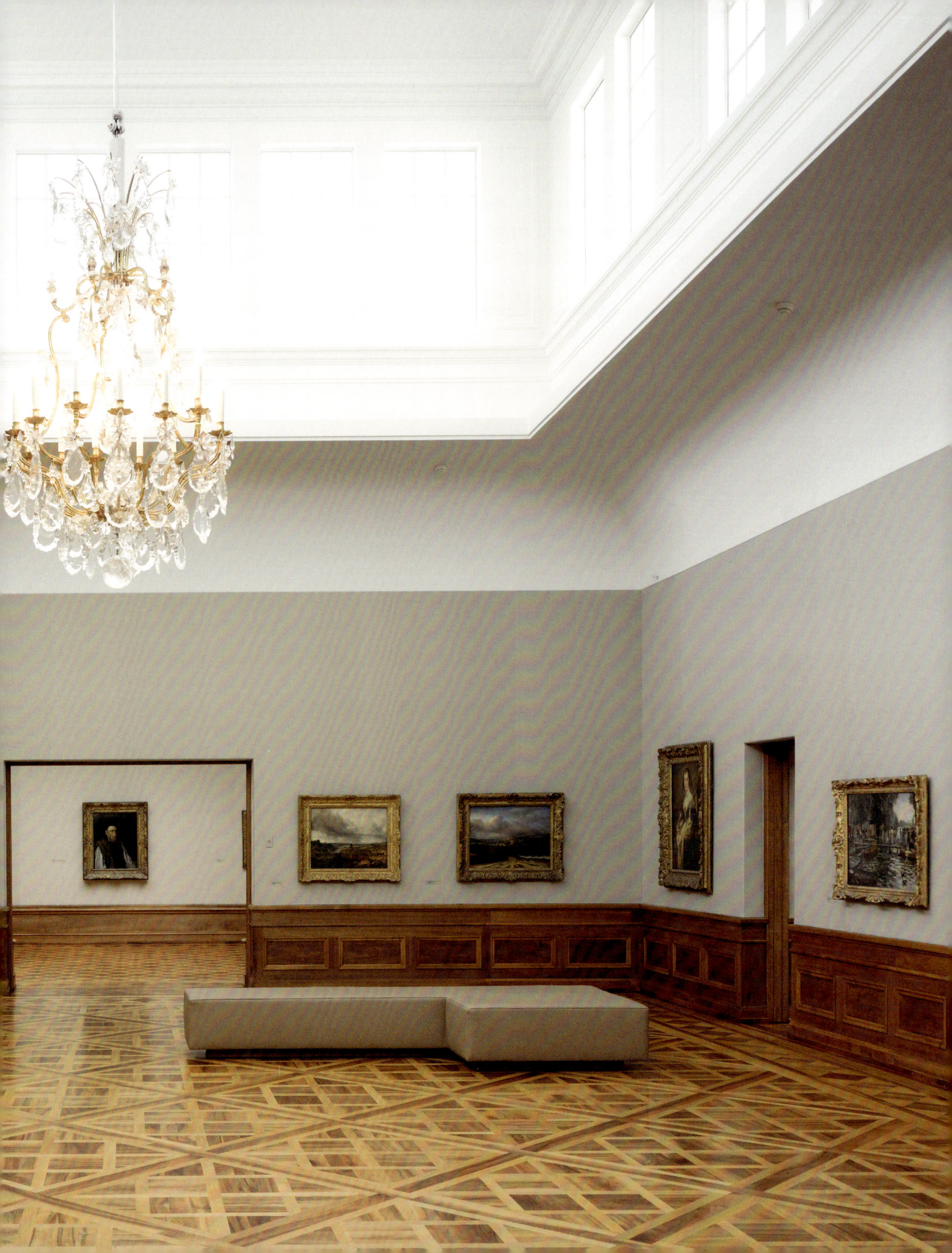

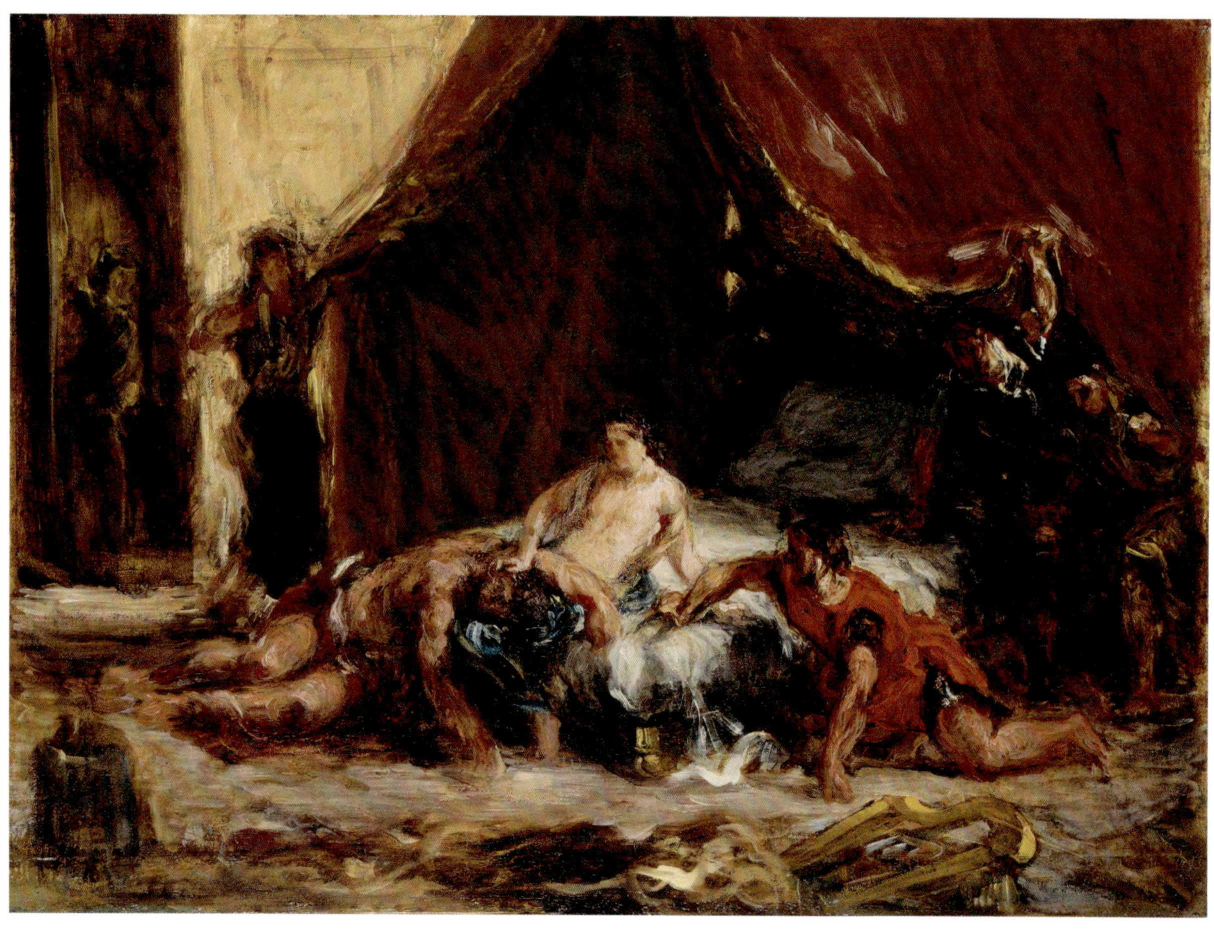

Abb. 1
Eugène Delacroix
Samson und Delilah, um 1849–56
Öl auf Leinwand auf Holz übertragen, 41 × 56,5 cm
Sammlung Oskar Reinhart «Am Römerholz», Winterthur

WOLFGANG DROST

Ästhetischer Sinn und historischer Blick im Widerstreit

Dichter-Kritiker zur Malerei des 19. Jahrhunderts

«Il est vrai que la grande tradition est perdue, et que la nouvelle n'est pas faite», diagnostizierte Charles Baudelaire die Situation der französischen Kunst um die Mitte des 19. Jahrhunderts.[1] Baudelaire sah sehr wohl die Bezüge zur Tradition im Werk Eugène Delacroix', den er als größten Maler seiner Zeit verehrte und als den «französischen Rubens» bezeichnete.[2] [Abb. 1] Er charakterisierte damit die Verwandtschaft des romantischen Malers mit dem Barock, obwohl er, sehr zum Missfallen des Meisters, den melancholischen und gar düsteren Charakter hervorhob.[3] Delacroix erfüllte nicht seine Erwartung an eine Erneuerung der großen Tradition, denn er gestaltete nicht den heroischen Charakter der Moderne, wie sie dem Dichter vorschwebte. Es liegt in der Konsequenz seines Gedankenganges, dass Delacroix für ihn Höhepunkt der großen französischen Tradition, aber auch deren Endpunkt bedeutete.

Baudelaire stand mit seinem Urteil nicht alleine da. Die Ansichten eines anderen Dichters und Kritikers, der die herrschende Meinung im Second Empire vertrat, stimmen mit seiner Auffassung überein. Théophile Gautier, der Gründer der Ästhetik von *L'art pour l'art*, sah die Beziehungen zu dem Cinque- und Seicento sowie zum Siglo de Oro, mit Caravaggio und Diego Velázquez, beklagte aber, dass die zeitgenössischen Maler, wenngleich sie wie jene als Naturalisten die Nähe zur Wirklichkeit suchten, doch im Gegensatz zu ihnen nur Hässliches produzierten.[4] In einem seiner Salonberichte der 1860er-Jahre sprach auch er vom Bruch mit der Tradition und meinte Edouard Manet sowie die sich ankündigenden Impressionisten, vornehmlich Claude Monet.[5]

Gleichzeitig mit dem Entstehen der Kunstgeschichte hatten die Kunstkritiker des 19. Jahrhunderts die vielfältigen Bezüge zur großen europäischen Malerei erkannt, neben Antike, Renaissance und Barock auch die inspirierende Kraft der niederländischen Landschaftsmalerei, der die Impressionisten manches verdankten. Viele Kunsttheoretiker und Salonniers vertraten eklektische Thesen und rechtfertigten die *imitatio* der alten großen Meister als *aemulatio* im Streben nach Perfektion und Bereicherung durch die Kombination der Errungenschaften von Altem und Neuem. Wir stehen vor einem komplexen Tatbestand. Die Tatsache, dass der historische Blick geschärft und die Kunst der Vergangenheit präsent war, wirkte einerseits inspirierend auf die Möglichkeiten eines Neuanfangs und minderte andererseits die Akzeptanz innovatorischer Ansätze. Die Ästhetik, die vom Ideal der perfekten Form abrückte und das individuelle Erleben des Betrachters in den Mittelpunkt stellte, trug zur Loslösung vom klassischen und klassizistischen Schönheitsempfinden bei und machte den Weg frei für neue Richtungen, vornehmlich die Romantik. Jahrzehnte später aber wurde eben diese neue Einschätzung von Kunst, die eigentlich Offenheit für die von den Impressionisten gemalte Lebensfreude hätte schaffen können, durch die ungewohnt neue Formgebung verhindert und führte zur vehementen Ablehnung ihrer Malerei.

Ich möchte im Folgenden versuchen, dieses Ihnen allen vertraute Phänomen zu skizzieren, allerdings aus der Sicht der Kunstkritiker und vornehmlich der Dichter, die an der sich seit dem 18. Jahrhundert anbahnenden neuen Wahrnehmung von Kunst entscheidend mitwirkten.

Gefühlskultur

Johann Joachim Winckelmann offenbarte, dass er die Schönheit der antiken Kunst durch die Sinne empfand und mit dem Verstand erkannte.[6] Aber er akzeptierte nicht jede Gefühlsregung vor einem Kunstwerk. Platonisches Gedankengut klingt nach, wenn er in seiner *Geschichte der Kunst des Altertums* schreibt, dass die «höchste Schönheit» «in Gott» sei. «Dieser Begriff der Schönheit ist wie ein aus der Materie durchs Feuer gezogener Geist». Daraus zog er den Schluss, dass eine «Empfindung der Leidenschaft» den Eindruck vor einem Kunstwerk störe und dem Schönen insgesamt abträglich sei. Schönheit soll sein «wie das vollkommenste Wasser aus dem Schoße der Quelle geschöpft,

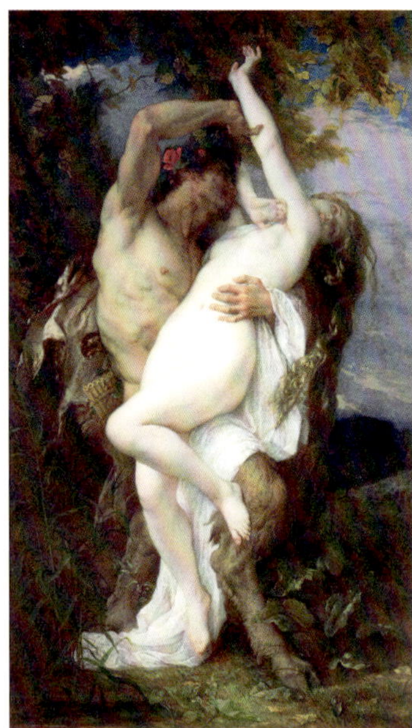

Abb. 2
Alexandre Cabanel
Von einem Faun entführte Nymphe, 1860
Öl auf Leinwand, 245 × 142 cm
Musée des Beaux-Arts, Lille

welches, je weniger Geschmack es hat, desto gesunder geachtet wird, weil es von allen fremden Teilen geläutert ist.»[7]

Dieser Reinheitskult stieß immer wieder auf entschiedene Reaktionen. Der idealen Vorbildhaftigkeit der griechischen Skulptur setzte man die Subjektivität eines lebensvollen Betrachters entgegen. Beginnend im Zeitalter der Aufklärung, stellte sich die individuelle Sichtweise im Laufe des 19. Jahrhunderts in verschiedenen Facetten dar. Schon der Abbé Jean-Baptiste Du Bos (1670–1742), den Lessing gekannt und studiert hatte, stellte in seinen *Réflexions critiques sur la poésie et sur la peinture* (1719)[8] die Überzeugung von dem Ewigkeitscharakter des antiken Schönheitsideals in Frage. Mit der These vom Einfluss der Klimazonen auf die Mentalität des Menschen widersprach er der Überzeugung, dass die Menschen zu allen Zeiten gleich seien. Er maß der Rezeption des Betrachters ein bisher in der Theorie ungewohntes Gewicht zu: der Künstler müsse auf die Mitwirkung des Publikums abheben: «toucher et plaire», ein Kunstwerk solle gefallen und rühren.

Eben in diesem Sinn erklärte der Maler Jean-Siméon Chardin dem Philosophen Denis Diderot, dass nur der ein großer Künstler sei, der nicht mit Farben male, sondern mit Gefühlen.[9] So ließ Diderot verlauten, dass die Malerei die «Kunst ist, durch die Vermittlung der Augen die Seele zu berühren».[10] Stendhal bekannte sich sogar zur Absolutheit des Gefühls: «Il ne faut que sentir».[11] «Ein leidenschaftlicher Mensch, der sich der Wirkung der schönen Künste aussetzt, findet alles in seinem Herzen» und erfüllt damit alle Voraussetzungen, Kunstwerke adäquat zu beurteilen.[12] Es ging nicht mehr um ideale Proportionen und die Richtigkeit der Konturen, sondern vornehmlich um die ganz persönliche Empfindung des Schauenden vor dem Kunstwerk, die zur Grundlage der Beurteilung der künstlerischen Leistung erhoben wurde. Damit war die Lösung vom Schönheitsideal der Antike eingeleitet, das für Winckelmann nur durch ein vergeistigtes Gefühl aufgenommen werden sollte. Der französische Kunstkritiker Théophile Thoré-Bürger verurteilte Winckelmanns Ideal der absoluten Schönheit als «unglaubliche Häresie», da es die «lebendige Poesie» und die «ewige Wiedergeburt des menschlichen Genius» verhindere, d. h. die Kreativität des Individuums, aus dessen Schöpfertum das Neue entsteht.[13]

Die Wendung gegen die auf der platonischen Philosophie gegründeten Definitionen des Schönen wurde in ganz Europa vollzogen und verband sich mit einer Ästhetik des Individuums und der mitgestaltenden Kraft seiner Fantasie. Der gebürtige Prager Bernard Bolzano hatte bereits 1843 die metaphysische Bestimmung des Schönen in Frage gestellt und an deren Stelle das aufnehmende Ich gesetzt und kritisch kommentiert: «Es ist im Grunde ein Wohlgefallen an unserer eigenen Betrachtung selbst, welches wir aber auf ihren Gegenstand [...] übertragen».[14] Das heißt: die Schönheit des Kunstwerks wird in das Gefühl des Betrachters verlagert.[15]

Einen Höhepunkt des Widerstands gegen den Kult der Antike finden wir 1855 in Paris. Mit der Globalisierung der Märkte, die bereits 1851 im Crystal Palace offenkundig wurde, ging eine ästhetische Offenheit Hand in Hand, die in der französischen Weltausstellung die bildenden Künste einbezog. Der Dichter der *Fleurs du mal* bekannte, dass er Asyl in der «sündenlosen Einfalt» gesucht habe.[16] An anderer Stelle sprach er davon, dass er die Welt mit den Augen eines Kindes oder eines Rekonvaleszenten sehen wollte, also Menschen, die ohne Vorurteile und mit neuem Blick die Welt betrachten.[17] Dem Vorwurf, einem Subjektivismus im Urteil über Kunst das

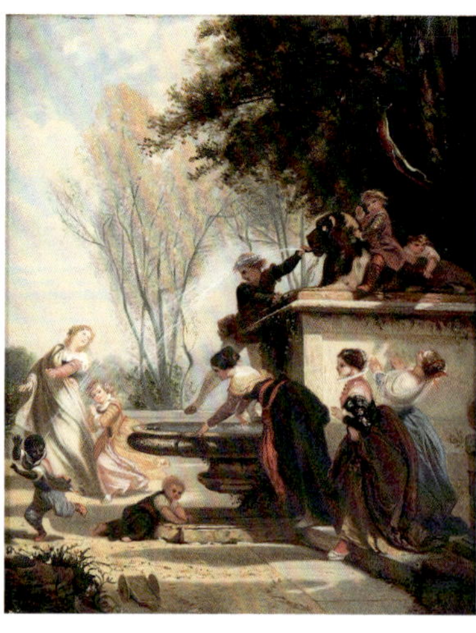

Abb. 3
Henri Baron
Am Brunnen, um 1859
Öl auf Leinwand, 52,7 × 42,55 cm
Fotografie: Courtesy Neal Auction Company, Louisiana (Auktion 5. April 2003)

Wort zu reden, begegnete er mit dem Argument, dass er für alle gleich Gestimmten rede, da er sich ja von seinem Temperament leiten lasse.[18] Damit beanspruche er für seine Meinung größere Geltung als ein moderner Winckelmann es je vermöchte, dem die Schönheit ägyptischer oder chinesischer Werke verschlossen sei. Dem unverfälschten Gefühl allein komme die «göttliche Gnade des Kosmopolitismus» und damit die Berufung zu, über Kunst zu urteilen.[19]

Seit dem 18. Jahrhundert zeichnete sich die neue Gefühlskultur ab, die das Erleben des Kunstwerks durch den Betrachter in den Mittelpunkt rückte. Eine der vordergründigsten Formen des Erlebens von Kunst ist die Verliebtheit des Betrachters in eine dargestellte Figur. Schon Edmund Burke hatte im Jahr 1757 unter Schönheit «die Qualitäten eines Körpers» verstanden, «durch die er Liebe oder eine ähnliche Leidenschaft verursacht».[20] Für Frauenschönheit kann in der Tat eine Übereinstimmung relativ leicht erreicht werden, wie heute die Publikumslieblinge des Fernsehens belegen. Der Anblick erlesener Kunstwerke faszinierte Stendhal, der den Sensualismus der Philosophen des 18. Jahrhunderts fortführte. Bekannt ist sein Wort von der Schönheit als Versprechen auf Glück, «La beauté n'est que la promesse du bonheur».[21] Damit setzte der Romancier der Ästhetik des Kantianers Victor Cousin, der eine Würdigung des Schönen durch die Empfindung des Angenehmen als inadäquat und letztlich ungültig ansieht, die emotionale Intensität des Erlebens entgegen: Sie mache die Qualität eines Kunstwerks aus.

Nur am Rande erwähnt sei ein Zeitgenosse Stendhals, Hugues Félicité Lamennais, um zu zeigen, wie sehr die klassizistische Ästhetik sich in der Generation Stendhals mit dem Sensualismus, wie ihn der Romancier vertrat, auseinandersetzen musste. Lamennais forderte, dass «das von der *Intelligenz* erfasste Schöne [...] gleichzeitig von der *Liebe* gefühlt werden [muss]; denn alle Wesen werden natürlich zum Schönen hingezogen, streben sich mit ihm zu vereinigen». Der Philosoph wies jedoch jede erotische Anwandlung zurück; er sah in der Attraktion des Schönen die Sehnsucht «nach der *Einheit*, um die *universelle*, die *göttliche Form* zu *reproduciren.*»[22]

Vom Instinkt für das Schöne

Stendhal wehrte jede mögliche Kritik an seiner These mit dem Argument ab, dass auch Mutterliebe ein vergleichbares Gefühl bezeichne.[23] Ähnlich wie für Madame de Staël ist für ihn das Gefühl für Schönheit eine elementare Empfindung des Menschen, eine Art «Instinkt».[24] Das sind Gedanken, die sich bis zum Ende des 19. Jahrhunderts fortsetzen. Maurice Maeterlinck sprach von dem «Instinkt einer Seele».[25] Er war überzeugt, dass «in der Liebe die reinsten Elemente der Schönheit, die wir der Seele bieten können», lägen und dass das Hässliche weder einen Platz in der Liebe noch in der Kunst habe.[26]

Ein solcher Appell an die Sinne wirft die Frage auf, ob die Kunst hier nicht auf das Niveau der oft mit faszinierender Perfektion ausgeführten Reklame mit Modellen erlesener Schönheit falle. Aber es wäre sicherlich falsch, die Einführung des Erotischen ausschließlich im wörtlichen Sinne zu nehmen. Liebe steht für höchste subjektive Emotionen und überschreitet damit den von Winckelmann geschilderten Zustand seliger Ausgewogenheit, der gleichermaßen von leidenschaftlichen Gefühlen wie von Schmerz entfernt ist.[27]

Ein Dichter, der wie Stendhal das Hässliche aus seiner Ästhetik verbannte, war Théophile Gautier. Er gab sich 1861, um nur ein Beispiel zu nennen, keineswegs mit einer Deutung des historischen Kontexts von Alexandre Cabanels *Nymphe enlevée par un faune*[28] ab, sondern ließ sich von den ‹schmeichelnden› Farben verführen, nicht ohne den Faun um dessen bevorstehendes Glück zu beneiden. [Abb. 2] Das «Ziel der Kunst» sei doch, so schrieb er, «das Vergnügen der Augen». «Wir geben zu, dass das nur eine rein physische Empfindung ist, ohne die es aber nach unserer Überzeugung keine vollkommene Malerei gibt».[29] Kunstbetrachtung wird zum Kunstgenuss. Ein erotisches Element geht in die seelische Angerührtheit ein. Immer wieder finden wir in der französischen Kunstkritik des 19. Jahrhunderts Begriffe wie Wollust (*volupté*), mit der die Wirkung eines Gemäldes beschrieben wird.[30] Susan Sontag fand eine solche Rezeption von Kunst weder falsch noch unangemessen. Sie schloss ihr Essay «Against interpretation» von 1964 mit dem bekannten Aufruf: «In place of a hermeneutics we need an erotics of art.»[31]

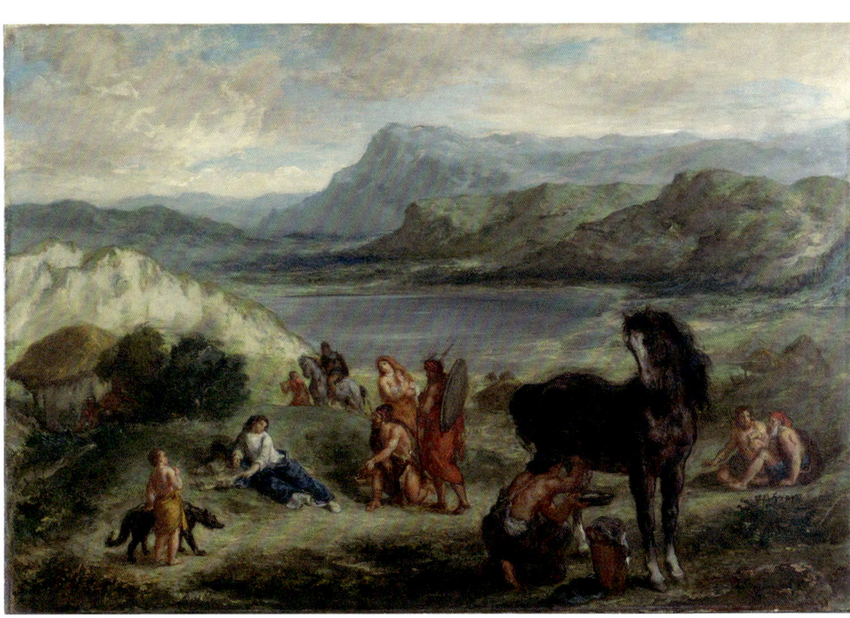

Abb. 4
Eugène Delacroix
Ovid bei den Skythen, 1859
Öl auf Leinwand, 87,6 × 130,2 cm
The National Gallery, London

Stimmung und Erlebnisästhetik

Bei Baudelaire, der Gautiers Liebe zur Kunst hoch einschätzte, finden sich ähnliche Äußerungen, die erkennen lassen, dass die Sensibilität seiner Physis von der Kunst berührt war. So spricht er von «plaisir physique» beim Anblick von Henri Barons *A la Fontaine.* [Abb. 3] Persönliche Sehnsüchte nach Glück und Luxus drängen sich in die Beurteilung des gewiss zweitrangigen Bildes.[32] Aber er ist doch subtiler. Die Empfänglichkeit für die in einem Kunstwerk enthaltene Stimmung,[33] die auf der Wirkung der Farben, der Linienführung, der Rhythmik der gegenständlichen Welt beruht, wird zu einem besonderen Anliegen. In die Landschaft von *Ovid bei den Skythen* versenkt er sich «mit einer langsamen und auskostenden Lust». [Abb. 4] Delacroix «malt vor allem die *Seele* in ihren glücklichen Stunden».[34] Der Dichter versucht den Romantiker in die Geschichte der Kunst einzuordnen. Er habe Rembrandts «Sinn für Innerlichkeit und den tiefen Zauber», «Gefühl für Komposition und das Dekorative wie Rubens und Lebrun, die Farbigkeit des Märchenhaften wie Veronese». Aber über diese Züge hinaus, die ihn mit der europäischen Tradition verbinden, besitze Delacroix «eine Eigenschaft sui generis [...], etwas Unbestimmbares, das die Schwermut und die Glut unseres Jahrhunderts bestimmt».[35]

Baudelaire bekannte, sich an den Werken des Romantikers zu berauschen und verglich diesen Zustand mit der Wirkung des Haschischgenusses. Es sind «wahre Feste des Geistes, wo die Farben sprechen, wo die Düfte Welten von

Gedanken erzählen». Das ist für den Dichter kein bloßer Sinnentaumel: Mit dem Wort des Wahlfranzosen Heinrich Heine «Supranaturalismus» verweist er auf die Transzendenz des Werks.[36]

Die Verbindung zwischen physischem Eindruck und seelischer Angesprochenheit ist in der musikalischen Wirkung der Farben und des Linienspiels gegeben. Baudelaire bringt die Schwingungen ins Gespräch, die von den Farben ausgehen. Wenn ein Bild «melodisch [ist], hat es bereits einen Sinn», schrieb er schon 1846.[37] Auch hier wird das Kriterium für Schönheit in den seelischen Innenraum des Betrachters gelegt.

Die Einführung der Musikmetaphorik in die Kunstbetrachtung betont die Unmittelbarkeit der Wirkung von Farbe und Lineament auf physische Emotionen und seelische Ergriffenheit. Friedrich Schiller schrieb in den *Briefen über die ästhetische Erziehung*: «die bildende Kunst in ihrer höchsten Vollendung muss Musik werden und uns durch unmittelbare sinnliche Gegenwart rühren».[38] Und Baudelaire zitiert Wagners Ausspruch: «l'œuvre la plus complète du poète devrait être celle qui, dans son dernier achèvement, serait une parfaite musique»[39] – «das vollständigste Werk eines Dichters müsste in seiner letzten Vollendung eine vollkommene Musik sein». Auch Stéphane Mallarmé träumte vom vibrierenden Verschwinden der konkreten Objekte durch die Magie des Wortes.[40]

Die erotischen Anwandlungen, das Nachempfinden von Stimmungen, das rauschhafte Erleben der vom Künstler gestalteten gegenständlichen Welt, die Freude an musikalischen Schwingungen der Farbtöne gehören in den Bereich der Erlebnisästhetik, die die Aufmerksamkeit der Kunstwissenschaftler zu Beginn des 20. Jahrhunderts beschäftigten. Wilhelm Dilthey war der Überzeugung, dass das Ziel der Kunst sei, seelische Regungen zu erzeugen und dass der nachempfindende Betrachter sich den «Phantomen der Leidenschaften» hingibt, «welche die Schaffenden vor ihn hinstellen.»[41] Das hat zur Folge, dass das Erleben eines Kunstwerks und sein künstlerischer Wert nahezu identisch sind. Edgar Wind schrieb in seiner 1922 verfassten Dissertation – wobei er sich auf Moritz Geigers *Beiträge zur Phänomenologie des ästhetischen Genusses* bezieht[42] –, dass «das Phänomen der Lust [...] nur auf der Erlebnisseite [liegt], es ist ein bloßes Gefühl des Subjekts, das im Subjekt verharrt und nicht nach dem Gegenstand tendiert.» Demnach enthält die lustgefärbte Ich-Affiziertheit des Betrachters, der die Schönheit bewundert, keine Stellungnahme, also kein rational begründetes Urteil, sondern nur «Hingabe an das Objekt.»[43]

In jüngster Zeit wurde diese Problematik mit dem Stichwort Affektion in den Mittelpunkt interdisziplinärer Forschung gerückt.[44] Was ich als seelische Angesprochenheit bezeichne, hat als Affektion im Bereich der Wirkästhetik eine neue Dimension erhalten. Der Betrachter wird durch die Berührung mit der Kunst angesteckt und zu einem teilnehmenden Co-Akteur; damit wird eine Brücke geschlagen zwischen Ästhetik und Physiologie.

«Ideale Hässlichkeit» des Realismus

Die Suche nach vergeistigender Schönheit und Musikalität lief den realistischen Tendenzen entgegen. Théophile Gautier zeigte sich von der bäuerlichen Trauergemeinde im *Begräbnis von Ornans* und insbesondere von einem «wuchernden Riechepithel des Messdieners» («une trogne bourgeonnée de sacristain») und anderen «brutalen Scheußlichkeiten» unangenehm berührt, in einem Gemälde, das in skandalöser Weise die Dimensionen der Historienmalerei usurpierte. [Abb. 8] Aber Gautier besaß genügend historischen Sinn, um zu erkennen, dass Gustave Courbets Anliegen legitim war, «die Schule zu regenerieren und ihr großzügig frisches Blut einzuflößen, sie von Tradition und Routine zu befreien und sie zur Wahrheit zurückzuführen».[45] Die «Frage war nicht neu», erklärte der Kritiker die Reaktion der Realisten auf den Klassizismus und zog historische Parallelen.[46] Leonardo, Raffael, Michelangelo, Correggio hätten Müdigkeit und Überdruss mit der Schönheit ihrer Gemälde erzeugt und verständlicherweise die ungestüme Reaktion der Naturalisten hervorgerufen. [Abb. 6 und 7] Gautier zitierte Caravaggio, Rembrandt (den Baudelaire als Idealisten gegen den Materialisten Raffael ausgespielt hatte), Ribera, Velázquez, Valentin de Boulogne. Aber im Gegensatz zu den selbsternannten «novateurs» des 19. Jahrhunderts hätten die Maler des Barocks, «selbst wenn sie die Natur kopierten ohne sie zu idealisieren», sie doch nicht hässlich gemacht:

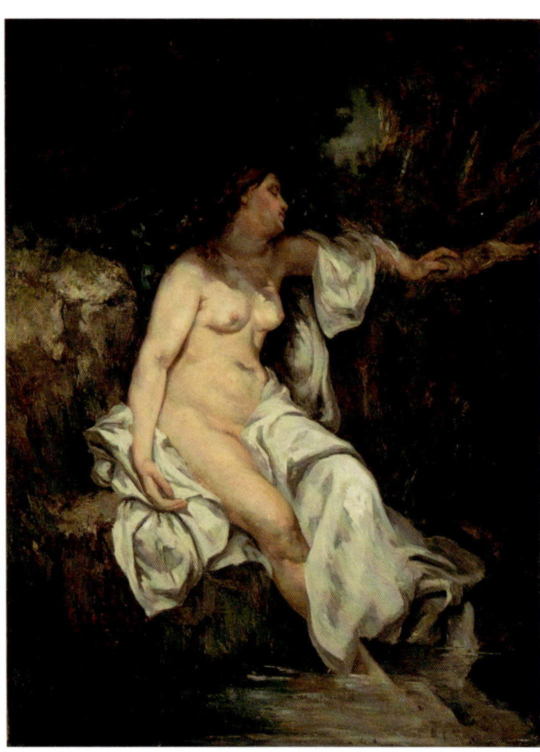

Abb. 5
Gustave Courbet
Badende am Bach, 1845
Öl auf Leinwand, 88,5 × 68,5 cm
Sammlung Oskar Reinhart «Am Römerholz», Winterthur

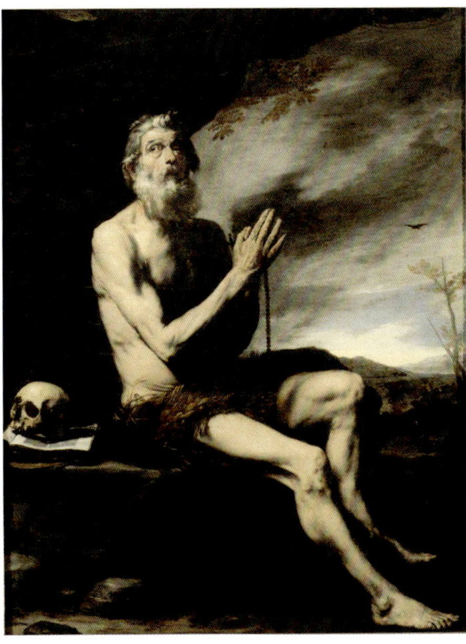

Abb. 6
Jusepe de Ribera
Paulus der Eremit, 1640–50
Öl auf Leinwand, 197 × 153 cm
Musée du Louvre, Paris

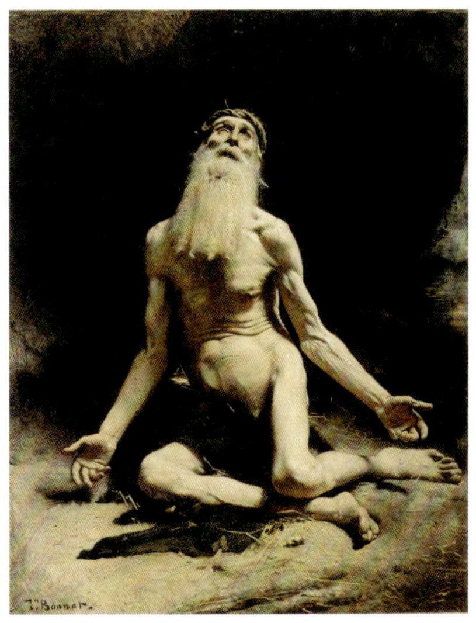

Abb. 7
Léon Joseph Florentin Bonnat
Hiob, 1880
Öl auf Leinwand, 161 × 129 cm
Musée Bonnat, Bayonne

«au moins ils ne l'enlaidissaient pas».[47] Neben dem Apostel der Hässlichkeit Courbet suche auch Manet, den man zu den verfemten Realisten rechnete,[48] systematisch, so Gautier, die «ideale Hässlichkeit».[49] [Abb. 5] Oskar Reinharts Gefühl für das Neue ist zu danken, dass er nicht in diesen Kategorien urteilte. Er wird Gotthard Jedlicka nahegestanden haben, für den Courbets Bilder Leben ausströmen: «menschliches Leben an sich, beseelter, vermenschlichter Lebensstoff.»[50]

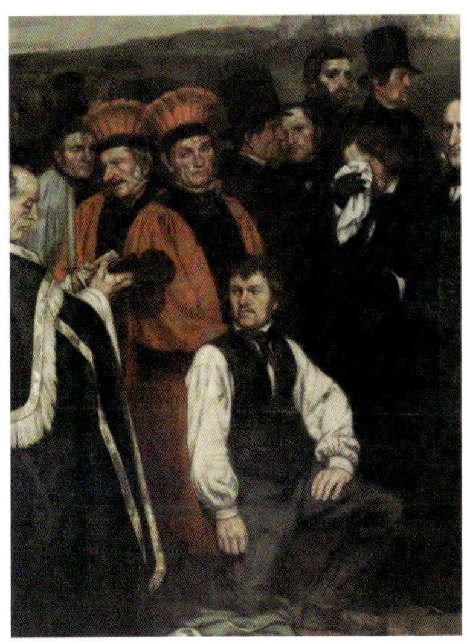

Abb. 8
Gustave Courbet
Ein Begräbnis in Ornans (Detail), 1849/50
Öl auf Leinwand, 311,5 × 668 cm (Gesamtmaß)
Musée d'Orsay, Paris

Velázquez und das Faszinosum des Barocks

Es gab in der Mitte des 19. Jahrhunderts einen ausgeprägten, manchmal kritischen, oft aber verklärenden Blick auf die Vergangenheit. Die Gebrüder Goncourt brachten ihren Zeitgenossen den Reiz der Malerei Louis XV nahe, Baudelaire setzte Antoine Watteau in seinen *Phares* ein Denkmal. Er hatte Sinn für «gewisse Bilder von Le Sueur und die besten Werke von Philippe de Champagne» und sprach von einer «unbestimmten Empfindung», die sie «in uns erwecken».[51] Thoré-Bürger entdeckte Vermeer van Delft. Ein entscheidendes Faktum war die Sammlung spanischer Meister von Louis-Philippe, die der Bürgerkönig der Pariser Öffentlichkeit durch die Gründung des Musée espagnol 1838 zugänglich machte. Gautier reiste nach Spanien, schrieb Poesien auf Jusepe de Ribera und Francisco de Zurbarán. Théodule Ribot nahm die dunkle Seite des Barocks auf. Schon der Schüler Baudelaire begeisterte sich in Nantes für die Malerei des Siglo de Oro, das damals leidenschaftlich in Künstlerkreisen diskutiert wurde.[52] Auch dem Manierismus des El Greco wurde die Aufmerksamkeit von Malern und Dichtern gleichermaßen zuteil. Velázquez vor allem zog die Begeisterung auf sich. Der historische Blick war vorhanden, kritisch, geschärft durch Wahlverwandtschaften, schien offen für Innovationen. Aber es kam anders.

In der freiheitlichen Pinselführung des Velázquez spürten die Künstler und Kunstkritiker, die mit der Dominanz der Salonmalerei brechen wollten, einen verwandten Geist. Hugo von Tschudi sprach im Sinne von Richard Muther von einem neuen Verhältnis der Moderne zur alten Kunst: «verwandte künstlerische Temperamente [gehen] ähnlichen malerischen Problemen» nach.[53] Die Diskussion entzündete sich unter anderem an Paul Baudrys *Guillemette* aus dem Salon 1859, ein Gemälde, das die einen vorwurfsvoll als Pastiche von Velázquez' *Infante* [Abb. 9] aus dem Louvre und als eine Skizze einschätzten, die nicht geeignet sei, ausgestellt zu werden, und die anderen als «jung, lebendig, geistreich» lobten.[54]

Anlässlich von Manets *Gitarristen* [Abb. 10] meinte Baudelaire, dass das «génie espagnol» Zuflucht in Frankreich gesucht habe,[55] und Gautier seinerseits wies auf die Verwandtschaft mit der malerischen Freiheit der spanischen Barockmalerei hin. Velázquez hätte sich seiner

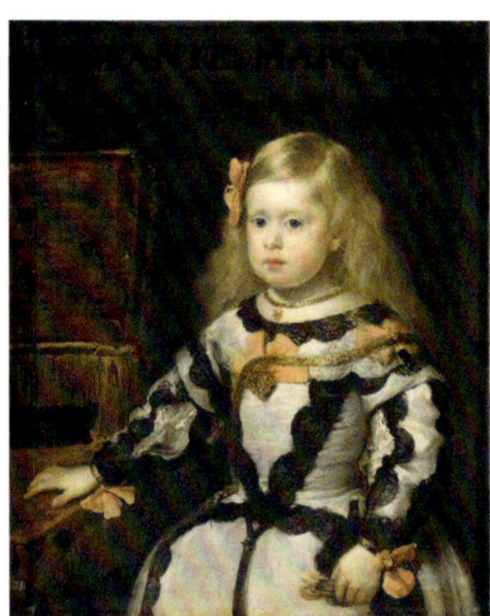

Abb. 9
Diego Rodríguez de Silva y Velázquez
Porträt der Infantin Margarita, Tochter von Philipp IV., König von Spanien, um 1655
Öl auf Leinwand, 70 × 58 cm
Musée du Louvre, Paris

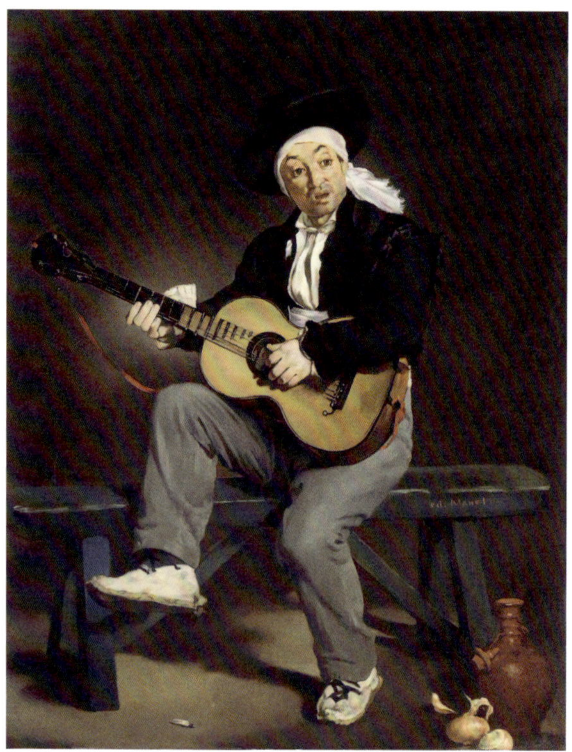

Abb. 10
Edouard Manet
Der spanische Sänger, 1860
Öl auf Leinwand, 147,3 × 114,3 cm
The Metropolitan Museum of Art, New York

nicht geschämt, «würde ihn mit einem kleinen freundschaftlichen Augenzwinkern grüßen».[56] Manet fügte Gautiers Gestalt als kleinen Dank unter das Publikum des *Tuilerien-Konzerts* ein (London, National Gallery). Aber das war in den frühen 1860er-Jahren, als Manet der Tradition noch näherstand. Danach war die positive Einschätzung seiner Kunst zu Ende. Im Bemühen gerecht zu sein, erkannte Gautier zwar an, dass Manet «wahre Qualitäten eines Malers» habe, dieser aber «übertreibe».[57]

Vertieft wurde dieser Gegensatz im Lichte einer philosophischen Betrachtungsweise. Die Ästhetik, die sich in der Bahn Winckelmanns auf der Ebene einer ontologischen Philosophie bewegt hatte, opponierte gegen die phänomenologische Betrachtung der Welt als eine optische Erscheinung und protestierte gegen deren Darstellung als Ziel der Malerei. Die Impressionen der Retina erschienen Gautier zu oberflächlich für seine «Nostalgie des Ideals».[58]

Die Vorbehalte richteten sich weiterhin gegen den Verzicht eines Manet auf Modellierung und auf das Chiaroscuro.[59] Mit dem Tadel einer mangelhaften Komposition war die Fragmentierung bzw. die Ausschnitthaftigkeit gemeint, zu der die Fotografie Anregung gegeben haben mag.[60] Wir finden sie in Manets *Au Café* (1878) [Abb. 11] und auch, besonders auffällig, durch den ein Drittel des Bildes füllenden Türflügel bei *Danseuse dans sa loge* (1878/79) von Edgar Degas [Abb. 12]. Gewiss wurde Degas nicht in Bausch und Bogen verurteilt; man differenzierte. Edmond de Goncourt nannte ihn zwar einen Neurotiker, räumte aber ein, dass es ihm gerade dadurch am besten gelungen sei, die Seele der Modernität zu erfassen.[61]

Der Impressionismus als Wahrnehmungskrise

Zu den genannten Vorbehalten gesellt sich der bei Weitem größte Einwand: Es ist das Nonfinito. Dekuvrierend ist der Ausspruch, der Gautier anlässlich Ernest Meissoniers entschlüpfte: «Perfektion ist gleichbedeutend mit dem Ideal».[62] Der Meisterschaft der Malweise wurde der gleiche Rang zugesprochen wie der Originalität der *inventio*. Der Maler Odilon Redon war zurückhaltender, aber auch er hielt den «Reiz der Perfektion» für unerlässlich. Er beginnt seinen kunstkritischen Bericht über den Salon 1868 mit dem Resümee, dass die «große Kunst nicht mehr existiere», es gebe nur «verschiedene isolierte Versuche, die uns anziehen und manchmal einen neuen Geschmack enthalten». Die Schwäche und Unvollkommenheit eines Werks aber empfand er persönlich als Kränkung.[63]

Dass Maler Entwürfe oder nicht fertig gemalte Bilder, die nach alter Handwerkerehre das Atelier nicht verlassen durften, als vollendet betrachteten und ausstellten, empörte die Traditionalisten. Ernest Chesneau bezeichnete die Gemälde der neuen Schule als Skizzen, die zwar geistreich, aber «ohne wirklichen künstlerischen Wert» seien. Er zielte mit seiner Skepsis besonders auf Manet: «Wenn Manet seine Ungeschicklichkeit zum System erhebt, ist er ein für die Kunst verlorenes Talent.»[64] Der Zusammenhang zwischen Kunst und Können schien verloren. Künstler wie Pierre-Auguste Renoir mit seiner *La Grenouillère* [Abb. 13] verstießen gegen das traditionelle Ideal handwerklicher Vollkommenheit, das ein zu einer glatten Oberfläche fein verriebenes Kolorit verlangte. Bekanntlich hatten naturwissenschaftliche Experimente die

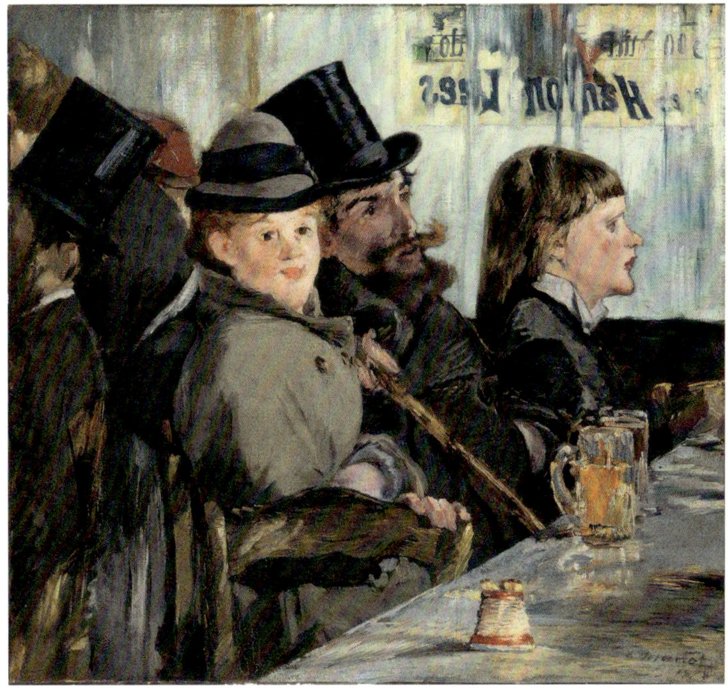

Abb. 11
Edouard Manet
Im Café, 1878
Öl auf Leinwand, 78 × 84 cm
Sammlung Oskar Reinhart «Am Römerholz», Winterthur

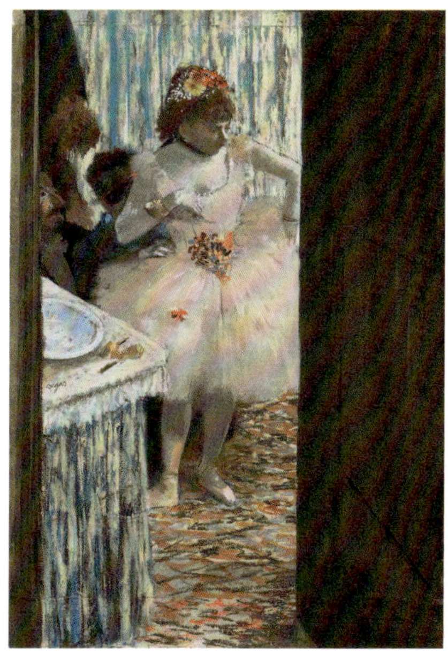

Abb. 12
Edgar Degas
Tänzerin in ihrer Garderobe, um 1878/79
Pastell und Gouache auf Papier, 60 × 40 cm
Sammlung Oskar Reinhart «Am Römerholz», Winterthur

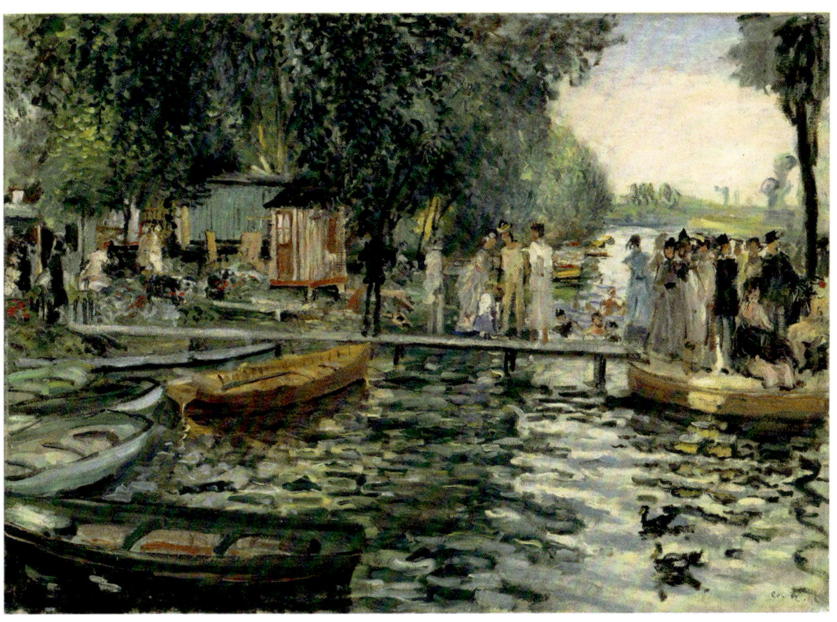

Abb. 13
Pierre-Auguste Renoir
La Grenouillère, 1869
Öl auf Leinwand, 65 × 92 cm
Sammlung Oskar Reinhart «Am Römerholz», Winterthur

Künstler angeregt, Farbflecken unvermischt nebeneinander zu setzen, die erst im Auge des Betrachters aus einer gewissen Distanz sich mit umso größerer Intensität verbinden. Das bedeutete einen Bruch mit den sich in der Geschichte der Malerei herausgebildeten Gestaltungs- und Sehgewohnheiten.[65] Es war für das gebildete Publikum ein Kulturschock.

Die Revolution in der Wiedergabe der Wirklichkeit war durch die Veränderungen der Wahrnehmungsweise bedingt. Die neue Sicht der Dinge implizierte einen Wandel in der Art des Erlebens, die zuallererst von den Malern erprobt wurde. In seinem Aufsatz «Das Kunstwerk im Zeitalter seiner technischen Reproduzierbarkeit» spricht Walter Benjamin von einer Krise und betont, dass innerhalb großer geschichtlicher Zeiträume sich mit der gesamten Daseinsweise auch die Art des Sehens verändert habe. «Die Art und Weise, in der die menschliche Sinneswahrnehmung sich organisiert – das Medium, in dem sie erfolgt – ist nicht nur natürlich sondern auch geschichtlich bedingt.»[66] Benjamin spielt auf die schockartigen Erlebnisse im zunehmend schneller werdenden Stakkato der modernen Großstadt an. Gautier urteilt von einem anderen Standpunkt, aber auch er berief sich auf die Perspektive des historischen Prozesses, aus dem sich ein Formenkanon herausgebildet hatte. Er stellt in seiner Kritik der Impressionisten ausdrücklich den Zusammenhang des formgeschichtlichen Denkens mit der Historizität her. Er sah die durch das Wirken von Manet für ihn und viele seiner Zeitgenossen als inakzeptabel und revolutionär empfundene Malweise als Bruch mit der alterprobten künstlerischen Ausdrucksform. Manet entledige sich der «Regeln der Logik, die Jahrhunderte anerkannt waren».[67] Für Gautier gab es offenbar einen von der Ratio nachzuvollziehenden Gang der Geschichte,[68] obwohl er nicht den Glauben vieler Zeitgenossen an den Fortschritt im Bereich der Kunst teilte. Er wandte sich gegen die «Bande der angeblichen Neuerer»,[69] und wetterte gegen ihre Art zu malen, die er mit einem verdammenswerten Eingriff in das allgemein anerkannte, für alle verbindliche Regelwerk der Rechtschreibung verglich. Ob der Maler wohl «Vergnügen daran finde, die Orthographie der Malerei zu vergewaltigen?»[70] Das ästhetische Empfinden war verletzt.

Leo Stein berichtet in seiner *Appreciation* von 1947, wie er Tage gebraucht habe, um schließlich, und auch nur mit Mühe, mit Henri Matisses *Femme au chapeau* von 1905 [Abb. 14], die er dann kaufte, vertraut zu werden – und das, obgleich er von der ästhetischen Notwendigkeit des revolutionären Neuanfangs der Fauves überzeugt war.[71] Er meinte offenbar, dass es ein universelles Phänomen sei, wenn sich Zeitgenossen, und wir dürfen also Baudelaire und Gautier einbeziehen, mit einem derartigen ästhetischen Umsturz schwer tun. Die auf den «commonplaces of technique», wie Leo Stein sagte, gegründeten Inhibitionen gegenüber dem Neuen[72] haben wenig zu tun mit dem historischen Blick; sie sind vielmehr gleichbedeutend mit dem Verharren in der Konvention. Die Erlebnisästhetik, die auf der Lösung von der klassizistischen Doktrin beruhte, war beim Aufbruch der Impressionisten retardierendes Element, weil die neue Malweise das hedonistische Verlangen nach lieb gewordener Schönheit störte. Die Präsenz des historisch Gewachsenen führt zur Scheu vor der Innovation oder gar zu deren Verurteilung. Die anregende künstlerische Freiheit eines Velázquez , die viele so faszinierte, war eingebunden in der einheitlichen Vorstellungs- und Formenwelt seiner Zeit und wurde unter Einbeziehung physikalischer Erkenntnisse von den Impressionisten zu einer als brutal empfundenen Malweise verabsolutiert. Erst als das Auge der Zeitgenossen sich an die Methode der nebeneinander gesetzten Farbtupfer und Pinselstriche gewöhnt hatte, konnte es die Landschaften goutieren, in denen die Natur gefeiert wurde, oder auch den atmosphärischen Reiz des Großstadtlebens. Es erwuchs ein neues, durch die Impressionisten vermitteltes Gefühl, das sich mit dem Traum einer meist sommerlichen Landschaft verband, in der die Städter Erholung suchten.

Aber so weit war es noch lange nicht in den 1860er-Jahren. Damals tröstete Baudelaire seinen Freund Manet in einem privaten Brief und schrieb, er sei der erste und beste Maler der zeitgenössischen Malerei, die aber dem «Verfall» – er schreibt «décrépitude» – anheim gegeben sei.[73] Théodore de Banville verurteilte Manets *Concert aux Tuileries* als «ein so unklares und schlecht hingefegtes Bild».[74] Henri de Régnier bekannte 1888 offenherzig seinen Horror,[75] ein Jahr später meinte Edmond de Goncourt, mit eben diesem Künstler den «Tod der Ölmalerei» heraufziehen zu sehen,[76] und Hippolyte Taine zweifelte an dem nicht mehr «intakten mentalen Gleichgewicht» der Impressionisten.[77] Die Empörung über die neue Malweise war verbreitet. Für Gautier blieb Manets Werk ein Rätsel: Es schien ihm die «Negation der Kunst zu sein und sich trotzdem an sie anzuschließen».[78] Die in sich widersprüchliche Aussage rührt an das Thema unseres Symposions, *Kunst ohne Geschichte*.

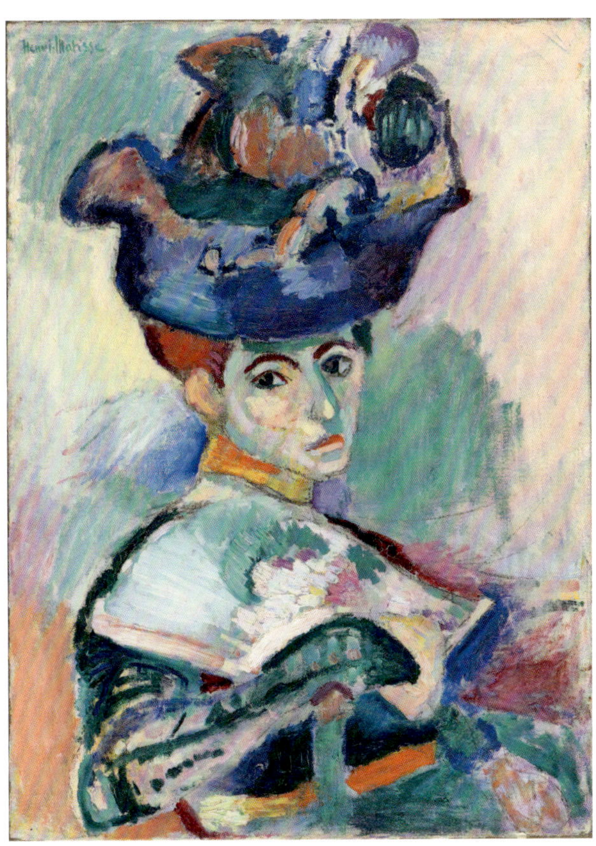

Abb. 14
Henri Matisse
Frau mit Hut, 1905
Öl auf Leinwand, 81 × 60 cm
San Francisco Museum of Modern Art

1 «Ja, es ist wahr: die große Tradition ist verloren, und die neue hat sich noch nicht gebildet.» Charles Baudelaire, «Salon de 1846», in: Baudelaire 1975/76, Bd. II, S. 493; sowie Baudelaire 1975–1992, Bd. I, S. 280. – Für kritische Unterstützung und konstruktive Hilfe danke ich Frau Dr. Ulrike Riechers, Halle.

2 «Sur Eugène Delacroix, son œuvre, ses idées, ses mœurs», in: Baudelaire 1975/76, Bd. II, S. 773.

3 Jules Buisson berichtet von der Bemerkung Delacroix': «Il m'ennuie à la fin». Zit. nach Eugène Crépet, *Charles Baudelaire. Étude biographique, revue et mise à jour par Jacques Crépet*, Paris 1906, S. 353.

4 *Le Moniteur universel*, 11. Mai 1868; zit. nach Gautier 1994, S. 139.

5 Théophile Gautier, «Salon de 1865»: «rupture complète avec les traditions»; zit. nach Gautier 1994, S. 294. Über Monet am 11. Mai 1868; ebd., S. 319 f.

6 Johann Joachim Winckelmann, *Geschichte der Kunst des Altertums*, Wien 1934 (1764), S. 147.

7 Ebd., S. 149 f.

8 Erweiterte dreibändige Fassung Paris 1770 (Genf 1982).

9 «Ce Chardin avait bien raison de dire à un de ses confrères, peintre de routine: Est-ce qu'on peint avec des couleurs? – Avec quoi donc? – Avec quoi? Avec le sentiment.» Denis Diderot, «Salon de 1769», in: Paul Vernière (Hg.), *Denis Diderot. Œuvres esthétiques*, Paris 1964, S. 497.

10 «La peinture est l'art d'aller à l'âme par l'entremise des yeux; si l'effet s'arrête aux yeux, le peintre n'a fait que la moindre partie du chemin.» Else Marie Bukdahl und Annette Lorenceau (Hg.), *Denis Diderot. Salon de 1765*, Paris 1984, S. 226.

11 Henri Martineau (Hg.), *Stendhal. Histoire de la peinture en Italie*, Paris 1929, Bd. II, S. 34.

12 «Un homme passionné qui se soumet à l'effet des beaux-arts trouve tout dans son cœur.» (Ebd.)

13 «La formule de Winckelmann était: ‹Le beau absolu, dont l'art grec est le type›, hérésie incroyable, qui sacrifie l'avenir au passé, et nie complètement l'activité de la poésie vivante et la renaissance éternelle du génie humain.» Théophile Thoré, *Le Salon de 1847*, Paris 1847, S. 11.

14 Bernard Bolzano, «Über den Begriff des Schönen. Eine philosophische Abhandlung (Prag 1843)», in: ders., *Mathematisch-physikalische und philosophische Schriften 1842–1843*, Bd. 18, hrsg. von Eduard Winter et al., Stuttgart-Bad Cannstatt 1989, S. 122.

15 Die Schönheit lässt die Einbildungskraft des Betrachters in «die lebhafteste Thätigkeit» geraten und steigert zugleich seine «Erkenntniskräfte». Diese Konstellation führt zu einem «Wohlgefallen», das Bolzano auch als «Lust» bezeichnet (ebd., S. 119), die aber sowohl niedere Sinnlichkeit wie eine reine Intellektualität ausschließt und sich in einem nicht genau definierten Bereich vergleichenden Denkens und Assoziierens von Erfahrungen bewegt. Die Definition des Schönen löst sich von dem Anspruch auf objektiv-formalistische Kriterien. Die Sensibilität des Kunstfreundes öffnet den Zugang zum Kunstwerk.

16 «Die Weltausstellung 1855», in: Baudelaire 1975–1992, Bd. II, 1983, S. 230; Baudelaire 1975/76, S. 578: «je suis revenu chercher un asyle dans l'inpeccable naïveté».

17 Baudelaire 1975–1992, Bd. V, 1989, S. 220; Baudelaire 1975/76, Bd. II, S. 690. «Or, la convalescence est comme un retour vers l'enfance. Le convalescent jouit au plus haut degré, comme l'enfant, de la faculté de s'intéresser vivement aux choses, même les plus triviales en apparence.»

18 «Der Salon 1846», in: Baudelaire 1975–1992, Bd. I, S. 197; Baudelaire 1975/76, Bd. II, S. 419: «la passion rapproche les tempéraments analogues».

19 Baudelaire 1975–1992, Bd. II, S. 228; Baudelaire 1975/76, Bd. II, S. 576: «Peu d'hommes ont, – au complet, – cette grâce divine du cosmopolitisme; [...] Les mieux doués à cet égard sont ces voyageurs solitaires».

20 Edmund Burke, *Philosophische Untersuchung über den Ursprung unserer Ideen vom Erhabenen und Schönen*, Hamburg 1989, 3. Teil, 1. Abschnitt: «Von der Schönheit»; S. 127. «By beauty I mean, that quality or those qualities in bodies by which they cause love, or some passion similar to it», in: Edmund Burke, *A Philosophical Enquiry into the Origin of our Ideas of the Sublime and Beautiful*, hrsg. von Adam Phillips, Oxford 1998, S. 83 (engl. Erstausg. London 1757).

21 Stendhal, *De l'Amour*, hrsg. von Henri Martineau, Paris 1959, 1. Buch, Kap. XVII, S. 41. Für Stendhal, seinerseits durch Burke angeregt, wird die Schönheit zum Glücksversprechen: «Die Schönheit ist der Ausdruck einer gewohnten Art, das Glück zu suchen.» Stendhal, *Geschichte der Malerei in Italien*, Berlin 1924, Kap. 105, S. 236; Martineau 1929 (wie Anm. 11), Bd. II, Kap. CX, S. 131. Siehe auch Pia Claudia Döring, «Die Schönheit – Nur ein Glücksversprechen? Hobbes, Stendhal, Baudelaire», in: Karin Westerwelle (Hg.), *Charles Baudelaire, Dichter und Kunstkritiker*, Würzburg 2007, S. 107–121.

22 Hervorhebungen durch Bolzano. Bolzano, der diese Zeilen aus Lamennais' *Grundriß einer Philosophie* (Paris und Leipzig 1841, Bd. II, S. 266) am Ende seines Traktats «Über den Begriff des Schönen» zitiert, kommentiert sarkastisch: «hier scheint der Franzose nicht zu wissen, dass sich der Deutsche mit der blossen *Betrachtung* des Schönen begnüge! [...] Vortrefflich! unser Abbé, ist er nicht schon auf dem halben Wege zum Pantheismus des modernen Deutschthums?» Bolzano 1989 (wie Anm. 14), S. 217.

23 «[...] dans la première origine du sentiment du beau, comme dans l'amour maternel, il entre peut-être un peu d'instinct». Martineau 1929 (wie Anm. 11), Bd. II, Kap. LXXI, S. 12.

24 «In den schönen Künsten steht der Instinkt über dem Gedanken». Madame de Staël, *Über Deutschland*, hrsg. von Monika Bosse, Frankfurt a. M. [1985 [1]], S. 489. «Il faut dans les beaux-arts plus d'instinct que de pensées.» Dies., *De l'Allemagne*, 2. Teil, Paris 1882, Kap. 32, S. 378.

25 Maurice Maeterlinck, *Von der inneren Schönheit. Auszüge und Essays*, hrsg. von Maria Kühn, Düsseldorf und Leipzig o. J., S. 15; «l'instinct d'une âme», in: Maurice Maeterlinck, *La sagesse et la destinée*, XCIX (1898).

26 Ebd., S. 202. «N'est-ce pas dans l'amour que se trouvent les plus purs éléments de beauté que nous puissions offrir à l'âme» (*Le Trésor des Humbles*, Paris 1902), in: Paul Goreix (Hg.), *La Belgique fin de siècle. Romans – Nouvelles – Théâtre*, Brüssel 1997, S. 932.

27 Winckelmann 1934 (wie Anm. 6), S. 150.

28 *Von einem Faun entführte Nymphe*, Salon 1861. Paris, Musée d'Orsay. Siehe auch Gabriele Genge, *Geschichte im Négligé. Geschichtsästhetische Aspekte der Pompiermalerei*, Weimar 2000, S. 163–167. Wie sehr heute noch die Pompiers beliebt sind, kann man an der Tatsache sehen, dass dieses Bild von Cabanel das Motiv für eine Schutzhülle des iPhone 4 und einen Dekor für das iPad abgibt.

29 Théophile Gautier, *Abécédaire du Salon de 1861*, Paris 1861, S. 90 f. «Les artistes aujourd'hui ne pensent pas à plaire aux yeux, ce qui, en somme, est le but de la peinture. [...] C'est là, nous le voulons bien, une sensation purement physique, mais du ressort même de la peinture, et sans laquelle, à notre sens, il n'y a pas de peinture parfaite.» Immerhin muss gesagt werden, dass Gautier zwischen «volupté corporelle» und «volupté de l'âme» unterscheidet. Vgl. «Mademoiselle de Maupin», in: *Romans, contes et nouvelles*, hrsg. von Pierre Laubriet, Paris 2002, Bd. I, Kap. 15, S. 505.

30 So Baudelaire von der Wirkung der Gemälde von Delacroix. «L'Œuvre et la vie d'Eugène Delacroix», in: Baudelaire 1975/76, Bd. II, S. 753; Baudelaire 1975–1992, Bd. VII, S. 280.

31 Susan Sontag, «Against interpretation», in: *Against Interpretation and Other Essays*, New York et al. 1990, S. 14.

32 «Salon 1859», in: Baudelaire 1975–1992, Bd. V, S. 170. Siehe auch Baudelaire 2006, S. 448 f.

33 Siehe zu diesem Thema die Publikation von Kerstin Thomas (Hg.), *Stimmung. Ästhetische Kategorie und künstlerische Praxis*, Berlin und München 2010.

34 «Salon 1859», in: Baudelaire 1975–1992, Bd. V, S. 157, 159, 160 und die französische Ausgabe *Salon de 1859*, 2006, S. 28 ff.: «Eugène Delacroix peint surtout l'*âme* dans ses belles heures.»

35 «Die Weltausstellung 1855», in: Baudelaire 1975–1992, Bd. II, S. 252 f.; Baudelaire 1975/76, Bd. II, S. 596 f.: «la postérité [...] dira, comme nous, qu'il fut un accord unique des facultés les plus étonnantes; qu'il eut comme Rembrandt le sens de l'intimité et la magie profonde, l'esprit de combinaison et de décoration comme Rubens et Lebrun, la couleur féerique comme Véronèse, etc.; mais qu'il eut aussi une qualité *sui generis*, indéfinissable et définissant la partie mélancolique et ardente du siècle, quelque chose de tout à fait nouveau, qui a fait de lui un artiste unique, sans générateur, sans précédent, probablement sans successeur, un anneau si précieux, qu'il n'en est point de rechange».

36 Ebd. S. 252. Baudelaire 1975/76, Bd. II, S. 596: «véritables fêtes du cerveau [...], où les couleurs parlent, où les parfums racontent des mondes d'idées». «[La peinture de Delacroix] révèle le surnaturalisme». Siehe meinen Aufsatz «En route vers l'abstraction. Vibratisme vital et colorisme transcendantal. Stendhal, Baudelaire, Kandinsky» in: Rossella Froissart, Laurent Houssais und Jean-François Luneau (Hg.), *Du Romantisme à l'Art Déco. Lectures croisées. Mélanges offerts à Jean-Paul Bouillon*, Rennes 2011, S. 33–44.

37 Baudelaire 1975–1992, Bd. I, S. 204.

38 «Über die ästhetische Erziehung», 22. Brief, in: Friedrich Schiller, *Sämtliche Werke*, hrsg. von Peter André Alt, Albert Meier und Wolfgang Riedel, München 2004, Bd. V, S. 639. Julie Ramos bindet dieses Zitat in den deutschen Kontext ein, siehe Julie Ramos, *Nostalgie de l'unité. Paysage et musique dans la peinture de P. O. Runge et C. D. Friedrich*, Rennes 2008, S. 153.

39 Baudelaire 1975/76, Bd. II, S. 791; Baudelaire 1975–1992, Bd. VII, S. 105. Richard Wagner, «Zukunftsmusik», in: *Gesammelte Schriften und Dichtungen*, Leipzig 1888, Bd. VII, S. 104: «und als das gelungenste Werk des Dichters müsste uns daher dasjenige gelten, welches in seiner letzten Vollendung gänzlich Musik würde.»

40 Stéphane Mallarmé, *Œuvres complètes*, hrsg. von Bertrand Marchal, Paris 2003, Bd. II, S. 678 («Avant-dire au *Traité du verbe* de René Ghil»).

41 Wilhelm Dilthey, *Das Erlebnis und die Dichtung. Lessing, Goethe, Novalis, Hölderlin*, hrsg. von Gabriele Malsch, Göttingen 2005 (*Gesammelte Schriften*, Bd. 26), S. 28. Siehe auch Karol Sauerland, *Diltheys Erlebnisbegriff. Entstehung, Glanzzeit und Verkümmerung eines literaturhistorischen Begriffs*, Berlin und New York 1972.

42 Moritz Geiger, *Beiträge zur Phänomenologie des ästhetischen* Genusses, Tübingen 1974, S. 49 f. (Erstveröffentlichung 1913 im *Jahrbuch für Philosophie und phänomenologische Forschung*).

43 Edgar Wind, *Ästhetischer und kunstwissenschaftlicher Gegenstand. Ein Beitrag zur Methodologie der Kunstgeschichte*, hrsg. von Pablo Schneider, Hamburg 2011, S. 84.

44 *Produktion, Affektion, Rezeption*. Interdisziplinäres Symposium für Nachwuchswissenschaftler im Rahmen des Promotionsprogramms ProArt an der Ludwig-Maximilians-Universität München 17./18.02.2012.

45 «Salon de 1868», *Le Moniteur universel*, 11. Mai 1868, in: Gautier 1994, S. 138: «Il allait régénérer l'Ecole, lui infuser un sang jeune et généreux, la débarrasser de la routine, de la tradition, et la ramener au vrai.»

46 Ebd., S. 139.

47 Ebd., S. 139.

48 Gautier nannte ihn einen «fürchterlichen Realisten» und zwei Jahre später den «Chef, den Heroen des Realismus» (*Le Moniteur universel* vom 25. Juni 1864 und 11. Mai 1866).

49 *Le Moniteur universel* vom 24. Juni 1865, in: Gautier 1994, S. 294.

50 Gotthard Jedlicka, *Anblick und Erlebnis. Bildbetrachtungen*, Frankfurt a. M. 1955, S. 135.

51 Baudelaire 1975–1992, Bd. V, S. 153; Baudelaire 1975/76, Bd. II, S. 631: «J'ai éprouvé [...] ce je ne sais quoi que jettent dans l'âme certains Lesueur et les meilleurs Philippe de Champagne.» Dazu der Kommentar in der Ausgabe Baudelaire 2006, S. 343 ff.

52 Wolfgang Drost, «Vermutungen über Baudelaire und die Barockmalerei in den romanischen Ländern. Von El Greco zu Georges de La Tour», in: Achim Barsch, Helmut Scheuer und Georg-Michael Schulz (Hg.), *Literatur, Kunst, Medien. Festschrift für Peter Seibert zum 60. Geburtstag*, München 2008, S. 13–30. – Siehe auch Ausst.-Kat. Paris 2002.

53 Hugo von Tschudi, Vorwort zum Ausst.-Kat. München 1911, S. 6. Weiterhin schreibt er: «Denn so paradox es klingen mag, aus der alten Kunst führen nur schwer gangbare Wege zu der Kunst unserer Tage. Der umgekehrte Weg ist der natürliche. [...] Von Manet aus fiel ein neues Licht auf Velasquez und Goya. Mit der Bewunderung für Cézanne erwachte das Verständnis für Greco.» (Ebd., S. 3) Siehe auch Reinhard-Felice 2003, S. 17–99, hier S. 30. Reinhard-Felice verweist auf Richard Muther, der ähnliche Gedankengänge in seiner *Geschichte der Malerei* formuliert hat: «Die neue Kunst konnte nur stehen lernen, indem sie an die Kunst alter großer Epochen sich anlehnte. Schon bevor die Gelehrten eingriffen, hatten die Künstler selbst in ein solches Verhältnis zur alten Kunst zu treten gesucht, die einen, indem sie die Holländer, andere, indem sie die Bolognesen nachahmten.» (Bd. V, S. 150; Kap. 15: «Der Klassizismus in Deutschland»).

54 Baudelaire 2006, S. 465.

55 «Peintres et aquafortistes» in: Baudelaire 1975/76, Bd. II, S. 738.

56 «Velasquez le saluerait d'un petit clin d'œil amical, et Goya lui demanderait du feu pour allumer son papelito.» *Le Moniteur universel*, 3. Juli 1861.

57 «Salon de 1864», in: *Le Moniteur universel*, 25. Juni 1864. Manet «possède de vrais qualités du peintre»; «[mais] il représente les tendances les plus outrées de la peinture contemporaine».

58 Siehe Théophile Gautier, *Spirite*, hrsg. von Anne Geisler-Szmulewicz, Paris 2010, S. 84. Über Gautiers Platonismus und dessen Nähe zum Spiritismus siehe meine Einführung in Théophile Gautier, *Über das Schöne in der Kunst*, übers. und kommentiert von Wolfgang Drost und Ulrike Riechers, Siegen 2011.

59 «Salon de 1868», in: *Le Moniteur universel*, 11. Mai 1868, zit. nach Gautier 1994, S. 296.

60 Gautier spricht im Zusammenhang von Courbet und den «modernen Realisten» von «informes ébauches» («Salon de 1868», in: *Le Moniteur universel*, 11. Mai 1868, zit. nach Gautier 1994, S. 139). Dazu Wolfgang Drost, «Fragmentarische Strukturen in der französischen Malerei des 19. Jahrhunderts. Von Manet und Degas zu Flaubert», in: Wolfgang Drost, *Recherchen eines Dilettanten zur Kunst und Literatur. Vom Manierismus bis zum ‹fin de siècle›*, Siegen 2005, S. 337–360.

61 «[...] «un maladif, un névrosé [...], mais par cela même un être éminemment sensitif, et recevant le contrecoup du caractère des choses. C'est, jusqu'à présent, l'homme que j'ai vu le mieux attraper, dans la copie de la vie moderne, l'âme de cette vie.» (13. Februar 1874 im *Journal*, hrsg. von Robert Ricatte, 22 Bde., Monaco 1956–58, hier Bd. X, S. 164).

62 «la perfection vaut l'idéal», Gautier, «Ernest Meissonier», in: *Gazette des Beaux-Arts*, Bd. XII, 1862, S. 419–428, hier S. 428.

63 Gérard-Georges Lemaire, *Esquisses en vue d'une histoire du Salon*, Paris 1986, S. 228.

64 Ernest Chesneau, *L'Art et les artistes modernes en France et en Angleterre*, Paris 1864, S. 185, 189.

65 Diese Malweise erschien Gautier «willentlich schwerfällig und brutal» und wurde nicht nur von ihm verabscheut: «Nous avons tâché d'être juste envers ce qui nous répugnait, et ce sentiment a dû être partagé par beaucoup de personnes à qui leurs études, leurs doctrines, leurs travaux et leurs goûts doivent rendre assurément de telles œuvres insupportables.» (*Le Moniteur universel*, 11. Mai 1868, in: Gautier 1994, S. 296).

66 Walter Benjamin, *Das Kunstwerk im Zeitalter seiner technischen Reproduzierbarkeit. Drei Studien zur Kunstsoziologie*, Frankfurt a. M. 1996, S. 14. Dt. Erstausg. 1963; zuerst erschienen 1936 auf französisch und in gekürzter Fassung unter dem Titel «l'Œuvre d'art à l'époque de sa reproduction mécanisée» in der *Zeitschrift für Sozialforschung*.

67 Manet «se dégage reconnues par la logique des siècles», *Le Moniteur universel*, 25. Juni 1864.

68 Philippe Junod, «L'Histoire de l'art selon Gautier et Baudelaire» in: Roland Recht, Philippe Sénéchal, Claire Barbillon und François-René Martin (Hg.), *Histoire de l'histoire de l'art en France au XIXe siècle*, Paris 2008, S. 267–277. Junod fasst die Stellungnahmen von Gautier und Baudelaire zur Geschichte der Kunst trefflich zusammen. So plädierte Gautier für eine historische und chronologische Hängung, wie sie in der Grande Galerie verwirklicht sei: «chaque peintre [...] précédé par son maître, qui le rattache au passé, comme ses élèves le rattachent à l'avenir, forment une chaîne dont les anneaux ne s'interrompent jamais, parce que l'art, non plus que la nature, ne fait jamais des sauts». Der Besucher könne «wie in einem offenen Buch den Ursprung, Fortschritt und Dekadenz der Kunst lesen», – «lire comme dans un livre ouvert les origines, les progrès et la décadence de l'art». (Gautier, «Etudes sur les musées», in: *Tableaux à la plume*, Paris 1880, Reprint Paris 2000, S. 22, 4) Baudelaire hingegen, nicht ganz stringent, setzt in den einleitenden Gedanken zur *Exposition universelle 1855* und bei der danach folgenden Behandlung Delacroix' einen ungleich stärkeren Akzent auf die Individualität des Künstlers. Für ihn, obschon auch er von einer «historischen Kette» spricht, ist «jede Blüte spontan» und der «Künstler schöpft nur aus sich selber»: «Toute floraison est spontanée», «L'artiste ne relève de que lui-même» (Baudelaire 1975–1992, Bd. II, S. 234; Baudelaire 1975/76, Bd. II, S. 581).

69 «la bande des prétendus novateurs», Gautier, «Salon de 1868», zit. in: *Le Moniteur universel*, 11. Mai 1869, zit. nach Gautier 1994, S. 139.

70 Gautier, «Salon de 1870», in: *Journal officiel*, 18. Juli 1870: «M. Manet ignore-t-il ou violе-t-il à plaisir l'orthographe de la peinture? [...] M. Manet a résolu de mourir dans l'impénitence finale, égaré par une fausse doctrine et d'imprudents éloges.»

71 «[...] a thing brilliant and powerful, but the nastiest smear of paint I had ever seen. It was what I was unknowingly waiting for, and I would have snatched it at once if I had not needed a few days to get over the unpleasantness of the putting on of the paint.»' Leo Stein, *Appreciation. Painting, Poetry and Prose*, Lincoln und London 1996, S. 158.

72 Ebd. Leo Stein diskutierte mit Matisse auch die Probleme von Skizze und vollendetem Bild, was die Akzeptanz in Sammlerkreisen betrifft (S. 161 f.).

73 «Vous n'êtes que le premier dans la décrépitude de votre art». Brief an Manet vom 11. Mai 1865, in: Charles Baudelaire, *Correspondance*, hrsg. von Claude Pichois, Paris 1973, Bd. II, S. 497.

74 Théodore de Banville, «Mouvement littéraire. Livres et théâtres», in: *L'Artiste*, 15. April 1863, S. 170: «un tableau si troublé et si mal balayé»; wiederabgedruckt in: *Critique littéraire, artistique et musicale choisie*, hrsg. von Peter J. Edwards und Peter S. Hambly, Bd. I, Paris 2003, S. 339.

75 «J'ai horreur de Manet», zit. nach Philippe Thiébaut, «Henri de Régnier et l'art de son temps d'après un document inédit», in: *Gazette des Beaux-Arts*, Bd. XCVIII, Juli–Dez., 1981, S. 61–73, hier S. 64.

76 *Journal* 1956–58, Bd. XVI, S. 77; Eintrag vom 18. Mai 1889. Avec «Manet et les peintres à sa suite, est morte la peinture à l'huile». Aber de Goncourt macht auch Ausnahmen, ein Aquarell, ein Stillleben mit drei Pflaumen, bezeichnet er als «des merveilles de lavis et du coloriage artiste» (Bd. XIX, S. 163; 21. August 1893).

77 «A la fin, chez les maîtres eux-mêmes, chez Théodore Rousseau et Corot, l'équilibre mental et nerveux n'était plus intact; chez leurs successeurs, surtout après l'ébranlement de 1870 et de 1871, il s'est faussé, puis renversé, et toujours du même côté, du côté de la sensation absorbante, physique et personnelle, chez les uns inculte et brute, chez les autres surexcitée et pervertie [...]». Jean-Paul Bouillon, «Histoire de l'histoire de l'art. Faut-il brûler Taine?» in: *Quarante-huit/Quatorze*, Paris, Musée d'Orsay, 1989, Nr. 1, S. 52–62, hier S. 59.

78 Gautier, «Salon de 1869», in: *L'Illustration*, 15. Mai 1869, zit. nach Gautier 1994, S. 298: «Très-peu restent indifférents à cette peinture étrange qui semble la négation de l'art et qui pourtant s'y rattache.»

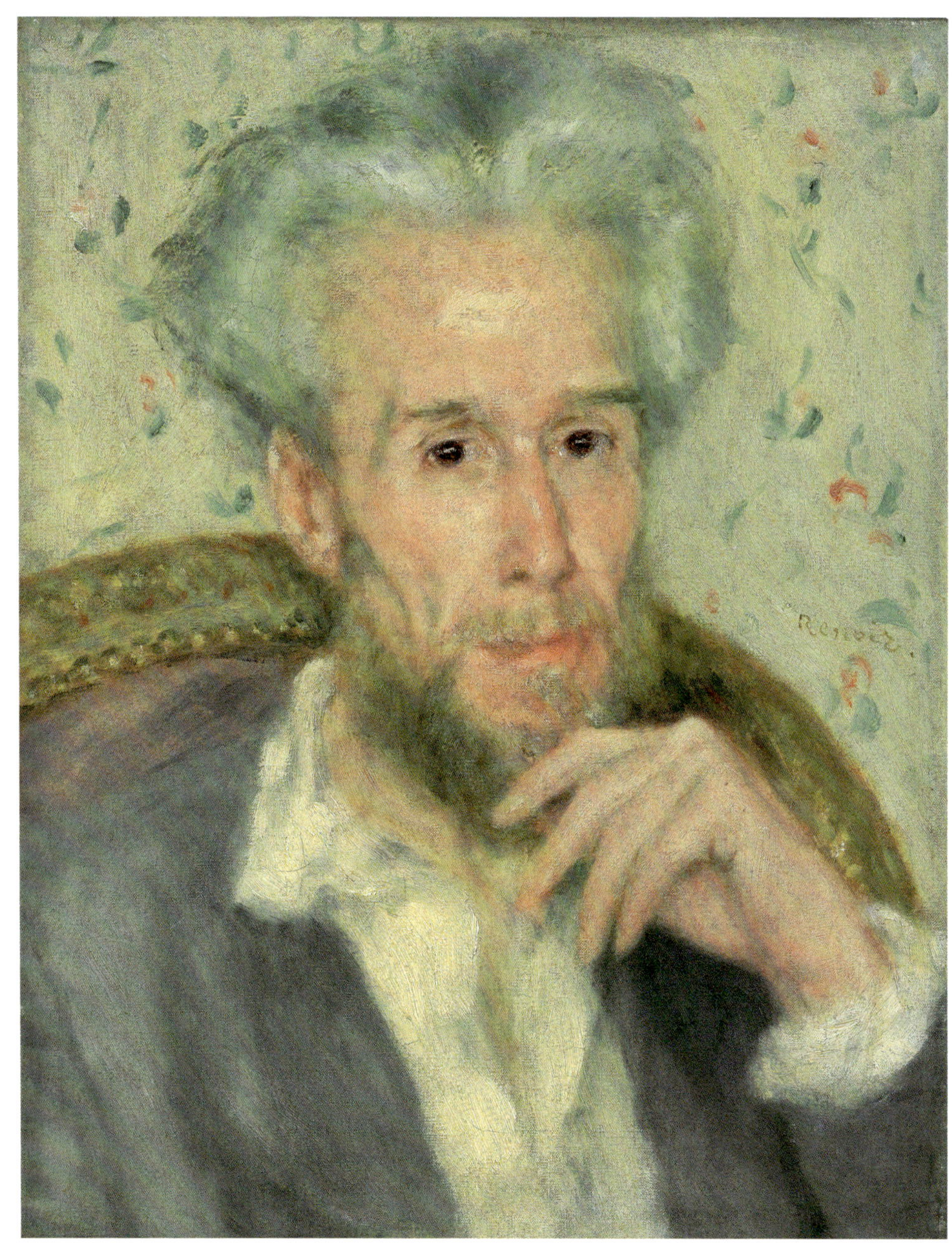

Abb. 1
Pierre-Auguste Renoir
Bildnis Victor Chocquet, um 1876
Öl auf Leinwand, 46 × 36 cm
Sammlung Oskar Reinhart «Am Römerholz», Winterthur

ANNE DISTEL

Die ersten Sammler der Impressionisten (1874–1914) und was sie uns gelehrt haben

Im Frühjahr 1878 – in Paris dreht sich gerade alles um eine Weltausstellung – verfasst der Kritiker Théodore Duret (1838–1927) eine Broschüre mit dem Titel *Les Peintres impressionnistes*. [Abb. 3] In fünf kurzen Studien zu Claude Monet, Pierre-Auguste Renoir, Alfred Sisley, Camille Pissarro und Berthe Morisot stellt er die seit ihrer ersten im Jahr 1874 in Eigenregie organisierten Ausstellung als «Impressionisten» titulierten Maler dem Publikum vor und macht sich zu deren Fürsprecher; von den offiziellen Veranstaltungen im Jahr 1878 hat man sie freilich ausgeschlossen, und so planen sie eine neue Ausstellung, die letztlich jedoch nicht zustande kommt. Dass wir diese Broschüre, die erste Studie zu den Impressionisten überhaupt, im Rahmen dieses Symposiums erwähnen, hat seinen Grund darin – und das kommt in der kritischen Literatur der damaligen Zeit nur selten vor –, dass Duret, der selbst Sammler war, hier die Namen von zehn Kunstliebhabern nennt, die sich für diese Malerei eingesetzt und dem Gespött des Publikums zum Trotz impressionistische Werke gekauft haben. Das Zeugnis eines Kritikers, der selbst ein reger Akteur auf dem Kunstmarkt war, bietet uns einen guten Einstieg, um die Besonderheit jener französischen Kunstliebhaber in Erinnerung zu rufen, die sich für die moderne Malerei der zweiten Hälfte des 19. Jahrhunderts und des frühen 20. Jahrhunderts begeisterten, also noch vor der Entstehung von Sammlungen wie der von Oskar Reinhart und seinesgleichen.

Es wird hier nicht darum gehen, die Liste dieser aufgeführten Namen erschöpfend abzuhandeln; vielmehr gilt es, gleich zu Beginn die große soziale und berufliche Heterogenität der Sammler hervorzuheben, die alle in Paris ansässig waren und deren Geburtsjahr die Reihenfolge von Durets Nennung bestimmt (zwischen 1821 und 1846, damit gehören die älteren Sammler der Generation der Väter der Impressionisten an): ein subalterner Beamter im Finanzministerium, Victor Chocquet (1821–1891); ein Industrieller in der Textilbranche, Jean Dollfus (1823–1911); ein Aristokrat und Großgrundbesitzer, Graf Armand Doria (1824–1896); ein Arzt und Homöopath rumänischer Herkunft, Georges de Bellio (1828–1894); ein Bariton und Star an der Pariser Oper, Jean-Baptiste Faure (1830–1914); ein Privatier und Erbe mehrerer Minen in Wales, Charles Deudon (1832–1914); ein Feinbäcker aus einem populären Stadtviertel sowie Autor und Maler, Eugène Murer (1841–1906); der Verleger der Naturalisten Georges Charpentier (1846–1905).

Die meisten dieser Sammler sind wohlhabend, aber nicht schwerreich, und einige wie Chocquet oder Murer haben sogar nur bescheidene Einkommen. Ihre Bilder finden in privaten Räumlichkeiten Platz – auch wenn wie im Fall von Faure oder Dollfus von einer «Galerie» die Rede ist –, und zwar meistens in einer gutbürgerlichen Pariser Wohnung. Gleichwohl beschreibt Renoir ohne Umschweife Chocquet als den «größten französischen Sammler nach den Königen, vielleicht sogar weltweit, nach den Päpsten»[1]; jetzt hat die Demokratie auch im Mäzenatentum Einzug gehalten. [Abb. 1]

Schließlich sind diese Sammlungen zum weitaus größten Teil einer zeitgenössischen Malerei abseits der öffentlich anerkannten Kunstströmungen gewidmet; die meisten Sammler allerdings (Chocquet, Dollfus, Doria oder Faure) räumen auch Vertretern der älteren Künstlergenerationen, wie Camille Corot, Eugène Delacroix, Jean-François Millet oder die Maler der Schule von Barbizon, die lange Zeit außerhalb der dominierenden Strömung geblieben waren, einen besonderen Stellenwert ein. In diesen divergenten Sammlungen sind zudem Eugène Boudin und Johan Barthold Jongkind vertreten, und gelegentlich sind Anklänge des *japonisme* zu finden, insbesondere bei Dollfus. Von den anderen Kunstliebhabern hebt sich Letzterer außerdem durch eine bedeutende Kollektion primitiver sowie flämischer und holländischer Kunst aus dem 17. Jahrhundert ab, eine Besonderheit, von der später noch die Rede sein wird. Häufig finden sich auch französische oder italienische Werke des 18. Jahrhunderts Seite an Seite mit den Impressionisten wieder. Malerei aus der Zeit vor dem

19. Jahrhundert ist bei diesen Sammlern also durchaus statthaft.

Zwar besteht zu jener Zeit bereits ein den Pariser Kunstmarkt strukturierendes Händler-Galerie-System – stellvertretend sei hier Paul Durand-Ruel als der bekannteste genannt –, das die von Duret genannten Sammler im Übrigen auch in Anspruch nehmen. Aber sie stehen alle in direktem Kontakt zu den Künstlern. Faktisch lassen sich ihre Sammlungen bzw. deren jeweilige Geschichte nur rekonstruieren, wenn man die Begleithefte zu den Ausstellungen – dem Hauptvehikel der Kunstströmung des Impressionismus – heranzieht, in denen die Namen der Sammler neben ihren Leihgaben erscheinen. Durets Liste ließe sich noch um weitere bemerkenswerte Sammler ergänzen, etwa Ernest Hoschedé, den Arzt Paul Gachet oder Emmanuel Chabrier – Namen, die der Kritiker aus verschiedenen Gründen hier nicht nennt. Indem er gerade diese zehn Kunstliebhaber bewusst in einen Essay, der eine künstlerische Strömung untersucht, einfließen lässt, hebt Duret deutlich hervor, dass diese herausfordernden, nonkonformistischen Sammler eine durch ihre finanzielle Unterstützung vitale, aber zugleich auch eine moralische und ästhetische Rolle für die «neue Malerei» spielen.

Im Übrigen wären mehrere Maler, die in unterschiedlichem Maße an der Bewegung des Impressionismus teilhatten, als echte *amateurs* in Ergänzung zur Liste von Duret zu nennen. Aus demselben Geist heraus haben Edgar Degas (1834–1917) und sein Freund, der Ingenieur und Maler Henri Rouart (1833–1912), natürlich Gustave Caillebotte (1848–1894), aber auch Paul Gauguin (1848–1903) und Camille Pissarro (1830–1903) Sammlungen angelegt. [Abb. 2]

Diese Kunstliebhaber sind größtenteils etwas älter als die Impressionisten und treten ab 1874 in Aktion, stellen jedoch ihre Sammlertätigkeit meistens noch während der aktiven Zeit der Maler ein. Zwar werden ihre Sammlungen zwischen 1890 und 1914 in alle Winde verstreut (häufig auf öffentlichen Auktionen, was dem zeitgenössischen Publikum die Gelegenheit gibt, überhaupt Kenntnis davon zu erlangen), aber Nachfolger sorgen für ein nahtloses Fortbestehen: Man denke an Etienne Moreau-Nélaton (1859–1927), Isaac de Camondo (1851–1911), Auguste Pellerin (1852–1929) oder Antonin Personnaz (1854–1936), die sich später mit großen Schenkungen an die nationalen Museen Frankreichs hervortun; an François Depeaux (1853–1920), dem Wohltäter des Museums von Rouen oder an bekannte Persönlichkeiten wie den Bibliophilen Paul Gallimard (1850–1929), den Couturier Jacques Doucet (1853–1929) und bald auch den blutjungen Alexandre Berthier Prince de Wagram (1883–1918). Diese neuen Sammler treten zu einem Zeitpunkt in Erscheinung, als Manets *Olympia* sich 1890 dank der Sammelaktion Monets einen symbolischen Platz im Musée du Luxembourg sichern kann und schon bald mit der Sammlung Caillebotte Gesellschaft bekommt (sie wird im Februar 1897 vorgestellt).

Von der sozialen Herkunft her ähnelt diese neue Sammlergeneration zwar der vorangegangenen, sie ist aber mondäner und vor allem viel reicher und tätigt weitaus größere Investitionen, um Sammlungen aufzubauen, die dann in herrschaftlichen Stadthäusern prunkvoll zur Schau gestellt werden. In der Zwischenzeit haben sich die Impressionisten tatsächlich auch immer mehr behaupten können und der auf das Zehn-, ja Tausendfache gestiegene materielle Wert ihrer Werke sorgt für viel Gesprächsstoff. Die Vorstellung vom unbekannten (und nicht zwangsläufig jungen) Künstler, den es zu «entdecken» gilt, bevor sein Marktwert steigt, wird um 1900 zum Gemeinplatz, der beim Publikum immer wieder Erstaunen hervorruft. Die direk-

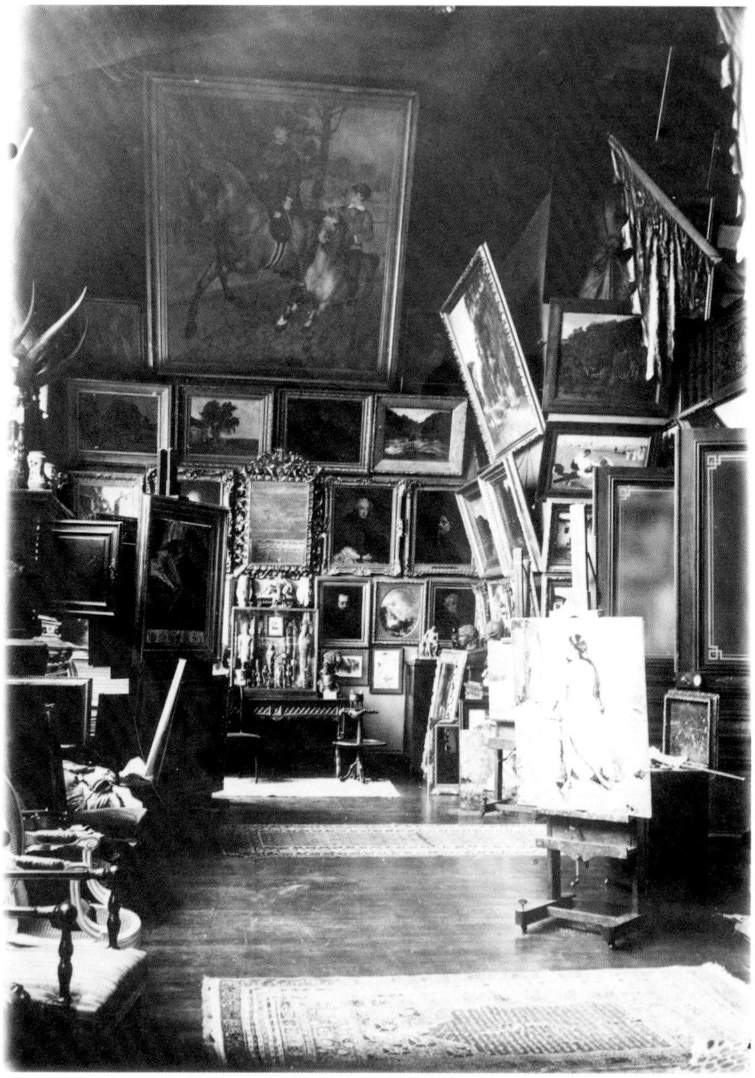

Abb. 2
Interieur der Wohnräume von Henri Rouart, rue de Lisbonne in Paris
Anonyme Aufnahme, um 1900
Musée d'Orsay, Paris

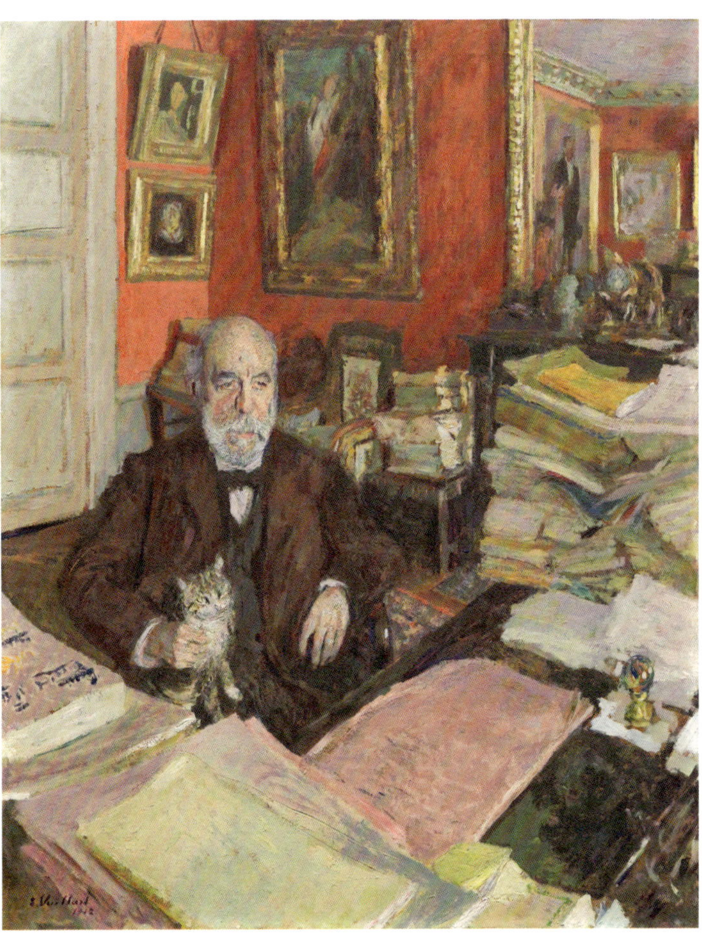

Abb. 3
Edouard Vuillard
Théodore Duret, 1912
Öl auf Karton auf Holz montiert, 95,2 × 74,8 cm
National Gallery of Art, Washington, D. C., Chester Dale Collection

ten Kontakte zwischen Käufern und impressionistischen Malern werden jetzt seltener: Die neue Generation der Kunstliebhaber wendet sich vor allem an die Händler. Der Pariser Kunstmarkt, der sich nach 1890 mit dem Erscheinen überaus reger Akteure wie Ambroise Vollard oder den Brüdern Bernheim-Jeune und bald auch Paul Rosenberg kräftig entwickelt hat, baut auf dem Erfolg der früheren «Avantgarden» auf und leistet der Nacheiferung Vorschub.

Außerdem haben all diese Sammler den nötigen historischen Abstand, um frei auswählen und ihren Sammlungen einen demonstrativen und didaktischen Anstrich geben zu können. Diese Kunstliebhaber der «zweiten Welle», wenn man es so ausdrücken kann, profitieren von den Retrospektiven, die die Händler organisierten; es eröffnet sich ihnen die Möglichkeit zu vergleichen und – auch unter Zuhilfenahme von Fachliteratur – außergewöhnliche Objekte zu selektieren.

Viele von ihnen planen von vornherein ein, ihre Werkauswahl öffentlichen Museen als Schenkung zu überlassen. Das ist beispielsweise bei Isaac de Camondo der Fall, über dessen Absichten sich Camille Pissarro 1896 skeptisch äußert: «Er möchte das Bild [*Vieux toits de Rouen*, Toledo Museum of Art] zu einem moderaten Preis bekommen unter der Bedingung, dass er es ‹nach seinem Tod› dem Musée du Luxembourg vermachen kann».[2] Pissarro stellt klar, dass ihm das Luxembourg, wo sich die Präsentation der Caillebotte-Schenkung durch bedauerliche Vorkommnisse verzögert, ziemlich egal sei. Im Übrigen wisse er, dass Isaac de Camondo kurz zuvor aus demselben Grund eine hohe Summe für drei *Kathedralen* von Monet bezahlt habe. Da kommt einem die ätzende Kritik mit dem Titel «Des prix» [Über die Preise] von Joris-Karl Huysmans in den Sinn, die 1889 erscheint: «Man müsste reich, ja steinreich sein und in Paris genau gegenüber der triumphalen Ambulance du Luxembourg ein öffentliches Museum für zeitgenössische Kunst eröffnen. [...] [Hier im Anschluss zählt er auf: Moreau, Manet mit *Olympia*, Degas mit seinen *Tänzerinnen*, Whistler, Monet mit seinen Seestücken, Pissarro, Renoir, Caillebotte, Cézanne, Raffaelli, Bartholomé und Sisley.] Und wo ist derjenige unter den Rothschild, Camondo, Judas oder Hirsch, der die stete Schmach, die uns sein ungeheuerlicher Reichtum bereitet, mit einer Schenkung, einem Werk abzumildern gedenkt? Unnötig zu sagen, dass keiner von diesen Herren je daran gedacht hat.»[3] Dennoch hält nach dem Tod von Isaac de Camondo im Jahr 1911 aufgrund einer entsprechenden testamentarischen Verfügung der Impressionismus einschließlich Cézanne im Jahr 1914 Einzug in den Louvre. Im Übrigen hatte de Camondo zeit seines Lebens den Konservator für den Bereich Kunstobjekte am Louvre bei der Akquise von Objekten aus dem Mittelalter und der Renaissance unterstützt [Abb. 7].

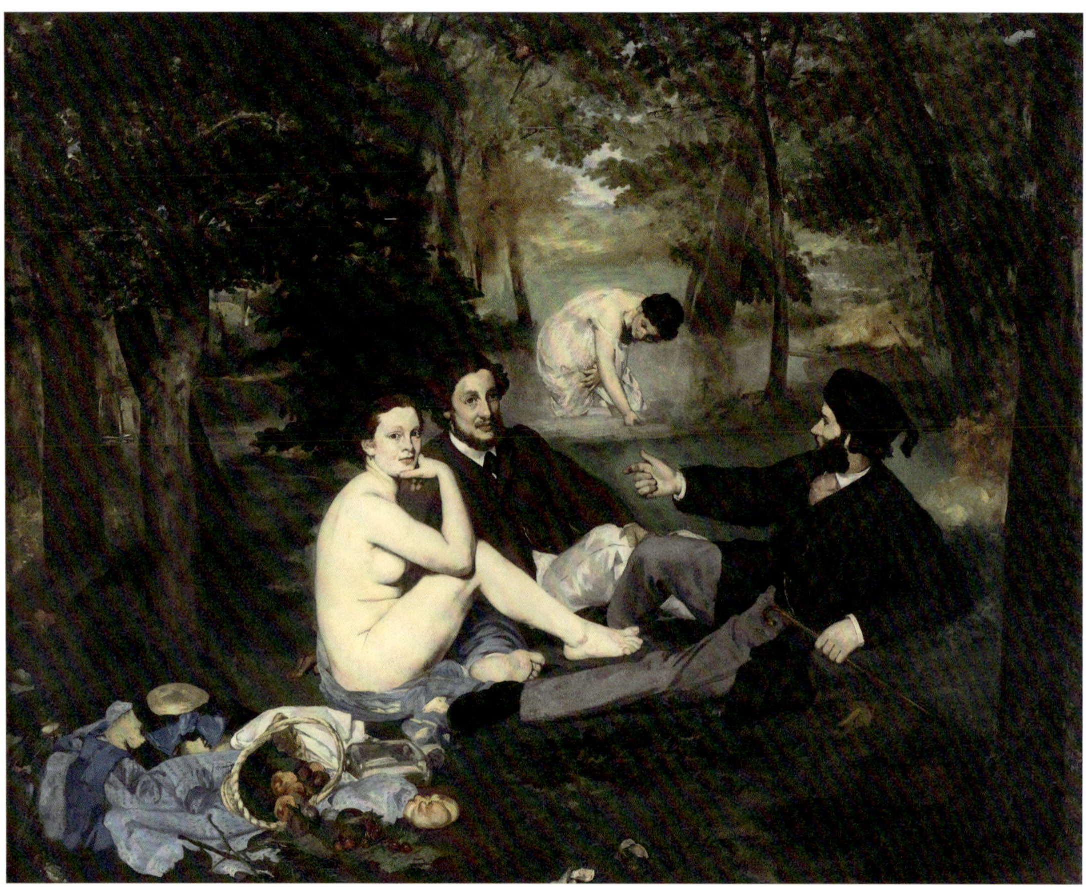

Abb. 4
Edouard Manet
Das Frühstück im Freien, 1863
Öl auf Leinwand, 208 × 264,5 cm
Musée d'Orsay, Paris

Letztendlich aber machen Edgar Degas' Misstrauen gegenüber allem Offiziellen und Henri Rouarts finanzielle Verpflichtungen gegenüber seiner Familie alle Optionen einer Schenkung, die man schon vor 1895 angedacht hat, zunichte. Degas schwebt ein privates Museum vor, das seine Sammlungen alter und moderner Kunst und die eigenen Werke unter einem Dach versammelt und dem Ernest Rouart, der Sohn seines Malerfreundes, als Direktor vorstehen soll. Doch ab 1906 sicherte Etienne Moreau-Nélaton den staatlichen Sammlungen zahlreiche impressionistische Meisterwerke zu, darunter Manets *Le Déjeuner sur l'herbe* (1863) [Abb. 4], die umgehend im Musée des Arts décoratifs gezeigt wurden.

Interessant ist auch zu beobachten, dass diese Sammler um 1900 ebenfalls Werke jüngerer Künstler in die impressionistischen Ensembles aufnehmen, die ihrerseits variabel sind. Van Gogh und Gauguin, die Neoimpressionisten, die Nabis, später auch die Fauvisten und die Kubisten, finden Aufnahme in den neuen Sammlungen, die jeweils einen eigenen persönlichen «Cocktail» ergeben: Degas nimmt Gauguin und van Gogh auf, Rouart hingegen nur Gauguin; die Neoimpressionisten treten bei Bérend, Henri van Cutsem oder Harry Kessler in Erscheinung; Auguste Pellerin und Jacques Doucet wagen sich bis zu Matisse und Picasso vor.

Obwohl wir hier nur Frankreich in den Blick nehmen, sollte nicht unerwähnt bleiben, dass die ausländischen Sammler aus den Vereinigten Staaten von Amerika, Großbritannien, Deutschland, Italien, Russland und der Schweiz, die sich für die inoffizielle französische Kunst interessieren, an die zweite Sammlerwelle anknüpfen, von der zuvor die Rede war. Ihre Sammlungen werden in Paris zusammengestellt oder, was auf dasselbe hinausläuft, in den Niederlassungen oder bei den Geschäftspartnern der Pariser Kunsthändler im Ausland; ihre Vorgehensweise und Auswahl unterscheidet sich nicht wesentlich vom Handeln der französischen Zeitgenossen, die das Angebot der Händler gleichsam eint. Obwohl die Familie Havemeyer ihre Stellung als Pioniere auf diesem Gebiet dank der persönlichen Beziehungen von Mrs. Louisine W. Havemeyer und Mary Cassatt halten kann, kommt wie bei Potter Palmer in Chicago der Großteil ihrer Sammlung erst ab den 1890er-Jahren zustande.

Die Art und Weise, wie diese französischen und ausländischen Kunstliebhaber ihre Sammlungen zusammentragen, hängt folglich sehr stark mit den historischen und wirtschaftlichen Umständen zusammen, die in der zweiten Hälfte des 19. Jahrhunderts und bis zum Vorabend des Ersten Weltkriegs für den Pariser Kunstmarkt bestimmend waren. Wie das konkret aussah, sei an einigen Beispielen gezeigt. Auf enthusiastische Kaufentscheidungen wie die des Baritons Jean-Baptiste Faure, der 1878

Manets *Le Déjeuner sur l'herbe* dem Maler persönlich für 2600 Francs abkauft (der Künstler selbst hatte sein Bild kurz zuvor auf 25000 Francs geschätzt), folgen kalkulierte Käufe von Meisterwerken mit nunmehr historischem Wert, hier durch den Sammler Moreau-Nélaton, der eben dieses Bild am 21. April 1900 Durand-Ruel für 55000 Francs abkauft (der wiederum hatte es am 22. Dezember 1898 für 20000 Francs von Faure erworben), um es kurze Zeit später als Leihgabe auf der Kunstausstellung *Centennale* zu zeigen, die zeitgleich mit der Weltausstellung 1900 in Paris stattfindet.

Vorher hatten Sammler wie de Bellio oder Caillebotte des Öfteren unfertige Skizzen gekauft – neben den Problemen, die mit der Schenkung der Sammlung Caillebotte an den Staat einhergingen, war das noch ein weiterer Stein des Anstoßes –, um ihren klammen Künstlerfreunden Monet, Renoir oder Pissarro unter die Arme zu greifen. Nun sind die großen Sammler der nachfolgenden Generation nur noch auf Qualität aus und auf der Suche nach dem Außergewöhnlichen.

Doch obwohl sämtlichen dieser Sammler ab den 1970er-Jahren die ihnen gebührende Anerkennung für ihr Urteilsvermögen und ihren Geschmack (wieder) zuteil wurde, wissen wir nur selten etwas über ihre Motive: Keiner von ihnen hat sich jemals schriftlich näher über die Gründe seiner Auswahl ausgelassen, und viele Käufe sind erst gar nicht dokumentiert. Außer den Verkaufskatalogen der Sammlungen, vereinzelten Briefen oder den schwer zugänglichen Privatarchiven von Durand-Ruel oder Bernheim-Jeune, und trotz des inzwischen gut erforschten, aber lückenhaften Archivs von Ambroise Vollard, erweist sich die Quellenlage als äußerst dürftig.

Im Vorfeld zu diesem Symposium stellte sich immer wieder eine ganz konkrete Frage: Wer unter den Sammlern der Impressionisten interessierte sich auch für ältere Kunst, also für Werke, die vor dem 19. Jahrhundert entstanden waren? Und beabsichtigten diejenigen, die es taten, wie Henri Rouart, sein Freund Edgar Degas sowie Jean Dollfus, die verschiedenen Bereiche nebeneinander zu stellen oder miteinander zu kombinieren, um Verwandtschaften oder gemeinsame Anliegen zu suggerieren?

Einige Hinweise liefern die Einleitungen der Verkaufskataloge zu den Auktionen der Sammlungen Dollfus und Rouart, den wichtigsten Pariser Auktionen des Jahres 1912. Die beiden Sammler hatten ihre Stadthäuser für Künstler und Kunstliebhaber großzügig geöffnet, sodass ihr Eklektizismus schon recht vertraut war, bevor überhaupt Ausstellungen und dann später die öffentlichen Auktionen stattfanden, die sie schließlich berühmt machten.

Im Zusammenhang mit Jean Dollfus erinnert André Michel in seinem Vorwort zum Verkaufskatalog daran, dass «die *Flora* von Carpeaux den Auftakt zur Galerie der Primitiven bildete»,[4] während ein daran anschließender kleiner Salon moderne Gemälde enthielt, darunter Camille Corots *Femme à la perle*; Renoirs *Noce juive* (nach Delacroix) hing gegenüber einem der Hauptwerke der Sammlung, einem Brüsseler Wandteppich aus dem 16. Jahrhundert (*Kreuzigung* auf Karton von Bernard van Orley). Im Vorwort zum separaten Verkaufskatalog der alten Gemälde gibt der Autor Conrad de Mandach außerdem an, dass in diesem «Museum universeller Kunst» Corot und Petrus Christus Nachbarn waren, Delacroix in der Nähe des Meisters der Legende der Heiligen Godelieve hing, Rembrandt sich mit dem Meister der Heiligen Sippe die Aufmerksamkeit teilen musste und das Ganze von Carpeaux' *Flora* angeführt zu sein schien – ohne zu verhehlen, dass ihn das als Fachmann für alte Kunst einigermaßen verwirrt.[5] Das private Museum, dessen Gestaltung Jean Dollfus sich selbst ausgedacht hatte, erlaubte kühne Nachbarschaften, die kein öffentliches Museum gewagt hätte, da man auf eine korrekte chronologische Reihenfolge und eine Klassifizierung nach Schulen bedacht war.

Im Zusammenhang mit Henri Rouart wiederum hob Arsène Alexandre anlässlich der Auktion hervor: «Genau ab dem Augenblick, als Monsieur Rouart die Werke von Corot, Millet, Delacroix, Manet, Renoir, Daumier und Degas zu sammeln begann, wurde diesen Künstlern, die bis dahin mehr oder weniger verkannt und

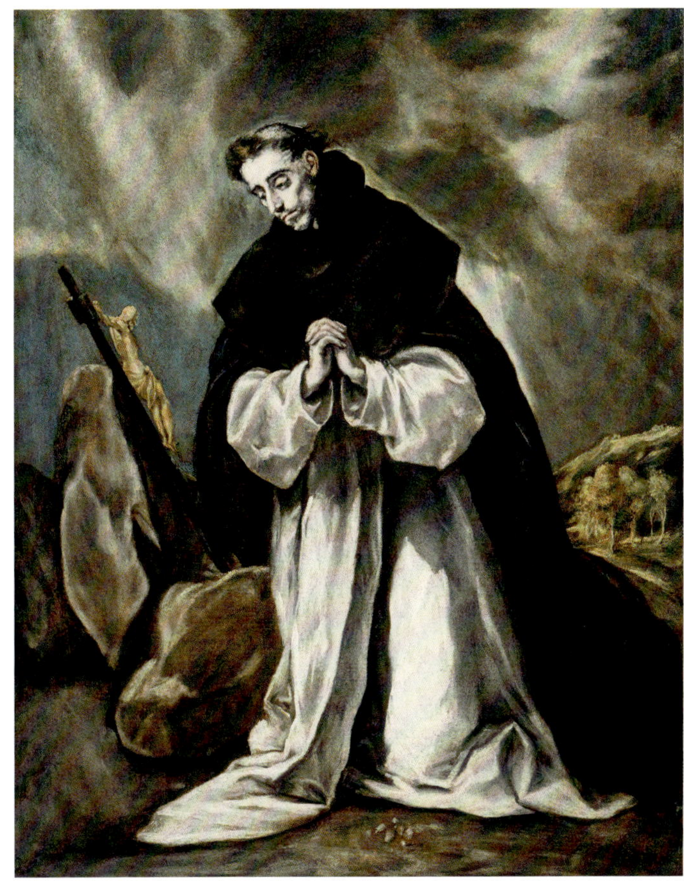

Abb. 5
Domínikos Theotokópoulos, genannt El Greco
Der heilige Dominikus im Gebet, um 1605
Öl auf Leinwand, 104,7 × 82,9 cm
Museum of Fine Arts, Boston

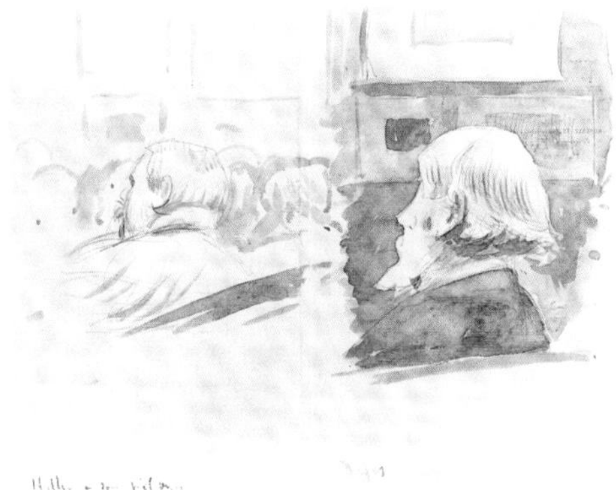

Abb. 6
Paul César Helleu
Etienne Moreau-Nélaton und Edgar Degas auf der Versteigerung Chéramy, 1908
Aquarell und Grafit auf Briefbogen
Verbleib unbekannt

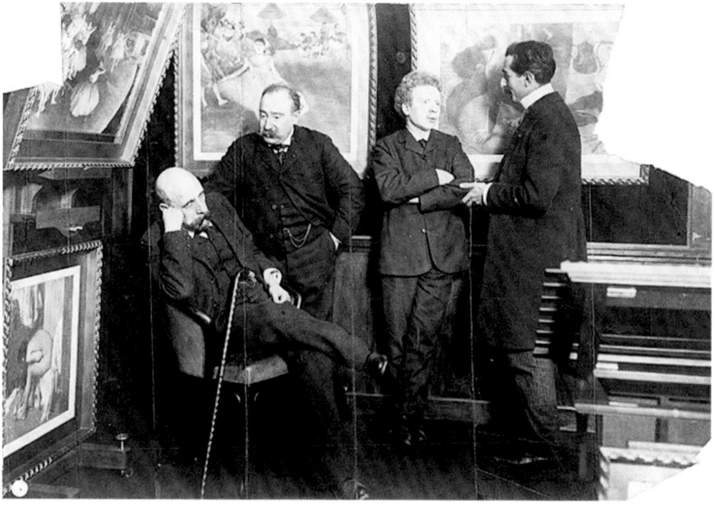

Abb. 7
Comte Isaac de Camondo (zweiter von links) im Gespräch mit Musikern vor seinen Degas-Gemälden
Anonyme Aufnahme, undatiert

verschrien gewesen waren, mehr Gerechtigkeit und Ehre zuteil, das heißt eigentlich erst vor ein paar Jahren. Einige geglückte Vergleichsmöglichkeiten boten ein paar typische Beispiele der Alten Meister, hervorragend ausgewählt, aber in kleinerer Zahl. So konnte man unmöglich jene Grundregel aus den Augen verlieren, die besagt, dass ein echtes Menschenhirn erst dann vollkommen ist, wenn die Wertschätzung und Kenntnis der Tradition und die Liebe zu echter Neuerung gleichzeitig vorhanden sind. Mithin ist die Wirkung der Sammlung Rouart ebenso beachtlich gewesen wie der Wert, den sie nunmehr hat.»[6] Und einige Zeilen weiter: «Obwohl sie nicht sein Hauptanliegen waren, zogen die Alten Meister die Aufmerksamkeit von Monsieur Rouart auf sich, weil sie eine eigene Schönheit besaßen und vielleicht noch mehr Vergleichsobjekte für die modernen Werke waren, die er liebte. Er versäumte es also nicht, einige schöne Stücke primitiver Kunst in seine Sammlung aufzunehmen, wenn sich ihm die Gelegenheit dazu bot.»[7] Es folgt ein Kommentar über die räumliche Nähe von Poussin, Millet und Daumier, bevor der Autor fortfährt, «und der El Greco fand seinen Platz zwischen den Delacroix, den Manets und den Degas».[8] Ohne näher auf die Welle der Begeisterung für die spanische Malerei eingehen zu wollen, die das ganze 19. Jahrhundert über in Frankreich anhielt, erscheint es dennoch nützlich, hier daran zu erinnern, wie sehr Manet und die Impressionisten für diese Schule schwärmten. Über die Tatsache hinaus, dass die Werke der Sammlung Rouart, die seinerzeit El Greco zugeschrieben wurden, der Prüfung durch die moderne Kunstwissenschaft nicht standgehalten haben, sollte man nicht vergessen, dass zum engeren Kreis um Degas und Rouart auch Paul Lafond gehörte, ein Spezialist für spanische Malerei in Frankreich, der außerdem die erste bedeutende Monografie über Edgar Degas herausbrachte. In Rouarts spanischer Galerie waren neben El Greco auch Goya, Juan de Pareja, Juan de Valdés Leal, Jusepe de Ribera und Diego Velázquez vertreten (jedenfalls namentlich, entsprechend den damaligen Zuschreibungen).

Degas unternahm seine Spanienreise verhältnismäßig spät, nämlich im September 1889 zusammen mit dem Maler Giovanni Boldini, und kaufte seinen ersten El Greco (*Vision des hl. Ildefons*, National Gallery of Art, Washington D. C.) 1894 auf der Auktion der Werke des Malers Jean-François Millet.[9] Ein enger Bekannter von Millet, Charles Tillot, besprach als einer der Ersten dieses Gemälde – und war ebenfalls eng mit Rouart und Degas befreundet. Seinen zweiten El Greco (*Der hl. Dominikus im Gebet*) [Abb. 5] kaufte Degas bei Zacharie Astruc, einstiger Freund Manets, im Jahr 1896. Wie sein Freund Rouart präsentierte Degas alte und moderne Werke zusammen in einem geräumigen Zimmer, das ihm als Galerie diente. Die recht günstig erworbenen El Grecos (2000 bzw. 3000 Francs) erzielten enorme Summen beim Verkauf der Sammlung, was unter anderem auf ihre wachsende Popularität zurückzuführen war – für den *Hl. Ildefons* wurden 82 000 Francs gezahlt, genauso viel wie für Delacroix' *Baron Schwiter*, während das Selbstporträt von Cézanne auf 30 000 Francs geschätzt wurde. So kam es, dass der junge Oskar Reinhart, der erst 1918 zu sammeln begonnen hatte und nicht mehr als 60 000 Francs ausgeben wollte, diesen El Greco nicht kaufen konnte, dafür aber nicht zögerte, den hohen Preis für den Cézanne zu bezahlen.[10]

Eine ähnliche Auswahl wie bei Rouart oder Degas findet sich auch in der Sammlung von Paul Gallimard, die im September 1908 in einem ausführlichen Artikel in der Kunstzeitschrift *Les Arts* präsentiert wird. Goya und El Greco werden hier als «Wegbereiter» (mit Werken, deren Zuschreibungen heute umstritten sind) gehandelt, wobei dem Verfasser Louis Vauxcelles zufolge der schlechte Goya auf Anraten von Rodin gekauft wurde, der 1892 zusammen mit Gallimard nach Madrid gereist war, um sich Bilder von Velázquez anzusehen. Diese Begeisterung für El Grecos «wegweisende» Kunst, die aus ihrem ursprünglichen historischen Kontext herausgelöst wird, ist auch bei Künstlern zu finden, die ihn kopieren – von Cézanne bis Picasso.

Beschließen möchte ich diese Ausführungen mit einer «Momentaufnahme» des Malers

Paul César Helleu, die Degas und Moreau-Nélaton, die Vertreter von zwei aufeinanderfolgenden Sammlergenerationen mit demselben Kunstgeschmack, auf der Auktion der Sammlung Chéramy im Jahr 1908 zeigt. [Abb. 6] Diese heterogene Auktion, die noch zu Lebzeiten des Kunstliebhabers stattfand,[11] vereinigte wiederum schon zuvor alte Malerei aus dem Umfeld von Leonardo da Vinci, Jacques-Louis David, Eugène Delacroix, Camille Corot und Jean-François Millet mit vereinzelten Werken der Impressionisten, darunter Degas. Dabei steht zu vermuten, dass Paul Arthur Chéramy (1840–1912), berühmter und eingefleischter Pariser, der diese Künstler kannte, einige Werke von Manet, Renoir (eine für ihn persönlich angefertigte Replik seines Wagner-Porträts) oder Pissarro zum Zeichen des Dankes für Empfehlungen geschenkt bekam. Das mindert aber nicht die Tatsache, dass die Idee, alte und zeitgenössische Kunst miteinander zu kombinieren, bereits vor 1900 bei vielen Kunstliebhabern anzutreffen ist.

Es bleibt zu hoffen, dass dieser kurze Überblick über die Pariser Kunstsammlungen etwas Licht auf die Zusammenhänge mehrerer Jahrzehnte werfen konnte, die zweifellos all jenen Persönlichkeiten vertraut waren, auf die im weiteren Verlauf des Symposiums noch näher eingegangen werden wird.

1 «le plus grand collectionneur français depuis le roi», Jean Renoir, *Pierre Auguste Renoir, mon père*, Paris 1981, S. 207.

2 Janine Bailly-Herzberg (Hg.), *Correspondance de Camille Pissarro*, Paris 1989, Bd. 4, S. 189, Brief Nr. 1233 vom 16. April 1896.

3 «Etre riche, très riche et fonder à Paris en face de la triomphale ambulance du Luxembourg un musée public de la peinture contemporaine. […] Mais quel est celui des Rothschild, des Camondo, des Judas, des Hirsch, qui songerait même à atténuer par une telle donation, par une telle œuvre, le permanent outrage que sa scandaleuse fortune nous impose? Inutile de le dire, aucun de ces détenteurs n'y a pensé!», in: Joris-Karl Huysmans, *Certains*, Paris 1889, S. 121.

4 «[…] la Flore de Carpeaux ouvrait la galerie des Primitifs». *Collections de feu M. Jean Dollfus (première vente), Tableaux modernes* […], Auktionskat. Galerie Georges Petit, 2. März 1912, Paris 1912, S. 5.

5 *Collections de feu M. Jean Dollfus (troisième vente), Tableaux anciens* […], *objets d'art et de curiosités*, Auktionskat. Galerie Georges Petit, 1./2. April 1912, Paris 1912, S. 10.

6 «Plus de justice et plus d'honneur ont été rendus à Corot, à Millet, à Delacroix, à Manet, à Renoir, à Daumier, à Degas, qui étaient encore plus ou moins méconnus et insultés au moment même où Monsieur Rouart recueillait leurs œuvres, c'est-à-dire, en somme, il n'y a que bien peu d'années. Quelques heureux termes de comparaison étaient fournis par des spécimens typiques des maitres anciens, des mieux choisis quoiqu'en moins grand nombre. L'on pouvait ainsi ne pas perdre de vue cette règle capitale qu'un vrai cerveau d'homme n'est complet que s'il a en même temps le respect et la connaissance de la Tradition et l'amour de la véritable Innovation. L'action exercée par la collection Rouart a donc été aussi considérable que l'est devenue sa valeur.» *Collection Rouart, Ière vente, Catalogue des tableaux anciens* […] *et modernes composant la collection de feu M. Henri Rouart*, Auktionskat. Galerie Manzi-Joyant, 9.–11. Dezember 1912, Paris 1912, S. II.

7 «Les maitres anciens, sans faire l'objet de la principale recherche de M. Rouart, avaient cependant sollicité son attention pour leur propre beauté mais peut-être plus encore en tant que termes de comparaison avec ceux des modernes qu'il aimait. C'est ainsi qu'il ne négligea pas, quand l'occasion s'en trouvait, d'accueillir quelques beaux morceaux de Primitifs.» Ebd.

8 «[…] et le Greco prenait sa place parmi les Delacroix, les Manet et les Degas», ebd.

9 Das Bild wird von der modernen Kunstwissenschaft, trotz seiner hohen Qualität, inzwischen der Werkstatt von El Greco zugeschrieben.

10 Reinhard-Felice 2003, S. 35.

11 Meier-Graefe/Klossowski 1908.

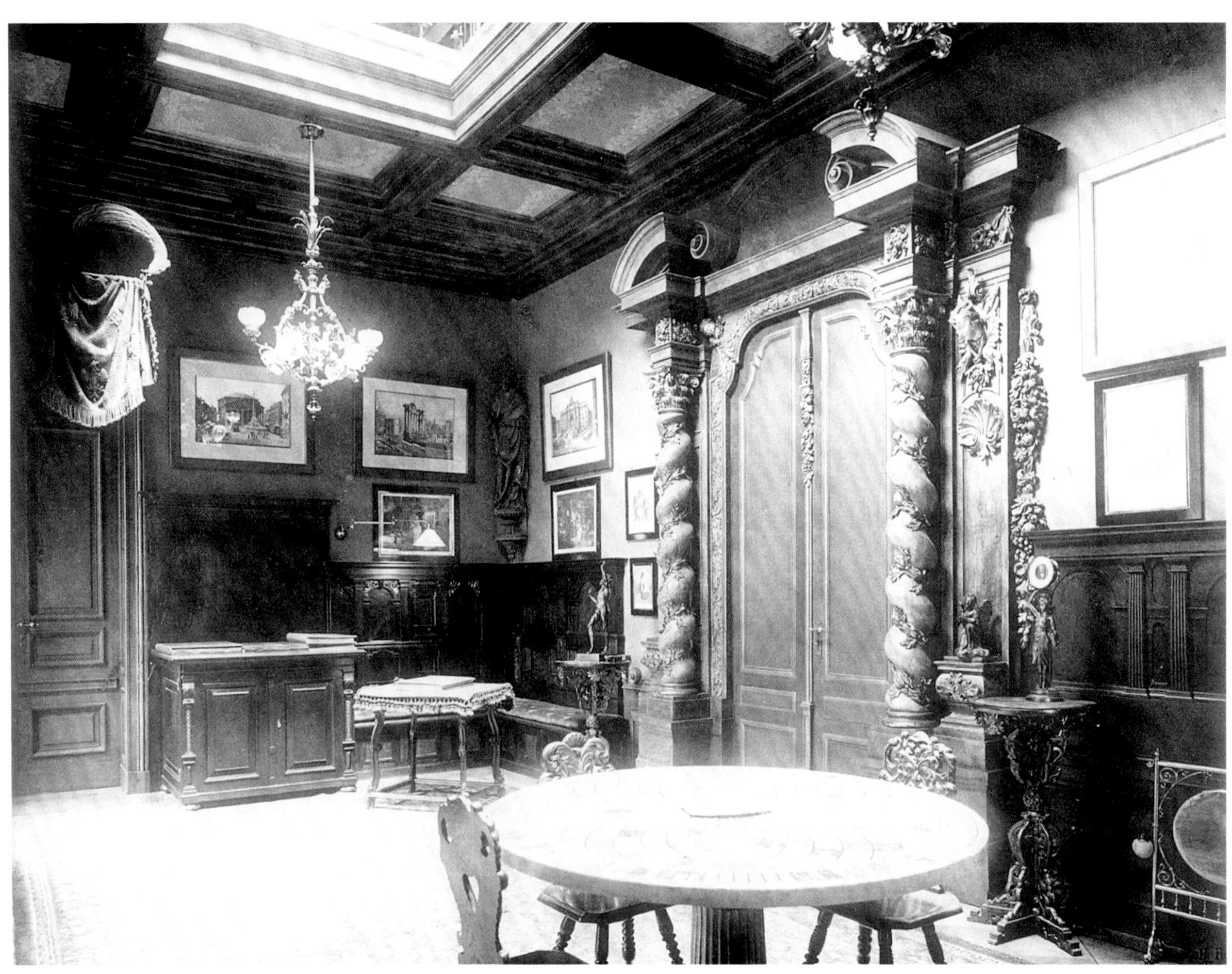

Abb. 1
Villa Valentin Weisbach, Entree, um 1896
Fotografie: Hermann Rückwardt
(An den Wänden römische Veduten des 18. Jahrhunderts, in der Ecke eine spätmittelalterliche Statue)

SVEN KUHRAU

«Der Sinn für das Echte»

Die Berliner Privatsammlungen alter Kunst und die künstlerische Moderne um 1900

«Wer kann sich heute noch eine Vorstellung davon machen, wie uns damals in unserer Jugend zu Mute war, als wir nach dem Tiefstand des Geschmacks uns wie in eine neue Welt versetzt fühlten, in der ein anderer Luftzug wehte und in der wir Dinge entstehen sahen, die von jenem früheren, mit historischen Formen belasteten Kram himmelweit abwichen! [...] Die Geschmacksbildung wurde aber auch unterstützt durch Umgang und intensive Beschäftigung mit alten Kunstwerken verschiedener Zeiten, und dass dadurch der Sinn für das Echte und die eigentümliche Qualität geschärft wurde, trug dazu bei, die zur Zeit des Historismus grassierende Imitation zum Stillstand zu bringen. [...] Nicht zum wenigsten sind es auch Museumsleiter und Sammler gewesen, die in Deutschland der ‹modernen› Kunst einen guten Empfang bereiteten.»[1]

Folgt man der These Werner Weisbachs, Kunsthistoriker und Sohn des Berliner Bankiers, Sammlers und Mäzens Valentin Weisbach, dann waren es nicht zuletzt die Sammler alter Kunst, die in Berlin der künstlerischen Moderne – gemeint ist hier die Malerei des Impressionismus – einen warmherzigen Empfang bereiteten. In ihren Kreisen habe sich der notwendige Qualitätssinn gebildet, der «Sinn für das Echte», der auch in der Beurteilung der zeitgenössischen Kunstproduktion zum Tragen kam. Weisbachs Worten kommt insofern besonderes Gewicht zu, als er das von ihm beschriebene Milieu der Sammler und Museumsdirektoren aus eigener Anschauung kannte. Denn im Grunde kommentierte Weisbach hier seinen eigenen Lebensweg: im Haus seines Vaters [Abb. 1] hatte er den alltäglichen Umgang mit alter Kunst erfahren bevor er neben Julius Meier-Graefe und Richard Muther zu einem Protagonisten einer neuen Kunstgeschichte im Zeichen des Impressionismus avancierte.[2] Weisbachs These, die im Folgenden überprüft werden soll, wurde in der Forschung zu den Berliner Kunstsammlungen lange Zeit nicht rezipiert, zum einen, weil sie aus Sicht des akademischen Diskurses entlegen publiziert war, zum anderen, weil sich in der Nachfolge von Peter Parets – gleichwohl bahnbrechender – Arbeit zur kunstpolitischen Rolle der Berliner Secession eine politisierte Schilderung der wilhelminischen Sammlerkultur durchsetzte, die zwischen progressiven und konservativen Positionen unterschied.[3]

Eingangs ist es daher nützlich, sich zu vergegenwärtigen, dass das Sammeln alter Kunst im wilhelminischen Berlin nicht nahtlos an eine Tradition anschloss, sondern vielmehr einen Neubeginn darstellte, anders etwa als in Köln, wo durch das ganze 19. Jahrhundert hindurch eine Sammlerkultur für alte, insbesondere mittelalterliche Kunst bestand. In Berlin kann für das 19. Jahrhundert und für die bürgerlichen Kreise gerade nicht von einer Kontinuität des Sammelns alter Kunst gesprochen werden. Vielmehr lag der Schwerpunkt des Kunstsammelns zunächst auf der zeitgenössischen Produktion, die man als kunstsinniger und verantwortungsvoller Bürger durch Käufe auf den Akademieausstellungen oder über die Kunstvereine unterstützte.[4] Im letzten Drittel des Jahrhunderts kam eben diese bürgerliche Kunstpflege zunehmend in den Verruf, das Mittelmäßige zu züchten. Den negativen Einfluss des Ausstellungswesens auf die Kunst brandmarkte etwa Hugo von Tschudi in seinem 1899 publizierten Vortrag *Kunst und Publikum*, wo er davon spricht, dass «schlimme Schäden der modernen [Kunst-]Produktion» ihren Grund im Markt der Ausstellungen hätten, die den Künstler in Abhängigkeit vom Publikumsgeschmack setzten. «Die Nothwendigkeit [dort] den Beschauer anzulocken», verführe den Künstler zu einer reklamehaften Wahl der Stoffe und zur Bedienung eines «Allerweltsgeschmacks».[5] Das Sammeln alter, durch die Kunstgeschichte geadelter Werke etablierte sich in Opposition zum herrschenden Kunstbetrieb. In Opposition zur überlieferten Gesellschaftsstruktur der preußischen Hauptstadt standen auch die Sammler (und Sammlerinnen) alter Kunst, zumeist sehr vermögende Bankiers und Großkaufleute, die im Zuge der Reichseinigung und Berlins Hauptstadtwerdung 1871 zuwanderten. Folgt

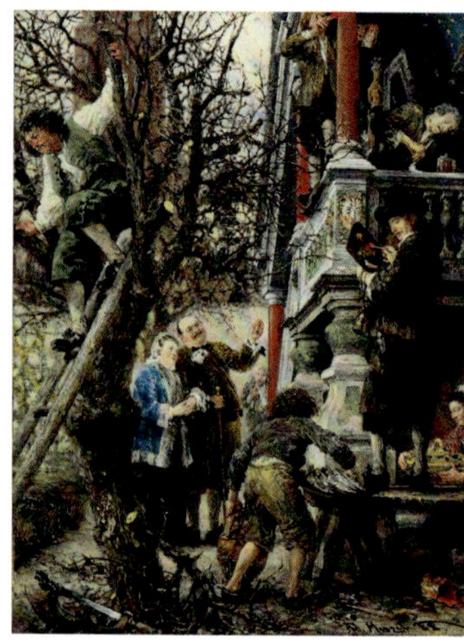

Abb. 2
Adolph Menzel
Beati Possidentes, 1888
Gouache, 27,5 × 21,5 cm
Sammlung Georg Schäfer, Schweinfurt

man Max J. Friedländer, der als Kunsthistoriker an den Königlichen Museen auch zahlreiche Sammler bei ihren Erwerbungen beriet, dann sammelten die Bankiers und Kaufleute zuvorderst, um sich vom Makel eines Emporkömmlings zu befreien. Die alten Werke sollten schließlich «etwas von ihrer Würde abgeben».[6] Friedländer bezog sich auf einen in den Rundschauzeitschriften, den Illustrierten Zeitschriften, der Tagespresse und schließlich auch in der Belletristik geführten Diskurs um die Pflichten des Reichtums, wenn er das Kunstsammeln als «so ziemlich die einzige anständige und vom guten Geschmack erlaubte Art, Reichtum zu repräsentieren» identifizierte.[7]

Doch nicht nur ob, sondern auch wie Kunst gesammelt wurde, stand zur Diskussion. Diente das Sammeln alter Kunst beispielsweise nur dazu, ein historisches Modell zu kopieren, dann würde die Kunst im Dienste eines falschen Statusstrebens korrumpiert. Eine *Beati Possidentes* (Glückliche Besitzende) [Abb. 2] betitelte Gouache Adolph Menzels bringt diesen Aspekt einer weit verbreiteten Parvenükritik im Kaiserreich auf den Punkt.[8] Das Blatt zeigt die selbstgenügsamen und zugleich hilflosen Versuche eines neureichen Paares, sich eine niederländisch-bürgerliche Identität des 17. Jahrhunderts zuzulegen. Die Künstlichkeit, das Aufgetragene dieses Lebensentwurfs ist das übergeordnete Thema des Blattes. Spätestens hier beginnt man zu ahnen, dass der bei Werner Weisbach erwähnte «Sinn für das Echte» sich auf weit mehr beziehen lässt als auf die kennerschaftlichen Fähigkeiten der Sammler alter Kunst (und ihrer Berater). Echtheit, Authentizität und Originalität waren eine Forderung sowohl an die zu sammelnden Werke als auch an den Lebensstil der Großbürger selbst.

Kein Geringerer als Goethe begriff das Sammeln als Ausdruck von Selbstbildung;[9] und Schillers Kulturkritik wies dem Kunstwerk eine heilende Funktion zu, nach der der im Tagesgeschäft aufgeriebene Mensch nur angesichts der Kunst zur ganzheitlichen Betrachtung seiner Existenz komme. In dem wilhelminischen Diskurs über den Lebensstil der Wirtschaftselite wurde dieses idealistische Gedankengut wieder aufgenommen und das Sammeln, oder um mit Alfred Lichtwark zu sprechen, der «Dilettantismus», zur bürgerlichen Selbstkultivierung anempfohlen.[10] Nicht von ungefähr avancierte in der Architektur das «Haus eines Kunstfreundes» zur leitenden Bauaufgabe der Zeit um 1900. Aus dieser Sicht traten die repräsentativen Funktionen des Kunstsammelns zugunsten einer intimen Auseinandersetzung mit der Kunst in den Hintergrund. Und tatsächlich ließe sich anhand eines chronologischen Überblicks über die Sammlungsinterieurs im wilhelminischen Berlin illustrieren, wie sich in der privaten Inszenierung von Kunstwerken zunehmend ein geschmacklich verfeinertes Sensorium ausbildete, das sich nicht nur in der Auswahl von Kunstwerken, sondern auch in der Wahl ihrer Präsentationsformen niederschlug.[11] Zentral war daher nicht so sehr die Frage, ob ein Sammler Alte Meister oder moderne Kunst sammelte oder auch beides miteinander verband, sondern ob

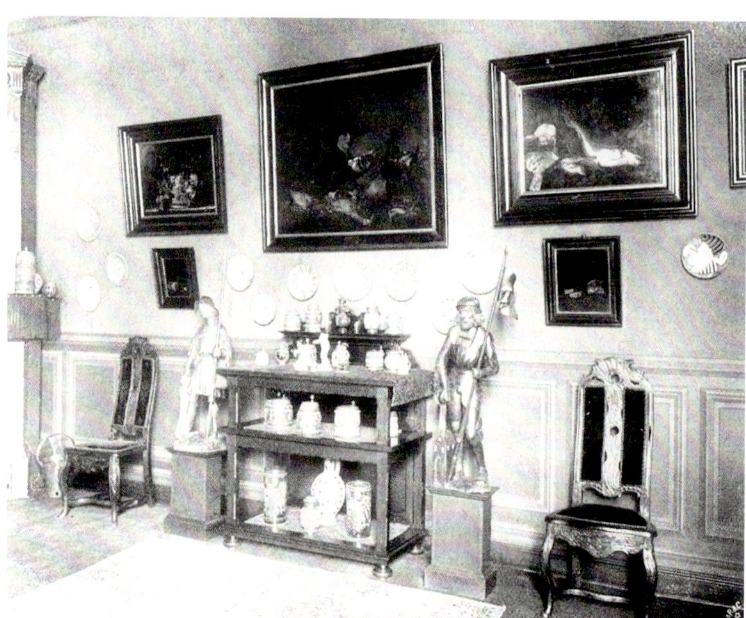

Abb. 3
Sammlung Wilhelm Gumprecht, Speisezimmer
Anonyme Aufnahme, um 1905

seine Sammlung Ausdruck eines individuellen, eben authentischen Geschmacks sei.

Demnach bestand die Trennlinie zunehmend zwischen solchen Sammlern, denen vorgeworfen werden konnte, nach einem Schema F zu sammeln, und solchen, die «ein Auge» für Qualität und Individualität entwickelt hatten. Gerade in der ästhetizistischen Kombination von Werken verschiedenster regionaler und zeitlicher Herkunft boten sich vielfältige Möglichkeiten, individuellen Geschmack zu beweisen, immer vorausgesetzt, dass das resultierende Sammlungsinterieur in der Anschauung überzeugte. Oskar Bie formulierte 1903 unter der Überschrift *Ästhetische Kultur* entsprechend: «Rote Damastdecken vom römischen Campo di Fiore [sic] auf alte friesische Truhen zu legen, Perserteppiche mit chinesischen Wandschirmen und Quattrocentofiguren und Delfter Tellern zu arrangiren, als Ausdruck unserer Wünsche – zu arrangiren, wie wir heut die Geschichte sehen und lieben, nicht als Chronologie, nicht als Descendenz, nicht als Stil und Schule, sondern als die bunte Werkstatt der Kultur, die bald drüben in Ostasien, bald im kleinen Florenz der ersten Medici, bald in einer Fabrik der winzigsten holländischen Stadt die Kräfte zusammenschließen ließ zu zeitlosen Schönheiten.»[12] Entsprechend fand sich das Zusammensetzen historisch nicht zusammengehöriger Objekte zu formal überzeugenden Arrangements allerorten in den Berliner Kunstsammlungen, so etwa in der Sammlung Gumprecht [Abb. 3], wo holländische und flämische Malerei des 17. Jahrhunderts mit italienischen Fayencen der Renaissance, spätgotischen Figuren und Stühlen des 18. Jahrhunderts zusammengefügt wurden, wobei sicherlich der Farbwirkung der Stücke zusammen mit der Wandgestaltung eine harmonisierende Rolle zukam.

Aus dem Training formalästhetischen Sehens in ihren Sammlungen alter Kunst konnte den Sammlern, wie Werner Weisbach es schilderte, auch eine Brücke zur modernen Kunst erwachsen. So besaß Richard Kaufmann, der sich besonders für die nordalpine Kunst des Spätmittelalters und der Renaissance interessierte, auch Arnold Böcklins Gemälde *Krieg* (1896), ein Bild, das sich wiederum auf die *Apokalyptischen Reiter* Albrecht Dürers bezog. Markus Kappel, Sammler vor allem holländischer Gemälde des 17. Jahrhunderts [Abb. 4], nannte auch eine Reihe von Handzeichnungen Adolph Menzels sein eigen, die mit den alten Holländern ihren Realismus teilten.[13] Darüber hinaus sprangen auch Sammler alter Kunst ein, wenn es galt, Hugo von Tschudi beim Aufbau einer Sammlung impressionistischer Malerei an der Berliner Nationalgalerie zu unterstützen.

Es kann allerdings nicht notwendig davon ausgegangen werden, dass die Sammler alter Kunst auch moderne Kunst erworben hätten. Man darf jedoch vermuten, dass Wilhelm von Bode sehr auf die Aufrechterhaltung seines Sammlernetzwerkes bedacht war und dass er den Aufbau einer sich aus dem gleichen Personenkreis speisenden Gruppierung von Sammlern moderner impressionistischer Kunst durch Hugo von Tschudi schon allein aus seiner Bindung an die Sammlung der Alten Meister heraus als Konkurrenz betrachtete. Verteilungskämpfe, nicht unterschiedliche künstlerische Auffassun-

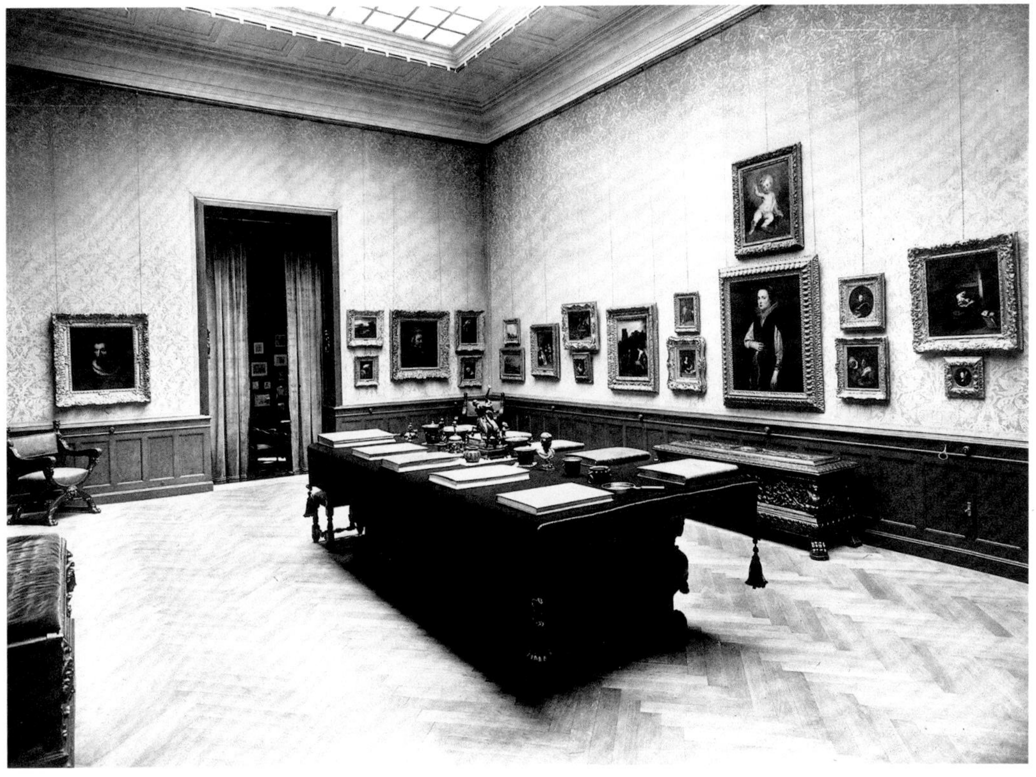

Abb. 4
Sammlung Markus Kappel, Oberlichtsaal
Anonyme Aufnahme, um 1921
Flämische und holländische Malerei des 17. Jh. (darunter Peter Paul Rubens, *Bildnis Isabella Brandt*, und Mitte rechts Nicolaes Maes, *Porträt einer älteren Dame*)

gen liegen der verspäteten Einrichtung eines Vereins der Freunde der Nationalgalerie Berlin zugrunde.[14] Dass die durch Hugo von Tschudi betreute Gruppe von Sammlern moderner Kunst nicht grundsätzlich in Opposition zu den Liebhabern alter Kunst stand, ließe sich an einer Reihe von Interieurs von Sammlern impressionistischer Werke zeigen, die wie beispielsweise die Sammlungen Bernstein [Abb. 5] und Gerstenberg selbstverständlich mit Möbeln und Gobelins des 18. Jahrhunderts ausgestattet waren.[15] Tschudi selbst hatte seine kunsthistorische Karriere mit Texten über Alte Meister begonnen und erarbeitete sich von dort aus die moderne Malerei.[16]

Eine besondere Brückenrolle zwischen der Welt der Alten Meister und der zeitgenössischen Kunstproduktion nahmen naturgemäß die Künstler ein, die ihre eigene Kunstproduktion durch das Sammeln alter Kunst historisch herleiteten.[17] Der Genremaler Ludwig Knaus beispielsweise verankerte seinen auf das bürgerliche Publikum Berlins zielenden Realismus in dem der holländischen Malerei des 17. Jahrhunderts. Und der als Tiermaler und Autor neobarocker Deckengemälde besonders erfolgreiche Paul Meyerheim gefiel sich darin, zu Hause als versierter Kenner insbesondere der barocken Kultur zu gelten.

Besonders eng mit dem Aufstieg der impressionistischen Kunst zu einem den Alten Meistern ebenbürtigen Sammlungsgebiet verbunden ist Max Liebermann, der sich nicht nur als Maler und Sammler, sondern auch als Kunsttheoretiker an die Spitze der impressionistischen Bewegung stellte. Auch für ihn spielte der «Sinn für das Echte» eine überragende Rolle. In der Entwicklung seiner Atelierinszenierung lässt sich zeigen, wie er anfänglich noch unsicher agierte und erst allmählich zu einer stimmigen Selbstdarstellung kam, in der, wie wir noch sehen werden, die Kunst der Alten Meister eine bestimmte Rolle spielte. Schaut man sich das Atelier in der Auguste-Viktoria-Straße in Berlin-Schmargendorf [Abb. 6] an, so zeigt dies noch einen Künstler, der sich nach dem Modell Franz von Lenbachs als Künstlerfürst geriert, hierauf deutet jedenfalls das höfische Ausstattungsrequisit eines Gobelins hin. Nicht ganz passen wollen dazu die «niederen» Sujets seiner Bilder, Arbeitsdarstellungen, angeregt durch das Werk François Millets. Andrea Meyer stellt die These auf, das Liebermanns Loslösung von diesen naturalistischen Sujets hin zur impressionistischen Malerei des modernen Lebens mit der Besetzung solcher Bildthemen durch die deutschnationale kulturkritische Rechte zusammenhing, mit der Liebermann nicht in Verbindung gebracht werden wollte.[18] Hinzu kommt meines Erachtens, dass sich Liebermann der Diskrepanz zwischen seinem künstlerischen Werk und den durch die Atelierinszenierung aufgerufenen höfischen Assoziationen und schließlich auch seiner großbürgerlichen Herkunft bewusst wurde. Das neue Atelier in seinem Wohnhaus am Pariser Platz eliminierte diese Diskrepanz. Es war «nichts als eine bequeme, gut beleuchtete Werkstatt, an deren Wänden Studien von seiner Hand, namentlich Familienbildnisse, sowie einige Studien von Manet hängen. Nichts von Dekoration, keine Patina des Altertümlichen bringt ‹Stimmung› hervor. Nichts drängt sich zwischen den Schaffenden und sein Objekt.»[19] Es inszenierte den Maler nicht mehr als Künstlerfürst, sondern als «kultivierte[n], besonnene[n] Liebhaber».[20]

Liebermann hatte seine Atelierinszenierung am Pariser Platz zum Thema eines Atelierbildes gemacht, das seine Verankerung in der europäischen Kunstgeschichte verdeutlicht. Denn das 1902 entstandene Gemälde ist weit mehr als eine Abbildung des Ateliers mit der dort aufbewahrten berühmten Sammlung französischer Impressionisten. Nicht zufällig erinnert das Motiv der linkerseits in das Bild ragenden Rückwand eines Gemäldes an Velázquez' *Las Meninas* [Abb. 7], auch dies ein Atelierbild, das den spanischen Maler in seinem temporär im königlichen Palast von Madrid bezogenen Atelier zeigt. Wie in Velázquez' Bild, spielt auch bei Liebermann das Motiv der Spiegelung eine Rolle, wenn auch im einen Fall das spanische Königspaar im Spiegel schemenhaft erscheint und im anderen der Maler bei der Arbeit gespiegelt wird. Die gerahmte Spiegelung Liebermanns aber erinnert motivisch an den Türdurchblick in *Las Meninas*, wo eine männliche Figur vor hellem Grund heraussticht. Stellt sich Velázquez im Kreise der königlichen Familie dar, so halten sich in Liebermanns Atelier seine Frau, seine Tochter und schließlich sein Dackel

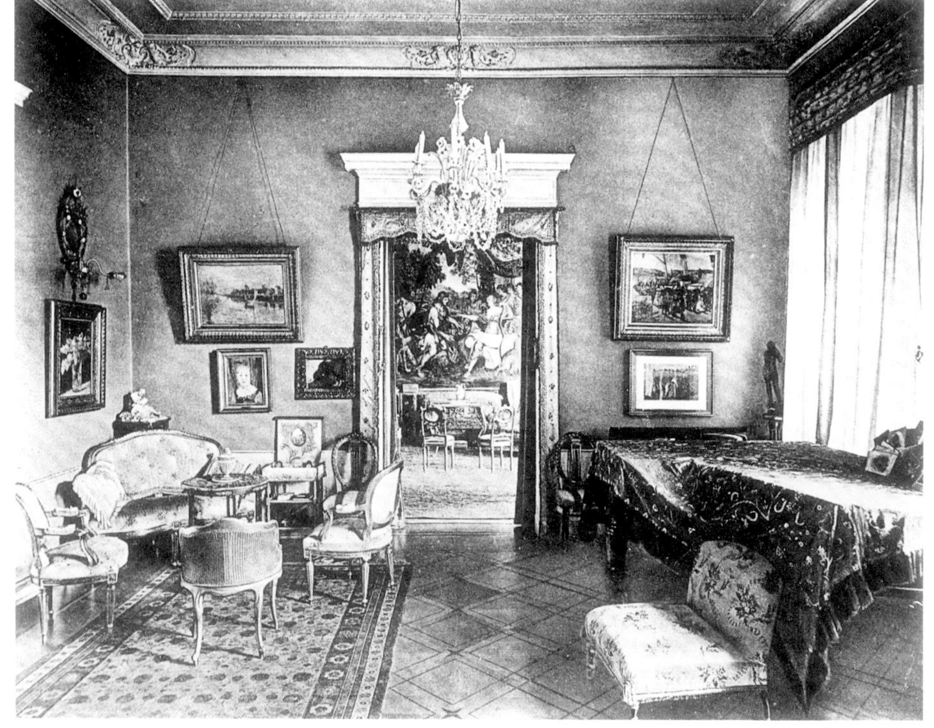

Abb. 5
Sammlung Carl und Felicie Bernstein, Musikzimmer
Anonyme Aufnahme, um 1914
(Möblierung Louis XV und Louis XVI,
rechts Edouard Manet, *Abfahrt des Dampfers nach Folkestone* [1869],
links Alfred Sisley, *Die Seine bei Argenteuil* [1875])

Männe, übrigens ein Geschenk Hugo von Tschudis, auf. Als «heimlicher Mittelpunkt des Ganzen» erweist sich der Dackel;[21] verglichen etwa mit der benachbarten skizzenhaften Darstellung des rot-blauen Teppichs ist er malerisch besonders fein ausgeführt.

Auch scheint Liebermann mit der Darstellung des Dackels eine weitere Referenz gegenüber Velázquez zu erweisen, eine Würdigung allerdings weniger der *Las Meninas,* wo ein viel größerer Hund an prominenter Stelle auftaucht, als vielmehr des 1659 entstandenen Porträts des Infanten Philipp Prosper [Abb. 8]. Dort findet sich ein auf einem gepolsterten Stuhl liegendes weißes Hündchen, dessen lebensnahe Darstellung bereits Velázquez' Biograf Palomino hervorgehoben hatte.[22] Velázquez, so Palomino, sei dem Beispiel eines bei dem römischen Dichter Martial (Epigramme I, 109) erwähnten Malers Publius gefolgt, der seinen geliebten Hund Issa so lebensnah porträtiert habe, dass man, stellte man Bild und Hund nebeneinander, nicht zwischen dem lebendigen Hund und dem nur lebendig scheinenden Abbild unterscheiden konnte. Anhand des anspruchslosen Sujets eines Hundes zeigten sich umso mehr die künstlerischen Fähigkeiten des Malers Publius. Indem sich der altsprachlich gebildete Liebermann mit seinem Atelierbild sowohl auf den antiken Topos der täuschend realistisch wirkenden Malerei als auch auf das Werk Velázquez bezog, zeigte der Maler sich unabhängig von seiner umstrittenen Position im zeitgenössischen Kunstbetrieb als tief in der Geschichte der europäischen Malerei verankert. Entsprechend stellte er sich in seiner Schrift *Die Phantasie in der Malerei* in den großen Rahmen der europäischen Kunstgeschichte, die durch das Primat der Anschauung der Natur als Grundlage der Kunst charakterisiert sei: «Für den Maler liegt die Phantasie allein innerhalb der sinnlichen Anschauung der Natur: jedenfalls haben alle großen Maler von den Ägyptern, Griechen und Römern bis zu Rembrandt und Velázquez, Manet und Menzel sich innerhalb dieser Grenzen gehalten. Zwischen dem Kleckser, der einen Sonnenuntergang malt, und einem Claude Lorrain oder Claude Monet ist nur ein Qualitätsunterschied.»[23] Zu Velázquez allerdings fühlte Liebermann eine besondere Beziehung, die auch in einer in Rom erstellten Kopie des Bildnisses Papst Innozenz' X. zum Ausdruck kam, zu sehen im Atelierbild, dort über dem Sofa. Liebermann verehrte dieses Porträt, da es seiner Meinung nach die Essenz des Papsttums

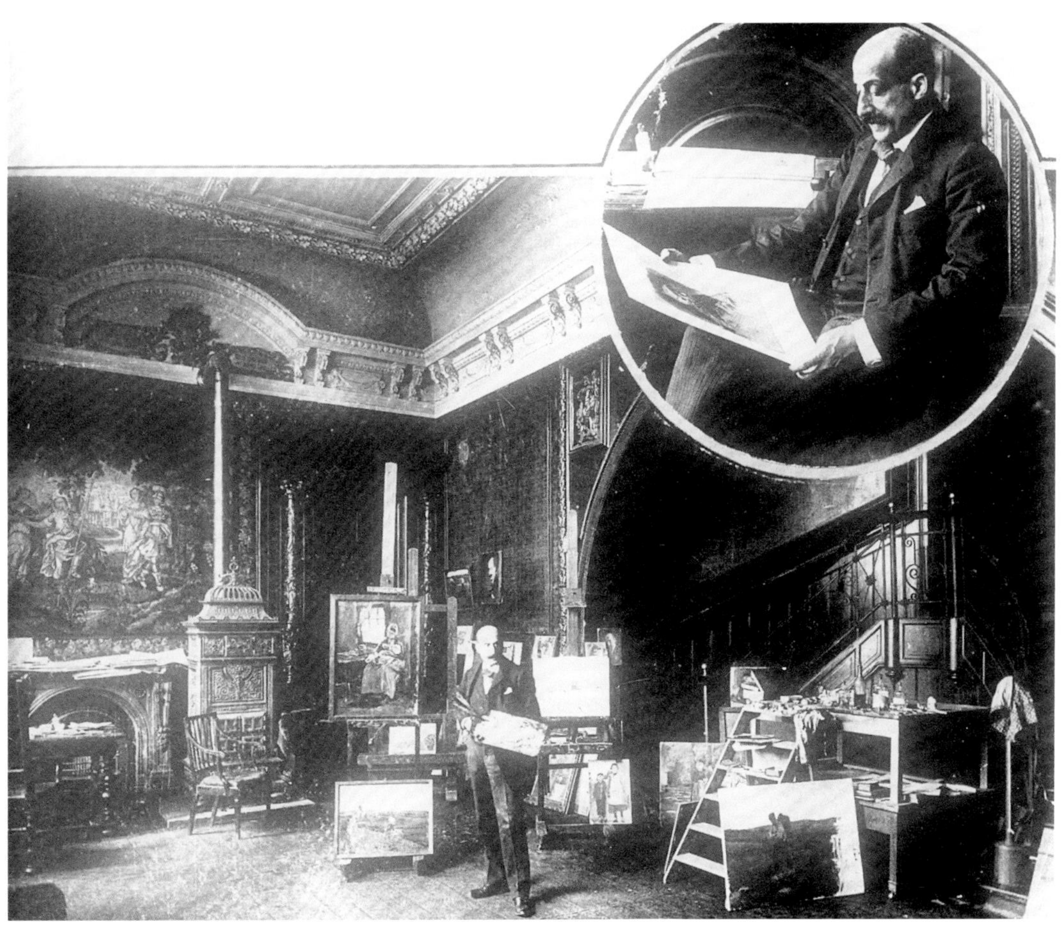

Abb. 6
Max Liebermann in seinem Atelier in der Auguste-Viktoria-Straße, Berlin
Anonyme Aufnahme, um 1899

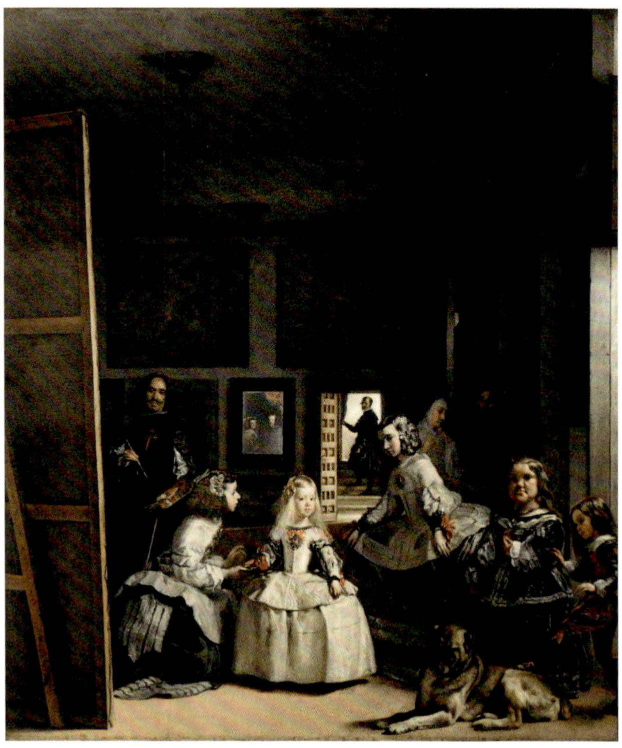

Abb. 7
Diego Rodríguez de Silva y Velázquez
Las Meninas, 1656
Öl auf Leinwand, 318 × 276 cm
Museo National del Prado, Madrid

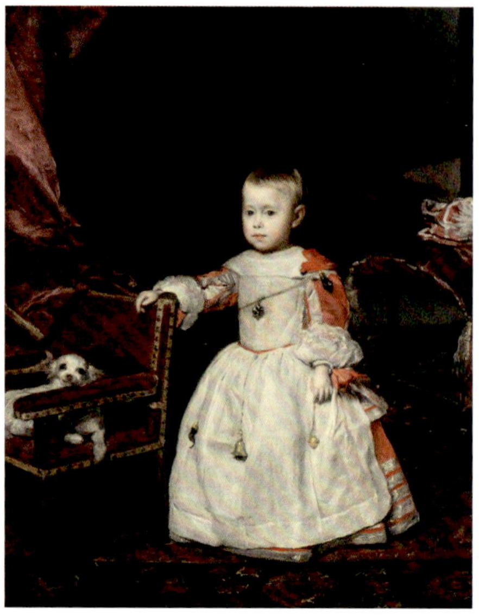

Abb. 8
Diego Rodríguez de Silva y Velázquez
Infant Philipp Prosper, 1659
Öl auf Leinwand, 128,5 × 99,5 cm
Kunsthistorisches Museum Wien

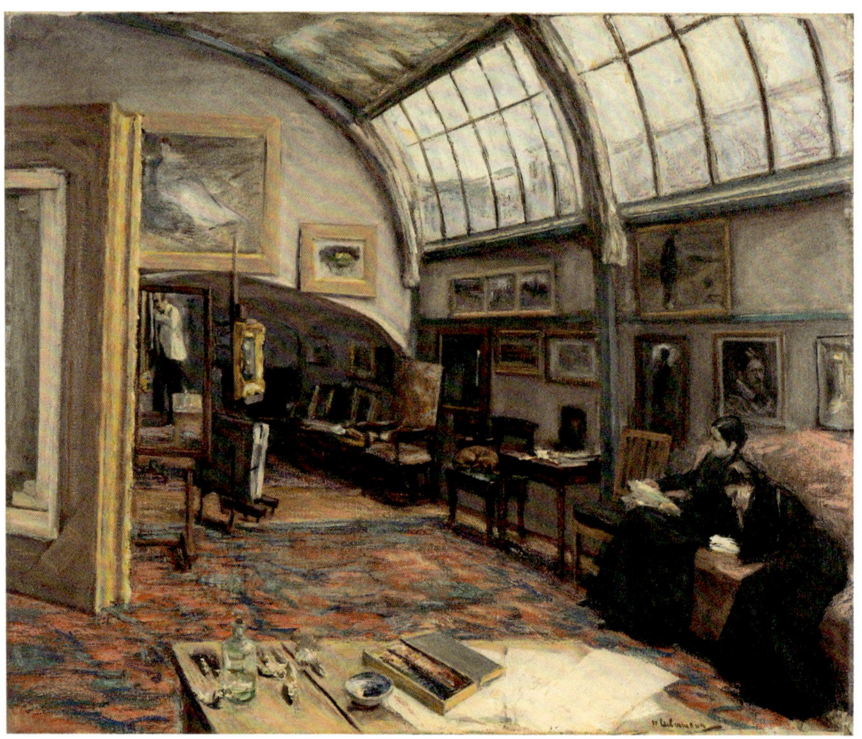

Abb. 9
Max Liebermann
Atelier des Malers am Brandenburger Tor in Berlin, 1902
Öl auf Leinwand, 68 × 81 cm
Kunstmuseum Sankt Gallen

mit malerischen Mitteln auf den Punkt brachte: «Man sehe das Porträt des Papstes Innozenz in Rom: zwei dunkle Flecken, die die Augen bedeuten, mit ein paar Strichen ist die Nase und der Mund hineingezeichnet, und mit den wenigen Strichen und Farben, die wohl, wie die Überlieferung berichtet, in einer Stunde gemacht sein können, steht der ganze Mann vor uns, mit seiner Klugheit, seiner Habsucht und seinen sonstigen verbrecherischen Gelüsten. Die ganze päpstliche Macht erscheint vor uns und der Papst, der ihrer spottet. Und des Velasquez Papstbildnis nicht gesehen zu haben, heißt in Rom gewesen zu sein und den Papst nicht gesehen zu haben.»[24] Wohl nicht zufällig schaut nun allein das Gesicht Innozenz' X., gemalt gleichermaßen von Velázquez und Liebermann, aus dem Bild heraus auf den Betrachter – Liebermanns Identifikation mit einer malerischen Tradition, für die Velázquez steht, wird dadurch bestätigt.

Wenn das kleine Atelierbild in seiner Bedeutung schwerlich mit Velázquez' *Las Meninas* gleichzusetzen ist, so zeigt die vorgeschlagene Interpretation aber, wie selbstverständlich sich der bedeutendste deutsche Vertreter des Impressionismus in der Kunstgeschichte bewegte, ja, wie sehr kunsthistorisches Denken überhaupt den Aufstieg des Impressionismus begleitete. Alte und moderne Kunst stellten aus dieser Sicht kein Gegensatzpaar dar. Liebermanns Atelierbild mag darüber hinaus durchaus ironisch gemeint gewesen sein. War Liebermann anders als Velázquez gerade kein Hofkünstler, so wohnte er doch immerhin am anderen Ende der Linden, sozusagen vis-à-vis des kaiserlichen Schlosses. In Folge der Eröffnung der Siegesallee 1901 hatte Wilhelm II. den Plan verfolgt, das Brandenburger Tor gleich dem Pariser Arc de Triomphe freizustellen, wozu Liebermanns Haus hätte abgerissen werden müssen. Liebermanns legendäre Antwort auf das von einem Unterhändler vorgebrachte Ansinnen lautete: «Nu will ick Ihnen mal was sagen, Exzellenz; jehn Se zum Kaiser und sagen Se, der Liebermann hätte gesagt: Der Kaiser wohne uff det Ende von de Linden un der Liebermann wohne uff dies Ende von de Linden, un wie der Kaiser nich uff det Ende von de Linden rausjeht, jeht der Liebermann nich uff dies Ende von de Linden raus.»[25]

1 Werner Weisbach, *Vom Geschmack und seinen Wandlungen*, Basel 1947, S. 78

2 Weisbach 1910/11. Zur Kunstgeschichtsschreibung des Impressionismus siehe Paul 1993, S. 117–180.

3 Peter Paret, *The Berlin Secession. Modernism and its Enemies in Imperial Germany*, Cambridge/Mass. und London 1980.

4 Vgl. für die Zusammensetzung der Berliner Sammlungen in der Mitte des 19. Jahrhunderts: Max Schasler, *Berlins Kunstschätze. Ein praktisches Handbuch zum Gebrauch bei Besichtigung*, 3 Bde., 2. Bd.: *Die öffentlichen und Privat-Kunstsammlungen, Kunstinstitute, Ateliers der Künstler und Kunstindustriellen von Berlin*, Berlin 1856. Vgl. auch Kuhrau 2005, S. 152 ff.

5 Hugo von Tschudi, *Kunst und Publikum. Rede zur Feier des Geburtstages S. M. des Kaisers und Königs am 27. Januar 1899 in der öffentlichen Sitzung der Kgl. Akademie der Künste*, Berlin 1899, S. 61.

6 Friedländer 1919/20, hier S. 2.

7 Ebd., S. 1.

8 Zur Parvenükritik siehe ausführlich Kuhrau 2005, S. 99–119.

9 Johann Wolfgang Goethe, *Der Sammler und die Seinigen*, hrsg. von Carrie Asman, Amsterdam und Dresden 1997. Diesen Kontext betont Annette Weber, *Zwischen Altruismus und Akzeptanz. Sammeln als Inbegriff bürgerlicher Selbstverwirklichung*, in: *Sammeln. Stiften. Fördern. Jüdische Mäzene in der deutschen Gesellschaft*, hrsg. von der Koordinierungsstelle für Kulturgutverluste Magdeburg, Magdeburg 2008, S. 27–48.

10 Lichtwark 1894. Zu Lichtwark siehe Henrike Junge, «Alfred Lichtwark und die ‹Gymnastik der Sammeltätigkeit›», in: Mai/Paret 1993, S. 202–214.

11 Siehe die Interieuraufnahmen bei Kuhrau 2005.

12 Oskar Bie, «Ästhetische Kultur», in: *Neue Deutsche Rundschau* 14, 1903, S. 1–10, hier S. 3; vgl. Joachimides 2001, S. 93 ff.

13 Kuhrau 2005, S. 222, 277.

14 Der Verein der Freunde der Nationalgalerie wurde erst 1929 unter Ludwig Justi gegründet; dazu umfassend Andrea Meyer, *In guter Gesellschaft. Der Verein der Freunde der Nationalgalerie Berlin von 1929 bis heute*, Berlin 1998.

15 Zur Verbindung von Impressionismus und Rokoko etwa bei Meier-Graefe vgl. Kuhrau 2005, S. 225.

16 Tilmann von Stockhausen, «Lehrjahre bei Bode», in: Ausst.-Kat. Berlin und München 1996, S. 356–359.

17 Kuhrau 2005, S. 68–75.

18 Andrea Meyer, «‹Notre maître à tous nous›. Liebermann and Millet», in: Marion Deshmukh, Françoise Forster-Hahn und Barbara Gaehtgens (Hg.), *Max Liebermann and International Modernism. An Artist's Career from Empire to Third Reich*, New York und Oxford 2011, S. 63–77.

19 Max J. Friedländer, *Max Liebermann*, Berlin 1924, S. 163.

20 Ebd.

21 Matthias Eberle, *Liebermann. Werkverzeichnis der Gemälde und Ölstudien*, Bd. 2, 1900–1935, S. 603.

22 Nach der englischen Übersetzung «Palomino's Life of Velazquez», in: Enriqueta Harris, *Velázquez*, Oxford 1982, S. 196–224, hier S. 219; Erstausg. Antonio Palomino de Castro y Velasco, *El parnaso español pintoresco y laureado*, Madrid 1724.

23 Max Liebermann, *Die Phantasie in der Malerei. Schriften und Reden*, hrsg. und eingeleitet von Günter Busch, Frankfurt a. M. 1978, S. 58.

24 Ebd., S. 52 f.

25 Angelika Wesenberg und Ruth Langenberg (Hg.), *Im Streit um die Moderne. Max Liebermann. Der Kaiser. Die Nationalgalerie*, Ausst.-Kat. Nationalgalerie, Staatliche Museen zu Berlin; Max-Liebermann-Haus am Brandenburger Tor, Berlin, 2001, S. 14.

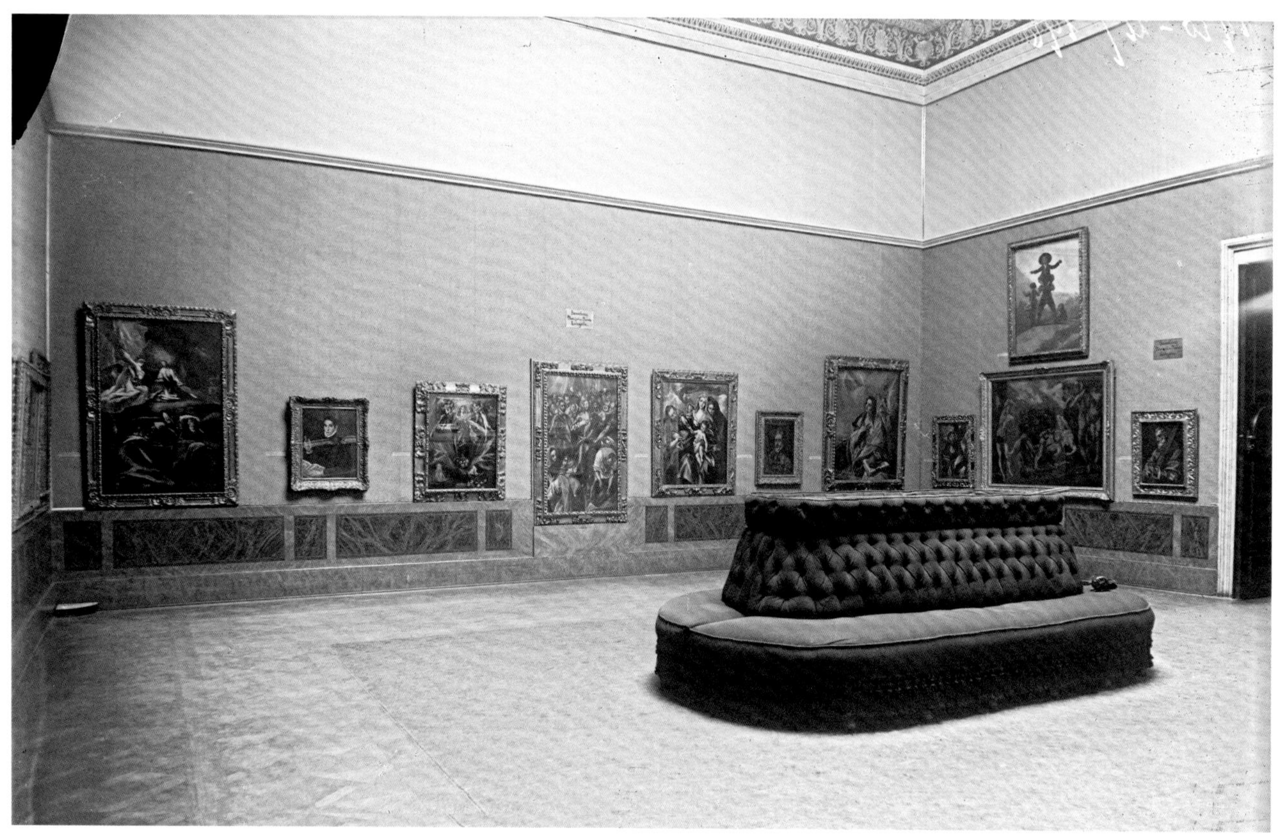

Abb. 1
Der Spaniersaal in der Alten Pinakothek, München, Ausstellung der Sammlung Marczell von Nemes
Anonyme Aufnahme, 1911
Bayerische Staatsgemäldesammlungen, München

ALEXIS JOACHIMIDES

Das Museum und die Enthistorisierung der Kunstgeschichte

Frans Hals, Velázquez, Goya – Prominente Wiederentdeckungen des späteren 19. Jahrhunderts

Im Jahre 1909 übernahm Hugo von Tschudi, zuvor Direktor der Berliner Nationalgalerie, einem Museum jüngerer und zeitgenössischer Kunst, die prestigeträchtige Leitung der Königlichen Gemäldesammlungen in München, einem der größten Bestände historischer Malerei im deutschsprachigen Raum.[1] Im Zuge einer geplanten Neuordnung dieser Sammlungen setzte sich Tschudi mit den Veränderungen der Wahrnehmung historischer Kunst auseinander, die mit dem Erfolg anti-akademischer Kunstrichtungen in der zweiten Hälfte des 19. Jahrhunderts eingetreten waren. Jahrhundertelang vernachlässigte Künstler waren plötzlich in den Fokus der Aufmerksamkeit getreten, während lange geschätzte Hauptgestalten der Kunstgeschichte ihre Reputation verloren hatten. Dieser Umstand spiegelte sich bisher jedoch vor allem in einer neuen Generation von Privatsammlungen, wie etwa der Kollektion des Budapester *marchand-amateur* Marczell von Nemes.[2] Tschudi präsentierte sie 1911 in Räumen der Alten Pinakothek als exemplarische Verwirklichung der Zielsetzung seiner Reorganisation, einer konsequenten Ausrichtung der historischen Sammlungen auf das Interesse der Gegenwart [Abb. 1]: «Es ist das zweifellose Verdienst des Pleinairismus und des Impressionismus, mit den neuen und kühnen Problemen, die sie stellten, der modernen Malerei neben erbitterten Feinden ebenso leidenschaftliche Freunde geschaffen zu haben. […] Von hier aus eröffneten sich dann plötzlich unerwartete Perspektiven auf die alte Kunst. Von Manet aus fiel ein neues Licht auf Velasquez und Goya. Mit der Bewunderung für Cézanne erwachte das Verständnis für Greco. Wie Grecos oder Velasquez' künstlerische Wirkung auf ihre Zeit gewesen war, läßt sich heute nicht mehr nachweisen. Aber wir können sicher sein, daß diese Meister auf uns nicht nur anders, sondern auch intensiver wirken. Schon durch das Ausschalten des gegenständlichen Interesses. Für einen Toledaner war Greco der leidenschaftliche Gestalter religiöser Visionen. Für seine königlichen Auftraggeber war Velasquez sicher in erster Linie der nie versagende treue Schilderer des Madrider Hofes und seiner bunten Kostgänger. Was sich hierbei ihrer Malkunst als feinste zukunftsreiche Blüte loszuringen suchte, mögen wohl nur wenige besonders begnadete Nachempfinder geahnt haben. Uns ist das leichter gemacht worden. Dank der schöpferischen Tätigkeit unserer modernen Meister […], die uns die Erkenntnis lang verborgener Entwicklungsmöglichkeiten vermitteln. […] Denn nur diejenigen Gegenden der alten Kunst treten für uns in eine neue Beleuchtung, deren heimliche Tendenzen auch in dem Schaffen unserer Zeit nach Ausdruck ringen.»[3]

Nach Tschudis Auffassung rechtfertigte letztlich allein die Übereinstimmung mit den gestalterischen Anliegen der Gegenwartskunst den Blick zurück in die Vergangenheit der Malerei. Das ‹gegenständliche Interesse›, der über die Motivauswahl und die dargestellten symbolischen Inhalte vermittelte Aussagewert der Bilder als Zeugnisse ihrer historischen Entstehungszeit, sollte demgegenüber in den Hintergrund treten. Dieser ästhetische Formalismus erscheint wie eine radikale Absage an die geschichtliche Dimension der Kunst, insofern er eine die Jahrhunderte überspannende Kommunikation zwischen den großen Künstlergenies imaginiert, die sich über Gestaltungsprobleme austauschen. In diesem Sinne ‹spricht› Manet mit Velázquez und Cézanne mit El Greco über Fragen der Bildfindung, obwohl sie offensichtlich unter radikal unterschiedlichen historischen Bedingungen gearbeitet haben, in denen die gesellschaftlichen und geistesgeschichtlichen Voraussetzungen, die Erwartungen ihres Publikums und die Sprachmöglichkeiten ihrer ästhetischen Diskurse fundamental differierten. Die modernen Künstler, die Privatsammler und das Museum sind die drei institutionellen Akteure, die Tschudi in diesem Prozess einer Enthistorisierung der Kunstgeschichte, der Abtrennung der älteren Kunst von ihren Entstehungsbedingungen, identifiziert. Die Reihenfolge, in der er diese Protagonisten auftreten lässt, ist relevant und spiegelt ihre relative Bedeutung, gerade auch weil sie offensichtlich idealtypisch konstruiert ist. Im Folgenden wird es darum gehen, die jeweilige Rolle von anti-akademisch orientierten Künstlern, Sammlern, Kritikern und Museumsexperten in der Umwertung historischer Kunst in der zweiten Hälfte des 19. Jahrhunderts genauer in den Blick zu nehmen, um ihre durchaus unterschiedlichen Interessen verstehen und ihren jeweils eigenen Beitrag zu diesem Paradigmenwechsel einschätzen zu können.[4] Frans Hals, Diego Velázquez und Francisco de Goya stehen dabei exemplarisch für die Wiederentdeckung von historischen Künstlergestalten in dieser Epoche. Sie sind so ausgewählt, dass sich an ihnen drei konsekutive Stufen in der Rezeption älterer Kunst ablesen lassen, die man unter gewissem Vorbehalt mit der Perspektive des Realismus, des Naturalismus und des Impressionimus identifizieren kann. Selbstverständlich widerfuhr jedem dieser Künstler seine eigene sehr spezifische Rezeptionsgeschichte, die nicht vollständig in diesem Vergleich aufgeht. Dennoch erfasste alle drei in der fraglichen Zeit ein radikaler Bruch in ihrer *fortuna critica*, eine umfassende Revision ihrer Position in der Kunstgeschichte, die aus strukturell ähnlichen Gründen erfolgte. Denn sowohl Hals wie Velázquez und schließlich auch Goya sind nacheinander als künstlerische Stellungnahmen wiederentdeckt oder neubewertet worden, die als relevante Beiträge zu einem gegenwärtigen Diskurs der Kunstöffentlichkeit verstanden worden sind. Sie beteiligten sich sinnbildlich gesprochen an einer aktuellen Auseinandersetzung über die Bewertung von Gegenwartskunst.

Frans Hals ist niemals ganz aus dem Bewusstsein der Kunstöffentlichkeit verschwunden und isolierte Beispiele seiner Porträt- und Genremalerei fanden sich in vielen Gemäldesammlungen des 17. und 18. Jahrhunderts. Als Künstlerpersönlichkeit jedoch verwandelte sich der zu Lebzeiten hoch geschätzte Porträtist des Haarlemer Patriziates postum in eine Klischeefigur, die emblematisch die Gefahr veranschaulichen sollte, die für Künstler von einer mangelnden Affektkontrolle ausging.[5] Dieser Bedeutungsverlust war eine Folge der europaweiten Durchsetzung des akademischen Klassizismus seit Mitte des 17. Jahrhunderts, dessen Privilegierung des intellektuellen Konzeptes gegenüber der malerischen Virtuosität etwa auch Rembrandt oder Caravaggio zum Opfer fielen.[6] Als Ausdruck einer Kritik an Hals' offener skizzenhafter Malweise, die im eklatanten Gegensatz zum akademischen Prinzip des *disegno* stand, konstruierten die Künstlerbiografen des 18. Jahrhunderts einen Zusammenhang zwischen der vermeintlich mangelnden Sorgfalt in der Ausführung und einer hemmungslosen Lebensführung, die den Künstler als ständig betrunkenen Wirtshausgast nach dem Prinzip der Automimesis an seine typischen Genresujets und Bankettszenen an-

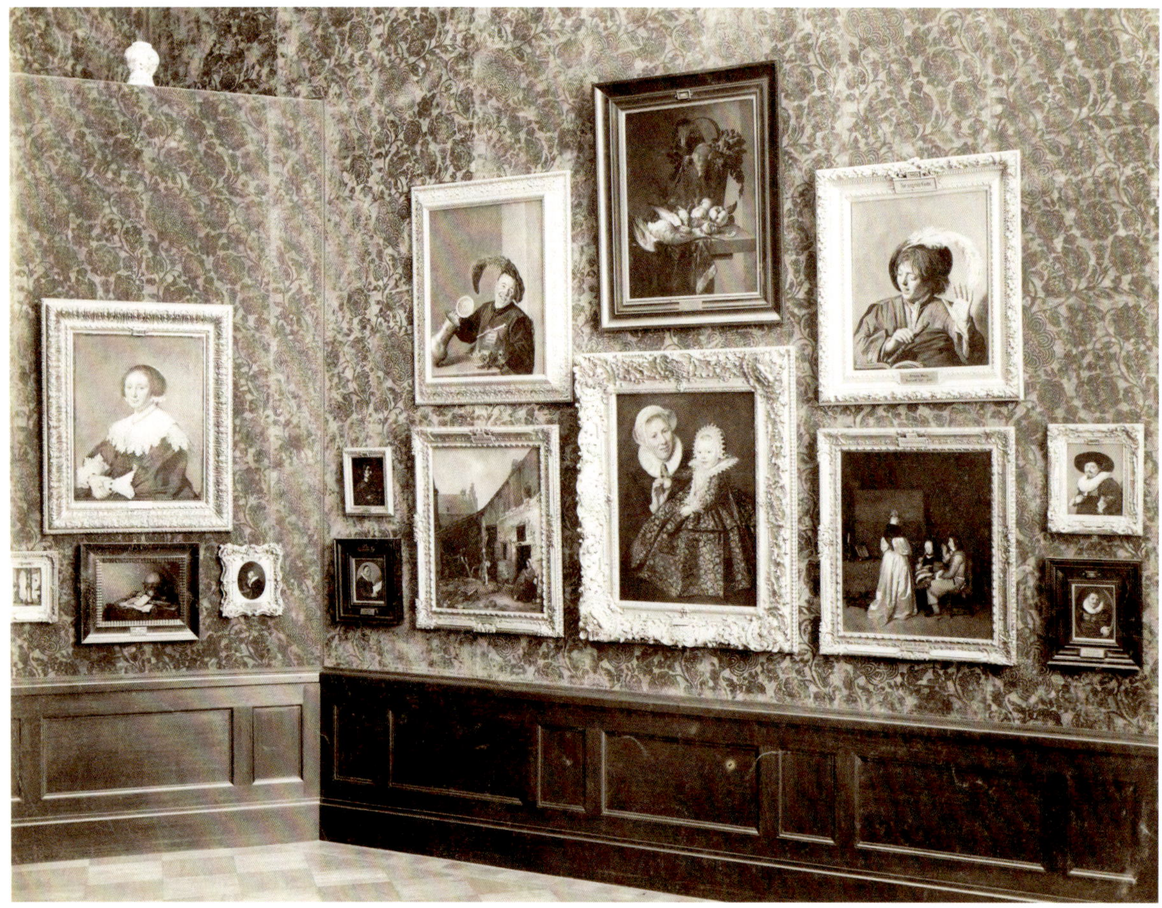

Abb. 2
Blick in das Frans-Hals-Kabinett im Kaiser Friedrich-Museum, Berlin, mit Werken von Frans Hals aus der Sammlung Suermondt
Anonyme Aufnahme, um 1905
Zentralarchiv, Staatliche Museen zu Berlin

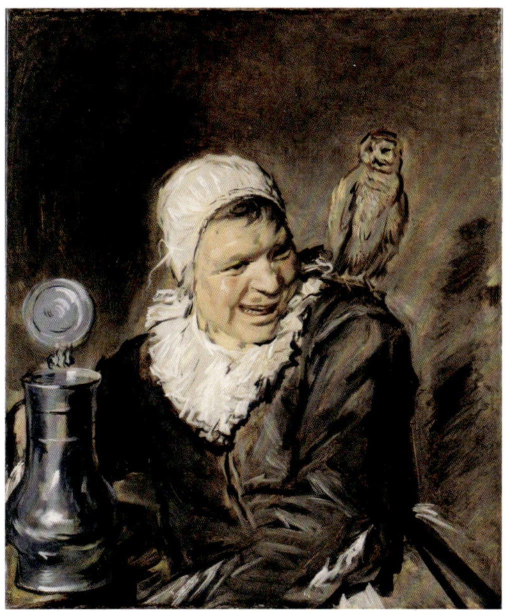

Abb. 3
Frans Hals
Malle Babbe, um 1633–35
Öl auf Leinwand, 78,5 × 66,2 cm
Gemäldegalerie, Staatliche Museen zu Berlin

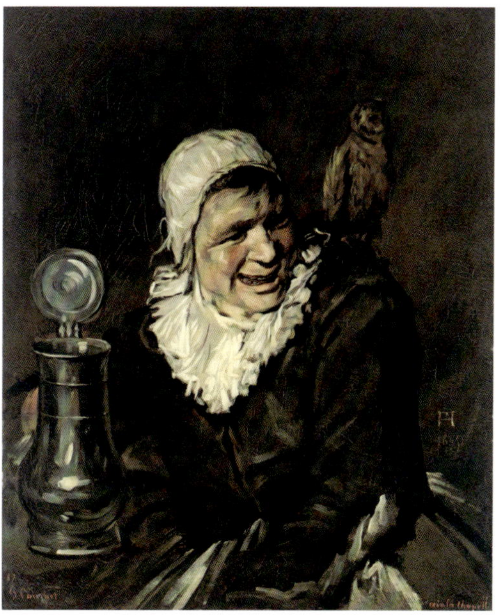

Abb. 4
Gustave Courbet
Malle Babbe, 1869
Öl auf Leinwand, 85 × 71 cm
Hamburger Kunsthalle, Hamburg

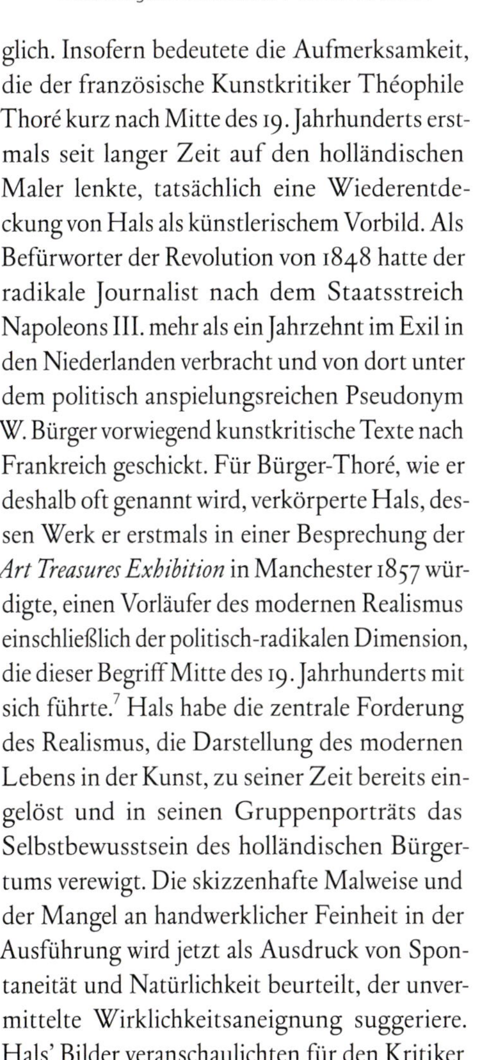

glich. Insofern bedeutete die Aufmerksamkeit, die der französische Kunstkritiker Théophile Thoré kurz nach Mitte des 19. Jahrhunderts erstmals seit langer Zeit auf den holländischen Maler lenkte, tatsächlich eine Wiederentdeckung von Hals als künstlerischem Vorbild. Als Befürworter der Revolution von 1848 hatte der radikale Journalist nach dem Staatsstreich Napoleons III. mehr als ein Jahrzehnt im Exil in den Niederlanden verbracht und von dort unter dem politisch anspielungsreichen Pseudonym W. Bürger vorwiegend kunstkritische Texte nach Frankreich geschickt. Für Bürger-Thoré, wie er deshalb oft genannt wird, verkörperte Hals, dessen Werk er erstmals in einer Besprechung der *Art Treasures Exhibition* in Manchester 1857 würdigte, einen Vorläufer des modernen Realismus einschließlich der politisch-radikalen Dimension, die dieser Begriff Mitte des 19. Jahrhunderts mit sich führte.[7] Hals habe die zentrale Forderung des Realismus, die Darstellung des modernen Lebens in der Kunst, zu seiner Zeit bereits eingelöst und in seinen Gruppenporträts das Selbstbewusstsein des holländischen Bürgertums verewigt. Die skizzenhafte Malweise und der Mangel an handwerklicher Feinheit in der Ausführung wird jetzt als Ausdruck von Spontaneität und Natürlichkeit beurteilt, der unvermittelte Wirklichkeitsaneignung suggeriere. Hals' Bilder veranschaulichten für den Kritiker dieselben anti-idealistischen Werte einer republikanischen Kunst jenseits von Religion und Monarchie, die er gleichzeitig an Gustave Courbet bewunderte, dem Helden seiner Besprechungen des Pariser Salons während er 1860er-Jahre. Courbet selbst scheint diese Konkurrenz aus der Vergangenheit eher unwillkommen gewesen zu sein, wenn man seine Zurückhaltung gegenüber der von Thorés Schriften ausgelösten Hals-Begeisterung richtig deutet. Erst 1869, anlässlich eines Besuchs auf der *I. Internationalen Kunstausstellung* in München, kopierte er Hals' sogenannte *Malle Babbe* aus der von Thoré beschriebenen Sammlung Suermondt in Aachen, ergänzt um eine Doppelsignatur, in der er das Ligaturmonogramm, das der Holländer in anderen Gemälden verwendete, prominent rechts in der Mitte platzierte, während die eigene kleine Signatur am unteren linken Bildrand erst auf den zweiten Blick ins Auge fällt.[8] [Abb. 3 und 4] Im Anschluss an den kunstliterarischen Topos, bei dem ein noch unbekannter junger Künstler seine Befähigung durch die vollkommene stilistische Mimikry eines anerkannten Vorbildes dokumentiert, die Kenner in der Identität des Urhebers täuscht, tritt Courbet offensichtlich in einen Überbietungswettbewerb mit seinem historischen Vorläufer.

Bei anderen anti-akademischen Künstlern und vor allem bei den Kunstsammlern traf die Wiederentdeckung von Frans Hals dagegen auf eine geradezu enthusiastische Resonanz, der außerdem die fortschreitende Entpolitisierung des Realismus in den 1860er-Jahren zugute kam. Die geradezu explodierende Nachfrage nach den Gemälden des Niederländers erreichte ihren vorläufigen Höhepunkt bereits 1865, als Lord Hertford das anonyme Porträt des sogenannten *Laughing Cavalier* in einem Bietergefecht gegen Baron Rothschild zum Rekordpreis von 51 000 Francs ersteigerte.[9] Die Nachfrage der Privatsammler trieb die Preise in die Höhe und erzeugte das Bedürfnis nach Authentifizierung angesichts einer wachsenden Zahl zweifelhafter Angebote auf dem Markt. Den ersten wissenschaftlichen Œuvrekatalog zu Frans Hals publizierte der Kunsthistoriker Wilhelm von Bode, der kurz darauf seine jahrzehntelange Karriere an den Berliner Museen begann.[10] Dort war er maßgeblich daran beteiligt, dass die Berliner Gemäldegalerie 1874 die von Thoré beschriebene Sammlung Suermondt mit allein fünf Gemälden von Hals ankaufte.[11] [Abb. 2] Dabei spielte die Sympathie der nationalliberalen Intellektuellen des frühen Kaiserreiches für das ‹bürgerliche› und protestantische Musterland Holland eine nicht unerhebliche Rolle. Noch in einem viele Jahre später, nach der Eröffnung des neuen Kaiser Friedrich-Museums, 1905 von ihm verfassten populärwissenschaftlichen

Ausstellungsbegleiter klingt in seiner Charakterisierung des niederländischen Künstlers diese ursprüngliche politische Dimension an: «Der große Abstand, der die holländische Malerei des 17. Jahrhunderts von der älteren Kunst und ebenso sehr von der flämischen trennt, ist nur verständlich, wenn man an die politischen und kulturellen Ereignisse des 16. Jahrhunderts denkt: Der holländische Befreiungskrieg gegen die Spanier unterbrach einerseits für lange Zeit die künstlerische Tradition des Landes, zugleich wurde durch ihn die nationale Eigenheit in einem Maß geweckt, daß der Kontrast zwischen den kalvinistischen Generalstaaten und den katholischen, spanientreuen flandrischen Provinzen auf stärkste zutage trat. Haarlem, das sich in den Befreiungskriegen besonders hervorgetan hat, ist die Stadt, die auch in der Kunst als erste holländische Eigenart erkennen läßt. [...] Diese bedeutungsvolle Tat ist für uns in dem Namen des Frans Hals gleichsam personifiziert.»[12]

Anders als es Hugo von Tschudis eingangs angesprochene idealtypische Konstellation vermuten ließe, waren es nicht die progressiven Künstler, sondern die Kritiker und die Privatsammler, die Hals innerhalb von einem Jahrzehnt auf die Agenda gesetzt hatten. Das Museum reagierte auf diese Veränderung, indem es den ‹neuen› Künstler in den Museumskanon aufnahm, sie hatte aber keinen Einfluss auf sein traditionelles historisches Narrativ. Statt einer Abtrennung des Werkes von seinen historischen Entstehungsbedingungen Vorschub zu leisten, verstärkte die Integration von Hals die historische Aussagedimension der Sammlung eher noch, wenn man Bodes an ein breites Publikum gerichtete Kennzeichnung des Künstlers berücksichtigt.

Noch ausgeprägter als im Falle von Frans Hals kam die Aufwertung von Diego Velázquez vor dem Hintergrund des Naturalismus im späteren 19. Jahrhundert einer Neuentdeckung gleich, da der Künstler außerhalb Spaniens beinahe unbekannt geblieben war. In seinem Heimatland war der Madrider Hofkünstler zwar immer anerkannt und seit 1819 mit Eröffnung des Museo del Prado durch die Hauptwerke aus der königlichen Sammlung auch prominent im Blick. Außerhalb Spaniens jedoch ließ sich nur schwer eine Vorstellung von seiner künstlerischen Arbeitsweise gewinnen. Das berühmte Porträt Papst Innozenz' X. in der Galleria Doria

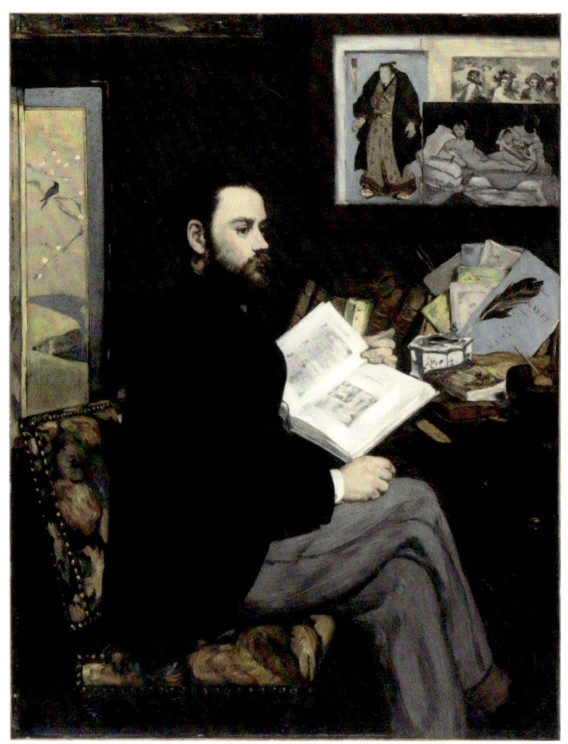

Abb. 5
Edouard Manet
Bildnis Emile Zola, 1868
Öl auf Leinwand, 146,5 × 114 cm
Musée d'Orsay, Paris

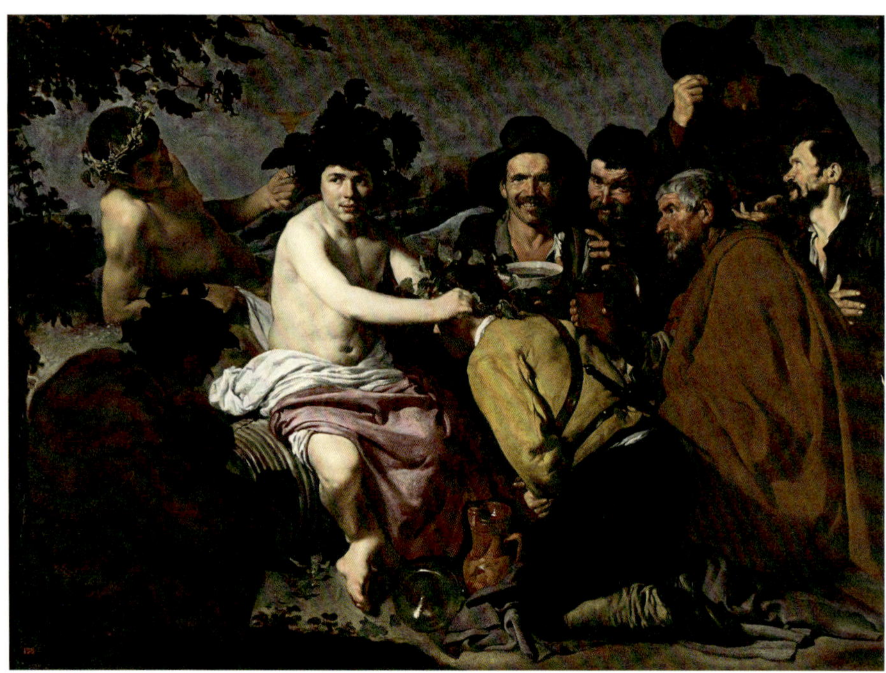

Abb. 6
Diego Rodríguez de Silva y Velázquez
Das Fest des Bacchus, um 1628
Öl auf Leinwand, 165 × 225 cm
Museo National del Prado, Madrid

Pamphilj in Rom bot dafür lange Zeit die einzige Gelegenheit, bevor französische und britische Bildungsreisende Spanien häufiger zu besuchen begannen.[13] Die erste nichtspanische Monografie über den Künstler verfasste der schottische Adelige und Privatgelehrte William Stirling Maxwell 1855, doch sollte erst die ein Jahrzehnt später erschienene französische Übersetzung seines Buches entscheidende Konsequenzen für die Velázquez-Rezeption mit sich bringen.[14] Wahrscheinlich durch die Lektüre dieses Buches angeregt, reiste Manet im Herbst 1865 nach Madrid, um das Werk von Velázquez im Prado zu studieren. Diese kurze Begegnung wurde zum Schlüsselmoment der neueren Rezeptionsgeschichte des spanischen Hofmalers. Manets enthusiastische Reaktion, zuerst dokumentiert in einem Brief an den befreundeten Schriftsteller Charles Baudelaire vom 14. September 1865, in dem er Velázquez als «le plus grand peintre qu'il y ait jamais eu» anspricht,[15] etablierte Velázquez international als Vorbild des modernen Naturalismus. Die intensive Auseinandersetzung von Manet mit Velázquez im eigenen Werk, vor allem in den unmittelbar anschließenden Jahren, machte die vermeintliche Übereinstimmung der künstlerischen Auffassungen beider Künstler an prominenter Stelle im Pariser Ausstellungsbetrieb unübersehbar. Die *Philosophenbilder* von 1865/66 zitieren Velázquez' Philosophendarstellungen, wie etwa den *Menipp*, beinahe wörtlich, während *Le Fifre* von 1866 (Musée d'Orsay, Paris) auf die Hofnarrenporträts des Spaniers mit ihren hell-monochromen, raumlosen Hintergründen ohne Angabe einer Standfläche zurückgreift. Waren diese Bezugnahmen am ehesten einem Betrachter erkennbar, der die Vorbilder aus eigener Anschauung kannte, ließ Manets Velázquez-Hommage im Hintergrund des Porträts von Emile Zola 1868 keinen Zweifel aufkommen: Ein Stich nach den *Borrachos* von Velázquez hängt neben einem japanischen Farbholzschnitt an der Rückwand, teilweise überlagert von einer Miniaturversion der *Olympia* von 1863. [Abb. 5 und 6] Mit diesem Arrangement bestätigte Manet seine Verbundenheit mit dem historischen Vorbild, während er gleichzeitig seine künstlerische Eigenständigkeit durch die metaphorische Vorrangstellung der eigenen, vor der Begegnung mit Velázquez entstandenen Arbeit bekräftigte.

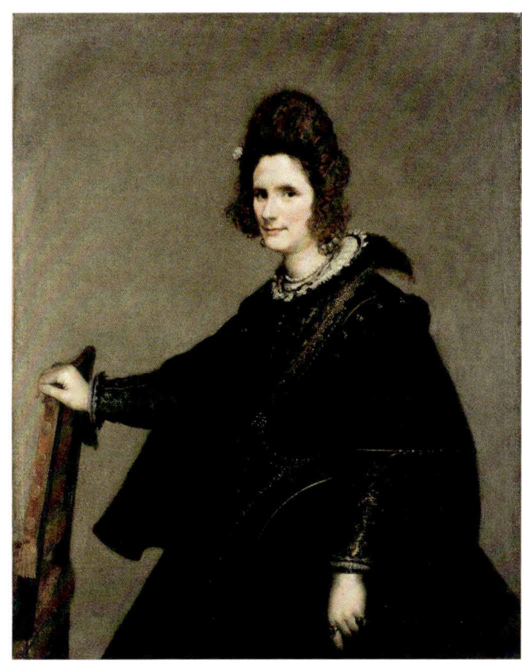

Abb. 7
Diego Rodríguez de Silva y Velázquez
Bildnis einer Dame, um 1630/33
Öl auf Leinwand, 123,7 × 101,7 cm
Gemäldegalerie, Staatliche Museen zu Berlin

Im Anschluss konnte die kunsthistorische Auseinandersetzung mit Velázquez den spanischen Künstler nicht mehr ohne seine Übereinstimmung mit dem modernen Naturalismus in der Art Manets wahrnehmen. Selbst erklärte Gegner der modernen französischen Malerei wie Carl Justi oder Heinrich Wölfflin verweisen regelmäßig auf diese Kongruenz.[16] Auch Wilhelm von Bode folgte diesem Deutungsparadigma beim Ausbau der Berliner Gemäldegalerie. Zwei höfische Bildnisse aus dem Werkstattumfeld des Künstlers waren bereits 1874 mit der Sammlung Suermondt in den Bestand gelangt, aber erst 1887 vollbrachte Bode mit dem anonymen Damenbildnis aus der Sammlung des Earl of Dudley den gezielten Erwerb eines malerisch anspruchsvolleren, als eigenhändig anerkannten Porträts [Abb. 7], zu dem 1906 noch ein frühes Genrebild hinzukam, das die kleine, aber repräsentative Auswahl abrundete.[17] Der Standpunkt, unter dem der Direktor diese Gemälde in demselben Publikumsführer vorstellte, der hier zunächst für Hals zitiert worden ist, zeigt, dass dieses Ensemble die künstlerische Entwicklung des Malers zum führenden Naturalisten Spaniens veranschaulichen sollte: «An diesen Volksstudien [seines Frühwerks] bildete der junge Künstler rasch sein großes Talent für treffende Charakteristik aus; seine koloristische Begabung aber entwickelte er in Madrid, als ihm durch seine Berufung an den Hof Gelegenheit gegeben war, Tizians Meisterwerke zu sehen und mit Rubens zu verkehren. [...] Bei uns gibt das große Staatsporträt der Schwester Philip IV. [...] nur in der malerischen Behandlung des steifen Goldbrokatkleides eine Vorstellung von des Malers Meisterschaft. [...] Ein älteres Werk, ‹die Dame am Stuhl› [des Earl of Dudley], wurde früher als Gattin des Künstlers bezeichnet [...]. Um 1630 gemalt, ist dies Gemälde ein unstreitiges Meisterwerk und von jener strengen Charakterzeichnung und feinen koloristischen Behandlung, wie sie dem Künstler um diese Zeit eigen war.»[18]

Anders als bei Hals war mit der Integration von Velázquez in den Kanon des Museums eine deutliche Verschiebung von der historischen Aussagekraft der Bilder – etwa für die Situation im Spanien des Absolutismus – auf die Ebene der formalästhetischen Betrachtung verbunden. Nicht die Motivik der Bildnisse ist bewertungsrelevant, wie das minderwertige Porträt der Königsschwester zeigt, sondern ein quasi-autonomer, nur durch die Anregungen anderer Künstler unterstützter malerischer Entwicklungsprozess. Die historische Situation tritt dagegen weitgehend zurück, denn der Hof ist nur noch der äußere Ort der künstlerischen Begegnung mit Tizian

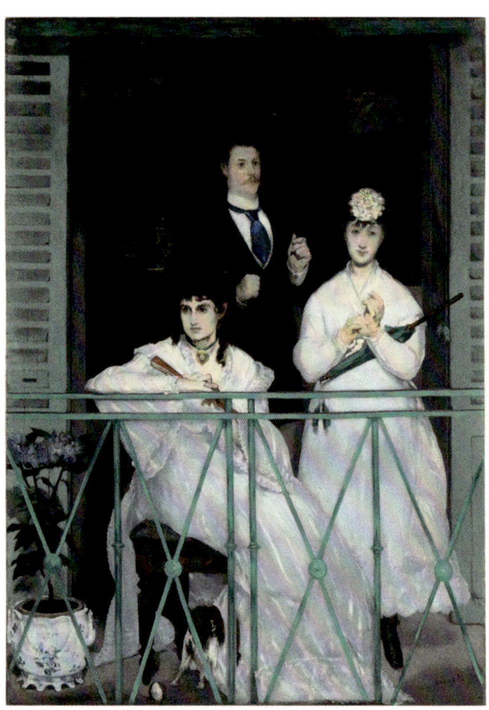

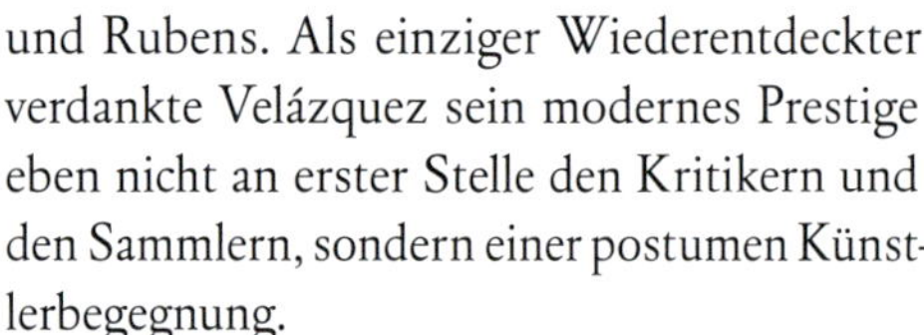

Abb. 8
Edouard Manet
Der Balkon, 1868/69
Öl auf Leinwand, 170 × 124,5 cm
Musée d'Orsay, Paris

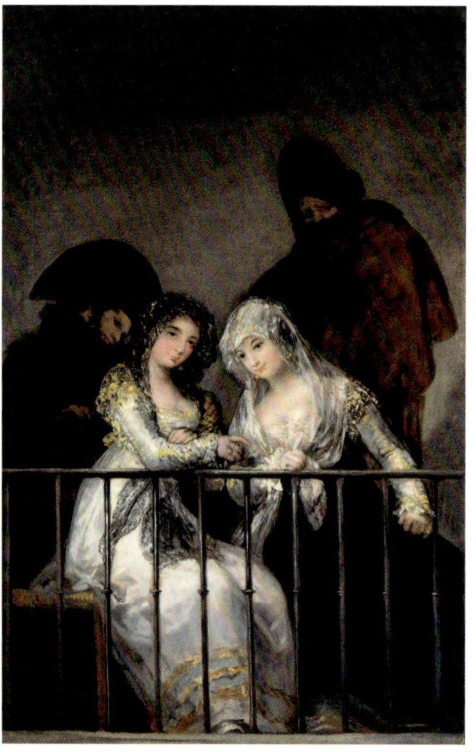

Abb. 9
Francisco José de Goya y Lucientes (zugeschrieben)
Mayas auf dem Balkon, erstmals erwähnt 1835
Öl auf Leinwand, 194,9 × 125,7 cm
The Metropolitan Museum of Art, New York

und Rubens. Als einziger Wiederentdeckter verdankte Velázquez sein modernes Prestige eben nicht an erster Stelle den Kritikern und den Sammlern, sondern einer postumen Künstlerbegegnung.

Francisco de Goya teilte das Schicksal von Velázquez und anderen spanischen Malern, außerhalb ihres Heimatlandes lange Zeit weitgehend unbekannt geblieben zu sein, bevor er um 1900 als ein Impressionist *avant la lettre* plötzlich ins Zentrum der Aufmerksamkeit rückte. In Spanien erschien die erste Monografie von Valentín de Carderera y Solano bereits 1835, wenige Jahre nach dem Tod des Künstlers, während er für eine europäische Öffentlichkeit erstmals durch die Einrichtung der *Galerie espagnole* im Louvre 1838 in größerem Umfang sichtbar wurde.[19] Allerdings blieb die Resonanz auf die acht vermeintlichen Gemälde Goyas, darunter viele postume Nachahmungen, in dieser Privatsammlung des Bürgerkönigs Louis-Philippe gering. Von den zahlreichen Kommentaren zur Eröffnung erwähnen nur zwei Beiträge den Künstler überhaupt, da er bestenfalls als ein weiterer und dabei ästhetisch fragwürdiger Beleg für den «angeborenen» Naturalismus der

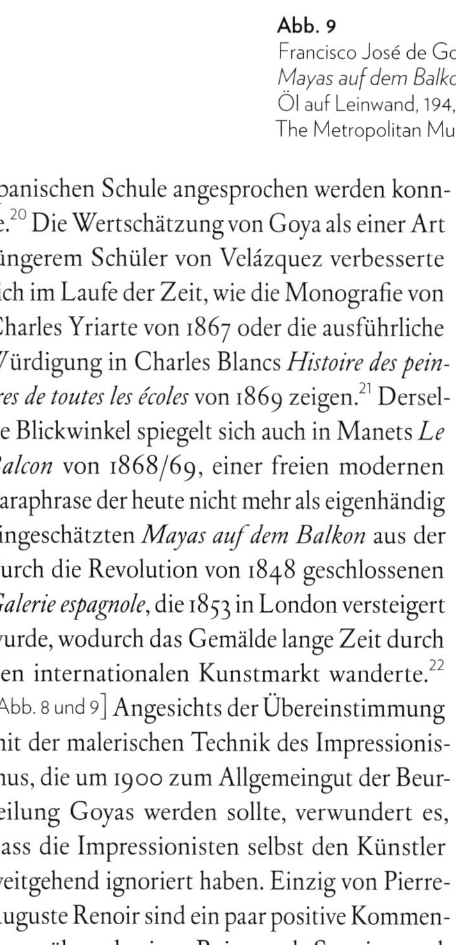

spanischen Schule angesprochen werden konnte.[20] Die Wertschätzung von Goya als einer Art jüngerem Schüler von Velázquez verbesserte sich im Laufe der Zeit, wie die Monografie von Charles Yriarte von 1867 oder die ausführliche Würdigung in Charles Blancs *Histoire des peintres de toutes les écoles* von 1869 zeigen.[21] Derselbe Blickwinkel spiegelt sich auch in Manets *Le Balcon* von 1868/69, einer freien modernen Paraphrase der heute nicht mehr als eigenhändig eingeschätzten *Mayas auf dem Balkon* aus der durch die Revolution von 1848 geschlossenen *Galerie espagnole*, die 1853 in London versteigert wurde, wodurch das Gemälde lange Zeit durch den internationalen Kunstmarkt wanderte.[22] [Abb. 8 und 9] Angesichts der Übereinstimmung mit der malerischen Technik des Impressionismus, die um 1900 zum Allgemeingut der Beurteilung Goyas werden sollte, verwundert es, dass die Impressionisten selbst den Künstler weitgehend ignoriert haben. Einzig von Pierre-Auguste Renoir sind ein paar positive Kommentare während seiner Reise nach Spanien und Algerien 1881 überliefert, ohne dass die Begegnung mit den Gemälden im Prado und den Fresken in San Antonio de la Florida irgendeine erkennbare Spur im Schaffen des französischen Malers hinterlassen hätte, der sich gerade von seiner impressionistischen Werkphase zu lösen versuchte.[23] Erst im Nachhinein haben die internationalen Sammler des französischen Impressionismus und Postimpressionismus die formalästhetische Analogie zwischen der von ihnen bevorzugten modernen Kunst und dem Spanier wahrgenommen und durch die Integration seiner Werke in ihre Sammlungen veranschaulicht. So sind die *Mayas auf dem Balkon* 1904 in die Sammlung Henry und Louisine Havemeyer in New York gelangt und Albert Barnes arrangierte in seiner Sammlung am Stadtrand von Philadelphia ab 1925 einen Raum, in dem sich eine Werkauswahl von Renoirs und Goyas zu jenem imaginären Künstlergespräch versammelte, das der französische Impressionist zeitlebens verweigert hatte.[24] Auch der in der Zuschreibung heute nicht mehr ganz unstrittige *Maibaum* Goyas wurde bei seinem Erwerb durch Tschudi für die Berliner Nationalgalerie 1903 von der örtlichen Presse als «ein Meisterstück der impressionistischen Malerei» vorgestellt,[25] während er etwas später von dem Kritiker Julius Meier-Graefe in der zweiten Auflage seiner *Entwicklungsgeschichte der modernen Kunst* zum Kronzeugen einer konsequent formalästhetischen Lesart des Künstlers avancierte, die es nicht für nötig erachtete, den Anlass für die vom Autor mitaufgezählten Leichenberge auch nur anzudeuten.[26] [Abb. 10] Getilgt ist jeder konkrete Bezug zur historischen Umwelt des Malers, zu Inquisition, Aufklärung und den napoleonischen Kriegen, die erst in der kunsthistorischen Forschung der letzten Jahrzehnte in ihrer Bedeutung für das Werk Goyas wieder hervorgehoben worden sind.[27]

Auch Wilhelm von Bodes Urteil in dem bereits zweimal zitierten *Führer durch das Kaiser Friedrich-Museum* von 1905 spiegelt diese ganz vom historischen Kontext gelöste Wahrnehmung der erst jüngst für die Berliner Gemäldegalerie erworbenen Werke des Künstlers,[28] der Schenkung einer späten Ölskizze zur *Junta der Philippinen* im Jahre 1900 und zwei von ihm selbst im Vorfeld der Neueröffnung des Museums 1903/04 angekauften Porträts: «Goyas Gemälde haben dem Impressionismus zu seiner freien Entwicklung mit verholfen; und andererseits ist dieser Maler erst durch die modernen Künstler wieder zu Ehren gekommen, selbst über Gebühr. Goyas impressionistische Art, sein Griff mitten ins Volksleben, seine skizzenhaften Momentaufnahmen aus seiner unmittelbaren Umgebung und sein frischer Naturalismus haben einen befreienden Zug neben dem akademischen Zopf und falschem Pathos in der zeitgenössischen Kunst. Sein feiner Geschmack auf dem Gebiet der Tonigkeit und Farbenwerte verleiht manchem seiner Gemälde hohen malerischen Wert; aber nur selten verleugnet sich die Dekadenz der ganzen Kunst. Oberflächlichkeit und Mängel in Komposition und Zeichnung, Flüchtigkeit in der Durchführung, Karikatur statt Charakteristik sind vielen seiner Bilder eigentümlich.»[29] Tatsächlich folgt Bode hier der eingangs zitierten Annahme von Tschudi, dass die impressionistischen Künstler Goya als Vorbild angesehen und wieder auf die Tagesordnung gesetzt hätten, obwohl er dessen Enthusiasmus für deren Beitrag nicht teilt, wie der Hinweis auf die «Dekadenz der ganzen Kunst» durchscheinen lässt. Die Rezeptionsgeschichte liefert dafür jedoch keine Anhaltspunkte. Vielmehr verdankte sich das neue Interesse an Goya, wie vorher das Interesse für Frans Hals, den Privatsammlern mit impressionistischer Geschmacksbildung und den Kritikern, die sie dabei unterstützten.

In Bodes zeitgleichen Interpretationsangeboten für Hals, Velázquez und Goya haben sich gewissermaßen die jeweils unterschiedlichen Wahrnehmungsperspektiven sedimentiert, mit denen diese Wiederentdeckungen des späteren 19. Jahrhunderts auf der großen Bühne des internationalen Kunstbetriebes aufgetreten waren. Die konsekutive Integration dieser Künstler in den Kanon entspricht einer fortschreitenden Ablösung ihres Werkes vom spezifischen historischen Kontext, die bei Goya schließlich den Höhepunkt erreichte. Das Museum als Institution erscheint dabei, wie ein typisches modernes Massenmedium, weniger als aktiver Protagonist denn als nachvollziehender Verstärker des außermuseal geprägten Prozesses, der seinerseits in der Regel häufiger von den Bedürfnissen des Kunstmarktes als von Künstlern geprägt wurde, die sich auf die Suche nach Wahlverwandten in der Kunstgeschichte begaben. Unter der Hand modifizierte sich in diesem Prozess das zugrunde liegende historistische Paradigma des Kunstmuseums, wie es aus dem 19. Jahrhundert geläufig war, zugunsten eines interessenperspektivischen Blickes aus der Gegenwart auf die Vergangenheit, wenn auch nur wenige Museumsleiter, wie Hugo von Tschudi, tatsächlich eine radikale Umorientierung aus der Blickrichtung der modernen Kunst befürworteten. In den meisten Fällen, wie im Kaiser Friedrich-Museum, changierte die Institution im 20. Jahrhundert zwischen traditionell-historischen und formalästhetischen Zugriffsweisen auf den historischen Gemäldebestand.[30] Sie verfuhr auf diese Weise nicht nur, weil ihr Publikum unterschiedliche Erwartungen an die Präsentation herantrug, sondern auch, weil Spuren der vormusealen Rezeptionsgeschichte der einzelnen Künstler nach ihrem Eintritt in die Institution an ihnen haften geblieben waren.

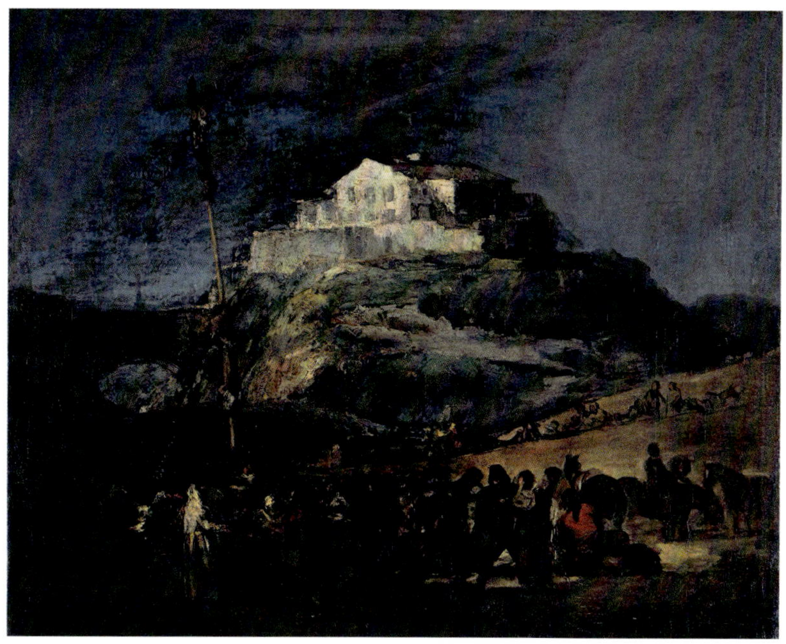

Abb. 10
Francisco José de Goya y Lucientes oder Nachahmer
Der Maibaum, um 1808–12
Öl auf Leinwand, 82,7 × 103,5 cm
Gemäldegalerie, Staatliche Museen zu Berlin

1 Zu Tschudis Karriere und seiner Bedeutung bei der Museumsreform um 1900 vgl. Paul 1993; Ausst.-Kat. Berlin und München 1996.

2 Zu Marczell von Nemes als Sammler vgl. den Beitrag von István Németh in diesem Band, S. 73–78 .

3 Hugo von Tschudi, «Vorwort zum Katalog der aus der Sammlung des Kgl. Rates Marczell von Nemes – Budapest in der Alten Pinakothek zu München ausgestellten Gemälde», in: Tschudi 1912, S. 226–231, hier S. 227.

4 Das methodische Vorbild hierfür ist Haskell 1976; vgl. auch ders., «Francesco Guardi and the Nineteenth Century», in: *Problemi guardeschi. Atti del convegno di studi promossa dalla mostra dei Guardi, Venezia, 13–14 settembre 1965*, Venedig 1967, S. 58–61.

5 Zur Rekonstruktion der Rezeptionsgeschichte vgl. Frances S. Jowell, «The Rediscovery of *Frans Hals*», in: Seymour Slive (Hg.), *Frans Hals*, Ausst.-Kat. Royal Academy of Arts, London u. a., München und New York 1989, S. 61–86.

6 Zu Rembrandt vgl. Seymour Slive, *Rembrandt and his Critics 1630–1730*, Den Haag 1953; Jan Ameling Emmens, *Rembrandt en de regels van de kunst*, Utrecht 1968; zu Caravaggio vgl. u. a. Sybille Ebert-Schifferer, *Caravaggio. Sehen, Staunen, Glauben. Der Maler und sein Werk*, München 2009, S. 15–27; Edward Clark und Clovis Whitfield (Hg.), *Caravaggio's Friends & Foes*, Ausst.-Kat. Whitfield Fine Art, London 2010.

7 W. Bürger [Théophile Thoré], *Trésors d'art en Angleterre*, Paris 1857, Brüssel und Ostende 1860[2], S. 242 ff.; vgl. auch *Musées de la Hollande*, 2. Bde., Paris und Brüssel 1858–60, passim; *Galerie Suermondt à Aix-la-Chapelle, avec le catalogue de la collection par le Dr. Waagen*, Brüssel und Ostende 1860; «Frans Hals», in: *Gazette des Beaux-Arts* 24, 1868, S. 219–230, 431–448.

8 Courbets Kopie befindet sich heute in der Hamburger Kunsthalle; vgl. Werner Hofmann (Hg.), *Courbet und Deutschland*, Ausst.-Kat. Kunsthalle Hamburg; Städelsches Kunstinstitut Frankfurt, Köln 1978, S. 305 f. (Nr. 289).

9 Jowell 1989 (wie Anm. 5), S. 66 f. Das Gemälde befindet sich heute in The Wallace Collection, London.

10 Wilhelm von Bode, «Frans Hals und seine Schule», in: *Jahrbuch für Kunstwissenschaft* 4, 1871, S. 1–66; *Studien zur Geschichte der holländischen Malerei*, Braunschweig 1883; zu Bodes Museumskarriere vgl. Thomas W. Gaehtgens, *Die Berliner Museumsinsel im Deutschen Kaiserreich. Beiträge zur Kulturpolitik der Museen in der wilhelminischen Epoche*, Berlin 1992; Ausst.-Kat. Berlin 1995; Gaehtgens und Paul 1997

11 Vgl. Stockhausen 2001, S. 155–160, 272 f.

12 Bode 1905, zit. nach 1917[3], S. 416 f. Für die hier und später zitierten Passagen wird der Herausgeber im Vorwort als Autor identifiziert.

13 Zur internationalen Rezeption spanischer Malerei vgl. Henrik Karge, «Vision gegen Wirklichkeit. Zur Entdeckung der spanischen Malerei im 19. und frühen 20. Jahrhundert», in: ders. (Hg.), *Vision und Wirklichkeit. Die spanische Malerei der Neuzeit*, München 1991, S. 9–19; Jean-Louis Augé und Christophe Garcès (Hg.), *Les Peintres français et l'Espagne de Delacroix à Manet*, Ausst.-Kat. Musée Goya, Castres 1997; Geneviève Lacambre und Gary Tinterow (Hg.), *Manet, Velázquez. La Manière espagnole au XIXe siècle*, Ausst.-Kat. Musée d'Orsay, Paris 2002; engl. Ausg. *Manet, Velázquez. The French Taste for Spanish Painting*, Ausst.-Kat. Metropolitan Museum of Art, New York 2003.

14 William Stirling Maxwell, *Velazquez and his Works*, London 1855; frz. Übersetzung als *Velazquez et ses oeuvres par William Stirling, traduit de l'anglais par G. Brunet, avec des notes et un Catalogue des tableaux de Velazquez par W. Bürger*, Paris 1865.

15 «den größten Maler, den es jemals gegeben hat», zit. nach Juliet Wilson-Bareau (Hg.), *Manet par lui-même. Correspondance et conversations, peintures, pastels, dessins et estampes*, Paris 1991, S. 48.

16 Carl Justi, *Diego Velazquez und sein Jahrhundert*, Bonn 1888; Heinrich Wölfflin, «Velazquez», in: *Die Zukunft* 28, 1899, S. 446–449; wieder in: *Kleine Schriften*, Basel 1946, S. 126–130.

17 Stockhausen 2001, S. 329 f.; Bode 1912[7], S. 451 ff.

18 Bode 1905, zit. nach der 3. Aufl. 1917, S. 300 ff.

19 Zur Goya-Rezeption des 19. Jahrhunderts in Frankreich vgl. Janis Tomlinson, «Evolving Concepts. Spain, Painting, and Authentic Goyas in Nineteenth-Century France», in: *Metropolitan Museum Journal* 31, 1996, S. 198–202.

20 Théophile Gautier, «Les Caprices de Goya», in: *La Presse* vom 5. Juli 1838; Louis Viardot, *Notices sur les principaux peintres de l'Espagne*, Paris 1839, S. 306.

21 Charles Yriarte, *Goya. Sa biographie, les fresques, les toiles, les tapisseries, les eaux-fortes et le catalogue de l'oeuvre* 1867; Charles Blanc (Hg.), *Histoire des peintres de toutes les écoles*, Bd. 5 (*Ecole espagnole*), Paris 1869, s. v. «Francisco Jose Goya y Lucientes», S. 1–12.

22 Zu Manets Rezeption des Bildes vgl. Françoise Cachin und Charles S. Moffett (Hg.), *Manet 1832–1883*, Ausst.-Kat. Galeries Nationales du Grand Palais, Paris; Metropolitan Museum of Art, New York und Paris 1983, S. 302–307.

23 Roger Benjamin und David Prochaska (Hg.), *Renoir and Algeria*, Ausst.-Kat. Clark Art Institute Williamstown u. a., New Haven/Conn. und London 2003.

24 Zu Havemeyers vgl. Weitzenhoffer 1986, bes. S. 154 ff.; zu Barnes vgl. Ausst.-Kat. München 1993; Bailey 2008.

25 Hans Rosenhagen, «Neuerwerbungen der Königl. Nationalgalerie zu Berlin», in: *Die Kunst für Alle* 19, 1903/04, S. 148.

26 Meier-Graefe 1914/15, Bd. 1, S. 94–98.

27 Vgl. Gwyn A. Williams, *Goya and the Impossible Revolution*, London 1976; Werner Hofmann (Hg.), *Goya. Das Zeitalter der Revolutionen, 1789–1830*, Ausst.-Kat. Kunsthalle Hamburg, München 1980; Werner Hofmann, Goya. *Vom Himmel durch die Welt zur Hölle*, München 2003.

28 Wilhelm von Bode, *Beschreibendes Verzeichnis der Gemälde im Kaiser Friedrich-Museum*, Berlin 1912

29 Bode 1905, zit. nach der 3. Aufl. 1917, S. 304 ff.

30 Joachimides 2001.

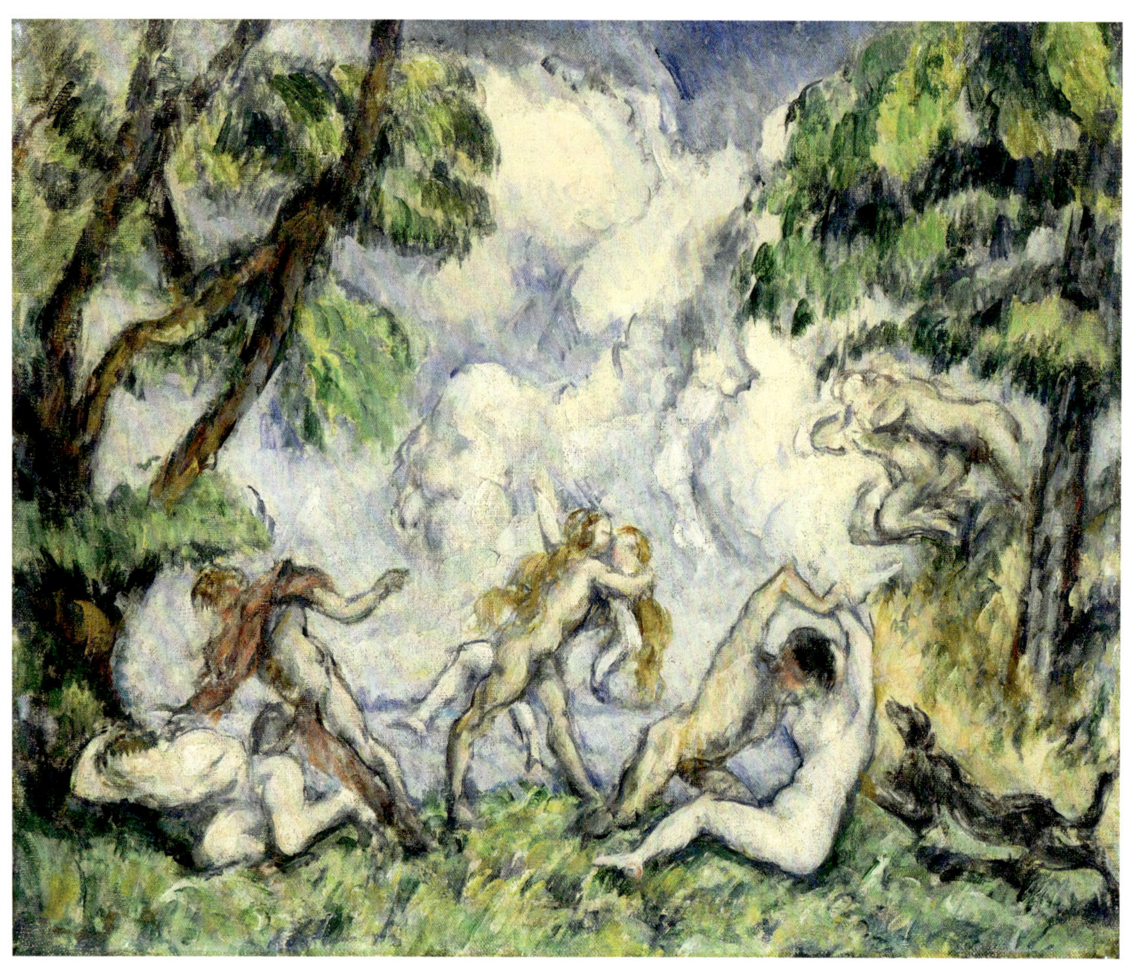

Abb. 1
Paul Cézanne
Der Liebeskampf, um 1880
Öl auf Leinwand, 38 × 46 cm
National Gallery of Art, Washington

STEPHANIE MARCHAL

Resonanzräume

«Neue» Kunstkritik und «neues» Sammeln um 1900

Bereits 1925 drückte der Grafiksammler Julius Aufseesser sein Bedauern darüber aus, «daß keiner der nun längst dahingegangenen Sammler […] über ihre Zeit und die Gelegenheiten, welche den Aufbau ihrer bedeutenden Sammlungen ermöglichten, Aufzeichnungen hinterlassen hat.»[1] Die Schwierigkeit, die Sammelkultur der Jahrhundertwende zu rekonstruieren, ist hiermit bereits benannt. Was die Sammler gelesen, wie sie ihr Kunstverständnis, ihr Sammlungsprogramm und -profil entwickelt haben und welche Rolle dabei der aktuellen Kunsttheorie zugekommen ist, kann daher vielfach nur mittelbar eruiert werden. Dass zumeist persönlich-rege, nur vereinzelt in Korrespondenzen und Tagebucheinträgen dokumentierte Kontakte zu den führenden Kunstschreibern gepflegt wurden, ist hingegen ebenso gewiss wie die zeitgenössische Feststellung eines «neuen» Sammler- analog zu dem eines «neuen» Kritikertyps.[2]

In einem ersten Schritt soll die um 1900 in Blüte stehende, an die vorherrschende, impressionistische Kunstpraxis gebundene und als «neu» empfundene Kritik kurz charakterisiert werden, um davon ausgehend nach ihrem Einfluss auf das Sammeln und die Kunstwahrnehmung zu fragen.

In den Texten der «neuen» Kritik wird das Kunstwerk primär unter dem Gesichtspunkt künstlerischer Verfahren behandelt.[3] Emil Heilbut, Julius Meier-Graefe und Karl Scheffler, aber auch Hugo von Tschudi und Emil Waldmann – um nur einige kunstschriftstellerisch Tätige zu nennen – bemühten sich um einen dem vorurteilsfrei begriffenen Sehen der Impressionisten entsprechenden Blick, der jedweder Reflexion über das Kunstwerk vorausgehe oder diese sogar ersetze. Im performativen Widerspruch zielten sie darauf ab, die den Bildern eigene Unmittelbarkeit zu vermitteln und die Lektüre ihrer Texte zu einem «Seherlebnis» werden zu lassen.[4] Wurden Einzelwerke dabei in Zusammenhänge gestellt, so versuchten sie einen «Überblick ohne ästhetische Relativierung»;[5] Maßstab und Fluchtpunkt war dabei der Impressionismus. Von ihm aus entwickelten die Kritiker unter dem Primat des Malerischen neue Perspektiven auch auf ältere Kunst beziehungsweise sahen in letzterer den Ermöglichungsgrund für die aktuelle Kunstproduktion. Die vergleichende Betrachtung diente methodisch der Verdeutlichung; auf ihrer Grundlage erfolgte die Wertung. Ein assoziationsreiches Überspringen historischer Distanzen erhellte über das Augensehen etwaige Berührungspunkte und Kontraste. Sätze wie der folgende gehörten zum Standardrepertoire der Kunstschriftsteller: Das Bild der *Lutteurs amoureux* [Abb. 1] von Paul Cézanne «hat bei aller Originalität etwas Altmeisterliches, es setzt Rubens und Delacroix fast in unser Jahrhundert hinein, hat dabei einen Zauber wie Watteau und berührt sich darin mit Renoir».[6]

Diese «neue», stark selbstreflexive und medial ungemein präsente Kunstkritik positionierte sich gegen die akademische Kunstgeschichte einerseits und eine ältere, in ihren Augen veraltete Kunstkritik andererseits.[7] Cornelius Gurlitt stellte 1899 fest, dass nicht mehr der Künstler und sein Werk von der «neuen» Kunstkritik kritisiert und bewertet würden, sondern dass sich der Kunstkritiker stattdessen zusehends als Anwalt und Komplize des Künstlers verstehe, der Künstler und Werk zu verteidigen und den Laien zu vermitteln habe.[8] Und genau hierbei, bei der «gemeinsamen Sache»[9], der «Propaganda»[10] für die moderne Kunst, könne Meier-Graefe, Heilbut, Tschudi und Scheffler zufolge der Sammler ebenfalls behilflich sein und sich mit dem Kritiker wie dem Künstler verbünden. Um auf Ausstellungen zeigen oder in Zeitschriften und Büchern reproduzieren zu können, worüber er schrieb und wofür er stritt, um schlicht Zugang zu der in öffentlichen Sammlungen noch wenig präsenten neuen Malerei zu haben, war der Kunstschriftsteller letztlich auch auf den Privatsammler, der ungebunden kaufen und freier experimentieren konnte als ein Museumsdirektor, angewiesen.[11] Vor diesem Hintergrund scheint es folgerichtig, dass der Aufschwung der Kunstkritik in vielen deutschsprachigen Städten mit einer Blüte privaten Sammelns einherging, wobei den Beobachtungen Woldemar von Seidlitz' und Lothars Briegers zufolge die Entdeckung und Setzung künstlerischer Werte sich während des Kaiserreichs tendenziell von den Sammlern hin zu den Kunstkritikern verlagert habe.[12] Die Sammler hätten, wie Meier-Graefe und Adolph Donath konstatierten, «freudig» zugegriffen, als der Impressionismus «literarisch immer eifriger propagiert wurde».[13] Kritiker waren um 1900 jedoch nicht nur literarisch und kuratorisch, sondern auch händlerisch aktiv, sie berieten Sammler und ließen ihnen Hinweise, wo wann welche Artefakte günstig zu erwerben wären, zukommen.[14] Sie gaben preisliche Ratschläge und sondierten für «ihre» Sammler (insbesondere) den (französischen) Kunstmarkt, was den Kritikern selbst wiederum eine nicht zu unterschätzende Einflussnahme auf die Entwicklung der Privatsammlungen ermöglichte. Außerdem bot den Kritikern diese Scout-Funktion die Gelegenheit, in den Vorräten der Händler zu wühlen, was ihnen nicht gestattet würde, wenn sie nicht für andere kauften, so Heilbut.[15] Die jüngste, insbesondere französische Kunstproduktion war Ende des 19. Jahrhunderts in Deutschland noch vielfach eine wissenschaftlich unerschlossene «terra incognita»,[16] was Waldmann zufolge auch erkläre, weshalb sich ihre Sammler an die in der Gegenwartskunst versierten Kritiker gewendet hätten. Über die Frage ‹gut› oder ‹schlecht› zu entscheiden, erfordere andere Kenntnisse und Erfahrungen, als zwischen ‹echt› oder ‹unecht› – der Hauptsorge des typischen Bode-Sammlers – zu differenzieren.[17] Heilbut, Meier-Graefe und anderen Kritikern, die ja erst dabei waren, die nach Aufseesser noch fehlenden Orientierungshilfen für die moderne Kunst zu schreiben,[18] scheint man diesbezüglich, das heißt bei der Einschätzung von Qualität, besonderes Vertrauen entgegengebracht zu haben; sie entsprachen dem von Max J. Friedländer charakterisierten «Kenner», der, da er Werte setze und vernichte, mächtig sei, wobei weniger ins Gewicht falle, ob er recht habe, als dass man ihm glaube.[19] Eine um eine solche Autorität sich scharende ‹Glaubensgemeinschaft› wurde von reaktionärer Seite als Cliquenwirtschaft beargwöhnt.[20] Kunstschriftsteller und Sammler verband um 1900 der Wunsch, zu wirken und die eigenen Erkenntnisse, den eigenen (geistigen oder materiellen) Besitz für andere zugänglich und nutzbar zu machen.[21] Waldmann und Meier-Graefe sahen im Kauf von Kunst nicht nur die Bekräftigung ihres Genusses, sie waren auch davon überzeugt, dass, wer noch nicht anerkannte Kunst kaufe und sie in seiner Wohnung präsentiere, zur Durchsetzung neuer Werte beitrage und die schriftstellerische «Kulturarbeit» unterstütze.[22]

Die Privatsammlungen konnten in den Privathäusern[23] oder auf zahlreichen Ausstellungen, die häufig von den Kritikern selbst kokuratiert wurden, besichtigt werden; die Übernahme und Anverwandlung kunsttheoretischer Ideen kann beziehungsweise konnte insbesondere hier, an den Sammlungsbeständen und -konzepten überprüft werden. Für die Rekonstruktion heute ist der virtuelle Rundgang in den Ausstellungs- und Sammlungsbesprechungen wertvoll. Ich möchte diese Textsorte im Folgenden näher in den Blick nehmen und nach einer ersten Sichtung die These zur Disposition stellen, dass sich die nach außen hin wirksame Kooperation zwischen neuen Sammlern und neuer Kritik vorzugsweise in diesem Medium niedergeschlagen hat. Ab den 1890er-Jahren hatte die sich von ihrem früheren bloßen Aufzählungsmuster emanzipierende[24] Sammlungsbesprechung eine zuvor ungekannte Konjunktur, insbesondere in einer die Gegenwartskunst in den Fokus rückenden, auflagenstarken Kunstzeitschrift wie *Kunst und Künstler*, aber auch, wenngleich weniger prominent, in *Die Kunst für alle*, *Cicerone* oder *Das Kunstblatt*.[25] Allem voran hier erfuhren die deutschen Sammlungen die Öffentlichkeit, die ihnen Meier-Graefe zufolge im Gegensatz zu den französischen bis dahin gefehlt habe.[26] Obschon die «neue» Kritik die «neue» Privatsammlung stets als Unikat in ihrer jeweiligen Besonderheit lobte, lässt sich ein wiederkehrendes (der neuen Kritik und ihren Maximen entlehntes) Kriterienraster, das jeweils an die Bestandssichtung angelegt wurde, ausmachen. Die Betonung, das jeweils Beste sei vertreten, die Sammlung sei von (malerisch-unanekdotischer) Qualität, findet sich zu Beginn oder am Ende nahezu jeder Besprechung. Wie auch sonst in der «neuen» Kritik werden die Bilder nach Maßgabe ihrer eigenen Kriterien, ohne deren historische Kontextualisierung und Etikettierung beschrieben, das heißt bei Böcklin steht eher das Sujet und bei den Impressionisten die farbliche Gestaltung im Vordergrund. Die Betrachtung der Werke, ihre Evokation, war ebenso wie das Aufzeigen ihrer sammlungsinternen Zusammenhänge zentral; leitende Fragen waren dabei stets – und hier greife ich den Zeitjargon auf –, wie ein Künstler, mit welchen Werken und in welcher Phase vertreten sei; wie das «Werden der neuen Form»[27] sichtbar gemacht werde; was neben was hänge und welches Bild welches schlage oder neben welchem halte; inwiefern sich die Bilder untereinander (innerhalb eines Landes sowie epochen- oder länderübergreifend) etwas zu sagen hätten; welche künstlerischen Einsichten aus den initiierten Nachbarschaften gewonnen werden könnten und wie die Übergänge und Querverbindungen sich gestalteten. Sätze wie der folgende sind typisch: «Einen Augenblick denkt man vor ihm [Courbet], hier öffne sich ein Weg nach vorwärts zu Cézanne und nach rückwärts zu Goya, man ist in dieser Sammlung eben wie von selber entwicklungsgeschichtlich gestimmt.»[28] Ein Großteil der «neuen» Besprechungen legt diesen Maßstab der ‹entwicklungsgeschichtlichen Gestimmtheit› an – auch ex negativo: Selbst wenn der Rezensent – wie zum Beispiel Waldmann angesichts der Reber'schen Sammlung – konstatiert, explizit nicht entwicklungsgeschichtlich gestimmt zu sein, präsentiert er in Folge die Kollektion nichtsdestotrotz durch ein solches Raster hindurch.[29] Ein derartiges Vorgehen wirft ebenso wie die häufig anzutreffende einschränkende Bemerkung, nur die Höhepunkte einer Sammlung, nur das für ihren Zusammenhang Wesentliche anzuführen, die Frage auf, ob die vom Kritiker durch die jeweilige Kollektion geschlagenen Blickachsen den Beständen und der Intention des Sammlers wirklich entsprochen haben oder aber nachträglich im Sinne eines Programms oktroyiert wurden?[30] Dies wäre, wenngleich Zeitgenossen wie zum Beispiel Gustav Pauli den Geschmack Meier-Graefes schlicht mit dem des «kultivierten Sammlers» gleichsetzten,[31] im Einzelfall zu prüfen. Für Tschudi etwa hat Barbara Paul darauf aufmerksam gemacht, dass er bei seiner dreiteiligen Besprechung der Sammlung Arnhold in *Kunst und Künstler* einige unprogrammatische, konservative Gemälde nicht erwähnt habe.[32] Andererseits war es nicht unüblich, in einer Besprechung assoziativ Werke hinzuzufügen, die dem Kritiker als passend einfielen und die ihm eventuell fehlten. Das schematische Vorgehen der Kritik tritt auch zutage, wenn wider der Feststellung des Rezensenten, alles hänge «durcheinander»,[33] die Besprechung, dem üblichen Raster folgend, doch nach Kunstlandschaften getrennt und innerhalb dieser chronologisch geordnet erfolgt. Mit Scharniersätzen wie «Courbet vermittelt zu den Deutschen»[34] suchte man von der einen zur anderen Kunstlandschaft überzuleiten.

Kritiker begriffen, so lässt sich folgern, die von ihnen erörterten Sammlungen vielfach als Resonanzraum, als praktische Verlängerung ihrer eigenen Vorstellungen. Das jeweils exponierte, teilweise unter ihrer Mithilfe zusammengekaufte und -gestellte Sammlungsmaterial bot Gelegenheit, die eigenen Kriterien und Maßstäbe, gestützt über Fotografien und Interieuraufnahmen, vor Augen zu führen und realiter künstlerische Nachbarschaften und Wirkungen zu überprüfen. Die Sammlungen, aber eben auch die Ansichten der Kritiker, wurden auf diese Weise popularisiert und qua Reproduktionen anschaulich verbreitet.

Die Sammler ihrerseits nutzten die mit ihren Beständen bestens vertrauten Kunstkritiker dabei als Presseagenten,[35] erfuhr ihre Kollektion doch eine Wertsteigerung, wenn sie publizistisch in die europäische Kunstgeschichte eingebunden und bekannt gemacht wurde.[36] Reinhard Piper erzählt in seinen Erinnerungen, wie der Sammler Paul Arthur Cheramy die Publikation Meier-Graefes über seine Sammlung «im stillen wohl von vornherein nur als Propaganda für die kommende»,[37] Verleger und Autor gegenüber jedoch verschwiegene Versteigerung betrachtet und er letztgenannten damit großen Schaden zugefügt habe.

Derartige wechselseitige Indienstnahmen dürfen jedoch nicht den Blick für die wohl grundlegendste, bereits erwähnte Gemeinsamkeit der beiden sich erneuernden «Ausdruckssphären»,[38] Kritikertext und Sammlerwand, verstellen, nämlich dass, wie Sven Kuhrau festhält, die «gleichzeitige Begeisterung für alte und neue Kunst», ja dass die «Geschmacksverlagerung» hin zu letzterer seitens der Sammler in der überhistorischen, formalästhetischen Definition von Qualität, wie sie die «neue Kunsttheorie» propagierte, ihr «Gegenstück» gefunden zu haben schien.[39]

So wie Meier-Graefe in seinen Texten Werke panoramaartig nebeneinanderstellt, so hängte ein «moderner» Sammler vielfach Altes und Neues, aber auch Deutsches und Französisches in einen Raum.[40] Scheffler konstatierte beispielsweise bezogen auf Oskar Reinhart und seine Sammlung, der Winterthurer löse «die vergleichende Kunstanschauung» ein, seine «übergeschichtliche Einstellung» gegenüber Kunstwerken bereite Genuss und zugleich würden sich «ungezwungen Lehren» ergeben, wenn die «zeitlich bedingten Stilmerkmale» zurückträten und an ihrer statt Talente aller Jahrhunderte sich auf einer gemeinsamen Ebene träfen, wenn sie sich, wie einer «Familie» zugehörig, «über Raum und Zeit hinweg» die Hände reichten. Das «Geschichtliche» überwindend sammle der neue Sammler à la Oskar Reinhart – Tschudi sprach von einem «neuen Sammlertyp»[41] – nicht «nach Schulen, nicht nach Jahrhunderten, Völkern, Stilen und Entwicklungsreihen», er sammele «nur schöne Kunstwerke»; ein anderes Programm sei, so Scheffler weiter, nicht vorhanden.[42] [Abb. 2] Analog dazu urteilte er ebenso wie Paul Fechter und Hermann Uhde-Bernays über Julius Meier-Graefes *Entwicklungsgeschichte*, dass sie ungeschichtlich denke, dass sie keine Ordnung schaffe und dass der Autor das Ganze nicht wie ein Historiker überblicke.[43] Bei Meier-Graefe herrsche, ebenso wie in der Sammlung Reinhart, «reines Kunstgefühl» vor und es werde eine Kunstlehre entwickelt, die man mit Augen sehen könne. «Man sieht», fährt Scheffler in seiner Sammlungsbesprechung fort, «wie die

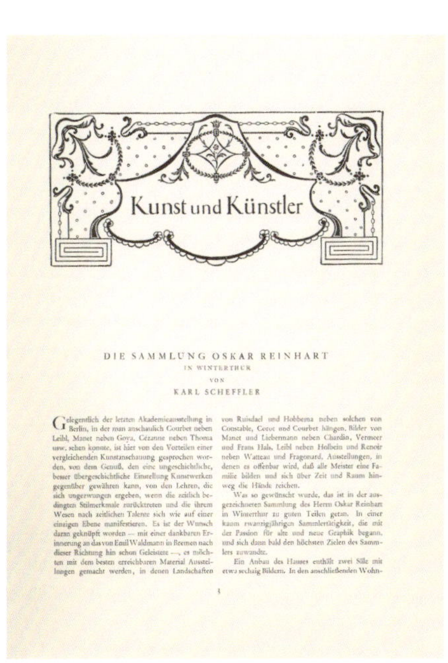
Kunst und Künstler

DIE SAMMLUNG OSKAR REINHART
IN WINTERTHUR
VON
KARL SCHEFFLER

Gelegentlich der letzten Akademieausstellung in Berlin, in der man anschaulich Courbet neben Leibl, Manet neben Goya, Cézanne neben Thoma usw. sehen konnte, ist hier von den Vorteilen einer vergleichenden Kunstanschauung gesprochen worden, von dem Genuß, den eine ungeschichtliche, besser übergeschichtliche Einstellung Kunstwerken gegenüber gewähren kann, von den Lehren, die sich ungezwungen ergeben, wenn die zeitlich bedingten Stilmerkmale zurücktreten und die ihrem Wesen nach zeitlichen Talente sich wie auf einer einzigen Ebene manifestieren. Es ist der Wunsch daran geknüpft worden — mit einer dankbaren Erinnerung an das von Emil Waldmann in Bremen nach dieser Richtung hin schon Geleistete —, es möchten mit dem besten erreichbaren Material Ausstellungen gemacht werden, in denen Landschaften von Ruisdael und Hobbema neben solchen von Constable, Corot und Courbet hängen, Bilder von Manet und Liebermann neben Chardin, Vermeer und Frans Hals, Leibl neben Holbein und Renoir neben Watteau und Fragonard, Ausstellungen, in denen es offenbar wird, daß alle Meister eine Familie bilden und sich über Zeit und Raum hinweg die Hände reichen.

Was so gewünscht wurde, das ist in der ausgezeichneten Sammlung des Herrn Oskar Reinhart in Winterthur zu guten Teilen getan. In einer kaum zwanzigjährigen Sammlertätigkeit, die mit der Passion für alte und neue Graphik begann, und sich dann bald den höchsten Zielen des Sammlers zuwandte.

Ein Anbau des Hauses enthält zwei Säle mit etwa sechzig Bildern. In den anschließenden Wohn-

1

Abb. 2
Erste Seite des Beitrags von Karl Scheffler, «Die Sammlung Oskar Reinhart in Winterthur», in: *Kunst und Künstler*, Jg. XXV, Heft 1, Oktober 1926

Meister auf den Schultern ihrer Vorgänger stehen, wie Selbständigkeit aus Tradition hervorwächst, und wie der übergeschichtliche Standpunkt recht eigentlich den tieferen geschichtlichen Sinn erst offenbart.»[44] Dergleichen Aussagen finden sich, geäußert von ganz unterschiedlichen Kritikern, auch mit Blick auf andere «neue» Sammler, etwa bezogen auf Alfred Cassirer, Otto Gerstenberg, Bernhard Koehler, Max Linde, Marcell von Nemes, Adolf W. E. Rothermundt, Oscar Schmitz, Julius und Malgonie Stern.[45]

Letztlich stellt eine solch übergeschichtliche Perspektivierung den Versuch dar, Kunstwerke, respektive eine Kollektion als, wie Erich Hanke es 1910 mit Blick auf die Sammlung Stern formulierte, «einheitliche[s] Gepräge»[46] erscheinen zu lassen und die visuelle Vielfalt «zugunsten einer amalgamierten Evidenz zu beschränken».[47] Die über die Hängung erfolgende Blicklenkung qua *hyperimages*[48] im Sinne Felix Thürlemanns entspricht dem «Abblendeffekt» des vergleichenden Sehens in der «neuen»[49] Kunstkritik (beziehungsweise letztere wendete das vergleichende Sehen bei ihrer Besprechung von Sammlungen programmatisch an). Und wie die «neue» Kunstkritik dergestalt trotz ihres Plädoyers für einen affektiv-personalisierten, subjektiven Werkzugang durch den Bildvergleich intellektuell-kategorisierend operierte, so vollzog auch der «neue» Sammler in der Gegenüberstellung von Bildern im Grunde genommen einen «intellektuellen Prozess», der André Malraux zufolge in einem grundsätzlichen Gegensatz zu Hingabe und Versenkung stehe.[50] Anspruch und Praxis klaffen hier auseinander, eine Diskrepanz tritt zutage, die auch durch die Beobachtung Georg Swarzenskis belegt wird, dass anders als beim Sammeln alter beim Sammeln neuer Kunst weniger das Einzelwerk als vielmehr die Richtung, der sich Werke dokumentierend einschrieben, ausschlaggebend sei.[51] Was zu einer Richtung gehört, darüber entscheidet der Vergleich, beziehungsweise es ist die Richtung, die gerade durch den Bildvergleich – aller Emphase des Einzelwerks zum Trotz – unterstützt wird. Die neue Kritik bediente sich des auf künstlerischer Qualität als überzeitlicher Konstante basierenden sowie des auf Einheitlichkeit durch das Prinzip des Malerischen abzielenden Vergleichs, da sich mit ihm (vermeintlich) aus dem ‹reinen Sehen› heraus argumentieren und, so Meier-Graefe, sehen lehren ließ.[52] Für Friedländer ist der Vergleich Grundlage der kennerschaftlichen Kunstbetrachtung.[53]

Die beim Vergleich im Text und an der Wand aufgeworfene Frage nach der Relation von Einzelwerk und Werkensemble beziehungsweise Richtung stellte sich um 1900 auch für das Wohnen mit Kunstwerken; die Herausforderung, die zweckfrei gedachte, autonome Kunst mit dem alltäglichen Leben in den privaten vier Wänden zusammenzubringen, wurde viel diskutiert.[54] «Die Instinkte der Sammler entziehen sich» Meier-Graefe zufolge der Kontrolle. «Sie sind [...] nicht bedingungslos ästhetischer Art [...]. Es kauft jeder mal ein mäßiges Bild oder lässt einen wunderbaren Fund» aus, sei es aus schlechter Laune, aus Platz- oder Formatgründen.[55] Obschon sich solcher pragmatischen und finanziellen Bedingtheiten bewusst, äußerten die Kunstschriftsteller häufig das Bedürfnis nach Menschen, die mit Kunst zu leben verstünden.[56] Gelang es Sammlern, das Einzelbild um seiner selbst willen und zugleich in übergeordnete künstlerische Zusammenhänge integriert wirken zu lassen, um auf diese Weise schöpferische Einsichten zu ermöglichen, spendete die Kritik Beifall.[57] Ihrer eigenen Praxis, Wechselbezüge von Artefakten auf der Textebene zu evozieren, entsprach das von Sammlerseite belegte Experimentieren bei der Hängung.[58] [Abb. 3] Im Text wie im Haus wurden Kunstwerke folglich mobil – und dies bei den Sammlern auch insofern, als Bilder neuerdings stärker zirkulierten, das heißt häufiger ver- und gekauft wurden.[59] Immer neue Zusammenstellungen führten so zu immer neuen künstlerischen Erlebnissen, in die auch die Möblierung einbezogen wurde.[60] Der erstmalig auch fotografisch (zum Beispiel in Serien über Sammlerwohnungen[61]) propagierte «Interieureindruck» sollte Meier-Graefe zufolge anstreben, was die Malerei bereits erreicht habe: Atmosphäre. Der Kunstschriftsteller trat, in Frontstellung zu Wilhelm von Bode und dessen unpersönlichen Stilräumen,[62] auch in puncto Wohnen dezidiert für eine zeitenübergreifende Perspektive ein, wenn er mit Blick auf die Sammlung Sternheim zum Beispiel schreibt: «Sammler wissen, was sie tun, wenn sie Bilder moderner Meister in alte Rahmen stecken. Die *Arlesienne* von van Gogh hat jahrelang auf einem alten blauen Damast neben einem üppigen Boule-Schrank gehangen und sah aus wie dafür geschaffen. Ist der Mensch in einem Interieur keine Nummer, versteht er zu leben, wird er darin zu Hause sein. Bei einem anderen bleibt es Museum.»[63] Das Interieur wurde somit ästhetisiert und in dieser seiner Erhebung zum Kunstwerk[64] liege Sven Kuhrau zufolge der Coup, wie der Gegensatz von Kunst und Leben letztlich aufgehoben werden sollte.[65] Interieureindrücke beschreibt Meier-Graefe denn auch konsequenterweise gleich Bildeindrücken. Auch hier spricht er von kompositorischer oder organischer Einheit, von Farbenstimmung, farbigen Flecken und Mache.[66]

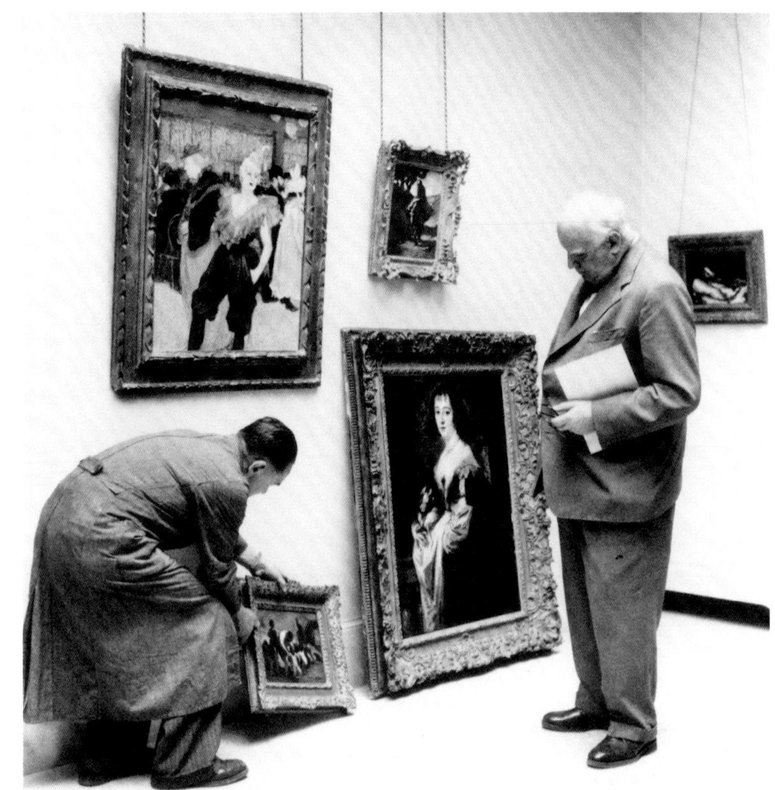

Abb. 3
Oskar Reinhart (rechts) beim Umhängen der Sammlung, assistiert von seinem Chauffeur Albert Fritschi
Fotografie: Albert Gnant, 1955
Archiv Sammlung Oskar Reinhart «Am Römerholz», Winterthur

Diese Einschätzung der modernen Sammlung als Unikat, als Kunstwerk, tat ihrer Besprechung durch das oben beschriebene Raster hindurch keinen Abbruch. Analog dazu war auch die Charakterisierung der «neuen» Sammlerpersönlichkeiten häufig von einem ganz bestimmten Erzählmuster geprägt. Auffallend oft mussten Sammler gleich den Protagonisten von Bildungsromanen zu mündigen, modernen Kunstförderern mit sicherem Geschmack – im Sinne ihrer (Kritiker-)Mentoren – überhaupt erst erzogen werden oder heranwachsen.[67] Die Sammler entwickelten sich, wie es oft hieß, phasenweise weiter, was sich in der Wandlung ihrer Sammlungsbestände niederschlage. Die Idee, dergestalt mit Kunst zu leben, wird hier ebenso manifest wie bei der Vorstellung vom «neuen» Kritiker, von dem Paul Fechter schrieb, er habe sich die Geschichte der Kunst «selbst zusammengelebt und sie nicht nur studiert».[68] Der Weg vom anfänglichen Spekulanten hin zum Liebhaber, von einem etwaigen *point de départ* zu den Impressionisten, war somit für den «neuen» Sammler ein gern beschriebener.[69] Der entscheidende Wendepunkt wurde dabei bevorzugt durch ein Initiationserlebnis herbeigeführt, wie es etwa die Lektüre von Muthers (Schmitz[70]) oder Meier-Graefes Schriften (Osthaus,[71] Koehler,[72] von Mutzenbecher,[73] von Nemes,[74] Wolde,[75] Schiefler,[76] Arthur und Hedy Hahnloser sowie Leo Stein,[77] Oskar und Theodor Reinhart[78]), der Besuch programmatischer Ausstellungen (Oskar und Theodor Reinhart[79]) oder die persönliche Begegnung mit Händlern, Kritikern und Museumsreformern, etwa mit Alfred Lichtwark (Schiefler,[80] H. Simon,[81] Amsinck[82] Newman,[83] Arnhold[84]) und Tschudi (Heymel[85]), mit anderen Sammlern oder Künstlern, bisweilen vor Ort in Paris, darstellten. Beim jüngeren Gallimard sei es schlicht das Zusammenleben mit seinen Werken gewesen, das ihn «sich zum Verständnis erziehen»[86] ließ, wie Scheffler es formulierte. Heilbut beschrieb 1904 in *Kunst und Künstler*, wie Paul Gallimard schrittweise zu seinen Corot-Bildern «in eine Art historischen Verhältnisses» getreten sei «und wie er an ihnen» zunehmend «minder lebhaft [...] teilnahm als an den täglichen Ereignissen [...] oder an dem Werk eines grossen Künstlers, der erst jetzt lebt. Und von jenem Tage ab nahm er auch neue Bilder in seine Sammlung auf [...].»[87] Die exemplarische Stilisierung, wie man mit Bildern zu leben und an ihnen zu wachsen habe, ist in Heilbuts Beschreibung vollkommen. In seiner Schrift *Wie ich Sammler wurde* (1941) hat Hugo Borst den Bildungsweg aus Sicht des Sammelnden, geleitet von der Kritik, anschaulich dargestellt. Er und seine Frau hätten sich stets auf die sonntägliche Sendung der Seemann'schen Bildermappen *Meister der Farbe* gefreut, mit denen sie alternierend ihre Wände schmückten. «Im Studieren der den Farbdrucken beigegebenen Erläuterungen suchten wir», so Borst, «unser Kunstverständnis zu bilden und zu heben.»[88] Dabei konnte es in den Reihen der Zeitschriftenleser, wie Theodor Kappstein es 1905 in *Kritik der Kritik* formulierte, zu Identifikationserscheinungen mit dem jeweiligen «Lieblingskritiker» kommen. Das Publikum wolle, so Kappstein, «geleitet sein [...]. In der Gesellschaft verteidigt oder verreisst jede Dame – die Männer lesen als Geschäftsleute meist mehrere Zeitungen – das neue Stück mit den Satzgebilden IHRES Kritikers, mit denen sie sich sofort und unbedingt identifiziert.»[89] Diese besondere Art der Aneignung der Kritik, lässt sich nicht nur – wenngleich besonders eindrücklich – für Thea Sternheim nachweisen.[90] Wortlaut und Vokabular, ihre Verlebendigung von Artefakten im sprachlichen Erlebnisnotat gleichen Tschudis und Meier-Graefes Stil auf selbstberedte Weise. Sternheim kannte deren Schriften und setzte sich mit ihnen in ihrem Tagebuch auseinander.

Aber auch umgekehrt lassen sich Identifikationsmomente ausmachen, wenn etwa die neue Kritik den «neuen» Sammler, für den sie bemerkenswert voraussetzungsreich schrieb, ganz ähnlich wie sich selbst charakterisierte und dabei Wahlverwandtschaften unterstrich. Beiden wurde häufig «Einseitigkeit»[91] und «Beschränktheit»[92] – allerdings in einem positiv gemeinten Sinne – attestiert: In der ausschließlichen Konzentration auf künstlerische Gesichtspunkte liege, wie es oft hieß, beider Verdienst.[93] Und so wie die Subjektivität des Sammlers als dessen «schönstes Recht»[94] und Vorzug gefeiert wurde, stand auch die Objektivität des kunstkritischen Urteils um 1900 in heftig geführten Kontroversen zur Disposition.[95] Ferner berührten sich die beiden in der Überzeugung, dass der Sammler aus sich heraus über das Sammeln ein künstlerisches Wesen schuf[96] und der «neue» Kritiker analog dazu, indem er von der historisch argumentierenden Kunstwissenschaft und ihrer auf Distanz bedachten Sprachhaltung abrückte, der künstlerischen Praxis ebenfalls nahekam.

Überspitzt formuliert könnte man vom «neuen» Sammler als dem «neuen Menschen»,[97] wie ihn die «neue» Kritik zu formen intendierte, sprechen – wenngleich natürlich die Einflussnahme vielfach auch wechselseitig verlief.[98] Karl Scheffler scheint mit seinem Credo, dass die Erziehung des Volkes zur «Moral der Qualität» sowie zu einem eigenständigen, persönlichen Urteilsvermögen nur vom Individuum ausgehen könne, auf das Sammlerindividuum angespielt zu haben. Alle, die sich der Selbstveredlung hingäben, würden Scheffler zufolge zu Vorbildern und Führern.[99]

Wie engmaschig die Netze zwischen neuen Sammlern und Kritikern im Kaiserreich miteinander verwoben waren, zeigt nicht zuletzt ihr gemeinsames Abtreten nach dem Ersten Weltkrieg. Der Impressionismus wurde ebenso wie seine praktischen und theoretischen Befürworter als reaktionär bezeichnet. Was Paul Fechter rückblickend für Meier-Graefe konstatierte, gilt gleichermaßen für ‹seine› Sammler: «Die Zeit für Erscheinungen von der Art Meier-Graefes war eigentlich mit den Jahren vor dem Kriege, mit der europäischen Zeit Europas vorüber.»[100]

1 Aufseesser 1925, S. 15.

2 Vgl. zur zeitgenössischen Differenzierung von «alter» und «neuer» Kunstkritik z. B. Bahr 2005, S. 11–17; Gurlitt 1899, Bd. II, S. 497 ff.; Ludwig Bräutigam, *Die neue Kunstkritik*, Kassel 1904; Rudolf Quast, *Studien zur Geschichte der deutschen Kunstkritik in der zweiten Hälfte des 19. Jahrhunderts*, Münster 1936, S. 75. Von einem «neuen Sammlertyp» sprach z. B. Hugo von Tschudi in seinem Vorwort im Ausst.-Kat. München 1911, hier zit. nach Tschudi 1912, S. 226–231, hier S. 229. «Den Sammler für moderne Kunst hat es vorher in Deutschland kaum gegeben, wenigstens nicht so als Mittler zwischen Künstler und Museen, nicht gewissermaßen als Beauftragten der Zeit, nicht als Träger einer Idee, als Pionier und Mäcen.» (Scheffler 1921, hier S. 180).

3 Bildthemen spielten nur insofern eine Rolle, als *an* ihnen, jedoch nicht *durch* sie Bildeinheit gestiftet wird.

4 Vgl. Ernst Heidrich, «Julius Meier-Graefe: William Hogarth», in: *Zeitschrift für Ästhetik und allgemeine Kunstwissenschaft* 4, 1907, S. 570–577, hier S. 572; Jakob Wassermann und Leo König, in: N. N. (Hg.), *Julius Meier-Graefe. Widmungen zu seinem sechzigsten Geburtstag*, München u. a. 1927, S. 15, 106. Zur seinerzeit neuen, «anschaulichen Evokation von Kunstwerken» im Text vgl. auch Wilhelm Schlink, «‹Kunst ist dazu da, um geselligen Kreisen das gähnende Ungeheuer, die Zeit, zu töten ...› Bildende Kunst im Lebenshaushalt der Gründerzeit», in: *Bildungsbürgertum im 19. Jahrhundert*, Teil III: *Lebensführung und ständische Vergesellschaftung*, hrsg. von M. Rainer Lepsius, Stuttgart 1992. S. 65–81, bes. S. 71 f.

5 Stefan Germer und Hubertus Kohle, «Spontanität und Rekonstruktion. Zur Rolle, Organisationsform und Leistung der Kunstkritik im Spannungsfeld von Kunsttheorie und Kunstgeschichte», in: Martin Warnke et al. (Hg.), *Kunsttheorie und Kunstgeschichte. 1400–1900*, Braunschweig 1991, S. 287–311, hier S. 307; vgl. Meier-Graefe 1904, Bd. I, S. V–VI; Uhde-Bernays 1947, S. 322; Uhde 1938, S. 121 f.

6 Waldmann 1913, S. 450.

7 Vgl. Andreas Zeising, *Studien zu Karl Schefflers Kunstkritik und Kunstbegriff*, Tönning et al. 2006, S. 87–91. Dabei handelt es sich um ein europaweites Phänomen, vgl. Meller 1931/32, S. 26; Uhde 1938, S. 129 ff.

8 Vgl. Gurlitt 1899, Bd. II, S. 489 ff., 567 f.; ebenso: Oskar Bie, «Tageskritik über bildende Kunst», in: *Der Kunstwart* 15, 9, 1896, S. 225 ff., hier S. 227; Hermann Bahr, «Alfred Lichtwark», in: *Pias* 2007, S. 186–195, hier S. 186; Muther 1914, hier Bd. 1: *Künstler und Werke*, S. 181; Ursprung 1996, S. 70.

9 Meier-Graefe in einem Brief an Mary Balling, die Gattin Konrad Fiedlers, datiert vom 6. Mai 1908, Bayerische Staatsbibliothek München.

10 Julius Meier-Graefe, «Handel und Händler» [Teil III], in: *Kunst und Künstler* 11, 1913, S. 196–210, hier S. 207; zu Heilbut: Schlenker 2007, S. 174–183; Tschudi 1912, S. 226–231; Karl Scheffler «Die Moral der Qualität», in: Scheffler 1912, S. 9–14, hier S. 13.

11 Vgl. Waldmann 1920, S. 30. Tschudi 1912, S. 229. Im dritten Band der ersten Ausgabe von Meier-Graefes *Entwicklungsgeschichte* von 1904 sind 111 Abbildungen Reproduktionen aus Privatsammlungen. Vgl. auch: Waldmann 1910, S. 1714.

12 Vgl. Woldemar von Seidlitz, «Hamburger Privatsammlungen», in: *Pan* 2, 1896/97, S. 297 f.; zu Lothar Brieger vgl. N. N., «Vom Kunstsammeln», in: *Deutsche Kunst und Dekoration* 53, 1923/24, S. 87.

13 Donath 1983, S. 151. «Und es ist genau ein halbes Jahr her, daß ein Bekannter das erste vollständige Buch über ihn [Marées, Anm. d. Verf.] geschrieben hat. Nun kommen die Snobs, die Sammler, die Geldleute. Und bis dieser Mensch wirklich in den Werdeprozess der Kunstentwicklung eintritt, werden nochmal viele Jahre vergehen.» (Meier-Graefe an Mary Balling, in einem Brief vom 6. Mai 1908, Bayerische Staatsbibliothek München [wie Anm. 9]).

14 Vgl. Waldmann 1920, S. 42; vgl. auch die Briefe Meier-Graefes an Rudolf Alexander Schröder Ende Februar 1911 sowie am 24. Juni 1911, in: Meier-Graefe 2001, S. 75, 77 f. Meier-Graefe empfiehlt Oskar Reinhart am 19. November 1919 einen Lehmbruck für seine Sammlung; er selbst habe sich auch einen gekauft, direkt von der Witwe, vgl. ebd., S. 191. Auch andere Werke suchte Meier-Graefe am 19. Oktober 1921 und am 10. Dezember 1921 als «occasions» an Oskar Reinhart zu vermitteln, vgl. ebd., S. 192–196. Aus der Sicht eines Sammlers betont Henry B. Simms, welch großen Einfluss die Kunsterziehung von Sammlern haben könne, «wenn sie in verständlicher Weise ausgeübt wird. Denn gerade das Vorführen einer neuen Richtung in ihrem ganzen Zusammenhang erleichtert dem Neuling das Verständnis ganz ungemein, und was ihn sonst isoliert […], wird ihm hier als einzelnes Glied in der wohlgefügten Kette leicht verständlich erscheinen.» (*Meine Bilder und einige Aufzeichnungen wie meine Sammlung entstand*, Hamburg 1910, hier zit. n.: Olaf Matthes, «Bode, Tschudi, Lichtwark. Zur privaten Sammeltätigkeit in Berlin und Hamburg um 1900», in: Ausst.-Kat. Hamburg 2001, S. 15–21, hier S. 21). Vgl. diesbezüglich auch die Beziehung von Georg Reinhart und Carl Montag: Dieter Schwarz, «Georg Reinhart und seine Sammlung», in: Schwarz 1998, S. 1–84, hier S. 10 f. Montag bezeichnet ebd. den Kritiker-Berater als «unsichtbaren Geist», der über die Sammlung wache.

15 Vgl. zu Heilbut und ‹seinen› Sammlern: Schlenker 2007, Kap. VII, bes. S. 245, 235.

16 Vgl. Richard Muther, «Gurlitt und ich», in: Muther 1914, Bd. III, S. 40–48, bes. S. 42.

17 Vgl. Waldmann 1920, S. 16; Waldmann 1910, S. 1715, 1719; Dorrmann 2002, S. 125.

18 Vgl. Aufseesser 1925, S. 16.

19 Vgl. Friedländer 1919, S. 8. Vgl. ebenso Biermann 1913/2, S. 359–384, hier S. 384. Zur Autorität und zum internationalen Netzwerk Meier-Graefes vgl. auch den Brief Theodor Reinharts an Karl Hofer am 8. November 1909, in: Ursula und Günter Feist (Hg.), *Karl Hofer, Theodor Reinhart. Maler und Mäzen. Ein Briefwechsel in Auswahl*, Berlin 1989, S. 168; sowie: Reinhard Piper, *Vormittag. Erinnerungen eines Verlegers*, München 1947, S. 370.

20 Vgl. Henry Thode, *Böcklin und Thoma. Acht Vorträge über neudeutsche Malerei*, Heidelberg 1905; Carl Vinnen, *Ein Protest deutscher Künstler*, Jena 1911, bes. S. 2. Und auch die beschriebene Funktionsvielfalt des Kritikers wurde um 1900 kontrovers diskutiert, vgl. Robert Breuer, «Fachmann und Kritiker», in: *Innendekoration* 20, 1909, S. 8–14; Abraham Bredius, «Darf die Kritik sich nicht mit Bildern in Privatbesitz befassen?», in: *Kunstchronik* NF 24, 20, 1912/13, S. 274 f.; sowie Meier-Graefe dazu in einem Brief an Julius Levin vom 31. Oktober 1895, in: Meier-Graefe 2001, S. 146.

21 Vgl. Gustav Schiefler in seiner Antwort auf die Rundfrage: «Wovon man nicht spricht. Eine Rundfrage über die Wertsteigerung an Werken moderner Kunst», in: *Das Kunstblatt* 15, 1931, S. 6–15, hier S. 11 f.; der Mäzen von heute sei der Sammler, er vergebe keine Aufträge und fördere «nachträglich» wie der Kritiker, so Waldmann 1910, S. 1720. Zum ideellen Nutzen der Kunst vgl. Meier-Graefe 1987, Bd. I, S. 14 f.

22 Vgl. Waldmann 1920, S. 68 f.; Meier-Graefe 1913, S. 326; Meier-Graefe 1987, Bd. I, S. 30.

23 Vorzugsweise besuchte man die Privathäuser nach Voranmeldung, zumeist unter Führung des Hausherren, vgl. etwa Richard von Kühlmann, *Erinnerungen*, Heidelberg 1948, S. 129. Die Eintrittsgelder seien oft wohltätigen Zwecken zugute gekommen, vgl. Uhde 1938, S. 129.

24 Vgl. die typisch «alte» Sammlungsbesprechungsform bei Max Schasler, «Zur Geschichte der Berliner Privatgalerien», in: *Die Dioskuren* 15, 1870, S. 105 ff., 113 ff., 121 f., 129 ff., 137 f.

25 Vgl. auch Alexander Koch, «Kunst-Zeitschriften», in: *Deutsche Kunst und Dekoration* 33, 1913/14, S. 462–469; Sammlungen wurden auch z. T. in der Tagespresse besprochen. Private Sammlungskataloge, ebenfalls häufig von den Kunstkritikern im Auftrag der Sammler (mit)verfasst, wurden zumeist in geringer Auflage gedruckt und scheinen vorzugsweise innerhalb der elitären Sammlerkreise vorbildhaft gewirkt zu haben.

26 Vgl. Julius Meier-Graefe, «Das Museum. Dem Andenken Tschudis», in: *Neue Rundschau* 24, 1, 1913, S. 29–49, hier S. 32.

27 Paul Fechter, «Die Sammlung Rothermundt», in: *Kunst und Künstler* 8, 1910, S. 346–355, hier S. 355.

28 Hier Waldmann bezogen auf die Sammlung Nemes, in: ders., «Die Sammlung Nemes», in: *Kunstchronik* NF 24, 1912/13, S. 225–228, hier S. 228.

29 Waldmann 1913, bes. S. 441 f.

30 Interessant ist diesbezüglich die Besprechung der Sammlung Gerstenberg durch den Kunsthistoriker Adolph Donath, der je vergleicht, was von Richard Muthers Geschichte der Malerei wie repräsentiert ist und sich damit klar an einem «Raster» orientiert, in: *Internationale Sammlerzeitschrift* 22, 1909, S. 360.

31 Vgl. Gustav Pauli in einem kurzen Text in *Kunst und Künstler* zu einer Reihe von Reproduktionen, erschienen im Piper Verlag, vgl. ebd., 22, 1924, S. 60.

32 Bei Eduard Arnhold hingen neben den Arbeiten Cézannes, Degas', Liebermanns, Manets, Monets u. a. auch «die Bildnisse des alten Kaiser Wilhelm und Bismarck (im bürgerlichen Rock) von Lenbach [und] das schönste Porträt Kaiser Wilhelms II. (im lichtgrauen Offizierspaletot mit den roten Klappen) von Max Koner» (Ludwig Pietsch unter der Rubrik «Kunst, Wissenschaft und Literatur», in: *Vossische Zeitung*, Siebente Beilage, Nr. 585, 14.12.1910, o. S.). Diese und andere Werke älteren Stils erwähnt Tschudi in seinem Aufsatz nicht; vgl. dazu bereits: Arnhold 1928, Kap. 8: «Arnhold und die Kunst», S. 255–258; vgl. Paul 1988, S. 24 f. Nach der Beschreibung von Pietsch kommen zwei Porträts Wilhelms II. in Frage; das bekanntere, das den Kaiser sitzend zeigt, wurde allerdings 1902 von der Nationalgalerie angekauft; somit dürfte es sich bei Arnholds Bild um das den Kaiser stehend zeigende handeln, das Max Jordan in seiner Koner-Biografie von 1901 auf Seite 32 abbildet. Die Technik ist nicht genannt, der Verbleib des Bildes unbekannt.

33 Waldmann 1913, S. 441.

34 Fechter 1910, hier S. 22.

35 Es war nicht nur erklärtes Ziel diverser Ausstellungen, sondern auch einiger Zeitschriften, wie zum Beispiel des *Cicerone*, Privatbesitz einem größeren Publikum zugänglich zu machen, vgl. Biermann 1913/1, S. 309.

36 Vgl. Schlenker 2007, S. 257.

37 Piper 1947, S. 377 f.

38 Otto Pächt, *Methodisches zur kunsthistorischen Praxis. Ausgewählte Schriften*, hrsg. von Joerg Oberhaidacher, München 1977, S. 262.

39 Kuhrau 2005, S. 214.

40 Waldmann 1920, S. 13, nennt exemplarisch Nemes und Havemeyer, meint jedoch, diese Praxis sei zukunftsträchtig, was – bezogen auf Oskar Reinhart u. a. – auch zutraf.

41 Der «neue Sammlertyp» sei weder auf Vollständigkeit bedacht, noch baue er seine Sammlung weiterhin nach kunsthistorischen Gesichtspunkten auf, «sondern mit der erregten Hingabe des temperamentvollen Kunstfreundes, der nur da, aber da rasch zugreift, wo sein künstlerisches Empfinden in starke Schwingungen versetzt wurde.» (Tschudi 1912, S. 229). Vgl. auch Biermann 1913/2, S. 384.

42 Scheffler 1927.

43 Scheffler in einer Rezension zur zweiten Auflage der *Entwicklungsgeschichte*, in: *Kunst und Künstler* 16, 1918, S. 78 ff., hier S. 78 f.; Paul Fechter, *Menschen und Zeiten. Begegnungen aus fünf Jahrhunderten*, Gütersloh 1948, S. 309; Uhde-Bernays 1947, S. 322.

44 Scheffler 1927. So auch Oskar Bie, der die alte Kunst den «Vorplatz unserer Sympathien» nennt, in dem Sinne, dass man vor einem Watteau unweigerlich an Corot denken müsse, wir also «unsere Kunst in der alten suchten», was wichtiger sei als die Lehren der Geschichte. («Ueber den Genuss alter Kunst», in: *Die Kunst für alle* 19, 1903/04, S. 8–16). Zum Verwurzeltsein der neuen in der alten Kunst vgl. auch Lichtwark 1923, hier Bd. II, S. 171.

45 Vgl. Tschudi 1912, S. 226–231; Fechter 1910, S. 15–25.

46 Hanke 1910, S. 536–548, hier S. 536.

47 Falk Wolf, «Einleitung», in: Lena Bader, Martin Gaier und Falk Wolf (Hg.), *Vergleichendes Sehen*, München 2010, S. 262–269, hier S. 269. Mutzenbecher, um nur ein Beispiel zu nennen, schreibt an Maurice Denis wie seine beiden kürzlich erworbenen Bilder im Salon ob ihrer Farben und durch die Beratung Van de Veldes «tout un ensemble» komponiert hätten. Vgl. Carina Schäfer, «Theaterintendant mit Faible für französische Kunst. Die Sammlung Kurt von Mutzenbecher in Wiesbaden», in: Pophanken/Billeter 2001, S. 95–124, hier S. 101.

48 Felix Thürlemann, «Bild gegen Bild. Für eine Theorie des vergleichenden Sehens», in: Aleida Assmann, Ulrich Gaier und Gisela Trommsdorff (Hg.), *Zwischen Literatur und Anthropologie. Diskurse, Medien, Performanzen*, Tübingen 2005, S. 163–174. «Beim *hyperimage* handelt es sich nicht um ein Phänomen der Bildproduktion im engeren Sinn, sondern um ein Phänomen der Montage, bei dem ausgehend von existierenden, bereits bedeutungstragenden Einheiten (Bildern, bzw. ihren fotografischen *doubles*) in einem Prozess von Arrangement und Re-arrangement übergreifende Einheiten (‹Bild-hypertexte›) mit jeweils neuer Bedeutung geschaffen werden. *hyperimages* sind Orte der kulturellen Konfrontation und der Vermittlung zwischen Kulturen.»

49 Wolf 2010 (wie Anm. 47), S. 267. Von Heilbut wurde der «Abblendeffekt» problematisiert vgl. «Die Sammlung Linde in Lübeck» [Teil 2], in: *Kunst und Künstler* 2, 1904, S. 302–325, S. 303.

50 André Malraux, *Das imaginäre Museum* (1947), Hamburg 1957, S. 9; vgl. auch Thürlemann 2005 (wie Anm. 48), S. 166 f. Das bereits von Jacob Burckhardt konstatierte Dilemma, mit Kunstgeschichte einerseits bilden und erziehen und andererseits den unvermittelten Zugang zur Schönheit erschließen zu wollen, sich dabei in letzter Konsequenz selbst überflüssig machend, tritt hier erneut zutage. Vgl. dazu: Schlink 1992 (wie Anm. 4), S. 71 f.

51 Vgl. Swarzenski 1917, hier S. 105; vgl. auch Gustav Schiefler, *Meine Graphiksammlung*, Hamburg 1974, S. 19; Waldmann 1910, S. 1714–1730, hier S. 1717; Tschudi modifizierte anscheinend sogar Bildformate Alter Meister, um sie nebeneinander als einheitliches Gepräge an der Museumswand zu zeigen, vgl. Hermann Linde, «Tschudis Eingriff in ein Rubens'sches Bild», in: *Deutsche Kunst und Dekoration* 26, 1910, S. 81 ff., hier S. 82.

52 Vgl. Meier-Graefe 1987, Bd. I, S. 35. Weiter heißt es ebd.: «Unser Genuß ist anders als der der ursprünglichen Betrachter [...]. Denken wir nur an die Steigerung unserer Einsicht, die wir der Zusammenstellung der Werke desselben Künstlers oder verschiedener Meister, ja verschiedener Epochen an einer Wand oder in einem Raum verdanken.» Die Hochkonjunktur komparatistischen Vorgehens ab den 1880er-Jahren lässt sich auch mit einer Veränderung der Voraussetzungen, etwa mit der erhöhten Mobilität von Menschen und Werken einerseits sowie mit neuen Reproduktionsmedien andererseits, plausibel erklären.

53 Vgl. Friedländer 1992, S. 109.

54 Vgl. Kuhrau 2005, S. 211.

55 Julius Meier-Graefe, «Handel und Händler» [Teil 1], in: *Kunst und Künstler* 11, 1913, S. 27–34, hier S. 29; Meier-Graefe 1987, Bd. I, S. 34.

56 Vgl. Waldmann 1910, S. 1724. Richard Muther, «Renaissance im Kunstgewerbe», in: Muther 1914, Bd. III, S. 10–20.

57 Vgl. Meier-Graefe 1987, Bd. I, S. 35.

58 Vgl. Arnhold 1928, S. 214; Lichtwark äußerte sich diesbezüglich ebenfalls, vgl. Kern 1989, S. 152 f.

59 Vgl. Woldemar von Seidlitz, «Hamburger Privatsammlungen», in: *Pan* 2, 1896/97, S. 297 f., hier S. 298.

60 Eine wohl überlegte Abstimmung von Einrichtung und Bildern, ein darauf abzielendes Umhängen und Prüfen, ist von vielen modernen Sammlern überliefert, vgl. Felix Billeter, «Zwischen Kunstgeschichte und Industriemanagement. Eberhard von Bodenhausen als Sammler neoimpressionistischer Malerei», in: Pophanken/Billeter 2001, S. 125–148, hier S. 130. Scheffler erklärte in seiner Erörterung der Alfred Cassirer-Kollektion, dass sie nicht nur in ihren einzelnen Werken oder in der Gesamtheit ihrer Bilder, sondern auch als «Interieureindruck» interessiere, eine Beobachtung, die letztlich in Meier-Graefes Postulat, dass das Haus stets über die Sammlung zu siegen habe, gipfelt. Vgl. Scheffler 1930, S. 452; Meier-Graefe, «Die Sammlung Reber» (1931), in: Meier-Graefe 1959, S. 225.

61 Vgl. Zeitschriften wie *Innendekoration. Das behagliche Heim. Die gesamte Wohnungskunst in Bild und Wort*, erschienen 11.1900 – 54/55.1943/44, 2, oder *Die Dame. Illustrierte Mode-Zeitschrift*, erschienen 39.1911/12,7 (Jan.) – 60.1932/33; 61.1934 – 70.1943,3.

62 Meier-Graefe 1913 (wie Anm. 26), S. 33.

63 Meier-Graefe in: *Stil und Geschmack. Ein kurzer historischer Überblick von Prof. Dr. Herm. Schmitz und eine kultur-psychologische Darlegung von J. Meier-Graefe*, Berlin 1924, S. 26. Ähnlich beschreibt Heilbut die Sammlung Linde, vgl. Heilbut 1904, hier S. 10.

64 Vgl. Scheffler 1930, S. 452.

65 Vgl. Kuhrau 2005, S. 211; Scheffler 1930, S. 460.

66 «Hier und da hat der Künstler die Notwendigkeit empfunden, einen farbigen Fleck hinzubringen, etwas Krauses, etwas Breites, oder Langes; wie sich dieser Fleck detaillierte, war ihm weniger wichtig, er bevorzugte schöne stilisierte Blumen oder begnügte sich mit einem auf ein Minimum reduzierten Kranz von Blättern oder wiederum nahm er ein simples, mathematisches Ornament.» (Meier-Graefe, «Ein modernes Milieu», in: *Dekorative Kunst* 8, 1901, S. 249–265). Ganz ähnlich wie er hier über die Wohnung von Alfred Walter Heymel, eingerichtet von Rudolf Alexander Schröder, spricht, beschreibt er ein frühes Böcklin-Gemälde, vgl. Meier-Graefe 1905, S. 25 f., 78 f.

67 Vgl. Henry van de Velde, *Geschichte meines Lebens*, hrsg. von Hans Curjel, München/Zürich 1986², S. 175, 217. «Der Bildungsgang des Geschmacks kann», so Max Nordau 1905 im Rahmen einer Umfrage, ob die Kritik reformbedürftig sei, «beschleunigt werden, wenn er sich unter der Führung geschmackvoller Kunstkritiker vollzieht.» (*Kritik der Kritik*, 1. Bd., 1, 1905, S. 10); vgl. auch Uhde 1938, S. 79, 84 f., 92; Waldmann 1910, S. 1719, 1723 f.; Oscar Miller, *Von Stoff zu Form*, Frauenfeld 1904.

68 Fechter 1948, S. 311; Muther 1914, Bd. 3, S. 40–48.

69 Vgl. Julius Meier-Graefe, «Die Sammlung Gangnat», in: *Kunst und Künstler* 23, 1925, S. 348–356, hier S. 350; Meier-Graefe 1959, S. 227.

70 Vgl. Scheffler 1921, S. 184.

71 Vgl. Karl Woermann, *Lebenserinnerungen eines Achtzigjährigen*, Bd. 1, Buch 7, Leipzig 1924, S. 229.

72 Vgl. Silvia Schmidt-Bauer, «Die Sammlung Bernhard Koehler», in: Pophanken/Billeter 2001, S. 267–286, hier S. 269.

73 Vgl. Schäfer 2001 (wie Anm. 47), S. 98.

74 In seinen Erinnerungen an Nemes, erschienen in der *Frankfurter Zeitung* vom 29. November 1930, berichtet Meier-Graefe, wie Nemes ihm seine stark zerlesene und dick unterstrichene *Spanische Reise* gezeigt habe.

75 Vgl. Dorothee Hansen, « ‹... der gütigsten aller Frauen›. Die Sammlerin Adele Wolde», in: Wimmer et al. 2009, S. 29–43, hier S. 37.

76 Vgl. Woesthoff 1996, S. 129.

77 Vgl. Hahnloser-Ingold 2011, S. 65, Anm. 2, S. 336.

78 Vgl. den Brief Reinharts vom 22.10.1907, in Hofer/Reinhart 1989, S. 210, 50. Dass gerade Meier-Graefe «seiner Generation ein unentbehrlicher Ratgeber gewesen sei», davon zeigen sich viele Autoren überzeugt, z. B. Uhde-Bernays 1947, S. 322; Justi 2000, Bd. I, S. 415. «In allen großen Privatbibliotheken unseres Kontinents und von Amerika standen seine Bücher … mittelbar sickerte alles in vielen großen und kleinen Kanälen in das Leben und hatte so die Wirkung auf dessen Ganzheit. Er hat eine ganze Generation von Sammlern geleitet …» (Gotthard Jedlicka, *Wege zum Kunstwerk. Begegnungen mit Kunst und Künstlern*, München 1960, S. 252). Das bestätigt auch: Eduard Hüttinger, «Oskar Reinhart. Historische Prämissen seiner Sammlung», in: *Porträts und Profile. Zur Geschichte der Kunstgeschichte*, St. Gallen 1992, S. 322–337, hier S. 329. Zudem war die *Entwicklungsgeschichte* schnell vergriffen.

79 Vgl. zu Oskar Reinhart: Reinhard-Felice 2003, hier S. 74, 52. Georg Reinhart reiste durch deutsche Städte und ließ sich von Tschudis Hängepraxis inspirieren, vgl. Gloor 1986, S. 148.

80 Vgl. Schiefler 1999, S. 24.

81 Vgl. Christian Kennert, «‹Der Impressionismus ist eine geistige Bewegung …›. Paul Cassirer und die Moderne», in: Ludewig 2012, S. 32–45, hier S. 40.

82 Vgl. Kern 1989, S. 159.

83 Vgl. Ausst.-Kat. Hamburg 2001, S. 54.

84 Vgl. Arnhold 1928, S. 233, 227.

85 Vgl. Lichtwark 1923, Bd. II, S. 350.

86 Scheffler 1921, S. 184.

87 Heilbut 1904, S. 7.

88 Hugo Borst, *Wie ich Sammler wurde. Erinnerungen und Bekenntnisse*, Stuttgart 1941, S. 7.

89 Theodor Kappstein im Rahmen einer Umfrage zur Reformbedürftigkeit der Kritik, in: *Kritik der Kritik*, 1. Bd., 2, 1905, S. 113. Dass die Sammler Kunstzeitschriften lasen und abonniert hatten, ist partiell belegt: Oskar Reinhart las seit 1908 z. B. *Kunst und Künstler* (vgl. Reinhard-Felice 2003, S. 26); Wilhelm von Bode belegt, dass J. Simon Kunstzeitschriften las und ihn diesbezüglich auch kontaktiert habe, vgl. ders., «Das Kabinett Simon; Die Stiftung des Herrn James Simon im Kaiser Friedrich Museum zu Berlin», in: *Kunst und Künstler* 3, 1905, S. 61–70. Schiefler bezeichnete Heilbuts Aufsätze als «Leckerbissen», vgl. Schlenker 2007, S. 257; außerdem hatte er *Kunst und Künstler* abonniert, vgl. Woesthoff 1996, S. 224. Vgl. auch Schiefler selbst in: Schiefler 1974, S. 8. Hier auch die Information, dass er die Wiener Kunstzeitschrift *Die Graphischen Künste* abonniert hatte. Und in einem Umkehrschluss ist die Beobachtung Schefflers von 1932 interessant, derzufolge mit der Auflösung der meisten «neuen» Sammlungen des Kaiserreichs zu Beginn der 1930er-Jahre auch der Leserkreis der Kunstzeitschriften immer kleiner geworden und eine Kunstzeitschrift nach der anderen eingegangen sei, vgl. Scheffler 1932, S. 17.

90 Vgl. Thea Sternheim, *Tagebücher 1903–1971*, hier Bd. I: *1903–1932*, Göttingen 2011, z. B. den Eintrag vom 16. Mai 1912; vgl. auch die Beschreibung von Heinrich Brüne zu Renoir, bei dessen Porträtierung von Thérèse Thurneyssen und ihrer Tochter, in: Andrea Pophanken, «Privatsammler der französischen Moderne in München», in: Ausst.-Kat. Berlin und München 1996, S. 424–431, hier S. 429 f. Gustav Schiefler habe sich dem feuilletonistischen Stil Muthers angenähert, so die Beobachtung Woesthoffs 1996, S. 128.

91 Fechter 1910, hier S. 15; Waldmann 1910, S. 1724.

92 Meier-Graefe, «Die Sammlung Thomy-Thiéry im Louvre», in: *Kunst und Künstler* 1, 1903, S. 426–430.

93 Vgl. Heidrich 1907 (wie Anm. 4), S. 572. Waldmann 1920, S. 33; Meier-Graefe, «Objektive Kunstwerte», in: Meier-Graefe 1959, S. 130; Tschudi 1909, hier S. 3.

94 Waldmann 1920, S. 34.

95 Vgl. Gurlitt 1899, S. 368, 486 ff.; Stephanie Marchal, «Generation Kautschukmann. Hermann Bahrs Kunstkritik im Kontext», Vortrag auf der Tagung *Hermann Bahr. Österreichischer Kritiker europäischer Avantgarden*, Berlin 3./4. Mai 2013; Druck in Vorbereitung.

96 Vgl. Meier-Graefe 1913, S. 326.

97 Scheffler 1932.

98 Man denke nur an die Impulse, die von der Sammlung Bernstein auf Kritiker, Museumsleute und Künstler ausgegangen waren. Wichtig waren auch die Kontakte der Sammler untereinander. Vgl. Waldmann 1910, S. 1723.

99 Scheffler 1912, S. 13. Vgl. auch Lichtwark 1912, bes. S. 191; Lichtwark 1912, S. 16 f. Waldmann 1920, S. 29.

100 Fechter 1948, S. 320. Der europäische Geist der Sammlungen der Kaiserzeit, jenseits nationaler Beschränkungen, wurde oft betont. Vgl. Scheffler 1921, S. 186; Swarzenski 1917, S. 108; Biermann 1913/1, S. 313.

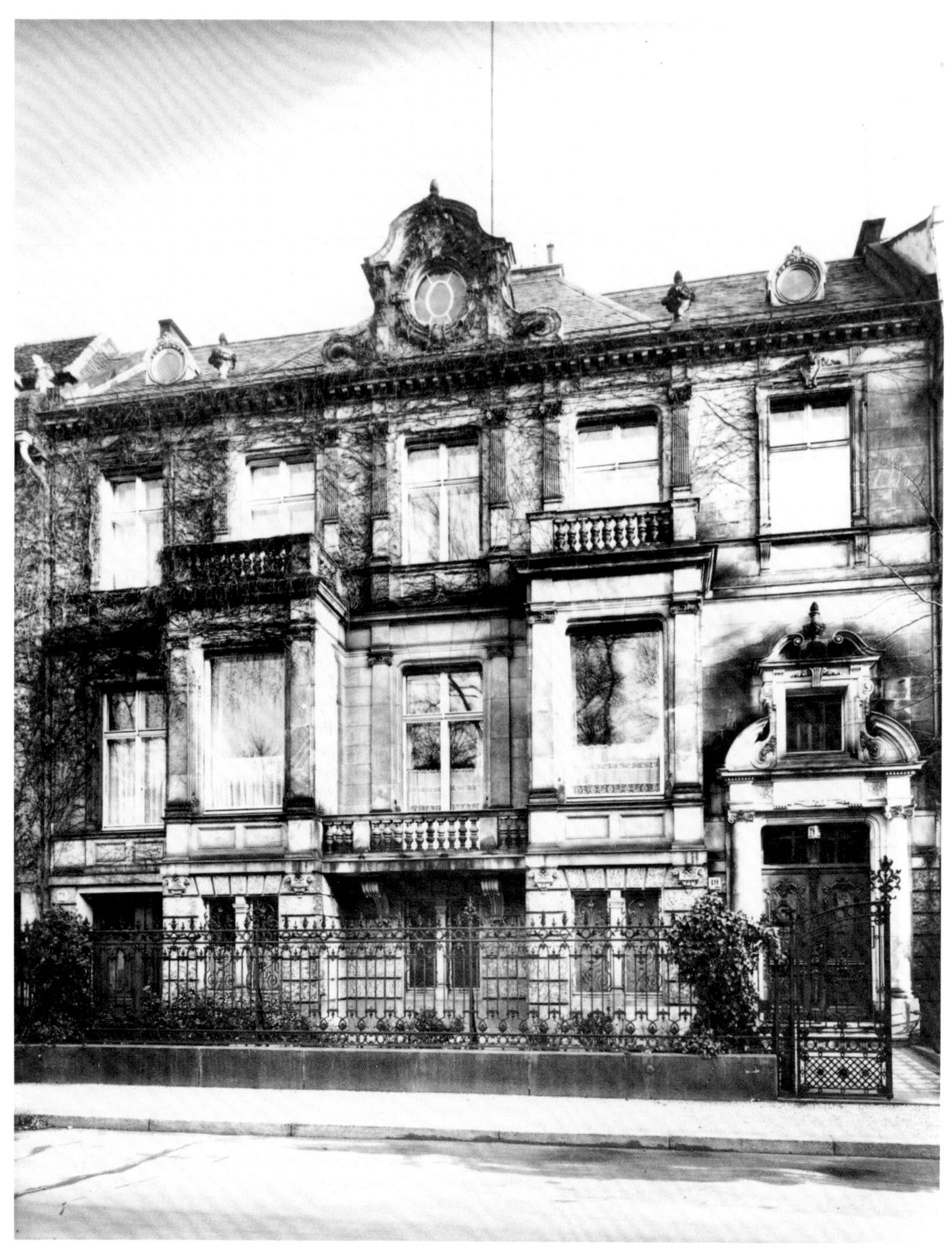

Abb. 1
Ansicht der Stadtvilla von Eduard Arnhold in der Regentenstraße 19, Berlin
Anonyme Aufnahme, 1920er-Jahre
Privatarchiv

MICHAEL DORRMANN

Kunstförderung am «Regentenhof»

Der Mäzen Eduard Arnhold und seine Sammlung

Es gibt fast unendlich viele Möglichkeiten, sich einer Sammlung anzunähern oder das Phänomen des Kunstsammelns als Gesamtes in den Blick zu nehmen: Man kann der Entstehungsgeschichte, der öffentlichen Wahrnehmung, den Bindungen zwischen Sammler und Kunstwerk oder auch zwischen Sammler und Künstler und nicht zuletzt der Frage nach einer den Aufbau einer Kunstsammlung leitenden Programmatik nachgehen, sei sie vom Sammler selbst offensiv vertreten oder im Nachhinein rekonstruiert.

Bei dieser Fokussierung auf das Sammeln gerät jedoch mitunter die Lebenswirklichkeit des Sammlers «abseits des Sammelns» aus dem Blick, was bei der Interpretation einer Sammlung zu schiefen Urteilen führen kann. Zumindest die Sammeltätigkeit Eduard Arnholds (1849–1925) ist mit seinen anderen Rollen als erfolgreicher Unternehmer, als vielseitig agierender Mäzen und öffentliche Figur im Deutschen Kaiserreich so verwoben, dass sie nur in Verbindung mit diesen anderen Funktionen hinreichend interpretiert werden kann.[1]

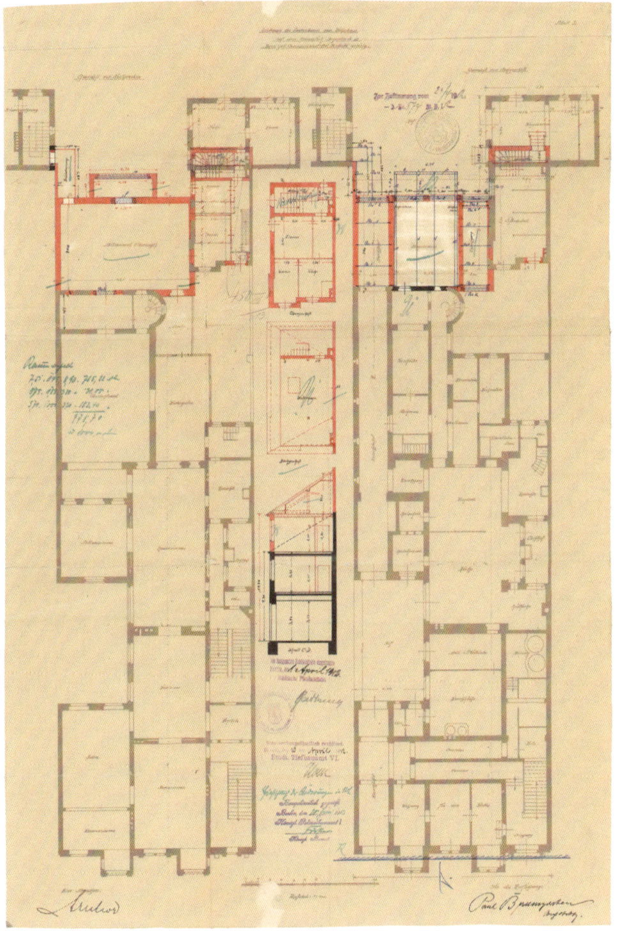

Abb. 2
Grundriss der Stadtvilla von Eduard Arnhold in der Regentenstraße 19, Berlin
B Rep. 202, Nr. 3624, Bl. 231
Landesarchiv Berlin

Der «Regentenhof»

Eduard Arnholds Sammlung gehört zu den wichtigsten Privatsammlungen moderner Kunst im wilhelminischen Deutschland und war mit ihrem herausragenden Bestand an Gemälden von Edouard Manet und Max Liebermann weit über Berlin hinaus als Sehenswürdigkeit bekannt.[2] Ihre wichtigsten Stücke waren im sogenannten Regentenhof zu sehen, wie Arnhold gelegentlich sein Stadthaus in der Regentenstraße 19 titulierte.[3] Arnhold hatte das von außen wenig auffallende Gebäude im November 1898 erworben, nachdem er zuvor zehn Jahre lang in der Bellevuestraße – ebenfalls im Berliner Tiergartenviertel – residiert hatte. Schon dort, in der Bellevuestraße, erregte Arnholds Wohnung die Aufmerksamkeit des Architekten-Vereins zu Berlin: «Eine glasüberdeckte Gemäldehalle und ein stattlicher, in edelster Täfelung durchgebildeter Speisesaal sind hier die Glanzpunkte des schön angeordneten Innern, dessen behagliche Gediegenheit übrigens auch in den Schlaf-, Ankleide- und Kinderzimmern recht wohlthuend in die Erscheinung tritt. In beiden Wohnungen [die Nachbarwohnung gehörte Hermann Wallich, einem der Direktoren der Deutschen Bank] fesselten neben der gediegenen architektonischen Ausgestaltung ein mannichfaltiger und überaus kostbarer, geschmackvoll geordneter Hausrath sowie zahlreiche erlesene Werke der Kunst und des Kunstgewerbes in erstaunlicher Fülle das Auge.»[4] Anders als im Fall der Regentenstraße sind von diesem Gebäude leider weder Innen- noch Außenaufnahmen überliefert.

Hinter einer wenig repräsentativen Straßenfront zog sich die Wohnfläche der Stadtvilla in der Regentenstraße tief in das Grundstück hinein [Abb. 1 und 2]. Noch vor seinem Einzug ließ Arnhold an die ursprüngliche Gartenfront des Hauses einen Oberlichtsaal anbauen, dem 1912 ein zweiter Saal folgen sollte. In diesen beiden Sälen, nach der Farbe ihrer Wandbespannung als roter bzw. gelber Saal bezeichnet, waren die Hauptwerke der Arnhold'schen Sammlung zu sehen. Auch wenn sich in fast allen Räumen des Hauses sowie in seinen anderen Besitzungen ebenfalls zahlreiche Kunstwerke befanden – Arnhold besaß am Berliner Wannsee ein herrschaftliches Anwesen im italienischen Renaissancestil, im Nordosten Berlins ein Herrenhaus, in Neuhaus am oberbayerischen Schliersee einen Bauernhof und in Fiesole bei Florenz die Villa Bellagio, das ehemalige Wohnhaus von Arnold Böcklin –, waren doch in der Regel diese beiden Säle mit den dort gezeigten 59 Werken gemeint, wenn in der Öffentlichkeit von der Sammlung Arnhold gesprochen wurde.

Vom roten und gelben Saal sind Fotografien aus den frühen 1920er-Jahren erhalten [Abb. 3 und 4]. Der rote Saal hatte eine Länge von gut 14 und eine Breite von 8,5 Metern, der gelbe Saal war etwas quadratischer angelegt und maß 11 auf 7,5 Meter. Die Gesamtfläche der beiden Galerieräume betrug demnach etwa 200 Quadratmeter. Zwischen dem roten und dem gelben Saal lag ein kleiner, mit Zedernholz verkleideter Durchgangsraum, in dem ausschließlich Arbeiten Adolph von Menzels zu sehen waren.

Die Ansichten der beiden Räume geben aufschlussreiche Hinweise für das Selbstver-

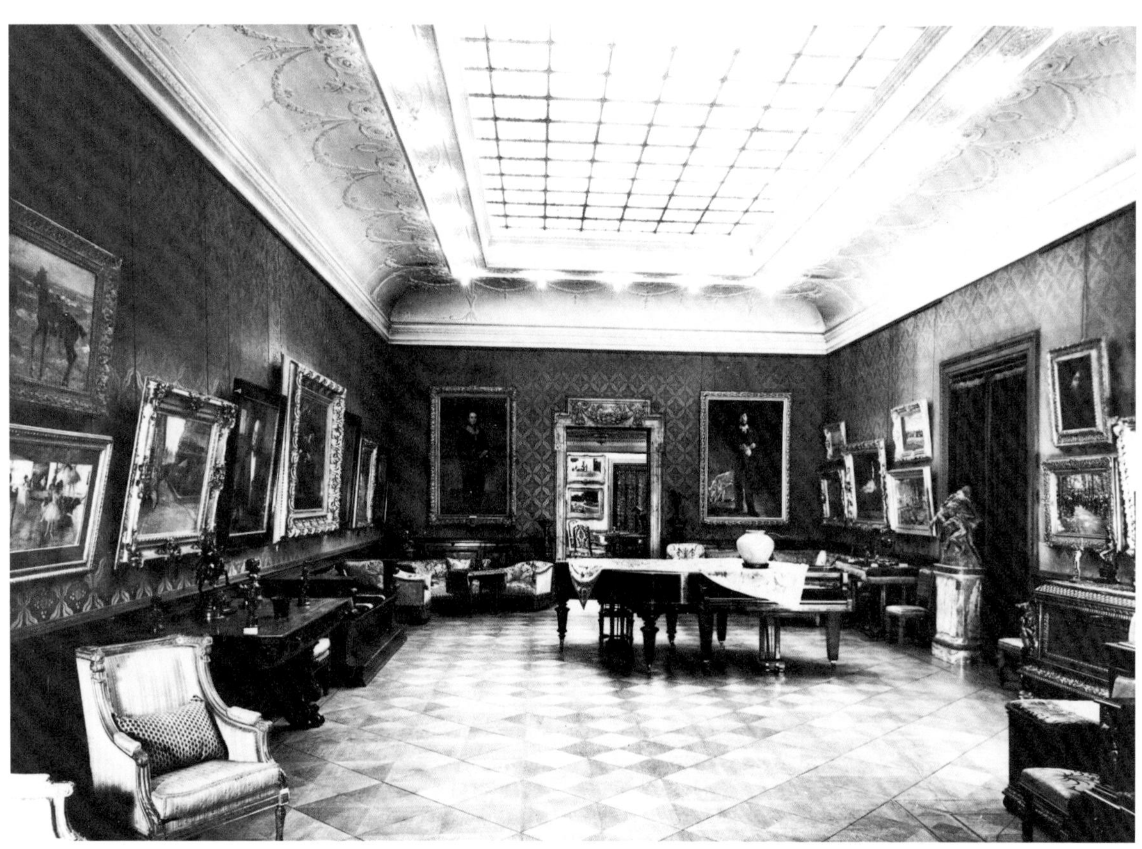

Abb. 3
Blick in den roten Saal der Sammlung Arnhold
Anonyme Aufnahme, undatiert
Privatarchiv

ständnis des Sammlers Arnhold: Die Präsentation der Sammlung in eigens dafür errichteten und anderweitig nicht nutzbaren Räumen sowie die höchstens doppelreihige und um großformatige Gemälde gruppierte Anordnung offenbaren auf der einen Seite den Versuch Arnholds, seine Sammeltätigkeit mit einem öffentlichen Museum in Vergleich zu setzen. Nach Emil Waldmann, dem Direktor der Bremer Kunsthalle, war die Sammlung Arnhold sogar «trotz ihrer engen Beziehungen zu den Berliner Museen nie eine Nachahmung einer Galerie, sondern eher eine Art von Vorbild».[5] Und Hugo von Tschudi attestierte ihr während seiner Amtszeit als Direktor der Berliner Nationalgalerie «etwas von der Art einer öffentlichen Galerie».[6] Der kunstinteressierte Besucher der deutschen Hauptstadt war jedenfalls laut einem zeitgenössischen Reiseführer eingeladen, sich von der Sammlung Arnhold nach Anmeldung und gegen «Eintrittsgebühr zu wohltätigem Zweck» selbst ein Bild zu machen.[7] Den Neubau des gelben Saales im Jahre 1912 hatte Arnhold gegenüber der widerstrebenden Berliner Bauverwaltung sogar mit dem Argument begründet, dass er nur damit seine «Bildersammlung den Kunstinteressenten in weit höherem Maße, als dies jetzt möglich ist, übersichtlicher gestalten und in weit ausgedehnterem Maße wie bisher dem kunstliebenden Publikum zugänglich» machen könne.[8] Hierzu gehört auch, dass beide Säle mit aufwendigen Oberlichtkonstruktionen versehen waren, die 1898 von den Architekten Kayser & von Großheim bzw. 1912 von Paul Baumgarten entworfen worden waren.[9]

Auf der anderen Seite sind die beiden Galerieräume eindeutig private Wohnräume geblieben. Die Sitzgruppen, das gesamte Mobiliar einschließlich obligatorischem Pianoforte, die Teppiche, die schweren Truhen mit Renaissanceskulpturen wirken eher konventionell, wenig modern und stehen damit in einem merkwürdigen Kontrast zu den Oberlichtkonstruktionen und zur innovativen elektrischen Beleuchtung. Und bei aller postulierten Öffnung für das Publikum befanden sich die Gemäldesäle doch so weit im Inneren des Gebäudes, dass man fast nicht umhin kam, dem Hausherren des «Regentenhofs» einen Besuch abzustatten, wollte man sie zu Gesicht bekommen. Hinter dem widersprüchlichen Befund lässt sich die Absicht vermuten, den eigentlich privaten Raum mit einem öffentlichem Anspruch zu überformen.

Bau und Fertigstellung der beiden Gemäldesäle gaben nicht nur den räumlichen, sondern auch den zeitlichen Rahmen der Sammeltätigkeit Arnholds vor. Von 1899, dem Zeitpunkt des Bezugs der Stadtvilla in der Regentenstraße, bis zur Fertigstellung des zweiten Bildersaales 1912 sammelte Arnhold mit der größten Intensität, in den Jahren danach finden sich nur noch einzelne Erwerbungen von großem Klang. Arnhold hörte mehr oder weniger auf zu sammeln, als die beiden Säle seiner Gemäldegalerie seinem Verständnis nach «gut gefüllt» waren.

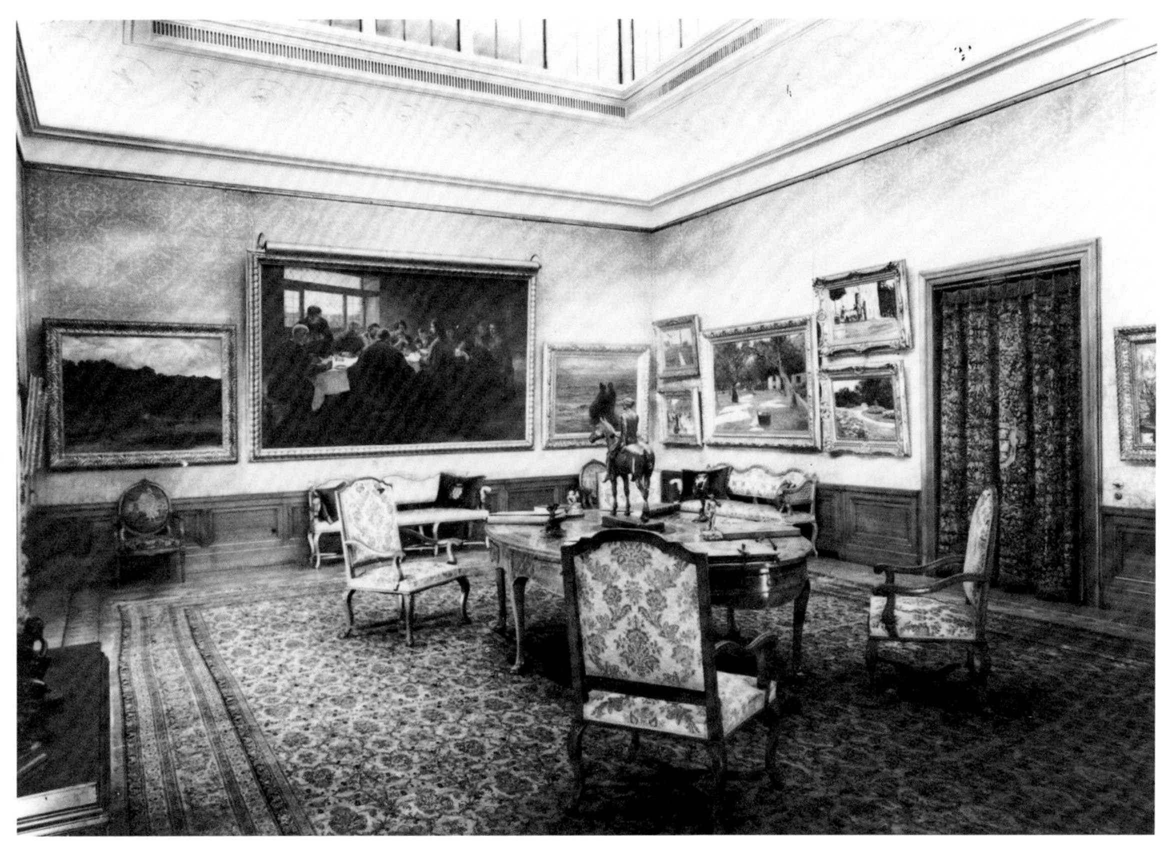

Abb. 4
Blick in den gelben Saal der Sammlung Arnhold
Anonyme Aufnahme, undatiert
Privatarchiv

Unternehmer und Mäzen

Aber wo lagen die Anfänge der Sammlung Arnhold? Wie wurde Eduard Arnhold zu einem Sammler, woher stammen seine finanziellen Möglichkeiten? Welcher Regent hielt am «Regentenhof» Hof? Ein knapper Blick auf die Biografie: Eduard Arnhold wurde 1849 als Sohn eines politisch engagierten und literarisch interessierten Arztes in der anhaltinischen Residenzstadt Dessau geboren. In der kinderreichen Familie waren knappes Wirtschaften und frühe Selbstständigkeit harte Notwendigkeiten. So erhielt Arnhold keine gymnasiale Ausbildung, sondern trat als 14-Jähriger eine Kaufmannslehre in der Berliner Kohlengroßhandlung Caesar Wollheim an. Soweit erkennbar, hatte Arnhold in Dessau keine ästhetische Erziehung oder Vorprägung erhalten, in seiner späteren Sammelleidenschaft konnte er an kein elterliches Vorbild anknüpfen. In den nächsten zwanzig Jahren seines Lebens ging Arnhold ausschließlich in seinem Beruf auf. Im Jahr 1875 wurde er Teilhaber, 1882 übernahm er die Firma Caesar Wollheim, die unter seiner Führung zu einem gewichtigen Mitspieler bei der Energieversorgung Berlins und des gesamten Ostens der preußischen Monarchie wurde. Arnhold agierte dabei an der Schnittstelle zwischen oberschlesischen Bergwerksbesitzern, staatlichen Behörden und privaten Großkunden; er verkehrte geschäftlich mit schlesischen Magnaten wie den Grafen Henckel von Donnersmarck und Bankiers wie Eugen Gutmann, dem Gründer der Dresdner Bank, deren Aufsichtsrat Arnhold wiederum viele Jahre angehörte, und war ein wichtiger Ansprechpartner für mehrere preußische Ministerien. Sein Privatvermögen wuchs ebenso schnell wie sein Einkommen, das sich von etwa 80000 Mark im Jahre 1884 auf knapp vier Millionen Mark im Jahre 1910 verfünfzigfachte. Mit seinem Reichtum ging bald der wirtschaftliche und politische Einfluss einher, den Arnhold als Unternehmer, Sachverständiger und Ratgeber in zahlreichen Gremien und bei unterschiedlichsten Gelegenheiten ausübte. 1913 wurde er, obwohl ungetaufter Jude, Mitglied des preußischen Herrenhauses, noch 1919, als 70-Jähriger, war er Mitglied der deutschen Friedensdelegation in Versailles.

Politisch lässt sich Arnhold beim linken Flügel der Nationalliberalen Partei einordnen, von deren annexionistischen Anwandlungen während des Ersten Weltkriegs er sich allerdings distanzierte, um schließlich zu Beginn der Weimarer Republik die Gründung der linksliberalen Deutschen Demokratischen Partei zu unterstützen. Der politische und emotionale Bezugsrahmen für Arnhold blieb zeit seines Lebens die preußisch-deutsche Monarchie, unter der er seine großen Erfolge als Unternehmer und Mäzen erzielt hatte. Aufgrund zahlreicher Verflechtungen zwischen seiner Firma und dem preußischen Staat und aufgrund ihrer gemeinsamen Frontstellung gegenüber der ausländischen Konkurrenz bestand für Arnhold ein weitgehender Gleichklang zwischen seinen eigenen unternehmerischen Interessen und dem «Allgemeinwohl». In einer privaten Aufzeichnung über das Wesen des Kaufmanns, die getrost als eigene Standortbestimmung gelesen werden kann, galt ihm der Kaufmann sogar als «ausschlaggebender Faktor für den ethischen Fortschritt der Menschheit».[10]

Ein hart verhandelnder Geschäftsmann war Arnhold gleichwohl; und denkt man an seine für damalige Verhältnisse immensen finanziellen Mittel zeigt sich natürlich der Widerspruch zwischen Gewinnmaximierung und «Allgemeinwohl». Jedoch hat Arnhold von seinem Vermö-

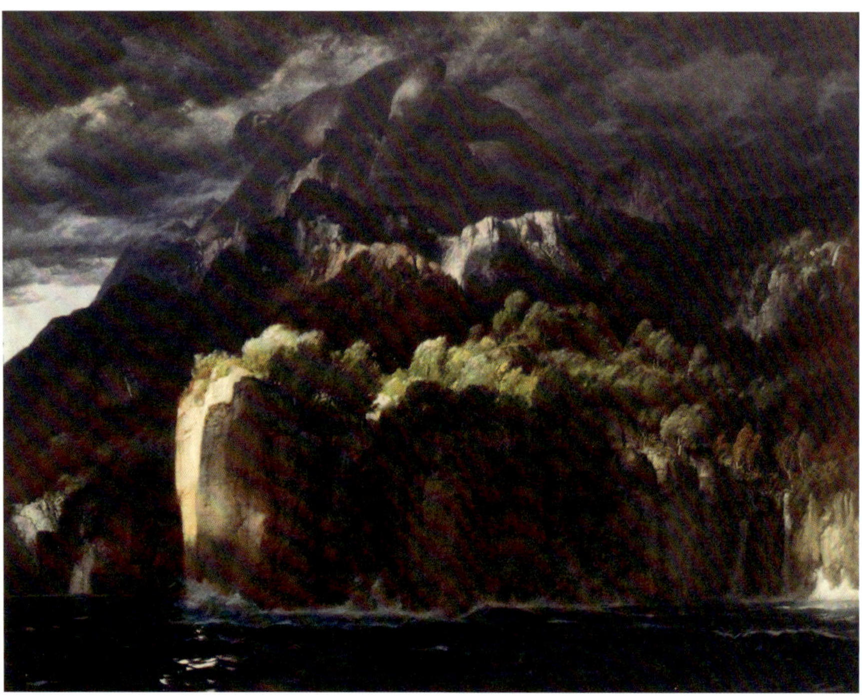

Abb. 5
Arnold Böcklin
Prometheus, 1882
Öl auf Leinwand, 115,5 × 150,5 cm
Barilla Collection of Modern Art, Parma

gen einen beträchtlichen Teil, mindestens ein Viertel, für gemeinnützige Zwecke zur Verfügung gestellt. Arnhold engagierte sich dabei auf allen Feldern des modernen Mäzens: Im Bereich der Kunstförderung ragen die Stiftung der Villa Massimo in Rom und seine jahrzehntelange Förderung der Berliner Museen heraus, im Bereich der Wissenschaft war Arnhold eine wichtige Gründungsfigur der Kaiser-Wilhelm-Gesellschaft zur Förderung der Wissenschaften, der späteren Max-Planck-Gesellschaft, der er zeitlebens als Senator verbunden blieb. Und im Bereich der sozialen Fürsorge unterstützte er zahllose Wohltätigkeitsvereine mit dem Fokus auf die Kinder- und Jugendfürsorge, was in der Gründung und dem Unterhalt des Johannaheims einen krönenden Abschluss fand.

Ebenso wie bei seiner Sammlung gehörte zu seinem Mäzenatentum der Anspruch auf öffentliche Wahrnehmung, dem ein Hang zum Perfektionismus, zum «Besser-Machen» und Übertrumpfen öffentlicher Einrichtungen zur Seite trat. So zeigt ein Blick auf die Gründung der Villa Massimo, dass es nur durch Arnholds Unterstützung möglich war, den Plan, in Rom ein Künstlerhaus zu gründen, wieder aus der Sackgasse herauszumanövrieren, in die ihn widerstreitende Interessen innerhalb der damaligen preußischen Kultus- und Finanzverwaltung zuvor hineinmanövriert hatten. In seiner fast grenzenlosen Bereitschaft, den deutschen Künstlern in Rom durch Umfang und Ausstattung der Ateliers ideale Arbeitsbedingungen zu verschaffen, nahm Arnholds Mäzenatentum dabei Züge einer Machtdemonstration gegenüber dem preußischen Staat und dessen begrenzten finanziellen Spielräumen an. In Berliner Amtsstuben quittiert man das etwas säuerlich mit den Worten, «Arnhold's Atelierbauten gehen munter vorwärts, etwas zu großartig».[11]

Stiftung und Zuschnitt des Johannaheims, eines außerhalb Berlins gelegenen Waisenhauses samt angeschlossener Privatschule, für dessen Bau und Unterhalt Arnhold fünf Millionen Mark aufwendete, zeugen ebenfalls von seinem Willen, mit vorbildhaften Institutionen Öffentlichkeit und Staat den Weg in die Zukunft zu weisen. In diesem Fall war es das sehr moderne Ausbildungsangebot für Mädchen, welches das Johannaheim vorteilhaft von staatlichen Einrichtungen und ihren Lehrplänen abhob. Noch der Ausbau des nahe dem Johannaheim gelegenen Ritterguts Hirschfelde, das Arnhold binnen weniger Jahre mit neuester Technik und soliden Arbeiterwohnungen in ein landwirtschaftliches Mustergut transformierte, lässt sich als Wink an die Kaste der altpreußischen Junker und damit indirekt an ein staatliches System begreifen, das nach wie vor überkommene Vorrechte und eben nicht alleine das bürgerliche Leistungsethos als tragendes Prinzip anerkannte.

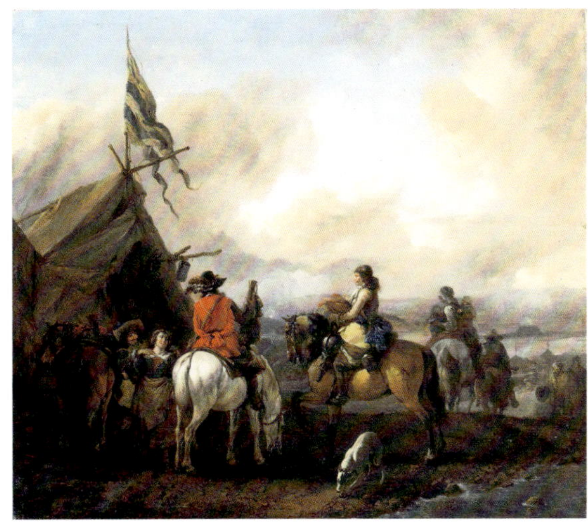

Abb. 6
Philips Wouwerman
Berittene Soldaten vor einem Marketenderzelt, um 1660–65
Öl auf Holz, 35,7 × 40,9 cm
Privatsammlung

In seinen Galerieräumen konnte Arnhold ebenfalls, wenn auch in reduziertem Maßstab, ein Programm verwirklichen, das einer öffentlichen Einrichtung, in diesem Falle der Berliner Nationalgalerie, aufgrund der kaiserlichen Gegnerschaft vorerst nicht vergönnt war, ihr aber gut zu Gesicht gestanden hätte.

Präsentation als Demonstration

Der Direktor der Hamburger Kunsthalle war ein häufiger Gast der Sammlung Arnhold. Nach einem ersten Besuch im August 1903 fasste Alfred Lichtwark seine Eindrücke folgendermaßen zusammen: «Heute habe ich endlich auch die Sammlung Arnhold gesehen, die als eine der besten modernen deutschen gilt. Man sieht auf den ersten Blick, dass es eine deutsche Sammlung ist. Der Besitzer hat bei einem schlechten Händler angefangen mit den Künstlern, die den Anfänger interessieren, Pradilla usw. Dann hat er Geschmack erworben oder sich gut beraten lassen und Böcklin, alte Lenbach, Franzosen, Menzel gekauft. Aber als deutscher Sammler hat er die Erwerbungen der ersten Stunde behalten, so ist seine Sammlung sehr gemischt, und das Gute leidet.»[12]

An dieser Einschätzung überrascht nicht nur das recht zwiespältige Urteil über die Qualität der Gemälde wenige Jahre bevor Hugo von Tschudi in einem ausführlichen Artikel in *Kunst und Künstler* zu einer deutlich positiveren Einschätzung kam,[13] sondern auch die deutliche Kategorisierung, es handle sich bei der Sammlung Arnhold um «eine deutsche Sammlung». Denn Arnhold ist der Nachwelt vor allem als einer der ersten Sammler der französischen Impressionisten in Erinnerung geblieben. Sieben Jahre später, im April 1910, findet sich anlässlich eines weiteren Besuchs folgende Bemerkung Lichtwarks: «Mit großer Freude die Sammlung wieder gesehen. Sie wird immer fein gestimmter.»[14]

Dieses «Immer-feiner-Stimmen» setzte jedoch schon wesentlich früher als von Lichtwark konstatiert ein und kann anhand dreier Erwerbungen exemplarisch gezeigt werden: dem *Prometheus* (1882)[15] von Arnold Böcklin [Abb. 5], 1883 bei Gurlitt gekauft; einem niederländischen Genrestück *Berittene Soldaten vor einem Marketenderzelt* (1660–65)[16] von Philips Wouwerman [Abb. 6], im November 1896 bei Charles Sedelmeyer in Paris erworben und schließlich dem Gemälde *La Plage de Pourville*

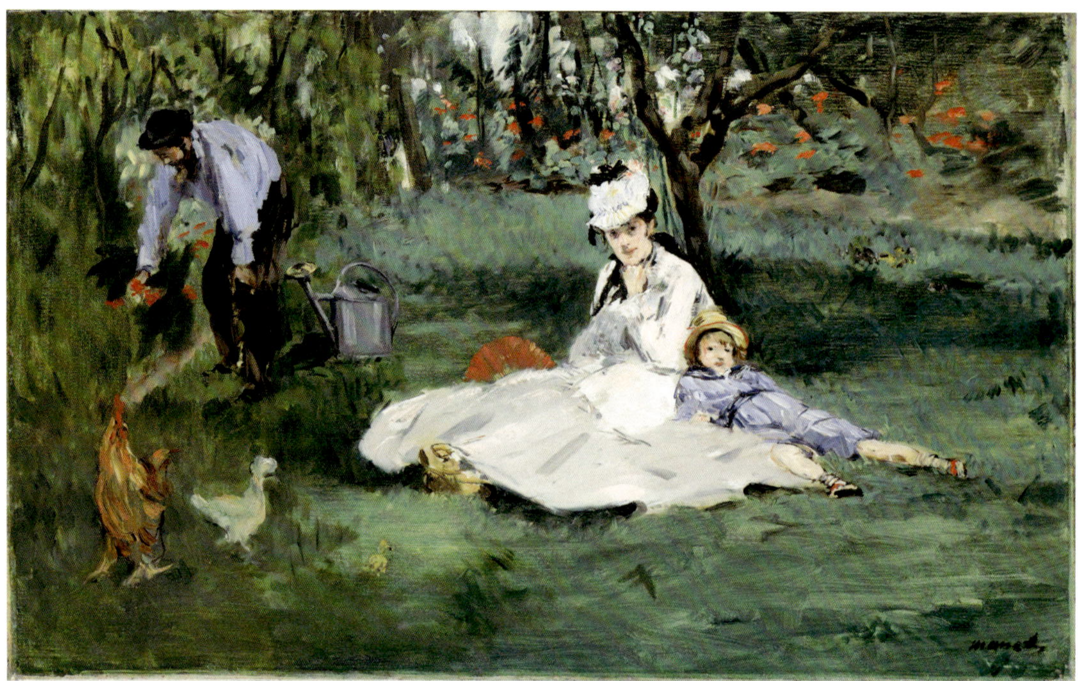

Abb. 7
Edouard Manet
Die Familie Monet in ihrem Garten in Argenteuil, 1874
Öl auf Leinwand, 61 × 99,7 cm
The Metropolitan Museum of Art, New York

(1882)[17] von Claude Monet, nur einen Monat später, im Dezember 1896, ebenfalls in Paris bei Paul Durand-Ruel gekauft. Drei Gemälde, drei sehr unterschiedliche Stilrichtungen und drei klar voneinander zu trennende Phasen innerhalb der Entstehungsgeschichte der Sammlung Arnhold: Der *Prometheus* ist nach den vorhandenen Unterlagen das erste Gemälde, das Arnhold – abgesehen von zwei Porträts des Ehepaars Arnhold – überhaupt erwarb. Somit hatte Lichtwark mit seiner Meinung Unrecht, Arnhold sei erst später durch gute Berater auf Böcklin gekommen. Dennoch steht der *Prometheus* für eine Phase, die etwa zehn Jahre, von 1882 bis 1892, andauerte und in der sich Arnhold mit durchwachsenem Ergebnis in seinen Ankäufen überwiegend auf die zeitgenössische Malerei beschränkte, die der Berliner Kunsthandel und die *Großen Berliner Kunstausstellungen* in ihrem Angebot führten.

Diese Phase wurde 1892 abgelöst durch ein etwa fünf Jahre dauerndes Intermezzo, in dem Arnhold mit großem finanziellen Engagement niederländische Kunst sammelte. Hinter diesem Wandel stand Wilhelm von Bode, der damalige Direktor der Berliner Gemäldegalerie, der Arnhold in dieser Zeit bei seinen Ankäufen beriet, unter denen sich neben dem Wouverman unter anderem auch das ganzfigurige *Bildnis des Bürgermeisters* (um 1660)[18] von Gerhard ter Borch und eine Landschaftsdarstellung von Jan van Goyen[19] fanden.

Für seine Beratungs- und Vermittlungsdienste erhoffte sich von Bode die Mithilfe Arnholds bei Erwerbungsaktionen für die Gemäldegalerie. Doch bevor dieses Arrangement, welches alle «Bode-Sammler» unausgesprochen eingingen,[20] zu greifen begann, kam es zu einer weiteren Wende. Im Rahmen einer Finanzierungsaktion für seine umstrittenen Ankäufe französischer Impressionisten wandte sich der neue Direktor der Berliner Nationalgalerie von Tschudi auch an Arnhold mit der Bitte um Unterstützung.[21] Gemeinsam mit Robert von Mendelssohn, Ernst von Mendelssohn-Bartholdy und Hugo Oppenheim schenkte Arnhold im Winter 1896 der Nationalgalerie das Gemälde *Dans la Serre* (1879)[22] von Edouard Manet und entdeckte auf diesem Umweg den französischen Impressionismus für sich.

An den Wegmarken 1892 und 1896 standen somit die Museumsdirektoren Wilhelm von Bode und Hugo von Tschudi, die auf das mäzenatische Engagement Eduard Arnholds setzten, im Gegenzug ihre Expertise beim Aufbau der Sammlung anboten und ganz praktisch den Weg zu Kunsthändlern und Verkäufern ebneten. Mit der Etablierung des Kunstsalons Cassirer rückte diese Vermittlertätigkeit Tschudis etwas in den Hintergrund. Dennoch, ohne den Mäzen Arnhold ist der Sammler Arnhold schwer vorstellbar.

Bis 1896 lässt sich nicht erkennen, dass die Ankäufe Arnholds einem zielgerichteten Programm folgten, sei dieses ästhetischer oder auch anderer Natur. Mit dem Beginn seines Interesses für den französischen Impressionismus, dem kurz darauf Ankäufe von Werken deutscher Sezessionisten folgten, verlief der weitere Aufbau der Sammlung jedoch planmäßiger und lässt sich als schrittweise Realisierung einer übergreifenden Idee auffassen. Diese Idee bestand in der Präsentation einer persönlich eingefärbten «Entwicklungsgeschichte» der modernen Malerei, die um zwei Pole, einen französischen und einen deutschen kreiste.

Die «Entwicklungsgeschichte» setzte im französischen Part der Sammlung Arnhold bei Francisco de Goya ein,[23] um über Beispiele der Schule von Barbizon zu Gustave Courbet als Vertreter des französischen Realismus zu gelan-

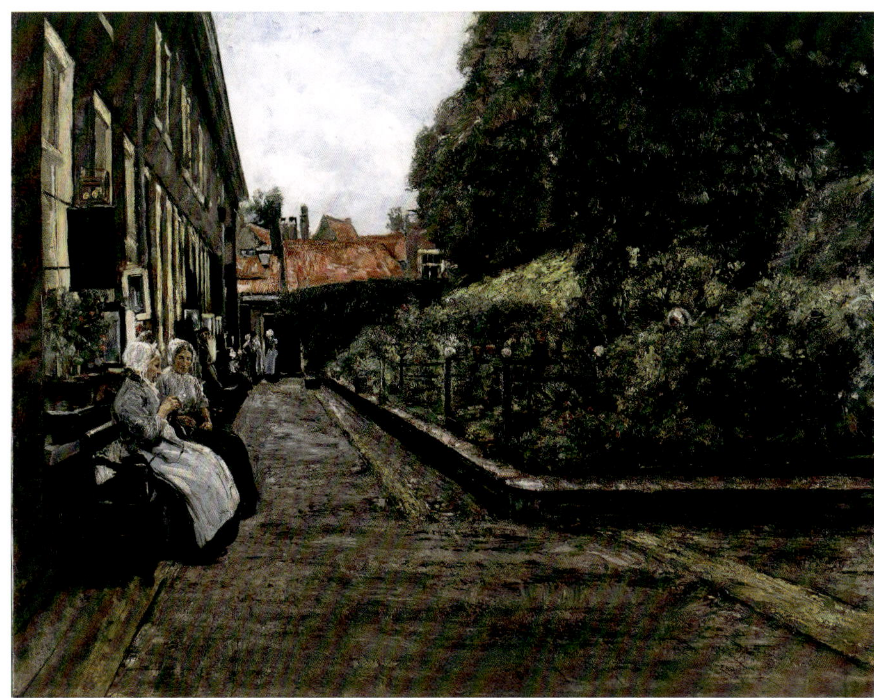

Abb. 8
Max Liebermann
Stevenstift in Leyden, 1889
Öl auf Leinwand, 78 × 100 cm
Nationalgalerie, Staatliche Museen zu Berlin, Eigentum des Vereins der Freunde der Nationalgalerie

gen. An Courbets *Baigneuse* (1862)[24] schlossen sich frühe Werke von Manet, Monet und Renoir aus den 1860er-Jahren an, dem zahlreiche Gemälde französischer Impressionisten aus den 1870er-Jahren folgten. Die am stärksten vertretenen Künstler waren auf französischer Seite Manet mit sechs, Monet mit vier und Camille Corot und Camille Pissaro mit je zwei Gemälden. Beispielhaft für die von Eduard Arnhold bevorzugten Sujets sei von den sechs Manet-Gemälden in Arnholds Sammlung das Gemälde *La Famille Monet au jardin* (1874)[25] [Abb. 7] hervorgehoben, aus der Sammlung Pellerin stammend und 1910 bei Cassirer erworben. Von Edgar Degas und Renoir besaß Arnhold jeweils ein Gemälde und ein Pastell. Die Grenze dessen, was sich Arnhold offenkundig an Modernität zumuten wollte, war mit jeweils einem Cézanne und einem sehr spät, erst 1916 erworbenen van Gogh erreicht.

Auf deutscher Seite markierten die Deutsch-Römer Anselm Feuerbach, Hans von Marées und Arnold Böcklin, zu denen im weiteren Sinn auch Hans Thoma hinzuzählen ist, den Beginn. Im Gegensatz zu seiner früh vorhandenen Vorliebe für Böcklin fügte Arnhold seiner Sammlung erst relativ spät Werke der anderen Deutsch-Römer hinzu. Mit Wilhelm Leibl, Franz von Lenbach und Adolph von Menzel waren Künstler des deutschen Realismus ebenfalls reich vertreten.

Alle anderen deutschen Künstler an Quantität und Qualität überragte jedoch Max Liebermann, über dessen komplettes Schaffen Arnholds Sammlung einen einzigartigen Überblick bot. Exemplarisch herausgegriffen sei das *Stevenstift in Leyden* (1889)[26] [Abb. 8], sein erstes Liebermann-Gemälde, das Arnhold 1899 bei Theodor Schall in Karlsruhe erwarb. Ebenso wie das ein Jahr später erworbene *Altmännerhaus in Amsterdam* (1881)[27] zeigt es eine der von Liebermann als vorbildlich empfundenen und aus bürgerlichem Engagement erwachsenen Sozialeinrichtungen Hollands. Eine Einschätzung, die Arnhold bekanntermaßen nicht nur teilte, sondern mit seiner späteren Gründung des Johannaheims im Bereich der Waisenfürsorge beherzt in die Tat umsetzte. Zahlreiche Hauptwerke Liebermanns wie *Pferdeknechte am Strand* (1902), *Die große Bleiche – Die Rasenbleiche* (1883) oder die *Papageienallee* (1902) fanden nach und nach den Weg in Arnholds Galerieräume.[28] Es blieb nicht aus, dass sich Liebermann und Arnhold anfreundeten, die noch dazu beide am Wannsee Villen besaßen, mit Paul Baumgarten den gleichen Architekten beschäftigten und verschiedentlich in «Kunstdingen» zusammenarbeiteten.[29]

Max Slevogt und Lovis Corinth waren überraschenderweise in den Galerieräumen bis auf eine Ausnahme nicht präsent, während von Wilhelm Trübner und Fritz von Uhde jeweils zwei Gemälde zu sehen waren.

Insgesamt hatte Arnhold mit über 150 gegen 43 deutlich mehr Stücke deutscher als französischer Provenienz gesammelt. Letztere hatte er aber wesentlich zielgerichteter erworben: Während etwa die Hälfte seiner französischen Kunstwerke in den Galerieräumen zu sehen war, traf dies nur auf rund ein Fünftel der deutschen Kunstwerke zu.

An der Art der Präsentation dieser «Entwicklungsgeschichte» der modernen Kunst in den Arnhold'schen Galerieräumen lässt sich ablesen, dass hier in erster Linie nicht ein ästhetisches Programm ausgebreitet, sondern kunst- und kulturpolitische Positionen bezogen werden sollten. Dazu muss man sich die damaligen Debatten in Deutschland um den Stellenwert des französischen Impressionismus, seine scharfe Ablehnung durch das hohenzollernsche Kaiserhaus und nationale Kreise, ja seine Verunglimpfung als reine Propaganda des «spezifischen Judengeistes von Berlin» ins Gedächtnis rufen.[30] Zuschreibungen, zu denen man sich als Sammler französischer Kunst in irgendeiner Weise verhalten musste, noch dazu in einer so herausgehobenen Position als staatsnaher Unternehmer wie Arnhold.

Arnhold ging mit diesen und anderen Zuschreibungen in seinen Galerieräumen ebenso offensiv wie produktiv um: So zeigte er auf der linken Seite des roten Saals [Abb. 9] den Böcklin'schen *Prometheus*, flankiert von zwei Lenbach-Porträts, welche die wichtigsten Repräsentanten der preußisch-deutschen Monarchie, Kaiser Wilhelm I. und Reichskanzler Otto von Bismarck, zeigen. Links angeschnitten ist noch das *Stevenstift in Leyden* von Max Liebermann zu erkennen. Neben die Tür an der Stirnseite und daran anschließend auf die rechte Seite des roten Saales [Abb. 3] platzierte Arnhold dagegen zwei großformatige Manet-Gemälde – *Portrait Gilbert-Marcellin Desboutin* (1875) und *Jeune femme couchée en costume espagnol* (1862)[31] –, zwei Arbeiten von Monet – *Camille Monet assise sur un banc de jardin* (1873) und *La Grenouillière* (1869)[32] – sowie mit *Vue de Marly-le-Roi* (1870)[33] und *Le Pont d'Argenteuil* (1872)[34] jeweils ein Gemälde von Camille Pissarro beziehungsweise Alfred Sisley.

Dies war eine bemerkenswerte Anordnung. Nicht nur, dass Arnhold hier die Kräfte der Industrialisierung und damit mehr oder weniger sich selbst in Camouflage des *Prometheus* neben die politischen Spitzen des Staates stellte, nicht nur, dass Kaiser Wilhelm I. auf der einen Seite von dem von seinem Enkel Wilhelm II. als «Rinnsteinkünstler» apostrophierten Liebermann und auf der anderen Seite von dem von Wilhelm II. ebenfalls wenig geschätzten Böcklin umrahmt wurde, nein, direkt gegenüber waren die Heroen des Kaiserreichs mit Kunstwerken konfrontiert, die weder aus nationalen – Franzosen – noch ästhetischen Gründen – keine Akademiker – mit der offiziösen preußisch-deutschen Kunstauffassung konform gingen.[35]

Werfen wir einen Blick in den gelben Saal, so war die linke Seite [Abb. 4] von deutschen Kunstwerken, herausragend das *Abendmahl* (1886)[36] von Fritz von Uhde und *Die große Bleiche – Die Rasenbleiche* von Max Liebermann, belegt, während die gegenüberliegende Seite der französischen Kunstentwicklung vorbehalten war.

In beiden Sälen stellte Arnhold also die deutsche der französischen Kunstentwicklung gegenüber, woran sich mehrere Interpretationen anschließen lassen. Einerseits wird der deutschen Kunst damit Ebenbürtigkeit zum oder zumindest Vergleichbarkeit mit dem dominanten französischen Vorbild zugesprochen. Die klassische «Moderne» stellte sich in dieser Präsentation weniger als französische denn als übernationale Bewegung dar, in die sich die deutschen Sezessionisten nicht nur als lokale Größe, sondern als selbstverständlicher Teil der modernen Kunstentwicklung einreihen. Dieser kuratorischen Behauptung mag ein patriotischer Zug anhaften, andererseits wird zeitgenössische Kunst damit aber zu etwas die Nationen Verbindendem und nicht Trennendem. Gemälde der klassischen französischen Moderne zu sammeln, kann demnach auch kein antinationaler Akt sein, zu dem ihm nationalistische Kreise machen wollten. Es ist vielmehr

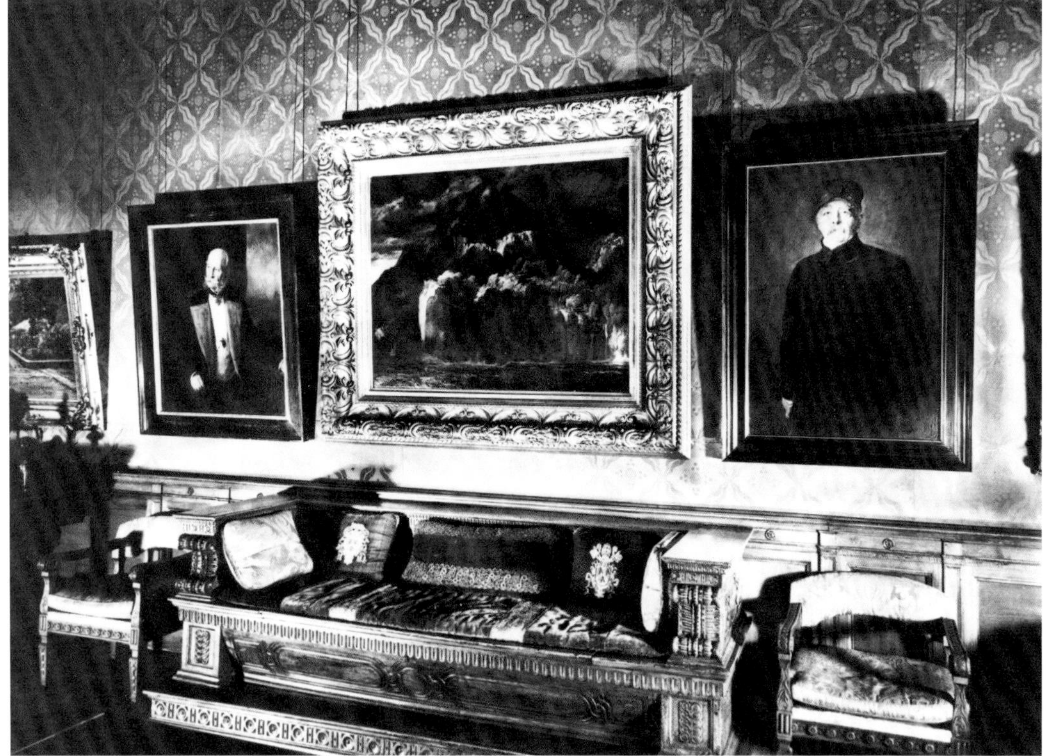

Abb. 9
Blick in den roten Saal der Sammlung Arnhold, linke Seite
Anonyme Aufnahme, 1899
Privatarchiv

eine nationale Aufgabe, damit dieser Teil der Weltkunst ebenso in Deutschland repräsentiert ist wie das klassische antike Erbe, um das die nationalen Museen in Frankreich, Großbritannien und das Deutsche Reich zur gleichen Zeit rivalisierten.

Aber nicht nur im deutsch-französischen Zwiegespräch bezog Arnhold Stellung. Seine gemeinsame Präsentation von Böcklin, Thoma, Liebermann und Manet lässt sich als Kommentar zur fehdeartigen Auseinandersetzung zwischen den Kunsthistorikern Henry Thode und Julius Meier-Graefe mit ihrem jeweiligen Gefolge verstehen, die im «Böcklin-Streit» wahlweise dem deutschen und französischen Impressionismus (Thode) oder der «Deutschen Kunst» von Thoma und Böcklin (Meier-Graefe) den Kunstcharakter absprachen. Dem Kunstsalon Cassirer nicht unähnlich, der inmitten der hitzigen Kontroverse des Jahres 1905 Julius Meier-Graefe seinen Böcklin-Vortrag vor Böcklin-Gemälden halten ließ, setzte auch Arnhold darauf, dass der Betrachter imstande sei, sich selbst ein Bild zu machen.[37]

Beim Aufbau der Sammlung Arnhold kristallisierte sich ab dem Jahre 1896 eine Orientierung an Schulen und Stilentwicklungen heraus, die – als Museum im Kleinen – einem entwicklungsgeschichtlichen und damit didaktischen Ansatz verpflichtet war. Zu diesem pädagogischen Impetus gehörte, dass die Sammlung der Öffentlichkeit zugänglich war und nicht selten den Rahmen für Gesellschaften im Hause Arnhold abgab. Außerdem versuchte Arnhold, die Gemälde seiner Sammlung mit besonders großer Freude den Schülerinnen des Johannaheims nahezubringen.[38]

Das einzelne Kunstwerk, welches als Beleg und Baustein der von Arnhold präsentierten «Entwicklungsgeschichte» diente, schien in den wenigsten Fällen nach formalästhetischen Gesichtspunkten ausgewählt worden zu sein. Ihre Sujets können dagegen in Relation zu Arnholds Selbstverständnis als Mäzen, öffentliche Figur und Unternehmer gesetzt werden. Dazu steht in keinem Widerspruch, dass gerade seine impressionistischen Werke nicht die *vie moderne* thematisieren, sondern mit Stillleben, Porträts und Gartenszenen eine eher friedvolle Sicht der Welt spiegelten und dem Großstädtischen geradezu auswichen. Denn Arnhold sprach dem Kunstgenuss eine Ausgleichsfunktion zu seinem rastlosen Alltag als Unternehmer zu. Die Betrachtung künstlerischen Schaffens führe ihn, wie er selbst formulierte, «aus der Enge und den Enttäuschungen des Alltags zu tröstendem Verstehen höheren Menschentums und seiner Ziele».[39]

Gelegenheit, seiner Sammlung in dieser Hinsicht ein deutlich moderneres Profil zu geben, hätte reichlich bestanden. Denn beim Kunstsalon Cassirer, von dem Arnhold seit dessen Gründung einen Großteil seiner Gemälde bezog, standen zu dieser Zeit auch ganz andere Sujets und Künstler zum Verkauf, die aber offenkundig nicht auf Arnholds Interesse stießen. So hätte Arnhold statt im Frühjahr 1900 Pissarros ländliche Idylle *Vue de Marly-le-Roi* (1870)[40] auch die gleichzeitig angebotene Großstadtszenerie *Rue St. Honoré* (1897) desselben Künstlers erwerben können.[41] 1904 sprachen Arnhold weder die bei Cassirer angebotene *Waterloo Bridge*-Serie von Claude Monet noch die Porträts Edvard Munchs oder die Arbeiten Vincent van Goghs an.[42] Stattdessen erwarb er in diesem Jahr sowohl das kontemplative Gemälde *Am Meer* (1896)[43] von Jozef Israëls als auch heitere Sujets wie *Un coin du jardin de Bellevue* (1880)[44] von Edouard Manet, *La Grenouillière* (1869)[45] von Claude Monet und *Kloster Seeon* (1892)[46] von Wilhelm Trübner.

Trotz dieser Einschränkung kann Arnhold als wichtiger Förderer der künstlerischen Moderne gelten und steht damit in seiner parallelen Eigenschaft als eng mit den Spitzen des preußischen Staates verwobener Unternehmer beispielhaft für die Ambivalenzen des Deutschen Kaiserreichs, in dem politischer und gesellschaftlicher Fortschritt nicht miteinander einhergingen. Die damalige bildungsbürgerliche Kritik am großbürgerlichen Kunstsammeln als Statusdemonstration, als «so ziemlich die einzige anständige und vom guten Geschmack erlaubte Art, Reichtum zu präsentieren», wie das mittlerweile zu Tode zitierte Bonmot Max J. Friedländers lautet,[47] traf ihn nicht. Eher müsste schon zu denken geben, dass das darin mitschwingende Ressentiment von den heutigen Erben des Bildungsbürgertums oft allzu bereitwillig aufgegriffen wird. Eberhard von Bodenhausen-Degener, der als treibende Kraft der Berliner Kunst- und Literaturzeitschrift *PAN* mehrfach die Hilfe Arnholds in Anspruch genommen hatte, vermerkte dagegen nach einer Gesellschaft in dessen Hause mit bemerkenswerter Einsicht in seine eigene Gefühlswelt: «Die ganze Atmosphäre hat mir einen Schauder zurückgelassen und dies um so mehr, als ich doch nicht über der Situation stehe und Angesichts eines so zusammengehäuften Reichtums eine gewisse Unzufriedenheit, die doch so kleinlich ist und undankbar, nicht zurückdrängen kann.»[48]

Eduard Arnhold hat nie daran gedacht, dass ihn seine Sammlung überleben und im Sinne eines Vermächtnisses an ihn erinnern sollte.[49] Dennoch war der letzte Akt in der Beziehung zwischen Arnhold und seiner Sammlung nicht ohne Pathos. Nachdem er am 10. August 1925 in seinem Bauernhof in den bayerischen Bergen verstorben war, wurde sein Sarg in den Galerieräumen im «Regentenhof» aufgebahrt, damit der Sammler Abschied von seinen Bildern und die Berliner Abschied von Eduard Arnhold nehmen konnten.

1 Für eine ausführliche Darstellung von Eduard Arnholds unternehmerischer Karriere, seinem Mäzenatentum und seiner Kunstsammlung vgl. Dorrmann 2002. Dort in den Anhängen A, B und C auch Hinweise zur Erwerbungsgeschichte einzelner Kunstwerke.

2 Wesentlich hat dazu ihre frühe und umfassende Würdigung durch Hugo von Tschudi beigetragen; vgl. Tschudi 1909, S. 3–24, 45–62 und 99–109.

3 Der Teil der Regentenstraße, nach dem Zweiten Weltkrieg in Hitzigallee unbenannt, in der sich Arnholds Wohnhaus befand, ist heute, ein feiner historischer Zufall, mit der Gemäldegalerie der Staatlichen Museen zu Berlin überbaut.

4 *Deutsche Bauzeitung* 22 (1888), Nr. 39 vom 16. Mai 1888, S. 234.

5 Waldmann 1922, S. 1 f.

6 Tschudi 1909, S. 4.

7 *Berlin und die Berliner. Leute. Dinge. Sitten. Winke*, Karlsruhe 1905, S. 194.

8 Schreiben Arnholds an die Berliner Baupolizei, 30. April 1912, in: Landesarchiv Berlin, B Rep. 202 Nr. 3624, Bl. 204.

9 Vgl. die Bauakten im Landesarchiv Berlin, B Rep. 202 Nr. 3622–3624.

10 Zit. nach Arnhold 1928, S. 9.

11 Vgl. hierzu Michael Dorrmann, «Eduard Arnhold. Der Gründer der Villa Massimo», in: *100 Jahre Deutsche Akademie Rom. 1910–2010*, Rom 2010, S. 62–71. Das Zitat stammt von dem preußischen Kultusbeamten Friedrich Schmidt-Ott.

12 Alfred Lichtwark, *Briefe an die Kommission für die Verwaltung der Kunsthalle*, Bd. XI, Hamburg 1904, S. 133. Brief vom 21. August 1903.

13 Nach Tschudi 1909, S. 4, handelte es sich bei der Sammlung Arnhold um «augenblicklich wohl die künstlerisch wertvollste Privatsammlung moderner Kunst, die Deutschland besitzt.»

14 Alfred Lichtwark, *Briefe an die Kommission für die Verwaltung der Kunsthalle*, Bd. XVIII, Hamburg 1918, S. 78. Brief vom 16. April 1910.

15 Vgl. Rolf Andree, *Arnold Böcklin. Die Gemälde*, Basel und München 1977, Nr. 370; Dorrmann 2002, Anhang A, Nr. A 1.

16 Vgl. Birgit Schumacher, *Philips Wouwerman (1619–1668). The Horse Painter of the Golden Age*, Doornspijk 2006, Nr. A 307; Dorrmann 2002, Anhang B, Nr. B 202.

17 Claude Monet, *La Plage de Pourville*, 1882, Öl auf Leinwand, 65 × 100 cm, Privatsammlung; vgl. Daniel Wildenstein, *Monet. Catalogue raisonné. Werkverzeichnis*, Bd. 2, Köln 1996, Nr. 776; Dorrmann 2002, Anhang A, Nr. A 45.

18 Gerhard ter Borch, *Bildnis des Bürgermeisters*, um 1660, Öl auf Leinwand, 68 × 51 cm, Verbleib unbekannt; vgl. Sturla J. Gudlaugsson, *Gerhard ter Borch*, Den Haag 1959/60, Nr. 157; Dorrmann 2002, Anhang B, Nr. B 174.

19 Jan van Goyen, *Fährboot mit drei Kühen und neun Passagieren*, um 1651, Öl auf Holz, 36 × 34 cm, Verbleib unbekannt; vgl. Hans-Ulrich Beck, *Jan van Goyen 1596–1656. Ein Œuvreverzeichnis.* II. *Katalog der Gemälde*, Amsterdam 1973, Nr. 206; Dorrmann 2002, Anhang B, Nr. B 50.

20 Vgl. hierzu zuletzt Kuhrau 2005, bes. S. 142–148.

21 Zu von Tschudis Wirken für die Berliner Nationalgalerie und seinen Ankäufen vgl. Paul 1993, bes. S. 82–87.

22 Edouard Manet, *Dans la Serre*, 1879, Öl auf Leinwand, 115 × 150 cm, Nationalgalerie, Staatliche Museen zu Berlin; vgl. ebd., Nr. 31.

23 Francisco de Goya, *Bildnis des Juan Antonio Llorente*, 1810/12, Öl auf Leinwand, 189,5 × 114,5 cm, Museu de Arte, São Paulo. Goya als Vorreiter der Moderne und entscheidende Anregung für Manet war ein fester Topos der damaligen Kunstgeschichtsbetrachtung; vgl. z. B. Fritz Stahl, «Francesco Goya», in: *Berliner Tageblatt*, Nr. 581 vom 14. November 1903, abgedruckt in: Echte/Feilchenfeldt 2011^{2}, S. 373–376. Der Artikel von Fritz Stahl war eine Besprechung der Goya-Ausstellung des Kunstsalons Cassirer, auf der Arnhold sein Goya-Gemälde erwarb.

24 Gustave Courbet, *Baigneuse*, 1862, Öl auf Leinwand, 57 × 74 cm, Verbleib unbekannt; vgl. Robert Fernier, *La Vie et l'œuvre de Gustave Courbet. Catalogue raisonné*, Lausanne 1977, Nr. 327; Dorrmann 2002, Anhang A, Nr. A 9.

25 Vgl. Denis Rouart und Daniel Wildenstein, *Edouard Manet. Catalogue raisonné*, Bd. I, Lausanne und Paris 1975, Nr. 227; Dorrmann 2002, Anhang A, Nr. A 36.

26 Vgl. Matthias Eberle, *Max Liebermann 1847–1935. Werkverzeichnis der Gemälde und Ölstudien*, München 1995/96, Nr. 1889/6; Dorrmann 2002, Anhang A, Nr. A 24.

27 Max Liebermann, *Altmännerhaus in Amsterdam*, 1881, Öl auf Holz, 55,3 × 72,2 cm, Museum Georg Schäfer; vgl. Eberle 1995/96 (wie Anm. 26), Nr. 1881/1; Dorrmann 2002, Anhang A, Nr. A 25.

28 Max Liebermann, *Pferdeknechte am Strand*, 1902, Öl auf Leinwand, 66 × 85 cm, Verbleib unbekannt; *Die große Bleiche – Die Rasenbleiche*, 1883, Öl auf Leinwand, 109 × 173 cm, Wallraf-Richartz-Museum und Fondation Corbaud, Köln; *Papageienallee*, 1902, Öl auf Leinwand, 88,1 × 72,5 cm, Kunsthalle Bremen; vgl. Eberle 1995/96 (wie Anm. 26), Nr. 1902/4, Nr. 1883/1 und Nr. 1902/27; Dorrmann 2002, Anhang A, Nr. A 31, A 27 und A 26.

29 Vgl. dazu auch die bei Arnhold 1928 abgedruckte Korrespondenz.

30 Vgl. Paret 1981; das Zitat bei Dr. Volker, «Die Berliner Kunstausstellungen», in: *Hochland. Monatsschrift für alle Gebiete des Wissens, der Literatur und Kunst* 1, 2. Heft, 1903, S. 252 ff., hier S. 253.

31 Edouard Manet, *Portrait Gilbert-Marcellin Desboutin*, 1875, Öl auf Leinwand, 192 × 128 cm, Museu de Arte, São Paulo, und *Jeune femme couchée en costume espagnol*, 1862, Öl auf Leinwand, 93 × 113 cm, Yale University Art Gallery; vgl. Rouart/Wildenstein 1975 (wie Anm. 25), Nr. 244 und 59; Dorrmann 2002, Anhang A, Nr. A 37 und A 33.

32 Claude Monet, *Camille Monet assise sur un banc de jardin*, 1873, Öl auf Leinwand, 60 × 80 cm, Metropolitan Museum of Art, New York, und *La Grenouillière*, 1869, 70 × 125 cm, Verbleib unbekannt; vgl. Wildenstein (wie Anm. 17), Nr. 281 und 136; Dorrmann 2002, Anhang A, Nr. A 46 und A 48.

33 Camille Pissarro, *Vue de Marly-le-Roi*, 1870, Öl auf Leinwand, 47 × 71 cm, Privatsammlung; vgl. Joachim Pissarro, *Catalogue critique des peintures*. Bd. II, Paris 2005, Nr. 170; Dorrmann 2002, Anhang A, Nr. A 49.

34 Alfred Sisley, *Le Pont d'Argenteuil*, 1872, Öl auf Leinwand, 38 × 61 cm, Privatsammlung; vgl. François Daulte, *Alfred Sisley. Catalogue raisonné de l'œuvre peint*, Lausanne 1959, Nr. 30; Dorrmann 2002, Anhang A, Nr. A 52.

35 Zur «Rinnsteinkunst» sowie zum kaiserlichen Kunstgeschmack und seinem Einfluss auf das Berliner Kunstleben generell vgl. ausführlich Röhl 2001, S. 1011–1026.

36 Fritz von Uhde, *Abendmahl*, 1886, Öl auf Leinwand, 206 × 324 cm, Staatsgalerie Stuttgart; vgl. Dorothee Hansen (Hg.), *Fritz von Uhde. Vom Realismus zum Impressionismus*, Ausst.-Kat. Kunsthalle Bremen; Museum der bildenden Künste, Leipzig, Ostfildern 1998, Nr. 22.

37 Vgl. Echte/Feilchenfeldt 2011^{2}, S. 539–543.

38 Vgl. Arnhold 1928, S. 259 ff.

39 In einem Brief an Ludwig Manzel aus dem Jahre 1919; zit. nach Dorrmann 2002, S. 141.

40 Vgl. Anm. 33.

41 Vgl. Echte/Feilchenfeldt 2011^{1}, S. 258.

42 Vgl. Echte/Feilchenfeldt 2011^{2}.

43 Jozef Israëls, *Am Meer*, 1896, Öl auf Leinwand, 100 × 130 cm, Privatbesitz; vgl. Dieuwertje Dekkers, *Jozef Israëls. 1824–1922*, Zwolle u. a. 1999, Nr. 55; vgl. Dorrmann 2002, Anhang A, Nr. A 18.

44 Edouard Manet, *Un coin du jardin de Bellevue*, 1880, 92 × 70 cm, Stiftung Sammlung E. G. Bührle, Zürich; vgl. Rouart/Wildenstein 1975 (wie Anm. 25), Nr. 347; Dorrmann 2002, Anhang A, Nr. A 34.

45 Vgl. Anm. 32.

46 Wilhelm Trübner, *Kloster Seeon (Gemüsegarten)*, 1892, Öl auf Leinwand, 49 × 63 cm, Kurpfälzisches Museum der Stadt Heidelberg; vgl. Klaus Rohrandt, *Wilhelm Trübner 1851–1917. Kritischer und beschreibender Katalog sämtlicher Gemälde, Zeichnungen und Druckgraphik*, Kiel 1972, Nr. G 606; vgl. Dorrmann 2002, Anhang A, Nr. A 55.

47 Friedländer 1921, hier S. 66.

48 Eberhard von Bodenhausen-Degener, Tagebucheintrag vom 2. Februar 1901, zit. nach: Thomas Föhl, «Henry van de Velde und Eberhard von Bodenhausen. Wirtschaftliche Grundlagen der gemeinsamen Arbeit», in: Klaus-Jürgen Sembach und Birgit Schulte (Hg.), *Henry van de Velde. Ein europäischer Künstler seiner Zeit*, Köln 1992, S. 169–203, hier S. 182, Anm. 59.

49 Nach Arnholds ursprünglichen Überlegungen, die allerdings durch den verlorenen Weltkrieg und die anschließende Inflation zunichte gemacht wurden, sollte der Großteil der Sammlung als Schenkung an die Berliner Nationalgalerie gehen; vgl. Dorrmann 2002, S. 149 f.

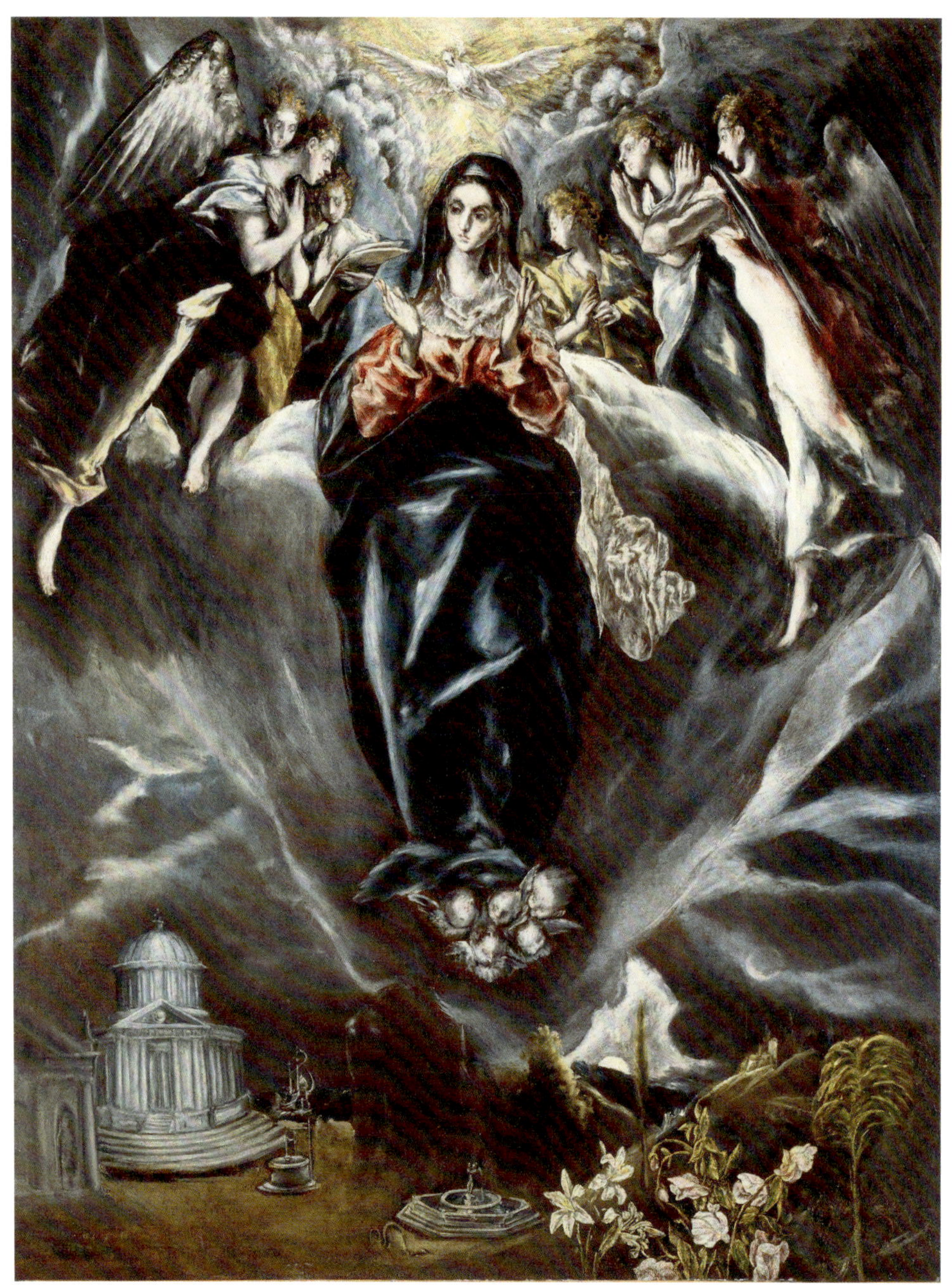

Abb. 1
Domínikos Theotokópoulos, genannt El Greco
Unbefleckte Empfängnis, um 1608–14
Öl auf Leinwand, 108 × 82 cm
Museo Thyssen-Bornemisza, Madrid

ISTVÁN NÉMETH

Marczell von Nemes, legendärer Repräsentant eines neuen Sammlertypus

Im Jahre 1924 ist es dem Schweizer Kunstsammler Oskar Reinhart gelungen, durch Vermittlung der Kunsthandlung Julius Böhler für seine Sammlung das *Bildnis des Kardinals Niño de Guevara* (heute *Bildnis eines Kardinals*) von El Greco zu erwerben. [Abb. 2] Eigentümer des Bildes war Marczell von Nemes (1866–1930), ein in München lebender ungarischer Kunstsammler und -händler.[1] Nemes genoss bereits zu seinen Lebzeiten großes Ansehen als Wiederentdecker und bedeutender Sammler des spanischen Malers.[2] Was aber ist bekannt über diesen legendären Kunstfreund, der zweifellos zu den berühmtesten ungarischen bürgerlichen Sammlern vor 1945 gehörte? Auf jeden Fall birgt sein abenteuerlicher Lebensweg genügend Stoff für einen Hollywood-Film. Was uns aber an dieser Stelle interessieren soll, ist, dass Kunstgeschmack und Sammlertätigkeit von Marczell von Nemes in vielerlei Hinsicht verwandte Züge zu den ästhetischen Ansichten und Aktivitäten Oskar Reinharts erkennen lassen.

Marczell von Nemes, eigentlich Mózes Klein, wurde am 12. Juli 1866 im südungarischen Jánoshalma, damals Jankovácz, als Sohn einer kinderreichen jüdischen Familie geboren. Die ärmlichen Verhältnisse der Familie zwangen den noch Halbwüchsigen, in die Hauptstadt aufzubrechen und für sich selbst zu sorgen.[3] Wie Hubert Wilm in den biografischen *Erinnerungen* dieser Jahre schreibt, verdiente Nemes sein Brot in Budapest zunächst als Kaffehaussänger, als Auftragsschreiber von Liebesbriefen für Dienstmädchen und als Schnellzeichner; später arbeitete er im Kohlehandel und konnte sich schließlich als Börsenmakler etablieren.[4]

Wir wissen nicht genau, wann und warum der Unternehmer, der als echter Selfmademan galt, begann, sich ernsthaft für Kunst zu interessieren. Am Anfang sah er darin womöglich ausschließlich gute Geschäftsmöglichkeiten. Jedoch wurde das Kunstsammeln bald zu einer wahren Leidenschaft von Nemes. Obwohl er bis zu seinem Lebensende mit Kunstwerken handelte – was im Endeffekt zu seiner wichtigsten Einkommensquelle wurde –, beschränkten sich seine Ambitionen nicht allein darauf, ein erfolgreicher Geschäftsmann zu werden. Nicht nur für ihn, auch für viele andere Juden in Ungarn um 1900 war Kunstsammeln und Kunstmäzenatentum ein geeignetes Mittel für eine soziale Emanzipation und Statuskompensation.[5]

Marczell von Nemes begann um 1905 seine Sammlertätigkeit mit holländischen und flämischen Gemälden des 17. Jahrhunderts; doch richtete er sein Interesse bald auch auf die Moderne. Obwohl er auf dem Gebiet der Kunst ein völliger Autodidakt war, verfügte er über ein außerordentliches Gespür und schien ein angeborenes Talent dafür zu haben. Der sogenannte Künstlertisch des berühmten Budapester Cafés Japan, wo jeden Nachmittag eine geschlossene Gesellschaft von Malern, Kritikern und Schriftstellern zusammenkam, war seine eigentliche «Akademie».[6] Von 1906 an baute er auch enge Kontakte mit verschiedenen Kunsthistorikern des Museums der Bildenden Künste in Budapest auf. Gabriel von Térey, Leiter der Gemäldegalerie der Alten Meister, wie auch Zoltán von Takács publizierten in ungarischen und internationalen Zeitschriften zahlreiche Berichte über die immer größer werdende Kunstsammlung von Nemes; und Alexius Petrovics, der von 1914 an Direktor des Budapester Museums war, blieb bis zu seinem Tod ein wichtiger Freund.

Dank dieser Kontakte und Schenkungen von Nemes an das Museum wurde bereits im Februar 1909 eine kleine Kabinettausstellung mit 19 Gemälden Alter Meister aus seiner Privatsammlung im Museum der Bildenden Künste eröffnet. Darunter befanden sich solch bedeutende Werke wie etwa *Hiob* von Jacob Jordaens (heute im Detroit Institute of Art, Detroit) oder das aus der Madrider Sammlung des Prinzen Ossuna stammende Gemälde von Francisco de Goya, *Der Trinker* (heute North Carolina Museum of Art, Raleigh). Doch kam der ganze Reichtum der Sammlung Marczell von Nemes', die er bereits zu dieser Zeit zusammengetragen hatte, erst einige Monate später ans Licht.

Im Frühjahr 1910 stellte der Sammler dutzende Bilder moderner ungarischer wie internationaler Meister der im Budapester Künstlerhaus veranstalteten Ausstellung «Internationaler Impressionismus» zur Verfügung.[7] Neben sehr malerischen Ölskizzen berühmter ungarischer Künstler wie Mihály Munkácsy oder Pál Szinyei Merse wurden hier nicht nur viele ausgezeichnete Gemälde französischer Impressionisten präsentiert, sondern auch einige ganz aktuelle Werke etwa eines Kees van Dongen oder Pablo Picasso. Am Ende desselben Jahres wurde eine noch reichere Auswahl aus der Privatsammlung von Nemes im Museum der Bildenden Künste ausgestellt. Obwohl nun neben hervorragenden Gemälden von alten italienischen und niederländischen Meistern auch Werke von Jean-Baptiste Camille Corot, Gustave Courbet, Paul Cézanne, Edgar Degas, Pierre-Auguste Renoir, Edouard Manet und Claude Monet zu sehen waren, sorgten für die eigentliche Sensation dieser Schau zweifellos die Bilder des griechisch-spanischen Malers Domínikos Theotokópoulos, genannt El Greco. Ihre Präsentation spielte eine nicht zu unterschätzende Rolle für das sogenannte «Greco-Fieber», von dem in dieser Zeit außer Deutschland auch Ungarn erfasst wurde.[8]

Diese Budapester Ausstellung machte Marczell von Nemes und seine Sammlung international bekannt.[9] Wir wissen, dass Ende des Jahres 1910 neben zahlreichen anderen internationalen Fachleuten auch Julius Meier-Graefe ausschließlich zu dem Zweck nach Budapest kam, um die ausgestellten Werke des ungarischen Sammlers zu besichtigen.[10] Auf ihrer Reise durch Südosteuropa machten Le Corbusier und August Klipstein in der ungarischen Hauptstadt nur Station, um dort von Nemes' berühmte El Geco-Sammlung zu sehen. Nicht zuletzt erweckte sie auch das Interesse des Münchner Museumsdirektors Hugo von Tschudi, der von Juni 1911 bis Januar 1912 eine Auswahl von 36 Werken Alter Meister sowie Vertreter der Moderne im Spanischen Saal der Alten Pinakothek präsentierte.[11] [Abb. 3] Für viele Besucher war diese Ausstellung eine wirkliche Offenbarung.[12] In seinem viel zitierten Vorwort zum Ausstellungskatalog der Sammlung Marczell von Nemes würdigte Tschudi den ungarischen Sammler und seine Gemälde mit folgenden Worten: «Sie ist in ihrem wesentlichen Teil eine programmatische Sammlung. Oder richtiger, die Sammlung eines Freundes des Impressionismus, eines, der den Impressionismus nicht als Programm, sondern als Erlebnis an sich erfahren hat. Auf dieser Linie liegen die Tintorettos, die Grecos, die Goyas und die französischen Impressionisten.»[13]

El Greco wurde also um 1910 durch Tschudi, Nemes und viele andere ihrer Zeitgenossen als einer der wichtigsten Vorläufer der künstlerischen Ambitionen der Moderne betrachtet. Alfred Lichtwark, Direktor der Hamburger Kunsthalle, besichtigte die Münchner Ausstellung mehrmals. In seinen Briefen erwähnte er unter anderen, dass es äußerst lehrreich sei, die Gemälde El Grecos neben den Werken von Corot, Cézanne und Manet zu sehen.[14] Die Nemes-Ausstellung in München wurde von vielen Künstlern, unter anderem von Paul Klee und Franz Marc besucht. Der tschechische Avantgardemaler Emil Filla war so sehr von den dort gesehenen El Grecos beeindruckt, dass er einen Artikel über den spanischen Künstler publizierte.[15]

Wie hinsichtlich des Geschmacks und der Sammeltätigkeit von Nemes viele bemerkten, waren Qualität, Originalität und das Malerische die alles bestimmenden Kriterien des ungarischen Sammlers. Er folgte nie kunsthistorischen Erwägungen, sondern immer seinem eigenen Instinkt. Die akademisch klassischen oder idealisierenden Kunstwerke interessierten ihn nicht. Er entdeckte halbvergessene Alte Meister wie El Geco oder Alessandro Magnasco und noch ganz unbekannte ungarische Talente wie zum Beispiel den jungen Béla Uitz. Von Leidenschaft getrieben kaufte er immer weitere Kunstwerke: alte Gemälde unter anderen bei Franz Kleinberger oder Charles Sedelmeyer und moderne Künstler bei Ambroise Vollard oder Daniel-Henry Kahnweiler.[16] Seine Ankaufsaktivitäten beschränkte er aber durchaus nicht auf Paris. Er reiste häufig auch nach Wien, München, London und Venedig, um wertvolle Bilder oder Skulpturen zu erwerben. Allein in der Kunsthandlung Julius Böhler in München kaufte er von 1910 an hunderte Kunstwerke im Wert von insgesamt zwei Millionen Mark.[17]

Wie aber gelang es diesem ungarischen *marchand-amateur*, so ungeheuer viel Geld für seine Kunsteinkäufe aufzubringen? Marczell von Nemes war im Vergleich zu den amerikanischen Millionären, die den europäischen Kunst-

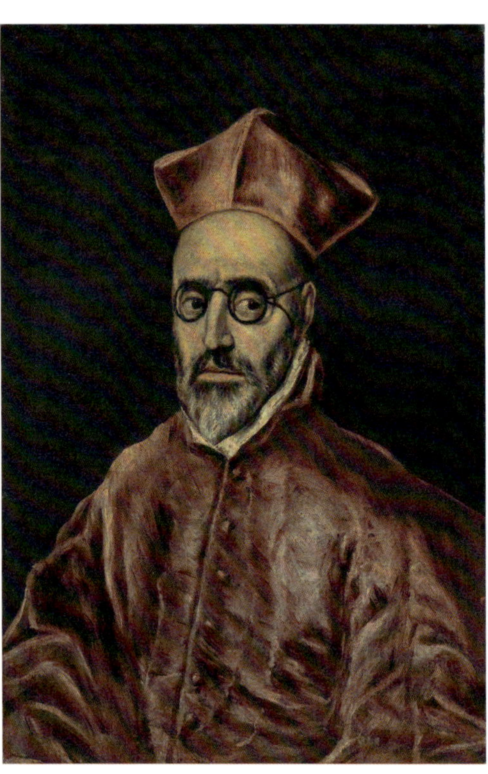

Abb. 2
Domínikos Theotokópoulos, genannt El Greco
Bildnis eines Kardinals, um 1600–14
Öl auf Leinwand, 74,5 × 51 cm
Sammlung Oskar Reinhart «Am Römerholz», Winterthur

markt zunehmend beherrschten, durchaus nicht derart kapitalkräftig, um sich Kunstankäufe diesen Ausmaßes erlauben zu können. Tatsächlich kaufte er größtenteils mit Darlehen, die er bei Geschäftspartnern wie etwa Lipót Mór Herzog aufnahm, oder mit Krediten von ungarischen und internationalen Banken. Solche Transaktionen waren nicht selten mit hohem Risiko behaftet, weshalb finanzielle Schwierigkeiten mitunter nicht ausblieben. Bereits 1912, als nach München auch in Düsseldorf eine großartige Präsentation mit Werken seiner Privatsammlung veranstaltet wurde,[18] führte er in Ungarn wie im Ausland Verhandlungen über die eventuelle Veräußerung seiner Kollektion.

Nachdem seine Verkaufsgespräche in Budapest und Düsseldorf erfolglos blieben, ließ von Nemes schließlich den größten Teil seiner Sammlung 1913 in Paris auf einer Auktion versteigern. Es handelte sich insgesamt um 83 Werke Alter Meister sowie 38 Gemälde der Moderne – die Glanzstücke seiner Bildersammlung.[19] Allein das Namensverzeichnis der Künstler der in Paris versteigerten Werke macht die Bedeutung dieser Kollektion anschaulich: Aus der italienischen Schule zum Beispiel Bassano, Bellini, Botticelli, Tintoretto und Tiepolo; von den alten deutschen und niederländischen Meistern unter anderen Barthel Bruyn, Hans Baldung Grien und Gerard David; außerdem allein zwölf Bilder von El Greco, ausgezeichnete Werke von Francisco de Goya, Rembrandt oder Rubens sowie eine ganze Reihe impressionistischer und postimpressionistischer Gemälde. Neben Bildern von Vincent van Gogh kamen hier Meisterwerke wie *La Parisienne* (1874) oder *La Rue Mosnier aux drapeaux* (1878) von Edouard Manet, *Trois jeune Anglaises à la fenêtre* (1865) und *Femme nue couchée* (1862) von Gustave Courbet oder das weltberühmte Gemälde *Le Garçon au gilet rouge* (1888/90) von Paul Cézanne zur Versteigerung. Letzteres wurde auf der Pariser Versteigerung von Georg Reber erworben und gelangte später in den Besitz von Emil G. Bührle.[20] Obwohl diese Auktion von 1913 zweifellos einen wichtigen Einschnitt im Leben des ungarischen Sammlers darstellt, soll sich Nemes finanziell schnell erholt und so seine Sammel- und Handelstätigkeit auch während des Ersten Weltkrieges fortgesetzt haben.

Nicht nur als bedeutender Sammler, auch als ein großzügiger Mäzen machte sich Marczell von Nemes einen Namen.[21] Von 1906 an spendete er eine ganze Reihe wertvoller Kunstwerke an das Museum der Bildenden Künste sowie an das Kunstgewerbemuseum in Budapest. Dank dieser Donationen erhielt Marczell von Nemes 1908 den Titel des königlichen Rates und wurde im Jahr 1910 von Kaiser Franz Joseph in den Adelsstand erhoben. In nur wenigen Jahren bereicherte er die Sammlung des Museums der Bildenden Künste in Budapest mit Meisterwerken wie zum Beispiel der *Beweinung Christi* von Maarten van Heemskerck, mit mehreren ausgezeichneten Stillleben des in England tätigen ungarischen Künstlers Jakab Bogdány oder mit einem Werk des holländischen Malers Karel Dujardin, das sichtlich italienische Züge aufweist. Im Jahre 1911 bedachte

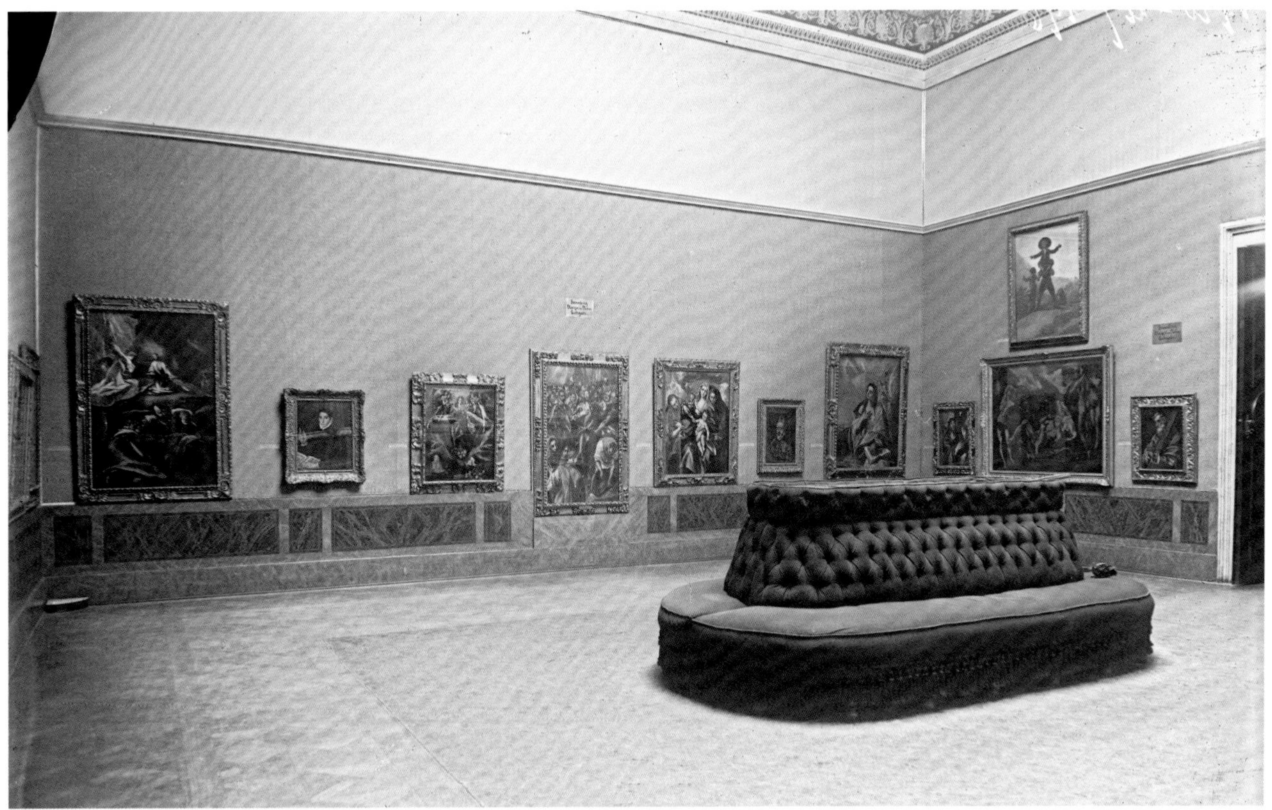

Abb. 3
Der Spaniersaal in der Alten Pinakothek, München, Ausstellung der Sammlung Marczell von Nemes
Anonyme Aufnahme, 1911
Bayerische Staatsgemäldesammlungen, München

er die Münchner Pinakothek mit zwei Gemälden von Gustave Courbet, und im darauffolgenden Jahr vermachte er ein großes Bild von Antonio Peredas dem Museo del Prado. Für diese Schenkungen wurde der ungarische Sammler in Deutschland mit dem Bayerischen Michaelsorden und vom spanischen König mit dem Orden Isabellas der Katholischen ausgezeichnet.

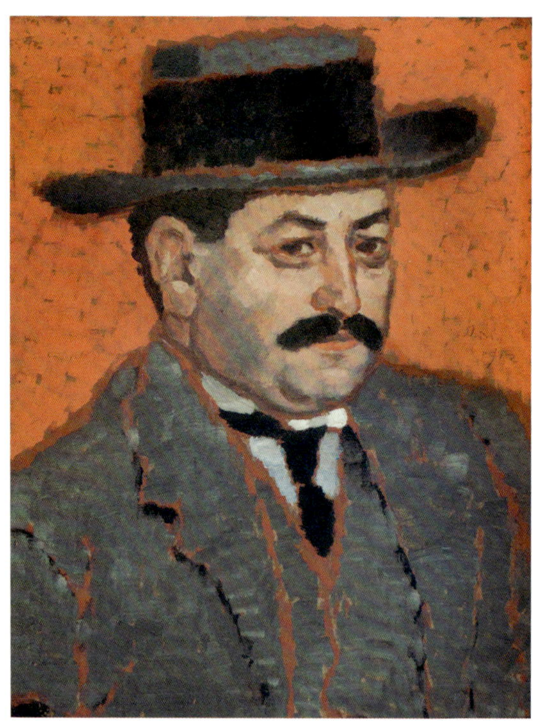

Abb. 4
József Rippl-Rónai
Marczell von Nemes, 1912
Öl auf Karton, 63,5 × 44 cm
Rippl-Rónai Múzeum, Kaposvár

Marczell von Nemes unterstützte aber nicht nur die ungarischen und internationalen Museen mit wertvollen Spenden, er war auch ein äußerst wichtiger Mäzen zeitgenössischer Künstler. Er kaufte Hunderte von Werken ungarischer Meister. Allein von seinem Lieblingsmaler József Rippl-Rónai hatte er mehr als 50 Gemälde, Pastelle und Zeichnungen in seinem Besitz. [Abb. 4] Nemes war fast der einzige Sammler in Ungarn, der um 1910 auch Werke der aus Paris zurückgekehrten ungarischen «Wilden» Géza Bornemisza oder Vilmos Perlrott-Csaba erwarb, und mit einer großzügigen Schenkung von 80 modernen Gemälden gründete er im Jahre 1911 die Städtische Galerie im südungarischen Kecskemét.[22]

Das Ende des Ersten Weltkriegs bedeutete auch im Leben von Marczell von Nemes einen wichtigen Wendepunkt. 1918 kaufte er in München ein großes Haus, das sogenannte Palais Leopold (Leopoldstraße 10), und siedelte mit Beginn der zwanziger Jahre ganz nach Deutschland über. Nur drei Jahre später erwarb Nemes für 800 000 Reichsmark das leer stehende Schloss Tutzing am Starnberger See, in dessen Renovierung er zusätzlich noch 1,3 Millionen Reichsmark investierte.[23] Im Jahr 1924 schließlich konnte er einen unvollendet gebliebenen Palazzo aus der zweiten Hälfte des 18. Jahrhunderts in Venedig sein Eigen nennen, den Palazzo Venier dei Leoni am Ufer des Canal Grande, in dem sich heute die Peggy Guggenheim Collection befindet.[24] In diesen Jahren veränderte sich die Gewichtung innerhalb seiner Sammlung deutlich: Hatte er in Budapest meistens Gemälde alter und moderner Kunst gekauft, so bildeten in München alte Skulpturen und Kunstgewerbe einen deutlichen Schwerpunkt. Seine Textiliensammlung mit Hunderten kostbarer alter Chormäntel, Kaseln, Samtbrokate und Wandteppiche war in der Tat einzigartig.

Obwohl sich der Autodidakt Nemes mit der Zeit mehr und mehr Sachkenntnisse auf dem Gebiet der Kunst aneignete, setzte er sich bis zum Ende seines Lebens stets mit den berühmtesten internationalen Experten in Verbindung, um für Gemälde seiner Sammlung, deren Zuschreibung problematisch war, Gutachten einzuholen. Er korrespondierte unter anderen mit Wilhelm von Bode, Max J. Friedländer, Georg Gronau, August L. Mayer und Cornelis Hofstede de Groot. Bekannt ist auch sein Briefwechsel aus den zwanziger Jahren mit Bernard Berenson.[25]

Womöglich waren es erneut finanzielle Gründe, die Marczell von Nemes schon 1927 veranlassten, in aller Diskretion durch mehrere Vermittler Gespräche über den Verkauf seiner Sammlung an einen amerikanischen Partner zu führen.[26] Die anderthalbjährige Verhandlung mit Kansas City blieb jedoch erfolglos, sodass der ungarische Sammler im Jahre 1928 viele wertvolle Kunstschätze seiner Kollektion in Amsterdam bei Mensing versteigern ließ.[27] Neben Miniaturen, italienischen Kleinbronzen, Emaillen aus Limoges und flämischen Wandteppichen wurden dieses Mal auch Meisterwerke der europäischen Malerei versteigert, darunter etwa *Schmerzensmann* von Giovanni Santi, *Urteil des Paris* von Lukas Cranach dem Älteren oder El Grecos *Unbefleckte Empfängnis*. [Abb. 1]

Trotz aller finanziellen Schwierigkeiten gab Nemes auch nach 1928 bis zu seinem Tod im Jahre 1930 viel Geld für den Ankauf weiterer Kunstwerke aus. Er erwarb mehrere Gemälde alter italienischer Meister auf den Versteigerungen der Sammlung Spiridon in Amsterdam und Berlin und konnte Rembrandts berühmte *Minerva* von 1635 bei dem New Yorker Kunsthändler Joseph Duveen für sich sichern. Allein zehn aktuelle Werke Oskar Kokoschkas fanden in dieser Zeit Eingang in seine Sammlung.[28] Auch porträtierte der österreichische Künstler um 1928/29 den Sammler; das Bildnis ist heute im Besitz des Lentos Kunstmuseum Linz.[29] [Abb. 5]

Gesundheitlich stark beeinträchtigt starb Marczell von Nemes dennoch unerwartet nach einer Operation in Budapest am 28. Oktober 1930. Es war mit einigem Recht zu erwarten, dass das ganze Vermögen des Sammlers – alle wertvollen Kunstschätze inbegriffen – dem ungarischen Staat zufallen würde. Nach Auffindung seines Testaments in München kam es allerdings zu einer überraschenden, um nicht zu sagen fatalen Entdeckung. Es stellte sich nämlich heraus, dass Nemes ausländischen Banken und Privatpersonen mehr als 5 Millionen Reichsmark schuldete. Seine primären Kreditoren waren die Darmstädter sowie die Dresdner Bank. Und es war fraglich, ob die gigantische Sammlung, sämtliche beweglichen Güter und Immobilien des Sammlers, seine Schulden überhaupt zu decken vermochten.[30] Die öffentliche Versteigerung seines Nachlasses war unvermeidlich und der entgültige Zerfall der einst berühmten Kollektion damit besiegelt. Gemälde, Skulpturen und kunstgewerbliche Gegenstände gelangten also in unterschiedliche europäische oder amerikanische Museen oder wurden von berühmten Privatsammlern erworben. Wir wissen zum Beispiel, dass der Dresdner Arzt und Kunstsammler Dr. Paul Geipel im Besitz einer ganzen Reihe von Skulpturen der ehemaligen Nemes-Sammlung war; heute befinden sich diese im Museum der bildenden Künste in Leipzig.[31] Ebenso erwarb bei einer Auktion in München 1931 der Schweizer Textilindustrielle Werner Abegg durch Vermittlung von Adolfo Loewi wertvolle Textilien für seine Sammlung.[32]

Aufgrund der Auswirkungen der Weltwirtschaftskrise brachten die von den Kunsthandlungen Paul Cassirer, Mensing & Sohn (Frederik Muller) und Hugo Helbing in München organisierten Versteigerungen in den Jahren 1931 und 1933 allerdings nicht das erwartete Ergebnis.[33] Viele Kunstwerke fanden keinen Käufer und wurden als Pfandbesitz der Dresdner Bank aufbewahrt. Von hier gelangten in den Jahren 1935 und 1936 beinahe 80 Werke (neben Gemälden auch eine Vielzahl an Skulpturen und alten Kaseln) in den Besitz verschiedener Berliner Museen.[34] Aus der legendären Sammlung blieben damit in Ungarn verhältnismäßig wenige Kunstwerke zurück, davon überwiegend solche, die Marczell von Nemes noch zu seinen Lebzeiten dem Museum der Bildenden Künste in Budapest oder einer anderen öffentlichen Kunstsammlung geschenkt hatte. Ein Vermächtnis, das dem Sammler ein besonderes Andenken schenkte, war seine zu Beginn der 1920er-Jahre gegründete Stiftung, die es einer ganzen Reihe von ungarischen Künstlern ermöglichte, noch bis Ende der vierziger Jahre Studienreisen ins Ausland zu unternehmen.

Obwohl Lebensweg und Persönlichkeit eines Marczell von Nemes und eines Oskar Reinhart sich in vielerlei Hinsicht voneinander unterschieden, weisen ihre Anschauung und Haltung gegenüber der Kunst doch auch wieder recht ähnliche Züge auf. Wenn wir die Sammlungen ganz konkret miteinander vergleichen, lassen sich überraschende Parallelen aufzeigen. Sowohl für Marczell von Nemes als auch für Oskar Reinhart stellten die Werke der französischen Impressionisten und ihrer Vorläufer einen wesentlichen Orientierungspunkt dar.[35] Sie suchten in den Werken alter wie moderner Meister gleichermaßen das «Ästhetisch-Malerische». Gustave Courbet, Edouard Manet, Vincent van Gogh oder der Postimpressionist Paul Cézanne waren in beiden Sammlungen mit ausgezeichneten Werken vertreten. Dennoch ging das Interesse an der modernen zeitgenössischen Kunstentwicklung nicht weiter als bis zu den frühen Gemälden eines Pablo Picasso. Bemerkenswert ist zudem, dass sowohl Marczell von Nemes wie Oskar Reinhart den Blick nicht nur auf exquisite internationale Kunst richteten, sondern gerade auch viele heimische Künstler ihrer Zeit sammelten und unterstützten. Was dem Schweizer Sammler gelang, dem ungarischen *marchand-amateur* jedoch nicht: seine über die Jahre gewachsene Sammlung zusammenzuhalten und als Vermächtnis seiner Heimat zu hinterlassen.

Marczell von Nemes war in jedem Fall eine äußerst markante Persönlichkeit und eine überaus schillernde Figur seiner Zeit. Sein individueller Geschmack und seine leidenschaftliche Begeisterung für die Werke von El Greco und die französischen Impressionisten übten einen bleibenden Einfluss auf die ungarischen und internationalen Sammler in der ersten Hälfte des 20. Jahrhunderts aus.

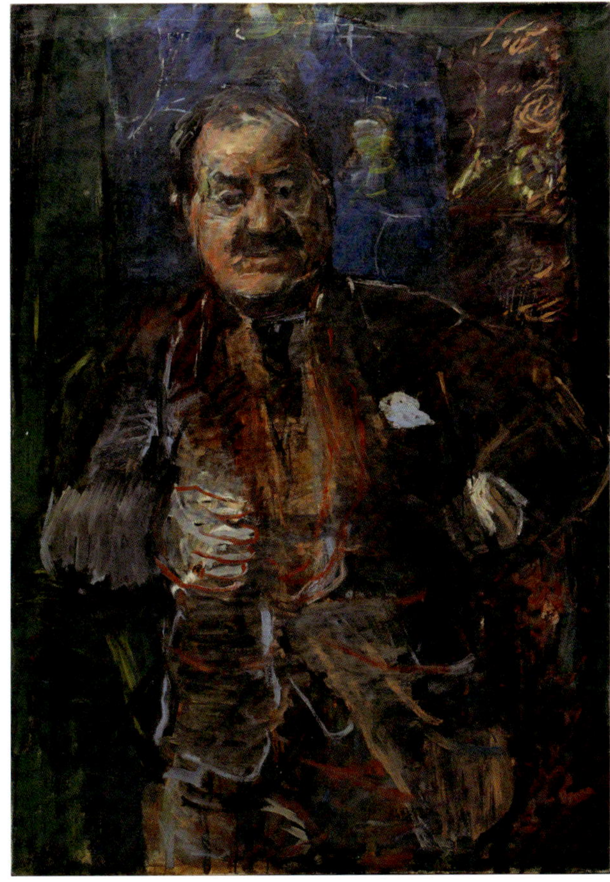

Abb. 5
Oskar Kokoschka
Bildnis Marcel von Nemes, 1929
Öl auf Leinwand, 135 × 96 cm
LENTOS Kunstmuseum Linz

1 Zu dem Erwerb des Bildes El Grecos siehe Reinhard-Felice 2003, S. 17–99, bes. S. 62 ff.

2 István Barkóczi, «Gemälde von El Greco in Ungarn zu Beginn des 20. Jahrhunderts», in: *Hommage à El Greco*, Ausst.-Kat. Szépművészeti Múzeum, Budapest 1991, S. 69–84; István Németh, «Der Greco-Sammler Marczell von Nemes und die deutschen Museen», in: Ausst.-Kat. Hamburg, Dresden und Budapest 2005, S. 212–215.

3 Zum Leben von Marczell von Nemes siehe Simon Meller, «Marczell von Nemes», in: *Zeitschrift für Bildende Kunst*, 1931/32, Nr. 65, S. 25–30; István Németh, «Nemes Marcell élete/The Life of Marcell Nemes», in: Ausst.-Kat. Budapest 2011, S. 32–37.

4 Hubert Wilm, *Madonnen, Engel, Sterne. Erinnerungen eines Kunstsammlers*, Wien, Bad Bocklet und Zürich 1952, S. 114.

5 Ilona Sármány Parsons, «Jüdische [sic] Kunstmäzenatentum in Budapest und die Rolle der Künstler im Aufbruch zur Moderne», in: *Tanulmányok Budapest Múltjából* XXV, Budapest 1996, S. 249–268.

6 Zum Künstlertisch des Café Japan siehe Simon Meller, «A Japán-kávéház művészasztala», in: *Budapest* II, 12 (1946), S. 440–443; Lipót Herman, *A művészasztal*, Budapest 1958; vgl. auch Lajos Németh, «Vom Café Japán bis zu den sechziger Jahren», in: Ausst.-Kat. Budapest 1991 (wie Anm. 2), S. 87–110.

7 Zu der Ausstellung des Budapester Künstlerhauses siehe *A muvészház 1909–1914. Modern kiállítások Budapesten*, Ausst.-Kat. Magyar Nemzeti Galéria, Budapest 2009, S. 61–85.

8 Vgl. Géza Feleky, «Greco Velázquez ellen», in: *Nyugat* III (1910) S. 936–939; Gabriel von Térey, «Greco in Budapest», in: *Pester Lloyd*, 11.11.1910, S. 1 f.; Lajos Hevesy, «Das Greco-Fieber», in: *Pester Lloyd*, 23.11.1910, S. 1.

9 Paul Schubring, «Die Sammlung Nemes in Budapest», in: *Zeitschrift für Bildende Kunst* 22, 1910/11, S. 28–38.

10 Vgl. Meier-Graefe 2001, S. 228–230.

11 Ausst.-Kat. München 1911; Vgl. auch Georg Biermann, «Die Sammlung des Königl. Rates Marcell von Nemes in Budapest als Leihgabe der Alten Pinakothek», in: *Der Cicerone* III, 1911, S. 426 f.

12 Vgl. István Németh, «Von El Greco zu den französischen Impressionisten. Die Ausstellung von Marczell von Nemes in Budapest, München und Düsseldorf», in: Ausst.-Kat. Düsseldorf 2012, S. 386–393.

13 Ausst.-Kat. München 1911, S. 4.

14 Vgl. Alfred Lichtwark, *Briefe an die Kommission für die Verwaltung der Kunsthalle*, Bd. XIX, Hamburg 1919, S. 99 und 114.

15 Vgl. Walter Koschmal, Marek Nekula und Joachim Rogall (Hg.), *Deutsche und Tschechen. Geschichte, Kultur, Politik*, München 2003, S. 253.

16 Zu modernen Bildern der Sammlung von Nemes siehe Péter Molnos, «A Nemes-gyűjtemény modern külföldi festményei/The Modern Foreign Paintings of the Nemes Collection», in: Ausst.-Kat. Budapest 2011, S. 117–125.

17 Vgl. Richard Winkler, «Jüdische Kunstsammler als Kunden der Kunsthandlung Julius Böhler in München 1890–1938», in: Wolfgang Stäbler (Hg.), *Kulturverluste, Provenienzforschung, Restitution. Sammlungsgut mit belasteter Herkunft in Museen, Bibliotheken und Archiven*, München und Berlin 2007, S. 89–101.

18 Vgl. G. Howe, «Die Galerie Marczell von Nemes in der Städtische Kunsthalle zu Düsseldorf», in: *Die Kunst* 25, 1911/12, S. 550–556.

19 *Catalogue des tableaux anciens des écoles des XIV, XV, XVI, XVII, XVIII et XIX siècles. Œuvres capitales de Greco, Goya, Rembrandt, F. Hals, Le Tintoret. composant la collection de M. Marczell de Nemes de Budapest*, Auktionskat. Galerie Manzi-Joyant, 17.–18. Juni 1913, Paris 1913.

20 Wie bekannt ist, wurde dieses im Februar 2008 gestohlene emblematische Meisterwerk Paul Cézannes erst in der jüngsten Vergangenheit wieder aufgefunden.

21 Vgl. István Németh, «Nemes Marcell, a mecénás/Marcell Nemes, the Art Patron», in: Ausst.-Kat. Budapest 2011, S. 77–85.

22 András Zwickl, «‹Van nekünk magyaroknak egy különös emberünk›. Nemes Marcell és a modern magyar művészet/‹We Hungarians have a special person›. Marcell Nemes and modern Hungarian art», in: Ausst.-Kat. Budapest 2011, S. 156–163.

23 Claus-Jürgen Roepke (Hg.), *Schloss und Akademie Tutzing*, München 1986, S. 49–57.

24 Anna Tüskés, «Marcello de Nemes e il Palazzo Venier dei Leoni sul Canal Grande», in: *Rivista di Studi Ungheresi* 10, 2011, S. 122–131.

25 Vgl. István Németh, «Nemes Marcell, a műgyűjtő/Marcell Nemes, the Art Collector», in: Ausst.-Kat. Budapest 2011, S. 58.

26 Vgl. Burton L. Dunbar, «The Collecting of German and Netherlandish Paintings in Kansas City», in: ders. (Hg.), *The Collections of The Nelson-Atkins Museum of Art. German and Netherlandish Paintings 1450–1600*, Kansas City, Miss. 2005, S. 8 f.

27 *Collection Marczell de Nemes*, Auktionskat. W. M. Mensing, 13./14. November 1928, Amsterdam 1928.

28 Rudolf Grossmann, «Der Sammler Marczell von Nemes», in: *Das Kunstblatt* 13, 1, 1929, S. 15–18; Zu identifizierbaren Werken von Oskar Kokoschka aus der ehemaligen Sammlung von Marczell von Nemes siehe Johann Winckler und Katharina Erling, *Oskar Kokoschka. Die Gemälde 1906–1929*, Salzburg 1995, Nr. 240, 241, 245, 248.

29 Zu dem erwähnten Bildnis von Marczell Nemes siehe *Oskar Kokoschka. Ein Vagabund in Linz. Wild, verfemt, gefeiert*, Ausst.-Kat. Lentos Kunstmuseum Linz 2008, S. 170 f.

30 Vgl. István Németh, «Vanishing Hopes. The Last Will of Marcell Nemes. The Museum of Fine Arts Acquisitions from the Nemes Estate», in: *Bulletin du Musée Hongrois des Beaux-Arts* 106–107, 2007, S. 131–148.

31 Herwig Guratzsch (Hg.), *Museum der bildenden Künste Leipzig. Katalog der Bildwerke*, Köln 1999, Kat.-Nrn. 108, 132, 630, 632, 751 und 788.

32 Evelin Wetter, *Mittelalterliche Textilien III. Stickerei bis um 1500 und figürlich gewebte Borten*, Riggisberg 2012, Kat.-Nrn. 25, 27, 33, 34, 36 und 40.

33 *Sammlung Marczell von Nemes. Gemälde, Textilien, Skulpturen, Kunstgewerbe. Versteigerung im Auftrage der Testamentsvollstrecker des Nachlasses, in München vom 16.–19. Juni 1931*, Hugo Helbing, München 1931; *Sammlung Marczell von Nemes. 2. Abteilung. Gemälde, Skulpturen, Textilien, Kunstgewerbe und Möbel*, Auktionskat. Hugo Helbing, München, 2. November 1933.

34 István Németh, «Dokumente in deutschen Archiven über Marczell von Nemes», in: *Acta Historiae Artium* 50, 2009, S. 179–191, bes. S. 187.

35 Vgl. Judit Geskó, «Collecting for the Nation and Not Only for the Nation. Impressionism in Hungary», 1907–1918», in: Ausst.-Kat. Atlanta 1999, S. 77–90.

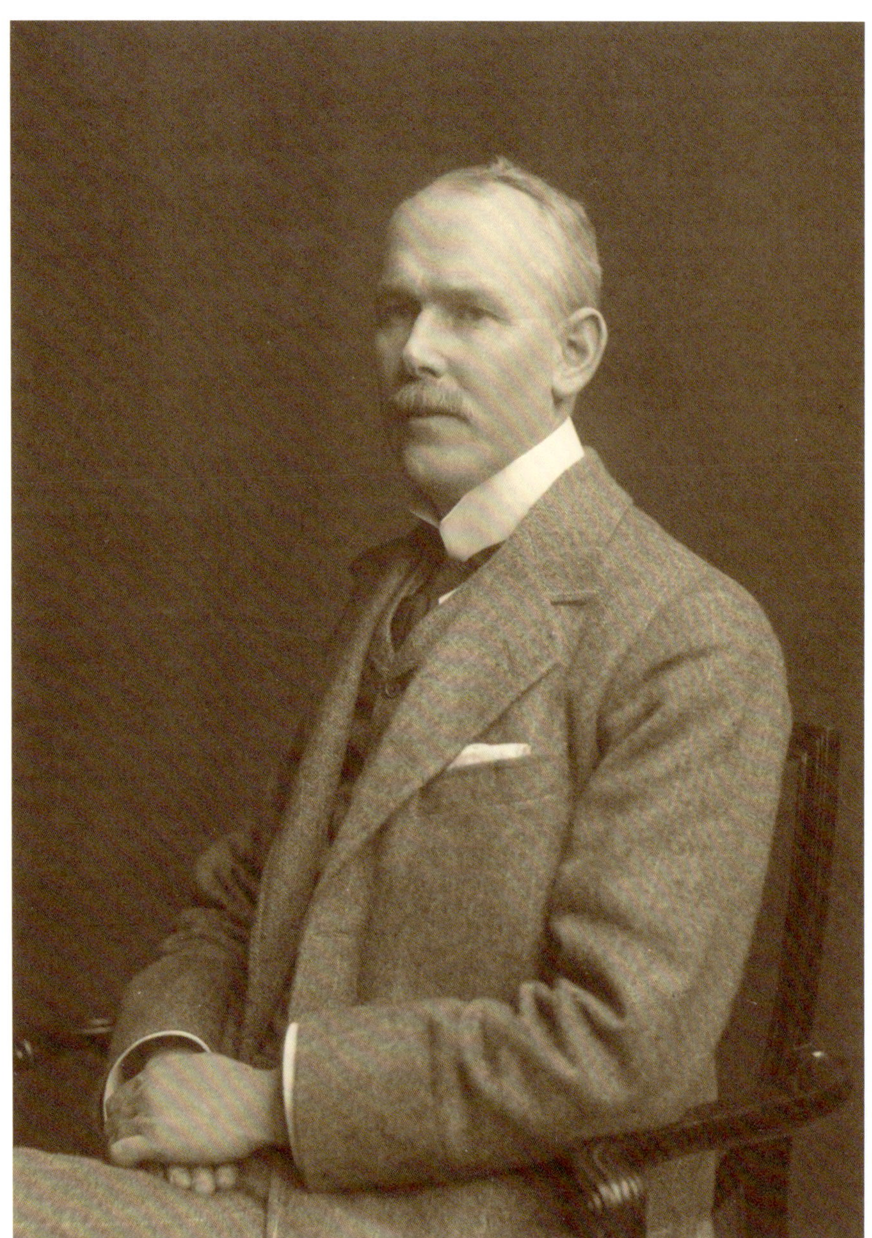

Abb. 1
Porträt von Sir William Burrell (1861–1958)
Anonyme Aufnahme, undatiert
The Burrell Collection, Glasgow

FRANCES FOWLE

«Gefährliche Begegnungen und unziemliche Begleiter»

Das Sammeln moderner französischer Malerei in Großbritannien Ende des 19. und Anfang des 20. Jahrhunderts

Im Jahr 1893 sprach der Kunstkritiker Robert Allan Mowbray Stevenson von der Bedeutung einer ästhetischen Harmonie in Kunstsammlungen und empfahl dem englischen Amateur, «Bilder zu entfernen, welche die Harmonie Ihrer Wirkung stören.»[1] Zwar gehörte Stevenson zu den sogenannten Kritikern der «neuen Kunst», doch fand der französische Impressionismus nicht seine volle Billigung; im selben Artikel schrieb er: «Ich möchte die späteren impressionistischen Werke nicht in Verruf bringen, doch der wahre Liebhaber von Gemälden schützt sie vor gefährlichen Begegnungen. Er wirft sie sozusagen nicht in die Arena, damit sie sich wie Hund und Katz bekämpfen [...] vielmehr hütet er seine Gemälde eifersüchtig vor unziemlichen Begleitern und ausufernden, zügellosen Farborgien.»[2]

Diese Worte schrieb Stevenson insbesondere mit Blick auf die Sammlung des englischen Anwalts Sir John Day, zu der fast ausschließlich Werke der Ecole de Barbizon und der Haager Schule gehörten und die als prototypisch für den britischen Geschmack im ausgehenden 19. Jahrhundert insgesamt gelten könnten. Er lobte Day für seine Entscheidung, die späteren Impressionisten aus seiner Sammlung zu verbannen, und meinte damit den sogenannten «wissenschaftlichen» Impressionismus eines Claude Monet, Alfred Sisley, Camille Pissarro und Pierre-Auguste Renoir.

Wie viele andere britische Kritiker – und auch Sammler – seiner Zeit fühlte sich Stevenson mehr von der tonalen Malerei und dem flächigen Farbauftrag von Malern wie Jean-Baptiste Camille Corot und James McNeill Whistler angesprochen als von den Spektralfarben und dem gebrochenen Pinselstrich eines Monet.[3] Dennoch bezeichnete er sowohl Corot als auch Monet als «Impressionisten», da beide mit der detailverliebten, themenbezogenen und wahlweise sentimentalen oder moralisierenden Malerei der viktorianischen Künstler, wie John Ruskin sie propagierte, brachen.

Die impressionistische Kunst verlangte es zudem, auf eine neue Art betrachtet zu werden. 1892 wurde Edgar Degas' Gemälde *L'Absinthe* bei Christie's versteigert und «ausgezischt», als es aufs Podium kam, aufgrund seiner angeblich verkommenen Thematik. Das Werk wurde von dem schottischen Kunsthändler Alex Reid (1854–1928) erworben, der es wiederum dem in Glasgow ansässigen Geschäftsmann Arthur Kay (um 1862–1939) verkaufte. Im darauffolgenden Jahr gab Kay das Bild als Leihgabe an die Galerie Grafton in London, wo es eine lange und hitzige Debatte zwischen der *Westminster Gazette* und dem *Speaker* auslöste.[4] Die Kritiker D. S. MacColl und George Moore setzten sich für Degas ein und ermutigten die Besucher, das Gemälde nicht aufgrund seiner Thematik zu bewerten, sondern vielmehr wegen seiner formalen Qualitäten, des Stils und der Maltechnik.

Diese formale Betrachtungsweise ging auf die Ästhetik Whistlers zurück, insbesondere auf seine «10-Uhr-Vorlesung», die er im Jahr 1885 erstmals gehalten und 1890 in *The Gentle Art of Making Enemies* veröffentlicht hatte. Seine Erklärung «Die Natur enthält in Farbe und Form die Elemente aller Bilder, wie die Klaviatur die Noten jeglicher Musik umfaßt», bestimmte in den 1890er-Jahren die Kritik der «neuen Kunst» und hatte großen Einfluss auf das Verhalten der Sammler.[5] In seinem Vortrag bezeichnete Whistler Rembrandt, Diego Velázquez und die venezianischen Künstler als die Krone der ästhetischen Leistung des Menschen, da sie eine Kunst geschaffen hätten, die keinen moralischen Anspruch erhebe, aber wahrhaft schön sei und «auf derselben Höhe wie die Elgin Marbles» stehe.[6]

Das Konzept der intrinsischen, der «wahren Schönheit» war das «neue» Kriterium, anhand dessen jede Kunst gemessen werden sollte. Eine ähnliche, letztlich Kant'sche Philosophie lag knapp zwanzig Jahre später auch Roger Frys Formalismus zugrunde.

Whistler erklärte Rembrandt, Velázquez und die Venezianer sehr bewusst zu den größten Meistern des ästhetischen Schaffens, wurden diese Maler doch häufig als die «Vorläufer» des Impressionismus bezeichnet.[7] Als in Groß-

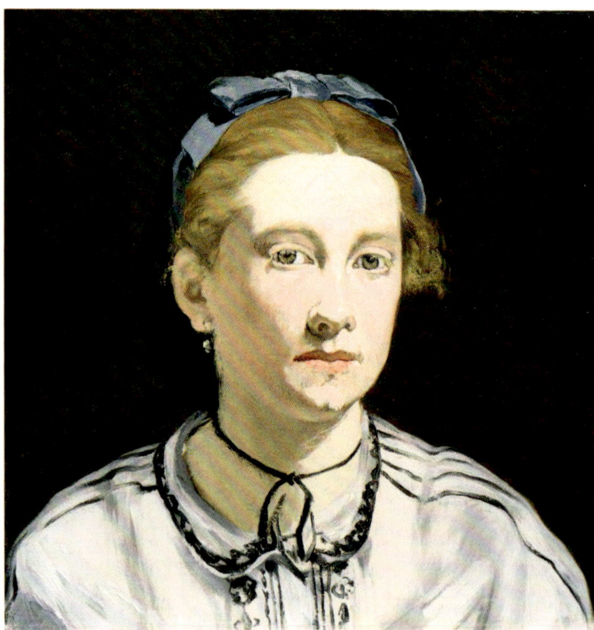

Abb. 2
Edouard Manet
Victorine Meurent, um 1862
Öl auf Leinwand, 42,9 × 43,8 cm
Museum of Fine Arts, Boston

britannien die ersten impressionistischen Werke gezeigt wurden, stellte eine Reihe von Kritikern, unter anderem auch Stevenson, sie dem Publikum mit der Bemerkung vor, so bahnbrechend die Bilder auf den ersten Blick auch wirkten, so sei doch der Impressionismus ästhetisch der Kunst bestimmter Alter Meister recht verwandt. So hieß es, der großzügige Stil und die Maltechnik, die etwa Edouard Manet und Whistler auszeichneten, seien auch im Werk von Frans Hals und Velázquez zu finden. Renoirs warme Farbpalette sei mit der von Rubens oder Tizian zu vergleichen, und Monets Spektralfarben gingen auf die Gemälde William Turners zurück. Britische Kritiker bezeichneten Turner und John Constable und selbst Porträtmaler des 18. Jahrhunderts wie Joshua Reynolds, Thomas Gainsborough und Henry Raeburn sogar häufig als die «Begründer» des Impressionismus.[8]

Verstanden britische Sammler den Impressionismus auch auf diese Weise? Erkannten sie, wenn sie außer modernen französischen Gemälden auch Alte Meister erwarben, eine ästhetische Einheit in den Werken? Ehe ich mich an einer Antwort auf diese Fragen versuche, möchte ich kurz auf zwei Schlüsseltexte der damaligen Zeit eingehen, die diese Betrachtungsweise erläuterten, nämlich George Moores *Modern Painting*, erschienen 1893, und Stevensons *Velasquez* aus dem Jahr 1895.

Moores Buch wurde zu einer Bibel für britische Künstler und Sammler und erhielt seine Bedeutung aus drei Gründen. Zum einen sprach Moore der neuen, neoformalistischen Ästhetik das Wort. Er forderte seine Leser auf, weniger auf das Sujet eines Gemäldes zu achten als vielmehr auf den Stil und die Technik, und erklärte, bei den venezianischen Künstlern sei «der Wunsch nach Wahrhaftigkeit nicht allzu ausgeprägt gewesen […] Schönheit war das A und O eines Glaubens, von dem wir heute nur sehr wenig wissen.»[9]

Zum anderen wies der Kritiker auf sehr spezifische ästhetische Verbindungen zwischen der modernen französischen Malerei und dem Werk der Alten Meister hin; so pries er Manet als den führenden Koloristen seiner Generation und verglich ihn ästhetisch mit Hals, Velázquez, Rubens und Tizian. Corot galt, ebenso wie Ingres, in seinen Augen als ein Künstler, der «nur nach dem Schönen» strebte; er schwärmte von dessen Fähigkeit, harmonisch und mit einem besonderen Blick auf die Farbwerte zu malen.[10] Zu guter Letzt ordnete Moore die modernen Künstler nach einer klaren Hierarchie, bei der Manet, Degas, Corot und Whistler an der Spitze standen und die eher «dekadente» Kunst eines Monet, Sisley, Pissarro und selbst Seurat, Signac und Anquetin übertrafen.[11]

1895 folgte Stevenson Moores Beispiel, als er sein einflussreiches Buch über die Kunst Diego Velázquez' veröffentlichte. Im abschließenden Kapitel mit der Überschrift «Die Lehre des Impressionismus» erläutert er, was er unter impressionistischer Ästhetik versteht, nämlich, frei formuliert, das Schaffen einer harmonischen, einheitlichen Vision.[12] In der Folge zeigt er auf, dass zwischen der modernen französischen Kunst und den Werken großer Künstler der Vergangenheit wie etwa Velázquez durchaus eine ästhetische Beziehung herzustellen ist. So bewundert er etwa die Fähigkeit des spanischen Meisters, dieselbe Einheit der Bildfläche, die «Vorstellung des Ganzen», zu schaffen, die ihm im Werk anderer sogenannter «Impressionisten» wie etwa Corot aufgefallen war.[13]

Das Wesentliche an Stevensons Buch ist, dass er sich, wie Moore, darum bemühte, dem Impressionismus quasi einen Stammbaum zu geben und dabei eine direkte Verbindung zwischen Corot und Velázquez herstellte. In diesem Essay möchte ich erörtern, ob sich dieses Konzept einer «impressionistischen Ästhetik» auf die Sammeltätigkeit in Großbritannien auswirkte, insbesondere bei den allerersten Sammlern des Impressionismus.

Ausgehend von William Burrell und Samuel Courtauld werde ich folgende Fragen untersuchen: Ließen sich Sammler bei der Auswahl ihrer Gemälde eher von ästhetischen als von historischen oder anderen Komponenten leiten? Ging es ihnen darum, in ihrer Sammlung insgesamt eine ästhetische Harmonie zu schaffen? Erwarben Sammler neben den impressionistischen Werken auch Gemälde Alter Meister, und wenn ja, sahen sie in ihrer Sammlung eine übergeordnete Ästhetik am Werk, die die vertretenen Künstler miteinander verband?

Ließen Sammler sich vom Zeitgeschmack und insbesondere von Theorien der Kritiker wie etwa Stevenson, George Moore und später Roger Fry beeinflussen? Oder auch von anderen Faktoren, etwa dem Rat ihres Händlers oder Agenten, der Verfügbarkeit, dem Preis und der Qualität der betreffenden Bilder?

William Burrell

Der in Glasgow ansässige Schiffsbauer Sir William Burrell (1861–1958) [Abb. 1] gilt als ein bedeutender früher Sammler der Impressionisten, nicht zuletzt wegen der neun Werke Manets und der zweiundzwanzig von Degas, die noch heute zur Sammlung gehören.[14] Im Grunde war er allerdings ein relativ konservativer Sammler, und seine Vorliebe für die Werke Degas', Manets und Whistlers spiegelt nicht nur den Einfluss von Kritikern wie Stevenson und Moore sowie seines wichtigsten Gemäldehändlers Alex Reid wider, sondern auch den in Großbritannien bis in die 1920er-Jahre vorherrschenden Geschmack, das heißt, bis eine neue «Post-Roger-Fry-Generation» von Sammlern aufkam.

1924 lieh Burrell insgesamt 153 Gemälde, Zeichnungen und Plastiken aus seiner Sammlung an die Tate Gallery in Millbank. Nach Ansicht des Künstlers Walter Sickert hatten die dort ausgestellten impressionistischen Bilder etwas von einer «Nachlese» an sich.[15] Später erwarb Burrell auch Werke von Renoir, Pissarro, Sisley, Cézanne und Gauguin, doch 1924 waren diese bedeutenden Künstler mit keinem einzigen Gemälde in der Ausstellung vertreten. Das erklärt sich damit, dass Burrell im Wesentlichen ein Sammler der ersten Generation war. Er erwarb seine impressionistischen Gemälde in zwei Etappen: die ersten zwischen 1894 und 1902, als er sich für Werke von Degas, Whistler und Manet interessierte, und die zweite, anspruchsvollere Phase in den 1920er- und 1930er-Jahren.

Die erste Gelegenheit zum Kauf impressionistischer Werke bot sich ihm in Schottland im Februar 1892, als nämlich Alex Reid in seiner Galerie in Glasgow sieben Werke von Degas sowie jeweils eines von Monet, Sisley und Pissarro zeigte.[16] Zu den Gemälden Degas' gehörten *Femme à une fenêtre* (1871/72, Courtauld Institute of Art, London), das fast zwanzig Jahre später Samuel Courtauld erwerben sollte. Die Ausstellung war bereits im Dezember 1891 in London gezeigt worden, anlässlich derer George Moore eine Kritik im *Speaker* schrieb, wobei er sich zunächst auf die beiden Gemälde von Monet und Sisley konzentrierte.[17] In einem späteren Artikel beschäftigte er sich insbesondere mit den Werken Degas', den er «einen der größten Künstler dieses Jahrhunderts» nannte.[18]

Obwohl sich Moores Artikel auf die Ausstellung in London bezog, wurden die wenigen dort verkauften Gemälde durchgängig von mehreren Sammlern aus Glasgow erworben. Arthur Kays Geschäftspartner Thomas Glen Arthur (1857–1907) erstand Degas' *Chez la modiste* (1882, Metropolitan Museum of Art, New York) für achthundert Pfund, im Gegenzug erwarb Kay Degas' *Danseuses avec contrebasse* (um 1882–85, Metropolitan Museum of Art, New York). Wenig später kaufte der in Glasgow ansässige Eisen- und Stahlhersteller Andrew Maxwell (1828–1909) Monets *Vue de Vétheuil, l'hiver* (um 1879, Privatsammlung, Schweiz), und Andrew J. Kirkpatrick (gest. 1900), ein Chemikalienhersteller aus Glasgow, erwarb Sisleys *Neige à Louveciennes* (1874, The Phillips Collection, Washington D. C.).[19]

Bei Reids Ausstellung trat Burrell zwar nicht als Käufer in Erscheinung, doch im Verlauf der 1890er-Jahre erwarb er mindestens drei Werke von Degas und Manet. Sein erster Kauf, um 1894 getätigt, war Degas' *L'Etoile or Danseuse sur scène* (Privatsammlung).[20] Wenig später ergänzte er das Gemälde um die kleine Ölskizze *Femme regardant avec des jumelles* (um 1865, The

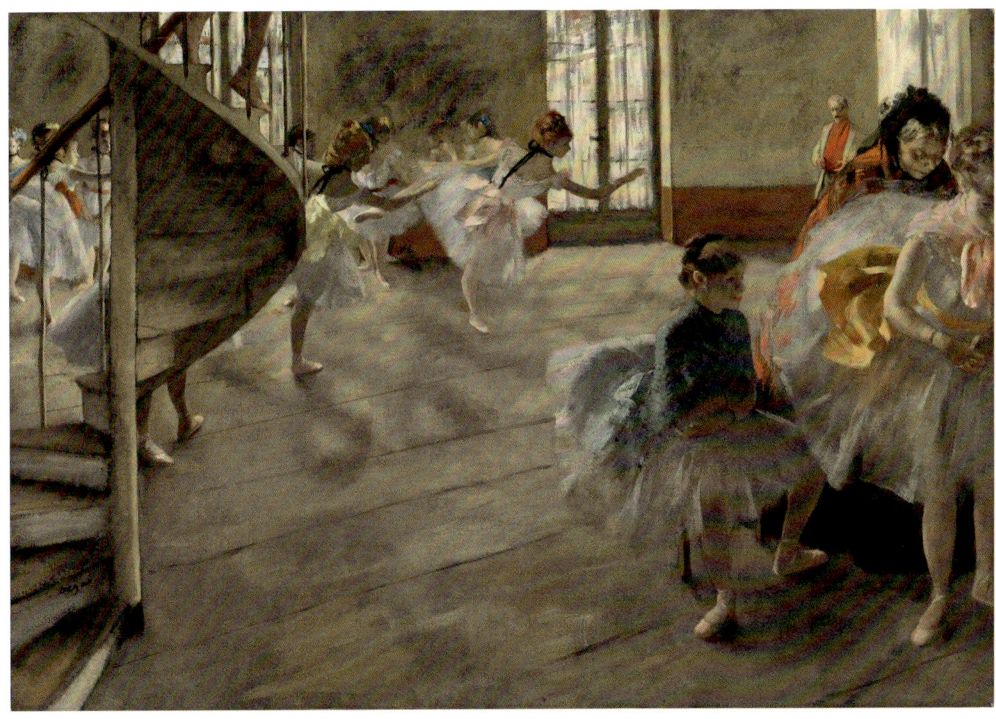

Abb. 3
Edgar Degas
Die Probe, 1874
Öl auf Leinwand, 58,4 × 83,3 cm
The Burrell Collection, Glasgow

Burrell Collection, Glasgow) und Manets großartiges Porträt *Victorine Meurent*, heute im Museum of Fine Arts in Boston [Abb. 2]. Es gibt aus dieser Zeit keine Aufzeichnungen von Burrell, die seine Erwerbungen betreffen, und es lässt sich nicht immer eindeutig feststellen, welche anderen Werke er in den 1890er-Jahren kaufte. Allerdings wissen wir, dass in den Jahren 1897 und 1898 zwei bedeutende Gemälde Whistlers in seinen Besitz kamen, *Princess from the Land of Porcelain* (1863–65, Freer Gallery of Art, Smithsonian Institution, Washington, D.C.) und *Arrangement in Black and Brown. The Fur Jacket* (1876, Worcester Art Museum, Massachusetts). Aus Alex Reids Lagerbüchern geht hervor, dass Burrell allein 1899 zwei weitere Bilder Whistlers erwarb, aber auch Daumiers *Suzanne et les vieillards* (The Burrell Collection, Glasgow) sowie eine Porträtstudie Raeburns. All diese Werke entsprachen dem von Moore und Stevenson propagierten ästhetischen Ideal eines impressionistischen Werks.

Andere schottische Sammler wie etwa John James Cowan, Andrew Bain und Duncan McCorkindale erwarben Ende der 1890er-Jahre ebenfalls Gemälde von Manet und sogar von Monet. Aber keiner dieser frühen schottischen Sammler besaß zu einer gegebenen Zeit mehr als zwei oder höchstens drei impressionistische Werke. Lediglich Andrew Maxwell und Andrew J. Kirkpatrick kauften Werke des sogenannten «Hochimpressionismus». Reids Kunden wohnten in großen, mit Eiche getäfelten viktorianischen Häusern, und die leuchtenden Farben und das Skizzenhafte der impressionistischen Bilder stellten einen auffälligen Kontrast zu dieser Umgebung dar. Mit Bezug auf Andrew Maxwells Sammlung schrieb Robert Walker im Jahr 1894, sein Monet lasse «die Wand, an der er hängt, leuchten», insbesondere im Vergleich zu den anderen Werken der Sammlung, zu der neben Joszef Israëls und den Gebrüdern Jacob und Matthijs Maris auch Camille Corot, Adolphe Monticelli, Albert Moore und Sir Lawrence Alma-Tadema gehörten.[21] Offenbar scheuten Sammler zu der Zeit noch davor zurück, die Harmonie ihrer Sammlung mit allzu vielen Werken des «Hochimpressionismus» aufzubrechen.

Maxwell beschränkte sich beim Sammeln auf Künstler des 19. Jahrhunderts, während der Geschmack seines Zeitgenossen William Allan Coats (1853–1926) etwas eklektischer war, denn dieser erwarb über dreihundert Werke von Malern des 19. Jahrhunderts und von Alten Meistern.[22] Zwar existieren vom Interieur seiner Wohnsitze – Skelmorlie Castle in Ayrshire und Dalskairth in Dumfries – keine Fotografien mehr, doch ist ein Inventar der in den Räumen hängenden Gemälde überliefert, das auf einen einheitlichen Geschmack schließen lässt und im weiteren Sinne ganz Stevensons «impressionistischer» Ästhetik entsprach. Im Salon etwa befanden sich Gemälde unter anderem von Corot, Rembrandt, Constable, Gainsborough und Raeburn, in der Bibliothek hingen Bilder von Whistler, Johannes Bosboom, Joseph Crawhall, Richard Parkes Bonington und William Turner, das Speisezimmer schmückten Werke von Corot, Eugène Boudin, Johan Barthold Jongkind, Charles-François Daubigny, Constable, Bonington und Raeburn.[23]

Auch Burrell interessierte sich als Sammler für Werke moderner französischer Künstler und Alter Meister gleichermaßen. Im Jahr 1901 hatte er bereits Gemälde von Velázquez, Albrecht Dürer und Lukas Cranach d. Ä. erworben, außerdem von Manet, Jongkind und Honoré Daumier. Zugleich kaufte er chinesische Keramik, Gobelins aus dem 16. Jahrhundert sowie mittelalter-

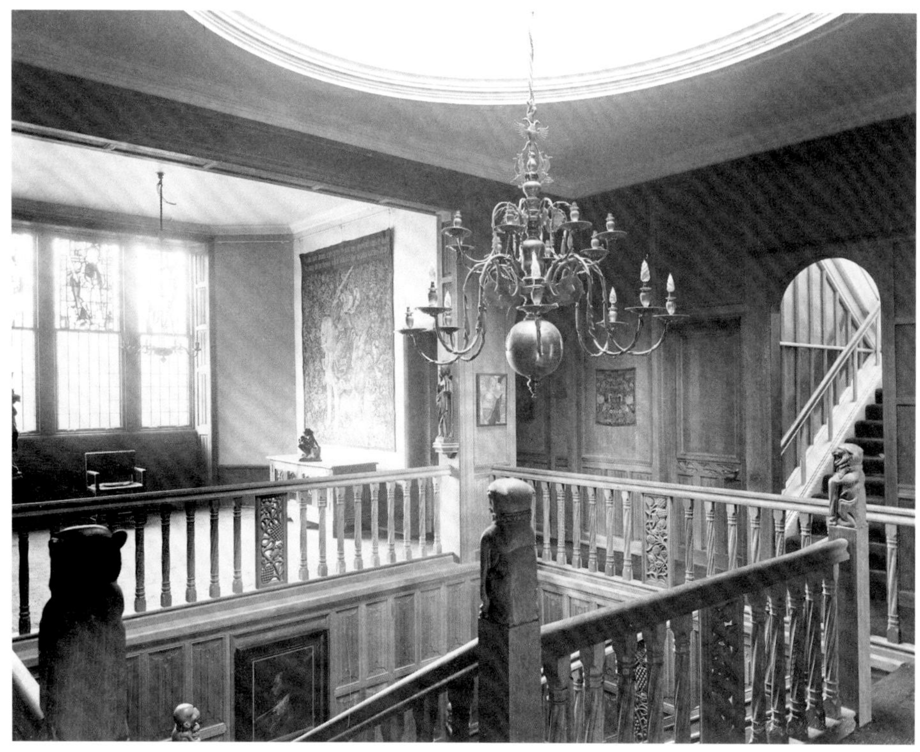

Abb. 4
Interieur im Haus von Sir William Burrell, 8, Great Western Terrace
Anonyme Aufnahme, undatiert
The Burrell Collection, Glasgow

liche Skulpturen und Glasmalereien.[24] 1927 umfasste seine Sammlung außerdem zwölf weitere Gemälde Degas', darunter insbesondere *La Répétition*, 1874 [Abb. 3] sowie das *Portrait d'Edmond Duranty* von 1879, sechs weitere Manets, etwa das Pastell von *Les Buveuses de Bocks*, um 1878/79, vier Pissarros, von denen er zwei weiterverkaufte und lediglich *La Boucherie*, 1884 (ein weiteres Pastell) und die Skizze einer *Baigneuse* behielt, sowie ein Pastell Renoirs, *Une fille aux cheveux roux*, um 1875–78. In der gleichen Zeit erwarb er Werke des 19. Jahrhunderts, darunter aus der Haager Schule, von Courbet, Daumier, Boudin, Ribot, Millet und Monticelli, sowie eine Reihe Alter Meister, unter anderem Rembrandt, Le Nain, Chardin, Oudry, Hogarth, Romney, Reynolds und Raeburn.[25]

Hier kommt unverkennbar ein durchgängiger Geschmack zum Tragen. Zwar waren keine «hochimpressionistischen» Landschaften vertreten, dafür zeigte sich aber eine Vorliebe für Pastelle. Bei den französischen Bildern des 19. Jahrhunderts überwogen dunkle Farbtöne, sie waren flächig gemalt und realistisch ausgeführt. Und auch bei Burrells Alten Meistern handelte es sich um flächig gemalten Realismus (Rembrandt, Chardin, Oudry) sowie um Porträtmalerei des 18. Jahrhunderts.

Dennoch kann man Burrell nicht als methodischen Sammler bezeichnen. Sein Ziel bestand nicht darin, repräsentative Künstler einer bestimmten Ära oder Gruppe zu erwerben, ebenso wenig achtete er auf historische Kohärenz. Vielmehr neigte er dazu, einen bestimmten Künstler fast obsessiv zu besitzen, wie etwa im Fall Adolphe Monticellis oder auch Joseph Crawhalls. Und obwohl sich Burrell intellektuell für die Bilder interessierte, die er erwarb, und eine ganze Bibliothek von Fachliteratur zusammentrug, verließ er sich vorwiegend auf den Rat der Händler, deren Meinung in seinen Augen mehr zählte als der von Kunsthistorikern, denn er war der Ansicht: «Wenn er [der Händler] einen Irrtum begeht, muss er dafür bezahlen, der Professor hingegen nicht und ist deshalb weniger akribisch.»[26] Burrell war ein nüchterner, scharf kalkulierender Geschäftsmann, dem der Wert der Objekte, die er erwarb, stets bewusst war und der einem «Schnäppchen» nie widerstehen konnte. Gleichzeitig ging es ihm in allererster Linie um die «wahre» Schönheit eines Kunstwerks.

Burrells Vorliebe galt eher dem Neogotischen als dem im weiteren Sinn Impressionistischen, wie ein Blick auf die Einrichtung seines Wohnsitzes in der 8, Great Western Terrace in Glasgow und im Hutton Castle in Scottish Bor-

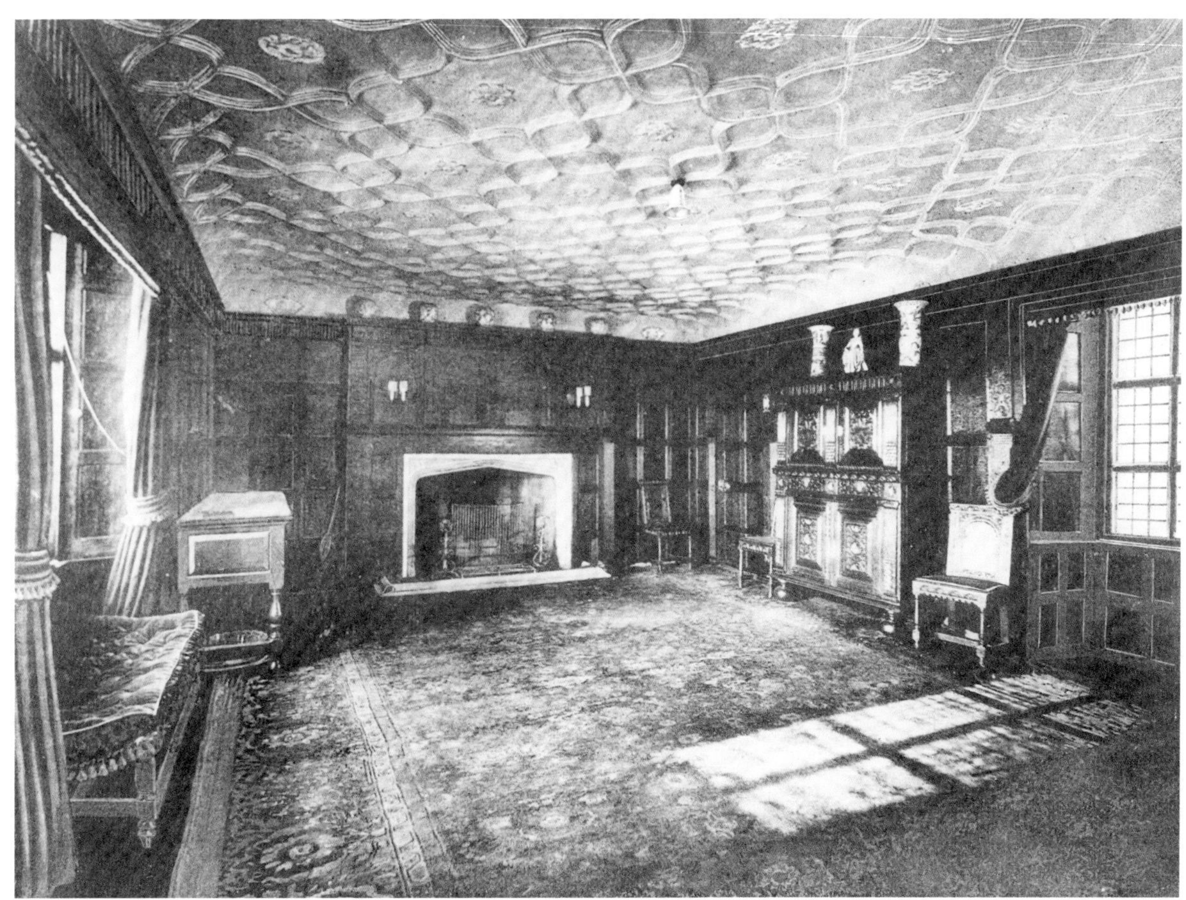

Abb. 5
Interieur in Hutton Castle
Anonyme Aufnahme, undatiert
The Burrell Collection, Glasgow

ders beweist: Nur wenige Gemälde moderner französischer Kunst [Abb. 4 und 5] schmückten die Wände, lediglich Thomas Couture und Auguste Rodin fanden hier ihren Platz, nicht aber Manet und Degas. In der Tat wurden viele Gemälde aus seiner Sammlung nie in seine Privaträume gehängt, sondern wurden in Packkisten gelagert oder gingen als Dauerleihgaben an verschiedene Galerien in Glasgow, Berwick und London, bis sie in einer eigens errichteten Burrell-Galerie ausgestellt werden konnten. Im Mai 1923 etwa erwarb er Pissarros *La Boucherie*, präsentierte das Bild aber nicht in seinem Haus in der Great Western Terrace, sondern lieh es der Kelvingrove Art Gallery in Glasgow.[27] Das Gros der Werke aus dem 19. Jahrhundert, die Burrell nach der Ausstellung 1924 erwarb, wurde direkt an die Tate Gallery in Millbank geschickt.[28] Dazu gehörten einige der herausragendsten Gemälde seiner Sammlung, unter anderem Degas' *La Répétition*, Manets *Buveuses de Bocks* von etwa 1878/79 und Cézannes *Le Château de Medan*, um 1880. Eine Ausnahme stellte Sisleys Bild *Eglise à Noisy-le-Roi* (auch bekannt als *Clocher à Noisy-le-Roi*) dar, das er 1929 erwarb und direkt nach Hutton schicken ließ. Dieses Gemälde ist eine der wenigen impressionistischen Landschaften, die in Burrells Sammlung vertreten sind.

Samuel Courtauld

Im Gegensatz zu Burrell wandte sich Samuel Courtauld (1876–1947) [Abb. 6] dem Impressionismus mit weit größerer Begeisterung zu.[29] Courtauld wurde im Jahr 1921 Direktor der Textilfabrik seiner Familie; zu der selben Zeit begann er sich für das Kunstsammeln zu interessieren. Allerdings handelte es sich bei seinen ersten Erwerbungen nicht um impressionistische Gemälde, sondern um zwei Porträts aus dem 18. Jahrhundert, jeweils eines von Thomas Gainsborough und dessen Neffen Gainsborough Dupont.

Andrew Stephenson hatte Courtauld empfohlen, sich Vorgehen und Stil eines Connaisseurs des 18. Jahrhunderts zum Vorbild zu nehmen, und entsprechend wählte Courtauld als Wohnsitz tatsächlich ein georgianisches Haus, das Home House auf dem Portman Square, in dem er seine Sammlung präsentierte.[30] Das Haus war 1773 von James Wyatt geplant worden,

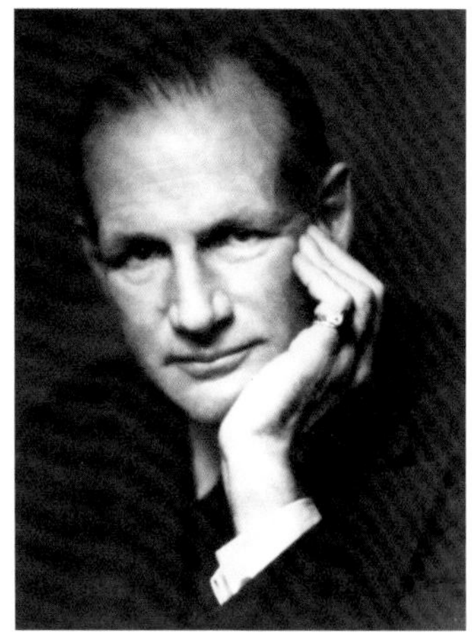

Abb. 6
Porträt Samuel Courtauld (1876–1947)
Anonyme Aufnahme, undatiert
The Courtauld Institute of Art, London

die Innenausstattung entwarf Robert Adam, der es geschmackvoll mit Möbeln der Zeit einrichtete. In einem Beitrag für *Country Life* schrieb Christopher Hussey später: «Man könnte annehmen, durch das Aufeinandertreffen von Mr. Courtaulds berühmter Sammlung moderner Gemälde und Adams Innenausstattung entstünde eine Dissonanz. [Doch] haben die zwei Kunstformen, die auf den ersten Blick derart gegensätzlich erscheinen, keineswegs eine unharmonische Wirkung, ganz im Gegenteil, sie ergänzen einander.»[31]

Die Hängung der Sammlung oblag Courtaulds wichtigstem Ratgeber, Percy Moore Turner von der Independent Gallery in London. Aufnahmen dieser Zeit zeigen, dass im vorderen eleganten, neoklassizistisch ausgestatteten Salon Gemälde Renoirs, Cézannes und Seurats hingen, während im sogenannten Etruskischen Raum Werke von van Gogh und Degas präsentiert waren [Abb. 7 und 8].

Entsprechend Roger Frys ästhetischer Theorie war Kennerschaft für Courtauld eine Fähigkeit, die man durch die unmittelbare Beschäftigung mit dem Kunstwerk erlangte, und dieser Praxis ging man am besten in der Ungestörtheit des eigenen Heims nach.[32] Im Gegensatz zu Burrell überlegte sich Courtauld genau, welche Werke er erwerben wollte, und obwohl er von Turner beraten wurde, bekannte er sich freimütig zu dem großen Einfluss, den Fry auf ihn hatte. Nach dem Tod des Kritikers 1934

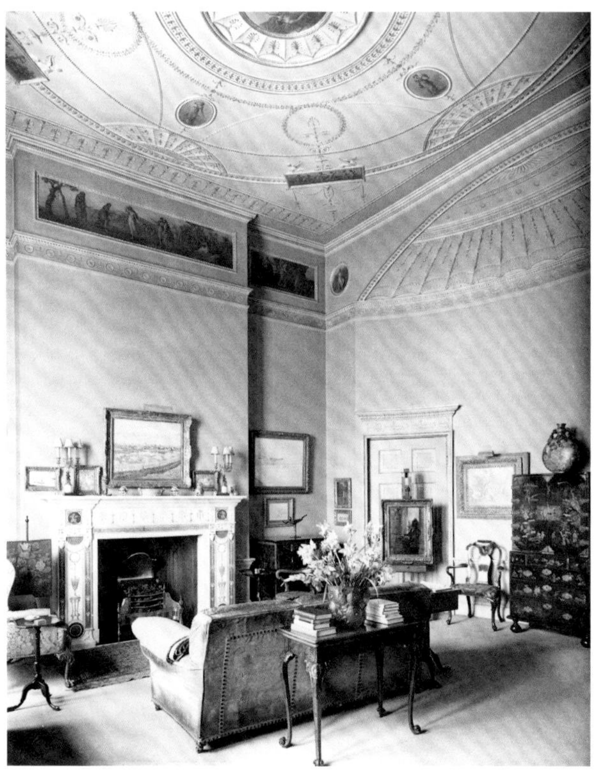

Abb. 7
Home House, der Etruskische Raum
Anonyme Aufnahme, undatiert
The Courtauld Institute of Art, London

sagte er, dessen «Betrachtungen zur Kunst [hätten ...] mehr und mehr das Leben und Denken im Allgemeinen beleuchtet».[33] Im selben Jahr bemerkte Kenneth Clark, der damalige Direktor der National Gallery: «Jeder, der eine Sammlung französischer Malerei des 19. Jahrhunderts angelegt hat, [...] wird nie vergessen, dass wir unser Interesse an dieser Zeit und dieser Schule zu einem großen Teil Roger Fry zu verdanken haben»; und er fügte hinzu: «auf diesen Umstand machte mich Mr. Courtauld aufmerksam.»[34]

Die Bandbreite und die Art der Werke in Courtaulds Sammlung – sowohl die für seine private Sammlung bestimmten als auch diejenigen, die er für die National Gallery in London erwarb – spiegeln unverkennbar Frys Geschmack wider. Beim Erwerb einzelner Werke unternahm Courtauld auch nicht den Versuch, eine historisch vollständige Sammlung anzulegen, sondern ließ sich allem voran von seinem eigenen ästhetischen Urteil und seinen persönlichen Vorlieben leiten. Offenbar hielt er, wie Fry, Cézanne für die Bezugsgröße, an der sich alle anderen Künstler messen lassen mussten. Auf jeden Fall ist Cézanne in seiner Sammlung von allen Malern am besten vertreten, gefolgt von Manet, Gauguin, Seurat und van Gogh. Eben sie waren die Maler, die Fry 1910 anlässlich der ersten Postimpressionisten-Ausstellung in den Grafton Galleries besonders hervorgehoben hatte; seiner Ansicht nach waren sie exemplarisch für das, was Clive Bell später als «signifikante Form» bezeichnen würde, eine Qualität, die sich in der Renaissancekunst und selbst in der primitiven Kunst fand, im Impressionismus jedoch seiner Ansicht nach fehlte. Nachfolgend modifizierte Fry seine ablehnende Haltung gegenüber dem Impressionismus und räumte ein, dass Degas und insbesondere Renoir in ihrem späteren Werk durchaus formalen Fragen nachgingen. Courtauld besaß Bilder von beiden dieser Maler, kaufte aber nur sehr wenige von Sisley und Pissarro, die nicht Frys Billigung fanden.

Als Clive Bell Renoir 1922 den «größten lebenden Maler» nannte,[35] stand der Künstler bei den Kritikern in hohem Ansehen. Im selben Jahr begann Samuel Courtauld mit seiner Sammeltätigkeit, und so überrascht es vielleicht nicht, dass er als erstes impressionistisches Werk für seine Privatsammlung Renoirs *Femme se chaussant* erwarb, und zwar in der Independent Gallery von Percy Moore Turner.[36] Turner war ein großer Bewunderer Renoirs, insbesondere seiner späteren Werke, die er im Jahr 1921 als «postimpressionistisch» bezeichnete,[37] um sie bewusst vom Schaffen der Impressionisten abzusetzen.

Seine erste Begegnung mit dem Impressionismus hatte Courtauld 1922, als er eine von Roger Fry organisierte Ausstellung französischer Kunst im Burlington Fine Arts Club besuchte, für welche die walisische Sammlerin Gwendoline Davies drei Ölgemälde Cézannes als Leihgabe zur Verfügung stellte. Im folgenden Sommer fanden drei Ausstellungen impressionistischer Kunst in London statt: bei Knoedler, bei Thomas Agnew & Son und in der Lefèvre Gallery. Werke Cézannes waren allerdings lediglich in der von Alex Reid bei Agnew kuratierten Schau vertreten. Und eben dort erwarb Courtauld seine beiden ersten Gemälde dieses Malers: *Nature morte avec l'amour en platre* und *L'Etang des Sœurs, Osny*, sowie ein

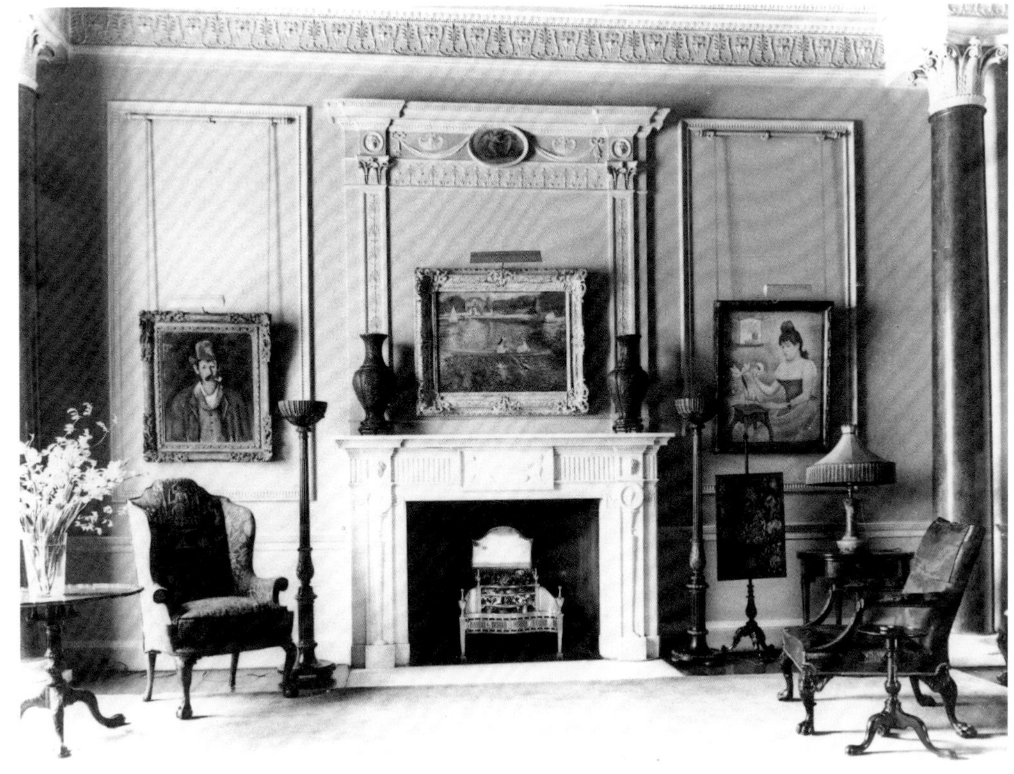

Abb. 8
Home House, der vordere Salon
Anonyme Aufnahme, undatiert
The Courtauld Institute of Art, London

Stillleben von Monet.[38] Im Laufe der Jahre kaufte er insgesamt zwölf Werke Cézannes für seine Privatsammlung und weitere zwei für die National Gallery.

Die besten Cézannes behielt er im Allgemeinen für seine persönliche Sammlung, etwa *Montagne Sainte Victoire*, *Les Joueurs de cartes* und *Lac d'Annecy*. Bei anderen Künstlern war dies nicht der Fall, bei diesen sah er die bedeutenderen und bisweilen wirklich herausragenden Werke gemeinhin von vorneherein als Schenkung an die National Gallery vor. 1923 etwa erwarb er von Knoedler Manets *Bords de la Seine à Argenteuil* und Monets *Antibes* für seine eigene Sammlung, kaufte aber gleichzeitig auch Manets *La Servante de Bocks* und Renoirs *La Première Sortie* für die National Gallery.

Wie die meisten Kunstliebhaber seiner Generation zog Courtauld Paul Gauguin offenbar Vincent van Gogh vor, denn er sicherte sich mehrere Gauguins für seine eigene Sammlung, während er seine drei ersten van Goghs ohne Umschweife der National Gallery als Schenkung überließ.[39] Erst in den Jahren 1927 und 1928 erwarb er zwei van Goghs, nämlich *La Plaine de la Crau avec pêchers en fleurs* und *Autoportrait à l'oreille bandée*. 1923 erstand er bei Paul Rosenberg in Paris ein Pastell Degas', *Deux Danceuses*, veräußerte es allerdings und erwarb erst 1927 wieder einen Degas für seine private Sammlung. Dabei handelte es sich um *Femme à une fenêtre* – eben das Bild, das Alex Reid ihm Anfang der 1890er-Jahre in London und Glasgow gezeigt hatte und das er sich nun in den Leicester Galleries sichern konnte.

Im Widerspruch zu Fry stand Courtauld lediglich in seiner Liebe zu Monet, die womöglich dem Einfluss Percy Moore Turners geschuldet war. Dieser bewunderte Monet als «den wahren Erfinder des Chromatismus», ein Terminus, den Turner dem Begriff «Impressionismus» vorzog.[40] Bezeichnend ist dabei allerdings, dass es sich bei den Werken, die Courtauld in den 1920er-Jahren erwarb, nicht um anspruchsvolle Bilder des *vie moderne* handelte, sondern um ausgesprochen dekorative, pittoreske Werke, ob nun das ansprechende *Argenteuil, effet d'automne* [Abb. 9], das er durch Bernheim-Jeune in Paris erhielt, oder auch das Gemälde *Antibes*, das er aus der Schau Knoedlers 1923 erwarb. Deutlich zurückhaltender zeigte er sich bei Sisley und Pissarro, erst Turner konnte ihn überreden, seinen ersten Sisley zu erwerben, *La Neige à Louveciennes*, ein Bild, das ebenfalls in Alex Reids Schau bei Agnew zu sehen gewesen war. Neben Turner war für Courtauld Reid der wichtigste britische Kunsthändler, und die Verbindung zwischen den beiden Männern blieb auch bestehen, als sich Reids Galerie 1926 mit der Lefèvre Gallery zu Alex Reid & Lefevre zusammenschloss. Über Alex Reid gingen mehrere bedeutende Werke in die heutige Courtauld Collection ein, unter anderem die bereits erwähnten Gemälde von Monet, Degas, Cézanne und Sisley, aber auch Gauguins *Nevermore*, Seurats *Le Pont de Courbevoie* und Picassos *L'Enfant à la colombe* (Privatsammlung, als Leihgabe in der Courtauld Institute Art Gallery).

Dennoch drängt sich der Eindruck auf, dass Courtaulds Geschmack mehr von Fry als von seinen Händlern geprägt war. In der Besprechung von Courtaulds Privatsammlung in der Zeitschrift *Apollo* verdeutlichte Osbert Sitwell 1925, wie viel der Sammler Frys Ästhetik zu verdanken hatte und nannte Manet, Cézanne, Seurat und Gauguin als die herausragenden Maler der Sammlung. Unter den Impressionisten

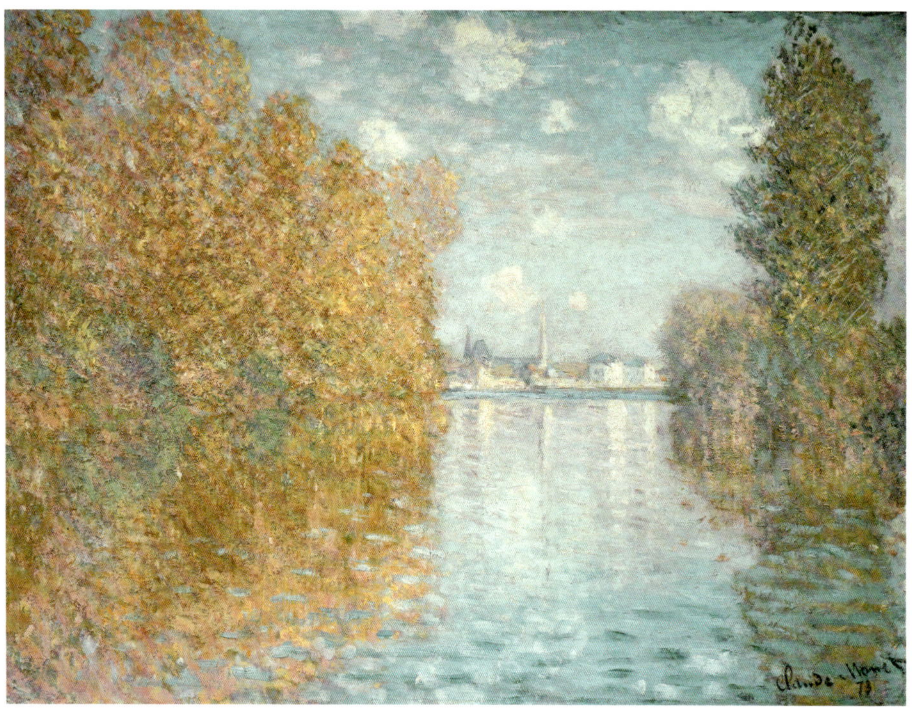

Abb. 9
Claude Monet
Herbststimmung in Argenteuil, 1873
Öl auf Leinwand, 55 × 74,5 cm
The Courtauld Institute of Art, London

fand allein Renoirs Spätwerk seine Wertschätzung; Sitwell verglich ihn mit Tizian und verwendete ein bewusst formalistisch gehaltenes Vokabular, um seine späten Akte zu beschreiben: «Diese farbkräftigen Akte, diese üppigen Formen sind zunächst hässlich, doch langsam schält sich aus ihnen ein monumentales Gestaltungsprinzip heraus, das zu Schönheit mutieren könnte [...] Diese Bilder [...] sind ohne jeden Zweifel seine besten Werke.»[41]

Wie William Burrell ließ sich auch Samuel Courtauld bei der Wahl von Werken für seine Sammlung vorwiegend von ästhetischen und weniger von historischen Gesichtspunkten leiten. Mit Ausnahme von Monet sagte ihm der Formalismus der Postimpressionisten mehr zu als der Naturalismus der Impressionisten. Auch Burrell hatte, wiewohl aus anderen Gründen, Schwierigkeiten mit dem Impressionismus. Ästhetisch sprachen der flächige Farbauftrag und die dunkleren Töne Manets und Whistlers ihn mehr an, wie auch das zeichnerische Können Degas'. Erst in den 1920er-Jahren wagte er sich zum «ausgewachsenen» Impressionismus vor, wobei ihm selbst dann Degas nach wie vor näher stand als jeder andere Künstler. Und wenn es darum ging, seine Bilder zu hängen, so verzichtete er lieber insgesamt auf die Impressionisten, als die Harmonie seiner Sammlung zu beeinträchtigen.

Weder Burrell noch Courtauld platzierten ihre impressionistischen Bilder neben die Alten Meister, auch wenn Courtauld für seine Sammlung einen georgianischen Rahmen wählte, und wir wissen, dass Burrell sich keineswegs scheute, etwa seinen Rodin zusammen mit mittelalterlichen Gobelins auszustellen [Abb. 4]. Dass Sammler wie etwa W. A. Coats Gemälde des 19. Jahrhunderts neben Alte Meister hängten, ist bekannt, und es ist durchaus denkbar, dass andere Sammler es ihm gleichtaten. Etwa die Schwestern Gwendoline und Margaret Davies in Wales, die eine der bedeutendsten frühen Sammlungen impressionistischer Kunst in Großbritannien zusammentrugen. Dennoch bestand rund die Hälfte ihrer Stücke aus britischen Gemälden des 18. und 19. Jahrhunderts, Salon-Bildern und einigen Alten Meistern. Man muss davon ausgehen, dass sie diese Werke nebeneinander hängten, denn wie Mark Evans bemerkte, lässt sich der Geschmack der beiden Schwestern nicht mit historischen Konzepten fassen.[42] Sie entdeckten Daumier nach Monet und fühlten sich seiner Kunst länger und intensiver verbunden. Zudem erwarben sie Werke der Impressionisten und Alte Meister gleichzeitig: Allein 1920 kaufte Margaret Davies Frans Hals' *Porträt einer Dame*, Manets *Argenteuil* sowie ein Werk Maurice de Vlamincks.[43] Im selben Jahr erwarb Gwendoline Davies Cézannes *Nature morte à la théière* und van Goghs *Rain – Auvers*, in der Folge dann einen Turner, zwei Landschaften von Gainsborough und ein großes Gemälde aus der Werkstatt El Grecos. Letztlich bedeutet dies, dass Galerien den kunsthistorischen Aspekt weit mehr als private Sammler zum Ausgangspunkt ihrer Sammeltätigkeit machen. Aber auch wenn wir die historische Perspektive nicht vernachlässigen dürfen, da sie uns verstehen hilft, wie sich der jeweilige Geschmack herausbildete, so ist es doch möglich und auch notwendig, das Sammeln von Kunst im Großbritannien des 19. Jahrhunderts von einer rein ästhetischen Warte aus zu betrachten.

1 Robert Allan Mowbray Stevenson, «Sir John Day's Pictures», in: *The Art Journal*, 1893, S. 261: «[...] to weed out pictures that disturb the harmony of your effect.»

2 «I would not disparage the later Impressionist work but I feel that the real lover of pictures preserves them from dangerous encounters. He will not toss them, as it were, into a pit to fight it out like dogs and cats [...] he jealously guards his pictures from improper companions and riotous debauches of untrammelled colour.» Ebd., S. 262.

3 Insbesondere für Corot empfand Stevenson große Bewunderung und veröffentlichte 1889 zwei Artikel über ihn. Siehe R. A. M. Stevenson, «Corot as an Example of Style in Painting», in: *The Scottish Art Review* I, 1889, S. 50 f.; sowie ders., «Corot», in: *The Art Journal*, 1889, S. 208–212.

4 Zu *L'Absinthe* in Großbritannien, einschließlich der erwähnten Auseinandersetzung in der Presse, siehe Anna Gruetzner Robins und Richard Thomson, *Degas, Sickert and Toulouse-Lautrec. London and Paris 1870–1910*, Ausst.-Kat. Tate, London 2005, S. 90–93 und S. 208–211. Siehe auch Ronald Pickvance, «L'Absinthe in England», in: *Apollo* 77, 1963, S. 395–398.

5 «Nature contains the elements, in colour and form, of all pictures, as the keyboard contains the notes of all music.» James McNeill Whistler, «10 O'Clock lecture» (London, 1888), Nachdruck in: ders., *The Gentle Art of Making Enemies*, London 1936, S. 142; hier zit. nach: «Herrn Whistlers 10-Uhr-Vortrag», in: *Die artige Kunst sich Feinde zu machen*, Berlin 1909, S. 97.

6 Ebd., S. 92: «of the same quality as the Elgin marbles».

7 Zur Bedeutung von Velázquez in England siehe Kenneth McConkey, «The Theology of Painting – the Cult of Velázquez and British Art at the Turn of the Twentieth Century», in: *Visual Culture in Britain*, Bd. 6, Nr. 2, 2005, S. 189–206.

8 Zur frühen kritischen Rezeption des Impressionismus in Großbritannien siehe Flint 1984.

9 «[...] the desire to be truthful was not very great [...] to be beautiful was the first and last letter of a creed of which we know very little today.» Moore 1893, S. 49 f.

10 Ebd., S. 74.

11 Moore beklagte, dass diese Künstler die Farbanalyse zu Gunsten des naturalistischen Ausdrucks vernachlässigten, und erklärte: «Die Ausdrucksweise von dem auszudrückenden Gedanken zu trennen, ist ein untrügliches Zeichen für Dekadenz.» «The separation of the method of expression from the idea to be expressed is the sure sign of decadence.» Moore 1893, S. 96.

12 Siehe Robert Allan Mowbray Stevenson, «The Lesson of Impressionism», in: ders., *Velasquez*, London 1895, S. 113–125; hier zit. nach ders. *Velazquez*, München 1904, S. 150–165; auf S. 163 erörtert Stevenson die «Notwendigkeit […], auf Basis einer einzigen Impression» zu arbeiten.

13 Stevenson 1985 (wie Anm. 12), S. 158. Laut Stevenson geht es dem erfolgreichen Impressionisten darum, eine harmonische oder auch einheitliche Wirkung zu erzielen und dabei «eine Gesamtimpression» («a general ensemble of feeling») zu schaffen, wie der Kritiker es nannte. Seiner Ansicht nach kam Corot diesem Ziel am nächsten, und in seinem Artikel für *The Scottish Art Review* von 1889 (siehe Anm. 3) stellt er Corots atmosphärische «Effekte» dem «Punkt-und-Strich-Malen der Kritikasterschule» («dots and lines of the niggling school») gegenüber und lobt die «harmonische Stimme» in seinen Gemälden.

14 Zu Burrells Sammlung impressionistischer Gemälde siehe: Vivien Hamilton, «Burrell and Impressionism», in: Ausst.-Kat. Edinburgh 2008, S. 109–117; außerdem Marks 1983.

15 «somewhat the air of an afterthought». Walter Sickert, «Mr Burrell's Collection at the Tate», in: *Southport Visiter*, 19. April 1924, nachgedruckt in: Anna Gruetzner Robins (Hg.), *Walter Sickert. The Complete Writings on Art*, Oxford 2000, S. 483–486.

16 Zu Alexander Reid und dem Markt für Impressionismus in Schottland siehe: Fowle 2010 sowie Ausst.-Kat. Edinburgh 2008.

17 George Moore, in: *Speaker*, 26. Dezember 1891.

18 George Moore, «Degas in Bond Street», in: *Speaker*, 2. Januar 1892: «one of the greatest artists of this century».

19 Weitere Einzelheiten zu diesen und anderen frühen Erwerbungen impressionistischer Kunst durch schottische Sammler, siehe Frances Fowle, «Collecting Impressionism in Scotland», in: Ausst.-Kat. Edinburgh 2008, S. 65–75.

20 Das Bild wurde abgebildet in: *The Art Journal*, 1894, S. 205, mit folgendem Text: «La Premiere Danseuse (The Encore) From the Pastel by Degas. In the collection of William Burrell, Esq., Glasgow.» Es lässt sich als L 650 identifizieren, siehe Paul-André Lemoisne et al., *Degas et Son Œuvre*, 4 Bde., Paris 1946–49.

21 Robert Walker, «Private Picture Collections in Glasgow and West of Scotland II. Mr Andrew Maxwell's Collection», in: *The Magazine of Art*, 1894, S. 226 f.: «positively lights up the wall on which it hangs». Siehe auch Frances Fowle, «Making Money out of Monet. Marketing Monet in Britain 1870–1905», in: Frances Fowle (Hg.), *Monet and French Landscape. Vétheuil and Normandy*, Ausst.-Kat. National Galleries of Scotland, Edinburgh 2006, S. 141–157.

22 Zu Coats' Sammlung, siehe: Frances Fowle, «Souvenirs and Fêtes Champêtres. William Allan Coats's Collection of 19th-Century French Paintings», in: *Journal of the Scottish Society for Art History*, Bd. 14, 2009/10, S. 63–70.

23 Inventar aufgelistet in privaten Familienunterlagen.

24 Marks 1983, S. 79 ff.

25 Diese Auflistung geht auf Burrells Ankaufsnotate zurück sowie auf Reids Bestandsbücher, die im Tate-Archiv aufbewahrt werden. Zu Burrells Erwerbungen nach 1911 siehe William Wells, «Sir William Burrell's Purchase Books (1911–1957)», in: Herrmann 1999, S. 413–417. Soweit nicht anders angegeben, befinden sich alle hier genannten Werke gegenwärtig in der Burrell Collection, Glasgow.

26 «[…] if he [ie the dealer] makes a mistake he has to pay, but the Professor has not and is less acute». Brief Burrells an Andrew Hannah, 1953, zit. nach: Marks 1983, S. 118.

27 Vgl. Ausst.-Kat. Edinburgh 2008, S. 114.

28 Ebd.

29 Zu Courtaulds Sammlung impressionistischer Bilder siehe House 1994 sowie Douglas Coopers Essay in: Cooper 1954.

30 Andrew Stephenson, «‹An Anatomy of Taste›. Samuel Courtauld and Debates about Art Patronage and Modernism in Britain in the Inter-war Years», in: House 1994, S. 36 f.

31 «The conjuncture of Mr Courtauld's famous collection of modern paintings with Adam's decorations might be expected to produce a discord. [However], far from any disharmony resulting, the two forms of art, at first sight so disparate, actually have a complementary effect upon each other.» Christopher Hussey, «The Courtauld Institute of Art, 20 Portman Square», in: *Country Life*, 15. Oktober 1932, S. 433, zit. nach House 1994, S. 37.

32 Ebd.

33 «Fry's views on art seemed […] more and more to illuminate life and thought in general.» Zit. nach House 1994, S. 23.

34 «Everyone who has formed a collection of nineteenth-century French painting […] will remember that we all owe the greater part of our interest in this period and school to Roger Fry. […] It was Mr. Courtauld who put this point of view to me.» Ebd.

35 Clive Bell, *Since Cézanne*, New York 1922, S. 66: «the greatest painter alive».

36 Soweit nicht anders angegeben, befinden sich alle hier genannten Werke gegenwärtig im Courtauld Institute of Art, London.

37 Percy Moore Turner, *The Appreciation of Painting*, London 1921, S. 175.

38 Das Stillleben von Cézanne erwarb er im Mai 1925 für 2850 Pfund, die Landschaft im Juli für 2400 Pfund.

39 Dabei handelte es sich um *Champ de blé avec cypress*, *Les Tournesols* und *La Chaise de Vincent* (alle National Gallery, London), die beiden letztgenannten aus der Sammlung Jo van Gogh Bongers.

40 Percy Moore Turner, *The Appreciation of Painting*, London 1921, S. 169: «the real founder of chromatism».

41 «These hot-coloured nudes, these inflated forms are at first ugly, but gradually out of them emerges that monumental sense of design which could take prettiness captive […] These pictures […] are infinitely his greatest work.» Osbert Sitwell, «The Courtauld Collection», in: *Apollo* 11, August 1925, S. 63–69.

42 Mark Evans, «The Davies Sisters of Llandinam and Impressionism for Wales, 1908–1923», in: *Journal of the History of Collections*, Bd. 16, Nr. 2, 2004, S. 229.

43 Die Sammlung der Schwestern Davies befindet sich gegenwärtig im National Museum of Wales, Cardiff.

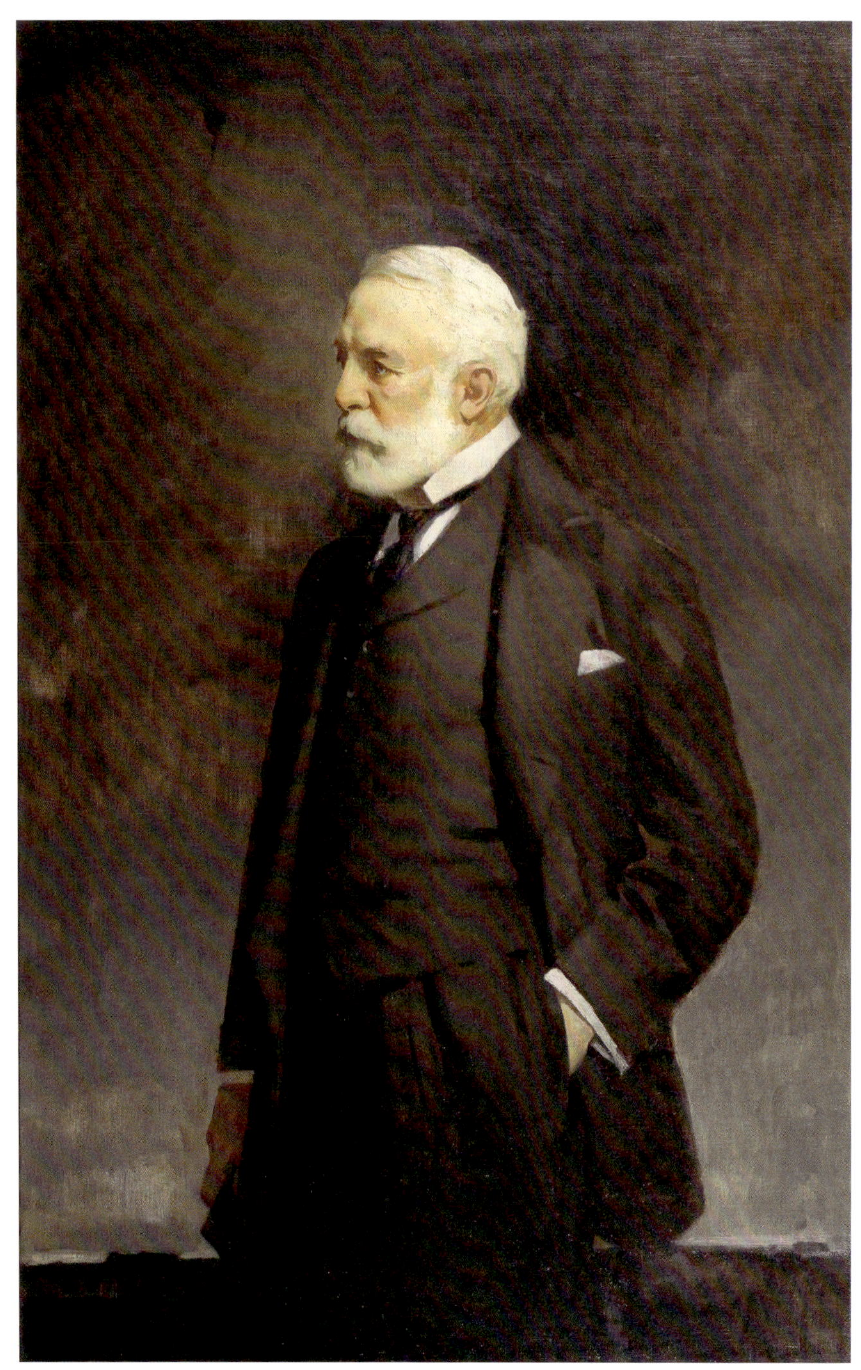

Abb. 1
John C. Johansen
Henry Clay Frick, 1943
Öl auf Leinwand, 142,6 × 91,3 cm
The Frick Collection, New York

SUSAN GRACE GALASSI

Vom Frick House zur Frick Collection

Einhundert Jahre Veränderung

1906 lag für Henry Clay Frick, den 55-jährigen Koks- und Stahlmagnaten aus Pittsburgh [Abb. 1], seine Karriere als Industrieller großteils bereits hinter sich, doch sein Ruf als führender Sammler des Gilded Age[1] war noch im Entstehen begriffen. Zu diesem Zeitpunkt unternahm er einen kühnen Schritt, wie er für sein Leben und seinen Aufstieg zum Millionär typisch war: Er kaufte an der New Yorker Fifth Avenue den ganzen Block zwischen Seventieth und Seventy-first Street, direkt am Central Park gelegen. Das als Lenox Hill bekannte Viertel entwickelte sich allmählich zu einer begehrten Wohngegend, und eben dort sollte der Wohnsitz erstehen, den Frick zu bauen gedachte. Zu seinem Missvergnügen konnte mit den Arbeiten allerdings erst begonnen werden, nachdem die dort untergebrachte Lenox Library in die neue zentrale New York Public Library an der Forty-second Street eingegliedert und das alte Gebäude abgerissen worden war. Erst 1913 konnte schließlich mit den Bauarbeiten für das Frick House begonnen werden. Das flache Gebäude aus Kalkstein von Indiana, innen mit Marmor ausgestattet, war im neoklassizistischen Stil gehalten; zur Straße hin war es durch einen Rasenstreifen abgetrennt. Der Entwurf stammte von dem Beaux-Arts-Architekturbüro Carrère and Hastings, die Bauzeit betrug gerade mal ein gutes Jahr – eine erstaunlich kurze Zeit angesichts der Tatsache, dass in der Zwischenzeit der Erste Weltkrieg ausbrach. Im November 1914 konnte Henry Clay Frick mit seiner Frau Adelaide und der gemeinsamen halbwüchsigen Tochter Helen einziehen, auch wenn noch längst nicht alle Arbeiten abgeschlossen waren. Der Bauherr hatte das Haus nicht nur als Wohnsitz und Depot für seine Sammlung von Meisterwerken der europäischen Malerei gedacht, die er im Laufe mehrerer Jahrzehnte zusammengetragen hatte, sondern auch als zukünftiges Museum. Das Stadtpalais stellte einen gewaltigen Sprung gegenüber Fricks Geburtshaus im Westen Pennsylvanias dar, und der Weg, der hinter ihm lag, war tatsächlich kein leichter gewesen.

Henry Clay Frick wurde 1849 in West Overton bei Pittsburgh geboren und wuchs, in einem bescheidenen Brunnenhaus auf dem Grundstück seines Großvaters mütterlicherseits, Abraham Overholt, einem wohlhabenden Müller und Whiskeybrenner auf. Sein Vater war in vierter Generation Bauer mennonitischer Abstammung. Als schmächtiger Junge erhielt Clay (wie er genannt wurde) nur wenig Schulbildung und begann mit sechzehn in der Brennerei seines Großvaters als Buchhalter zu arbeiten. Mit seiner außerordentlichen mathematischen Begabung und einem hervorragenden Gespür dafür, wo sich Chancen bieten, verstand er es, seine Aufmerksamkeit sehr bald dem Bereich zuzuwenden, der das größte Wachstum verhieß, nämlich der entstehenden Stahlindustrie, deren Zentrum Pittsburgh war. In diesen Jahren nach dem Bürgerkrieg herrschte aufgrund des ständigen Ausbaus des Schienennetzes eine schier unstillbare Nachfrage nach Stahl, und die neue Bessemer-Methode veränderte den Herstellungsprozess grundlegend.

In der Gegend im westlichen Pennsylvania, in der Frick Grundbesitz hatte, gab es reichlich Kokskohle der Art, wie sie zur Verhüttung von Stahl notwendig war. Dank eines Kredits der Mellon Bank und kleinerer Darlehen von seiner Familie gründete der tatkräftige 21-Jährige die H. C. Frick Coke Company, die keine zehn Jahre später tausend Hochöfen betrieb. Mit dreißig war Frick bereits Millionär und galt als der «Koks-König». Von Jugend an hatte er sich allerdings auch für Malerei interessiert, was zum Teil auf die von Goupil and Company vertriebenen Drucke berühmter Kunstwerke zurückging. Aber der junge Frick sammelte nicht nur Reproduktionen, sondern auch Werke zeitgenössischer in Pittsburgh ansässiger Künstler, vorwiegend Landschaftsmaler. Im Alter von dreißig Jahren besaß er dann die Mittel, seiner Liebe zur Kunst intensiver nachzugehen, und in Begleitung dreier Freunde unternahm er seine erste Europareise, auf der sie gemeinsam Museen und Sammlungen besichtigten. Einer dieser Freunde, Andrew W. Mellon, gründete später, im Jahr 1936, die National Gallery of Art in Washington. Auf dieser Reise besuchte die

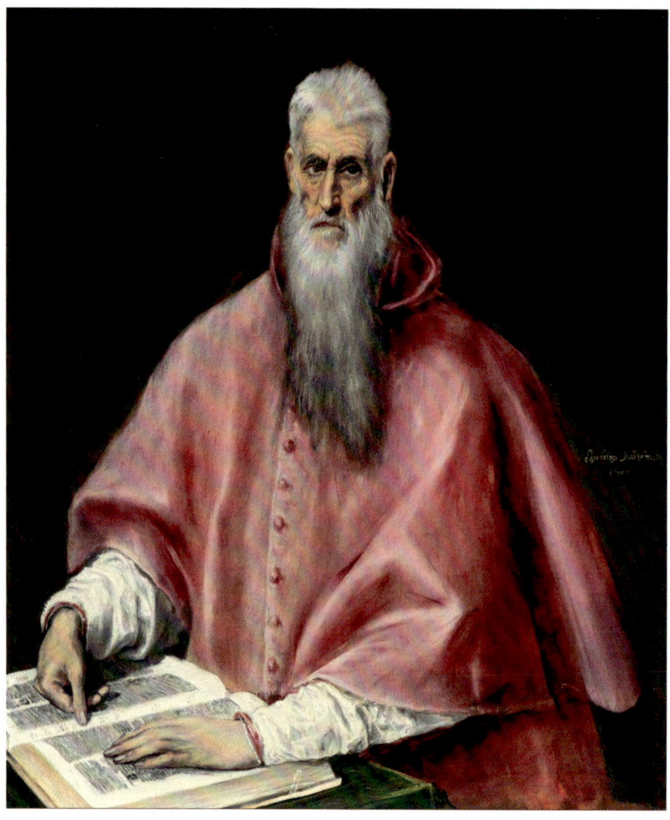

Abb. 2
Domínikos Theotokópoulos, genannt El Greco
Der heilige Hieronymus, 1590–1600
Öl auf Leinwand, 110,5 × 95,3 cm
The Frick Collection, New York

kleine Gruppe unter anderem die Sammlung von Sir Richard Wallace, die 1897 als Wallace Collection dem britischen Staat vermacht wurde. Fricks Tochter Helen äußerte rückblickend, Sir Richards Sammlung habe damals einen tiefen Eindruck bei ihrem Vater hinterlassen und ihm als Vorbild für das Museum gedient, das er selbst gründen sollte.

1881 heiratete Henry Clay Frick Adelaide Howard Childs, die Tochter vermögender Industrieller aus Pittsburgh, und das Paar kaufte sich ein Haus in einem Vorort der Stadt. Im selben Jahr ging Frick eine Partnerschaft mit Andrew Carnegie ein und wurde zum Direktor des Tagesgeschäfts bei Carnegie Brothers & Company, dem größten Stahlproduzenten der Welt, während er gleichzeitig sein eigenes Koksunternehmen weiterbetrieb. Unter seiner Führung florierten beide Firmen, die schließlich im Jahr 1892 fusionierten; dieses neue Unternehmen leitete Frick auch in der Rolle als Vorstandsvorsitzender. In dieser Zeit ließ er Umbauten an seinem Wohnhaus vornehmen: auf die doppelte Größe erweitert und dem mondänen Stil eines Loire-Schlosses nachempfunden, brachte Clayton, wie das Anwesen hieß, den ungeheuren Zuwachs seines Vermögens und gesellschaftlichen Ansehens augenscheinlich zum Ausdruck.

Allerdings begannen im Jahr 1892 auch die Unruhen, die ein ganzes Jahrzehnt währen sollten. Am bedeutsamsten war dabei der Homestead Strike, ein (negativer) Meilenstein in der Geschichte der Beziehung zwischen Arbeitgebern und Arbeitnehmern. Sowohl Frick als auch Carnegie waren vehement antigewerkschaftlich eingestellt, und der Betrieb in Homestead war die einzige Fabrik am Monongahela River, in der die Arbeiter nicht gewerkschaftlich organisiert waren. Als dennoch Arbeiter in den Streik traten und angeheuerte Streikbrecher an ihrer statt die Arbeit übernehmen sollten, kam es zu Ausschreitungen. Mit Carnegies Zustimmung rief Frick die Werkschutzeinheiten der für ihr hartes Durchgreifen bekannten Detektei Pinkerton zu Hilfe, und bei den folgenden Zusammenstößen kamen sieben Arbeiter und drei Wachmänner ums Leben, gut sechzig weitere wurden verletzt. Da Carnegie zu der Zeit in Schottland war, wurde allein Frick für die Situation verantwortlich gemacht, was ihm als Unternehmer einen sehr üblen Ruf einbrachte. Wenig später wurde sogar ein Mordanschlag auf ihn verübt. Innerhalb nur eines Jahres 1891/92 starben zwei seiner vier Kinder, die sechsjährige Tochter Martha und der kleine Sohn Henry, ein Verlust, der die Familie überaus hart traf. 1894 zog sich Henry Clay Frick aus der Leitung der Carnegie Steel Company Ltd. zurück und beschränkte sich auf die Rolle des Vorstandsvorsitzenden. Damit blieb ihm mehr Zeit, sich seiner Kunstliebhaberei zu widmen. Trotz all dieser Schwierigkeiten erwarb er die ganzen Jahre hindurch weiterhin Gemälde für sein Wohnhaus. Wie viele andere Industrielle (etwa Charles Schwab, Andrew Mellon und James Laughlin) kaufte er zeitgenössische europäische Malerei, wobei er sich vorwiegend auf Salongemälde und die Ecole de Barbizon konzentrierte.

In den 1890er-Jahren hatte der Kunsthandel in Pittsburgh derart Aufschwung genommen, dass Knoedler & Co., die bislang Galerien in New York und Paris unterhalten hatte, 1897 dort eine eigene Niederlassung gründete. Frick stand in regem Kontakt mit Roland Knoedler, der zusammen mit seinem Partner Charles Carstairs (später führender Kopf der Londoner Knoedler-Galerie) bis an sein Lebensende Fricks wichtigster Kunsthändler blieb.

Mit Hilfe seiner Händler konnte Frick im Jahr 1899 Rembrandts *Porträt eines jungen Künstlers* (heute Rembrandt-Umkreis zugeschrieben) erwerben; damit stieg er in Sammlerkreisen in eine andere Liga auf. Im Laufe der Zeit veräußerte er viele seiner früheren Erwerbungen und wandte sich den Alten Meistern zu. Im Dezember desselben Jahres führte eine Auseinandersetzung über den Preis, den Carnegie für Koks zu zahlen bereit war, zu einer erbitterten Feindschaft zwischen Frick und Carnegie. Frick wurde aus dem Vorstand sowohl der Koks- als auch der Stahlfirma gedrängt, seine finanzielle Beteiligung blieb davon allerdings unberührt. Beim Verkauf der Carnegie Company an die neu gegründete United States Steel Corporation im Jahr 1901 sollte er rund sechzig Millionen Dollar in Wertpapieren besitzen. Angesichts dieses immensen Vermögens widmete er sich vermehrt seinen Investitionen in den Stahlproduzenten US Steel und die Eisenbahn sowie seiner Kunstsammlung, und ab 1900 verbrachte er zunehmend mehr Zeit in New York, dem Finanzzentrum der Staaten.

Wie bei seiner Intuition für das Stahlgeschäft war Frick, als er die Kunst Alter Meister zu sammeln begann, in Amerika eine Art Pionier. Nachdem 1894 im Vereinigten Königreich eine Erbschaftssteuer mit sehr hohem Steuersatz eingeführt worden war, sahen sich zahlreiche Adelsfamilien mit großen Gütern gezwungen, ihre Kunstwerke und ihr wertvolles Mobiliar zu veräußern, um ihren Grundbesitz zu erhalten. Sehr schnell verstanden es Auktionshäuser, sich in New York zu etablieren, und Händler wie Knoedler und Wildenstein organisierten den Transport bedeutender Werke über den Atlantik und spielten sie in die Hände amerikanischer Bankiers und Industrieller. 1905 unterzeichnete Frick einen Pachtvertrag über zehn Jahre für eines der zwei identischen Vanderbilt-Häuser in der Fifth Avenue, Nr. 640, Ecke Fifty-second Street mit einer opulenten Innenausstattung, zu der auch eine große Gemäldegalerie gehörte. Seine Übersiedlung von Pittsburgh nach New York war realisiert und seine Wandlung vom Industriellen zum Financier damit vollbracht; so konnte er das ausgesprochen kostspielige Unterfangen, eine Sammlung Alter Meister anzulegen, zu einer seiner

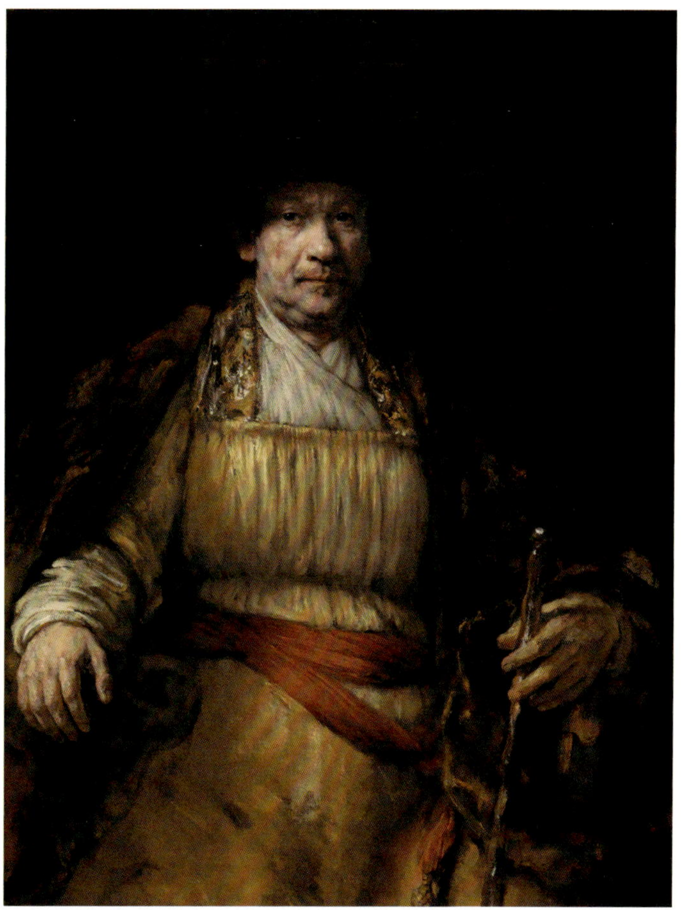

Abb. 3
Rembrandt Harmensz. van Rijn
Selbstporträt, 1658
Öl auf Leinwand, 133,7 × 103,8 cm
The Frick Collection, New York

Hauptbeschäftigungen machen. Er ließ die besten Werke seiner bisherigen Sammlung von Pittsburgh in seine neue Residenz nach New York bringen und teilte seinen Händlern mit, er wolle seine Sammlung «optimieren». Zur Schar seiner Konkurrenten um die großartigsten Werke gehörten so gewichtige Persönlichkeiten wie J. Pierpont Morgan, Henry O. und Louisine Havemeyer, Peter Widener, Arabella Huntington und Isabella Stewart Gardner, und wie sie war Frick allein an Meisterwerken interessiert. Sie alle wollten die besten unter den zum Verkauf stehenden Gemälden berühmter Künstler in ihren Besitz bringen. Dabei wurden nur sehr gut erhaltene Werke in Erwägung gezogen, deren Provenienz unumstritten und möglichst prestigeträchtig war. Ehe Frick ein Bild erwarb, bedachte er eingehend dessen Kompatibilität mit seiner bisherigen Sammlung und behielt ein Werk zuweilen monatelang zur Ansicht, sehr zum Missfallen seiner Händler. Zudem stieß er unbedeutendere Werke beständig ab, um sie durch wertvollere zu ersetzen, so sie denn erhältlich waren. Dabei war er zwar durchaus auf den Rat von Fachleuten und Kennern angewiesen, doch drückte er der Sammlung aufgrund seiner eindeutigen Vorlieben und Abneigungen und seines Beharrens auf erstklassige Qualität einen ganz eigenen Stempel auf. Besonderen Gefallen fand er an Werken aus der großen Porträttradition, an niederländischen und englischen Landschaften sowie an Seestücken, während er historische und religiöse Gemälde (mit einigen Ausnahmen) sowie Bilder mit hochdramatischer Thematik eher ablehnte. Zwar blieb Henry Clay Frick stets im Rahmen dessen, was die Sammler des amerikanischen Gilded Age schätzten, doch ihre Spitzenposition erwarb die Frick Collection durch seine Bereitwilligkeit, sich zu verändern, Gelegenheiten zu nutzen und neue Wege einzuschlagen. Als Beispiel dafür kann Fricks Interesse an spanischer Kunst gelten.

Während zur Jahrhundertwende in Amerika bereits rege Nachfrage nach britischer, französischer, niederländischer und italienischer Kunst herrschte, begann sich der Markt für spanische Kunst gerade erst zu eröffnen. Um die Wende zum 20. Jahrhundert hatten in Spanien bedeutende national ausgerichtete Ausstellungen von Velázquez, Goya und El Greco stattgefunden, und viele Werke dieser Künstler wurden im freien Kunsthandel angeboten. (Unseligerweise gab es zu der Zeit keine Gesetze, die den Export regelten, sodass ein beträchtlicher Teil des spanischen Vermächtnisses ins Ausland verkauft wurde.) Gemeinhin wird den Freunden Henry Clay Fricks, dem Zuckerfabrikanten Henry O. Havemeyer und seiner Frau Louisine, der Verdienst zugesprochen, die spanische Kunst in Amerika eingeführt zu haben. Bei seiner ersten Spanienreise 1901 war das Paar dem Bann El Grecos erlegen, ein Maler, der im 18. und einen Großteil des 19. Jahrhunderts hindurch mehr oder minder in Vergessenheit geraten war und gerade wiederentdeckt wurde. Auf jenem ersten Spanienbesuch hatte ein seltenes Ganzkörperporträt, *Porträt eines Kardinals, vermutlich Don Fernando Niño de Guevara* (The Metropolitan Museum of Art, New York), das Interesse der Havemeyers geweckt, und nach mehrjährigen Verhandlungen konnten sie es 1904 in ihrer Oberlichtgalerie ihres Hauses in der Sixty-sixth Street aufhängen. Das Gemälde erregte großes Aufsehen in New York. Als im folgenden Jahr ein weiteres bedeutendes Porträt auf den Markt kam (damals bekannt als *Porträt des Kardinals Quiroga*, wenig später als ein *Heiliger Hieronymus* identifiziert), folgte Frick als Erster dem Beispiel der Havemeyers. Zwar hatte er bereits 1904 das Werk eines spanischen Meisters erworben, Bartolomé Esteban Murillos *Selbstbildnis*, doch gehörte er durch den Kauf dieses ausdrucksstarken und farbkräftigen El-Greco-Porträts in Amerika nun zu den führenden Sammlern. Der *Heilige Hieronymus* war das vierte Gemälde El Grecos, das in die Vereinigten Staaten kam [Abb. 2]. Frick hatte mit seiner Familie bereits 1893 eine Rundreise durch Spanien unternommen, also lange ehe das Land zur touristischen Selbstverständlichkeit für Amerikaner wurde, und kehrte 1908 für einen längeren Aufenthalt zurück, was zweifellos auf sein großes Interesse an dem Land und dessen Kunst schließen lässt. Zwischen 1904 und 1914 trug Frick eine herausragende Werkgruppe führender spanischer Meister zusammen, zu der drei Gemälde El Grecos gehörten, drei Goyas und jeweils eines von Murillo und Velázquez. Diego Velázquez' außergewöhnliches Porträt *König Philipp IV. von Spanien* stellt nach wie vor einen Höhepunkt der Frick Collection dar.

Kurz nachdem Frick El Grecos *Heiligen Hieronymus* erworben hatte, gelang ihm ein weiterer bedeutender Coup: 1906 kaufte er Rembrandts *Selbstbildnis* von 1658, das allgemein als das bedeutendste Werk des niederländischen Malers in Nordamerika gilt [Abb. 3]. In den hundert Jahren vor seinem Verkauf in die Vereinigten Staaten befand sich das Selbstporträt im Besitz des Earls of Ilchester. Zwar gehörte El Greco bei den Alten Meistern zweifellos zu den begehrtesten Künstlern, der unbestrittene Star war allerdings Rembrandt, wobei insbesondere seine Selbstporträts gesucht waren. Von nun an wetteiferte er um die großartigsten Werke, die auf den Markt kamen, darunter Rembrandts *Polnischer Reiter* (erworben 1910), Hans Holbeins Porträt *Sir Thomas More* (erworben 1912) und Gentile Bellinis herausragender *Heiligen Franziskus in der Wüste* (erworben 1915), den Bernard Berensons Frau Mary als «das tiefgründigste und spirituellste Bild, das in der Renaissance je gemalt wurde»[2] bezeichnete. In Fricks prachtvoller Galerie von über dreißig Metern Länge sollten vorzugsweise Bilder «in Galeriegröße» hängen, und wieder optimierte der Hausherr seine Sammlung, jetzt aber nicht nur aufgrund der Bedeutung der Gemälde, sondern auch hinsichtlich ihrer Größe [Abb. 4]. Paolo Veroneses Allegorien *Tugend und Laster* und *Weisheit und Stärke* sowie El Grecos *Vincenzo Anastagi* ergänzte er durch zwei große Gemälde William Turners, *The Harbor of Dieppe* und *Cologne: The Arrival of a Packet-Boat: Evening* sowie durch Goyas *Schmiede*, ein Gemälde, das zuvor zu König Louis-Philippes berühmter Galerie espagnole im Louvre gehört hatte.

Bei Planung und Bau seines Hauses an der East Seventieth Street Nr. 1 beriet sich Frick häufig mit seinen Händlern Roland Knoedler und Charles Carstairs, aber auch mit seinem Architekten Thomas Hastings und den Innenarchitekten. Hastings ersten Entwurf, der einem italienischen Palazzo nachempfunden war und damit einem damals beliebten Stil für Clubs in New York entsprach, lehnte Frick als zu hochherrschaftlich und protzig ab. Er wiederholte seinen Wunsch nach «einem klug angeordneten Haus, in dem man sich wohl fühlen kann, schlicht und geschmackvoll, aber nicht prunkhaft».[3] Hastings zweiter Entwurf nach dem Vorbild eines französischen Stadtpalais aus dem 18. Jahrhundert wurde mit großer Begeisterung aufgenommen. Auf dem großen Grundstück ist das niedrige, langgestreckt wirkende Haus von weitläufigen offenen Flächen umgeben, auf der Vorderseite ist ein Garten angelegt. Thomas Hastings arbeitete eng mit Charles Allom vom-

britischen Unternehmen White Allom zusammen, dem Frick die Gestaltung der Gesellschaftsräume im Erdgeschoss übertrug. Allom bevorzugte ein zurückhaltendes Innendekor, worüber es mit dem eher zu Prunk neigenden Architekten häufiger Auseinandersetzungen gab. Mit der Ausstattung der oberen privaten Räume betraute Frick die damals gesuchte Innenarchitektin Elsie de Wolfe. Und 1915 kam noch eine weitere für die Gestaltung des Hauses und der Sammlung wesentliche Person hinzu, Joseph Duveen, der einen maßgeblichen Einfluss ausüben sollte. Innerhalb der vorangegangenen fünf Jahre hatte der aus Großbritannien gebürtige Duveen, Sohn des niederländischen Einwanderers Sir Joseph Joel Duveen und Teilhaber der renommierten Firma Duveen Brothers, Frick einige englische und niederländische Porträts verkauft, unter anderem Thomas Gainsboroughs Porträt *The Hon. Frances Duncombe*. Nachdem der Bau des Hauses erst einmal abgeschlossen war, unterstützte Duveen Frick mit seinem Talent, einen vielschichtigen, nuancierten Rahmen zu schaffen, wie er der Präsentation seiner zahlreichen erstklassigen Gemälde angemessen war. Außerdem diente Duveen Frick als Vermittler beim Ankauf einiger Werke aus der Morgan Collection.

Der amerikanische Finanzier, Bankier, Sammler, Philanthrop und ehemalige Geschäftspartner Fricks, J. Pierpont Morgan, starb 1913. Er hatte einen Großteil seines Lebens in London verbracht, wo sich auch seine umfangreiche Sammlung befand. 1909 wurde in Amerika der Payne Aldrich Tariff Act abgelehnt, ein Tarifgesetz, nach dem auf die Einfuhr von Kunstwerken, die über zwanzig Jahre alt sind, Zölle in Höhe von 20 Prozent erhoben werden sollten. Vor diesem Hintergrund begann Morgan ab 1911, seine Sammlung in die Vereinigten Staaten zu überführen. Nach seinem Tod wurde im Metropolitan Museum of Art eine Ausstellung mit über viertausend Objekten aus seiner Sammlung organisiert, die teils auch als Schau für potenzielle Käufer diente, da Morgans Sohn Jack einige Objekte veräußern musste, um die Steuern zu begleichen und die Liquidität des Unternehmens zu gewährleisten. Die *Loan Exhibition of the J. Pierpont Morgan Collection*, die vom 18. Februar 1914 bis zum 28. Mai 1916 lief, füllte mehr als 13 Säle. Einer davon, der sogenannte Fragonard-Saal, stellte eine exakte Rekonstruktion des Raumes in Morgans Haus am Prince's Gate in London dar, in dem Fragonards berühmte Serie *Les Progrès de l'amour dans le cœur d'une jeune fille* (1790/91) gezeigt wurde.

Geschickt fädelte Duveen den Verkauf der Fragonard-Gemälde an Frick ein und überließ sie ihm für 1250000 Dollar, eben die Summe,

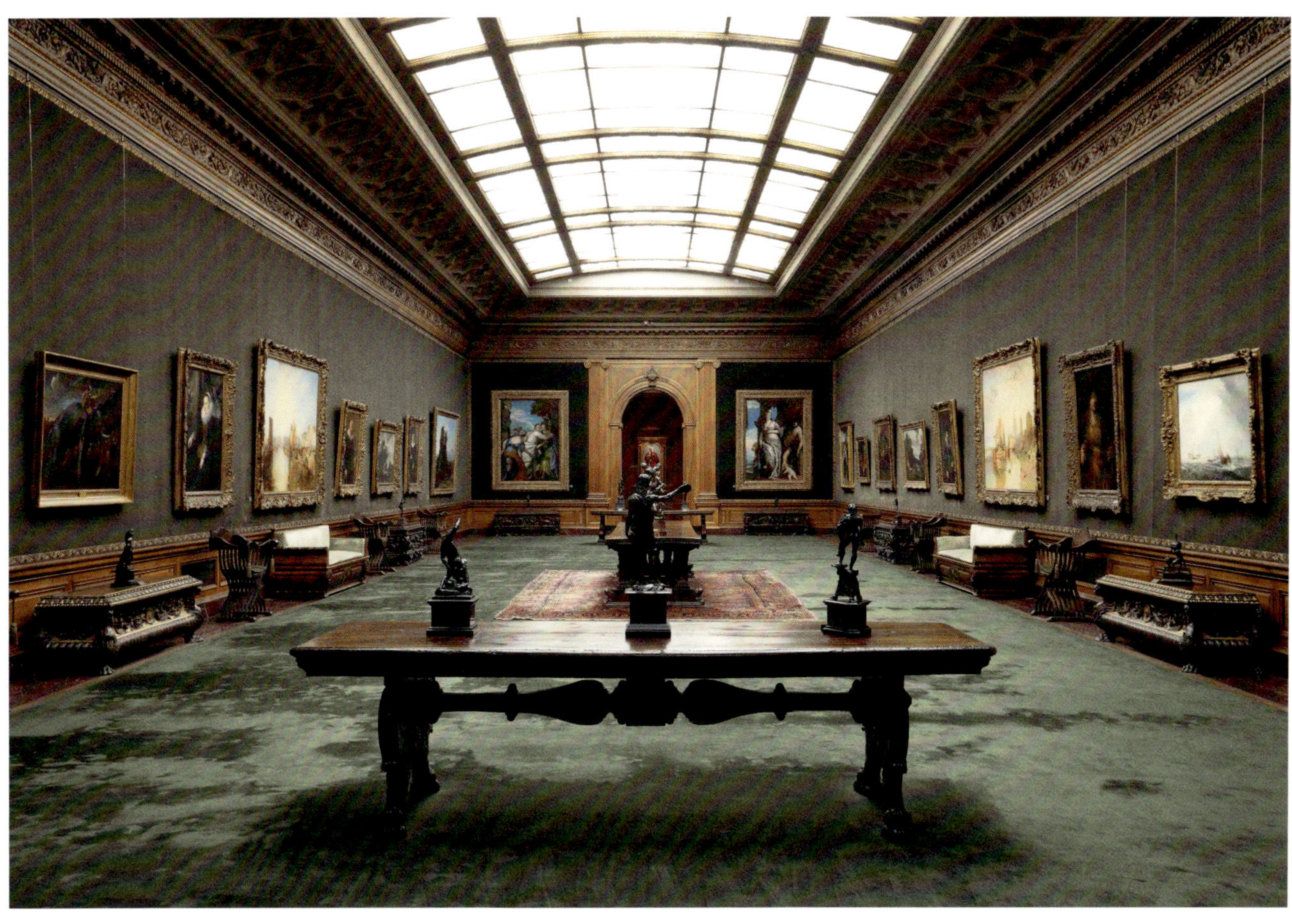

Abb. 4
Ansicht der Westgalerie der Frick Collection
The Frick Collection, New York

die er selbst dafür bezahlt hatte. Der Raum in Fricks Haus, für den Fragonards wandfüllende Bilder und Supraporten gedacht waren, war bereits für die ursprünglich dort vorgesehenen Gemälde gestaltet worden und musste nun überarbeitet werden. Daher beauftragte Duveen französische Raumausstatter und ließ eine Täfelung entwerfen, in die Fragonards ungerahmte Gemälde eingepasst werden konnten, sodass der Eindruck einer einheitlichen Einbindung in den Raum geschaffen wurde [Abb. 6]. Der hohe Anspruch Duveens diente einem noch höheren Ziel, wie Colin B. Bailey in seinem Buch über die Frick Collection schrieb: «Seine Absicht war es, dass der Fragonard-Raum wie das ganze restliche Haus als Kulisse für die großartigsten Stücke aus Morgans Sammlung dienen sollten und außerdem auch für Objekte aus der Sammlung der Gebrüder Duveen.»[4] Duveens Einfluss auf die Atmosphäre und das Inventar des Frick'schen Hauses ist unbestritten, doch traf zum Vorteil beider das Fachwissen des Händlers auf Fricks Fähigkeit, Gelegenheiten beim Schopfe zu packen und neue Wege einzuschlagen. Man kann sich kaum einen Stil vorstellen, der weniger dem Geschmack des wortkargen Geschäftsmannes und Industriemagnaten mit einer Vorliebe für realistische Malerei – ob englischer, niederländischer oder spanischer Provenienz – entspräche als das verspielte, dekorative und aristokratische Rokoko. Im Zuge seiner Unterhandlungen mit Duveen erwarb Frick aber nicht nur eine ganze Reihe bedeutender französischer Werke des 18. Jahrhunderts, sondern schuf auch eigens einen Raum, in dem die bildende und angewandte Kunst gemeinsam ein perfektes Rokoko-Ambiente beschwören. Während der ganzen Bauzeit des Hauses und in den fünf kurzen Jahren, in denen Frick dort lebte, wandte er sich immer wieder neuen Medien und Kunstepochen zu und erwarb aus dem Nachlass Morgans auch eine große Anzahl Bronzen der Renaissance, Limosiner Email, Mobiliar der Renaissance, der Louis-XV- und der Louis-XVI-Zeit sowie französisches und chinesisches Porzellan, die auf alle Räume des Hauses verteilt wurden. Das Ergebnis heute ist eine geschlossene Harmonie mit Werken Rembrandts, Vermeers, Bellinis, Holbeins, Velázquez', Gainsboroughs und Goyas, ergänzt durch herausragende Skulpturen und Kunstgewerbe, genau wie zu Fricks Zeiten in dem zurückhaltenden Dekor und den verschwenderischen Materialien der Räume. Auch in seinen letzten Lebensjahren interessierte sich Frick noch für neue Stile in der Malerei, erweiterte seine Sammlung um moderne Werke und Künstler wie Pierre-Auguste Renoir, Edouard Manet, Edgar Degas und James McNeill Whistler [Abb. 5] und erwarb Drucke und eine Reihe Zeichnungen, um sie in die oberen Stockwerke seines Hauses zu hängen.

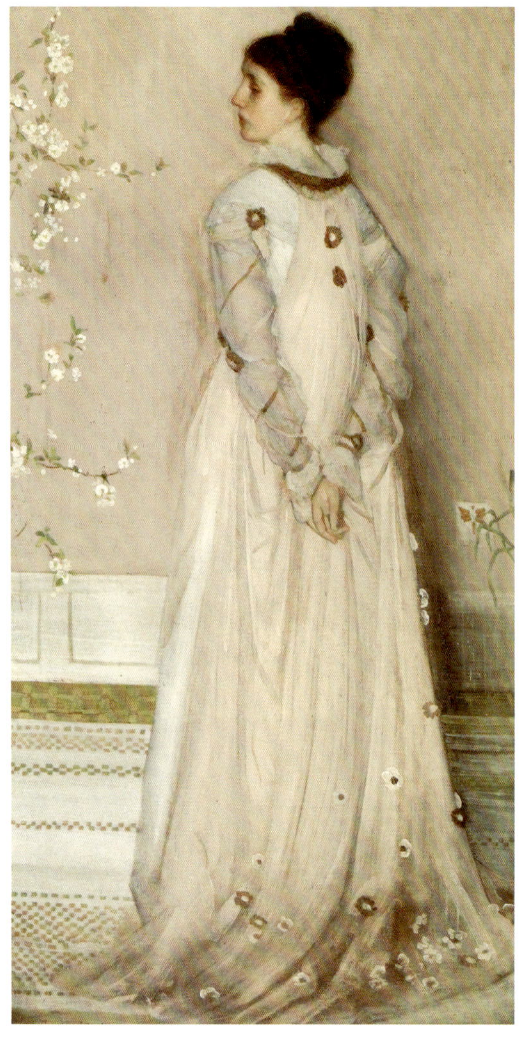

Abb. 5
James McNeill Whistler
Symphonie in Fleischfarbe und Rosa. Porträt Mrs. Frances Leyland, 1871–74
Öl auf Leinwand, 195,9 × 102,2 cm
The Frick Collection, New York

Zwar plante Frick sein Wohnhaus von Anfang an als künftiges Museum, doch stellen Anordnung und Präsentation der Kunstwerke nach ästhetischen Gesichtspunkten – und nicht etwa nach historischen Epochen, Gattungen oder Nationalitäten – einen nicht zu vernachlässigenden Teil seines Vermächtnisses dar. Welch großen Wert Frick der Umgebung seiner Sammlung beimaß, beschrieb Edwin de T. Bechtel anschaulich in einem frühen Sammlungskatalog: «Seinen Wünschen zufolge sollte das Haus in keinster Weise an ein Museum erinnern, eine womöglich methodische, einfallslose oder nichtssagende Anordnung oder Platzierung von Kunstwerken war dort völlig unangebracht [...] Die Ausgestaltung der Wände und das Mobiliar bildeten in jedem Raum ein harmonisches Ensemble, in dem alle Details die dort präsentierten Kunstwerke bestmöglich zur Geltung brachten. So konnte Mr. Fricks Sammlung, ganz seinem Wunsch gemäß, allen Kunstliebhabern ihre kluge Botschaft vermitteln. In diesem Haus schuf er eine einfühlsame Beziehung zwischen den Kunstwerken, ihrem Standort und ihrer Bedeutung einerseits und der Reaktion des

Publikums andererseits.»[5] Die Anregungen zum Arrangement seiner Sammlung bekam Frick zweifellos von den berühmten Wohnhäusern und Sammlungen, die er im Laufe seiner Jahre als Sammler gesehen hatte; gleichzeitig besaß er eindeutig selbst ein intuitives Gespür dafür, welche Objekte zueinander passten; das hatte er bereits in seinem ersten Haus in Pittsburgh bewiesen. In ihrem Buch *Sixteen to Sixty. Memoirs of a Collector* schreibt Louisine Havemeyer, Frick sei häufig Gast in ihrem von Tiffany ausgestatteten Haus an der Fifth Avenue, Ecke Sixty-sixth Street gewesen, in dem zahlreiche Gemälde von Rembrandt, diversen alten spanischen Meistern, Courbet und den Impressionisten hingen. Hier habe er, so Havemeyer, die Inspiration empfangen, Kunst als Teil eines Ensembles zu verstehen.[6] Unbenommen hatten die Havemeyers diesbezüglich einen wesentlichen Einfluss, aber es gab durchaus auch zahlreiche andere Beispiele. Das Vanderbilt Mansion etwa, in dem Frick fast zehn Jahre lebte, stellte ein weiteres Vorbild dar, wenn auch aufgrund der überladenen Ornamentik ein eher negatives. Auf seinen jährlichen Auslandsreisen, die er zum Ankauf von Kunstwerken unternahm, besichtigte Frick in England gemeinsam mit Roland Knoedler viele bedeutende Landsitze, darunter Chatsworth und Castle Howard, aber auch Residenzen im restlichen Europa, und zweifellos lieferten sie ihm alle entsprechende Inspirationen, wie dies schon sein früherer Besuch der Wallace Collection tat. Bei der Planung seines Hauses griff Frick diese Vorbilder auf, bedachte aber auch den Rat seiner Händler, seines Architekten und der Innenarchitekten, um seine Vision umzusetzen und zu vervollkommnen.

Henry Clay Frick vermachte das Haus mitsamt seinem Inventar einem Stiftungsrat und ermöglichte dadurch in weiser Voraussicht, dass das Museum ausgebaut und in seinem Sinne verändert werden konnte. Er gestattete den Kuratoren, die am Gebäude notwendigen Umbauten vorzunehmen, damit es als öffentliche Einrichtung dienen konnte, und gab ihnen die alles entscheidende Vollmacht, die Sammlung zu erweitern. Nach dem Tode von Adelaide Frick im Jahr 1931 beauftragte der Stiftungsrat John Russell Pope, Umbauten vorzunehmen, damit das Haus seine neue Funktion als Museum und Forschungsstätte erfüllen konnte; diese Arbeiten wurden zwischen 1931 und 1935 ausgeführt. Im Dezember 1935 öffnete die Frick Collection ihre Pforten dann erstmals für die Öffentlichkeit. Erneute Erweiterungen wurden 1977 durch John Barrington Bayley, Harry van Dyke und G. Frederick Poehler vorgenommen, wobei das existierende Haus durch ein Foyer und Ausstellungssäle ergänzt wurde sowie durch einen von Russell Page gestalteten Garten

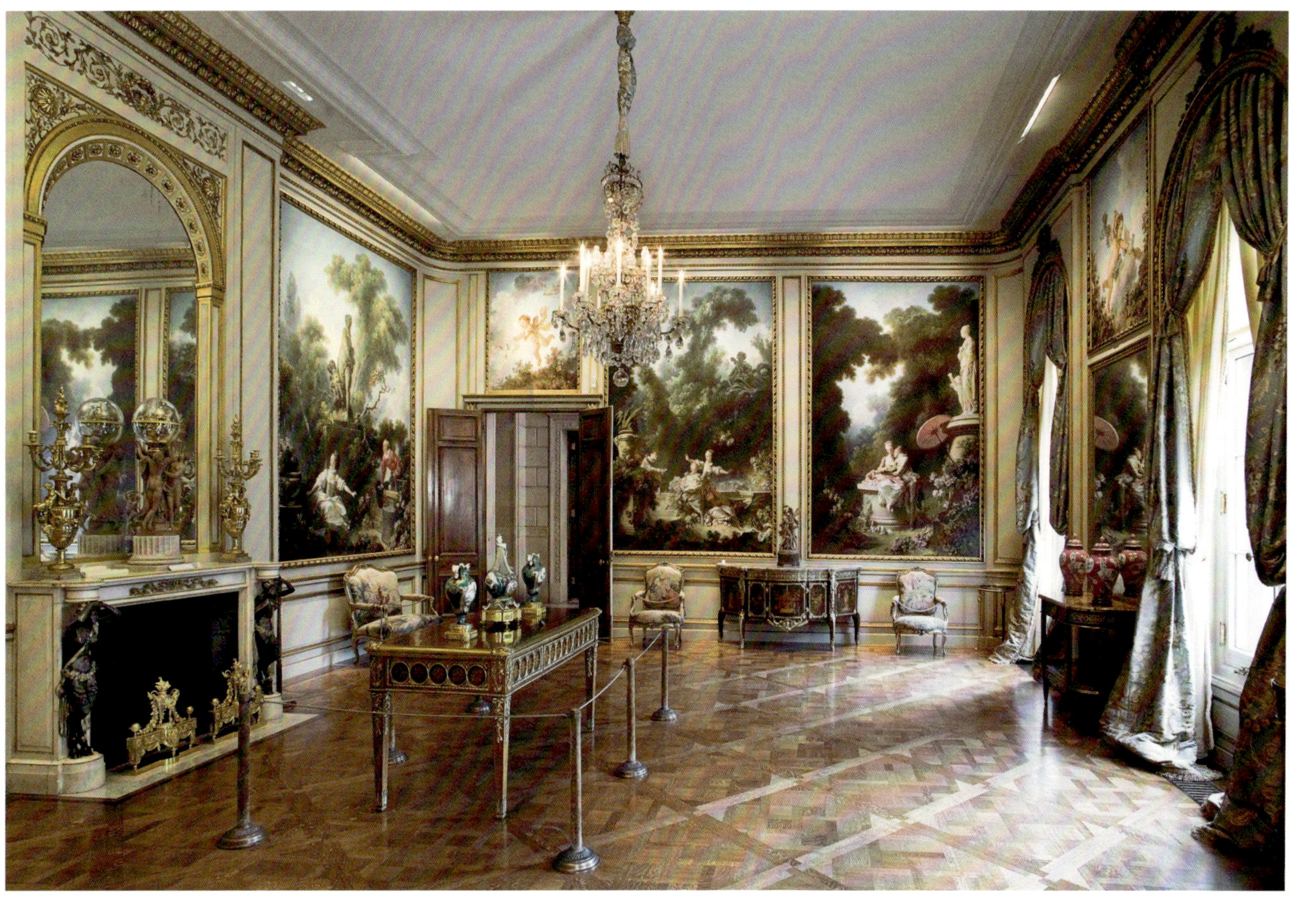

Abb. 6
Der Fragonard-Raum in der Frick Collection
The Frick Collection, New York

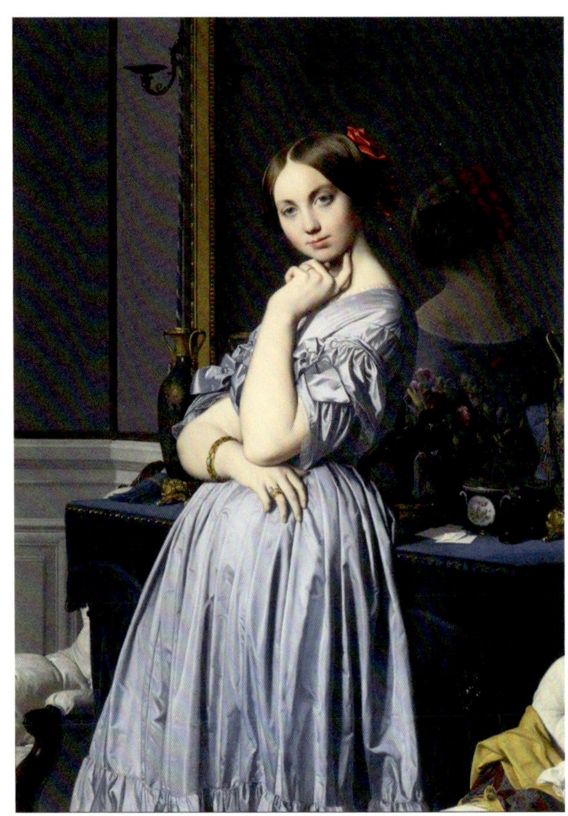

Abb. 7
Jean-Auguste-Dominique Ingres
Comtesse d'Haussonville, 1845
Öl auf Leinwand, 131,8 × 92,1 cm
The Frick Collection, New York

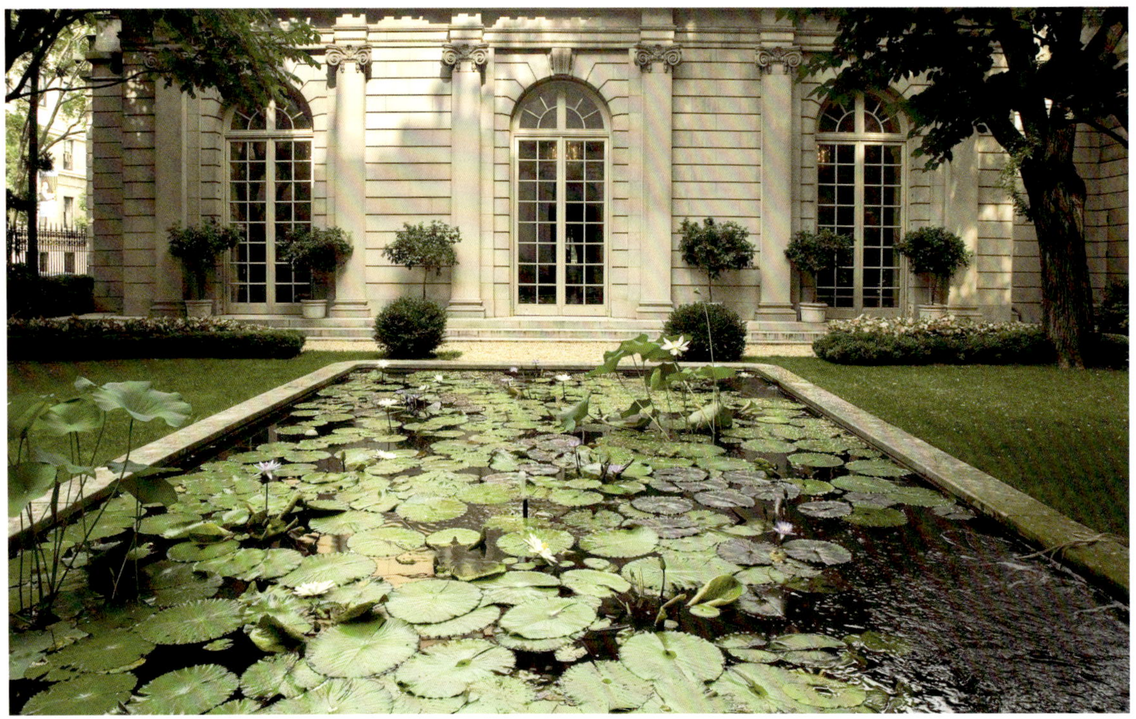

Abb. 8
Garten der Frick Collection an der Seventieth Street
The Frick Collection, New York

an der Seventieth Street [Abb. 8]. Im Jahr 2011 wurde die Portico Gallery eingerichtet, in der seitdem Skulpturen und Kunstgewerbe zu sehen sind. Die Sammlung ist seit dem Tod Henry Clay Fricks beträchtlich angewachsen.

Zu Lebzeiten ihres Vaters arbeitete Helen Clay Frick eng mit ihm an der Gestaltung der Sammlung, nach seinem Tod leitete sie bis 1961 den Akquisitionsausschuss des Kuratoriums. Gut ein Drittel der in der Sammlung vertretenen Gemälde wurden nach Fricks Tod erworben, unter der Ägide Helen Clay Fricks etwa bedeutende Werke wie Ingres' *Comtesse d'Haussonville* [Abb. 7], Piero della Francescas *San Giovanni Evangelista*, John Constables *The White Horse* und Rembrandts *Nicolaes Ruts*. In neuerer Zeit kamen durch Vermächtnisse und Ankäufe zahlreiche Skulpturen und Kunstgewerbe hinzu. Ergänzend zu Haus und Sammlung gründete Helen Clay Frick 1921 die Frick Art Reference Library, als deren Vorbild die Londoner Witt Library diente. Die Bibliothek an der Seventy-first Street ist die führende kunstgeschichtliche Institution in Amerika und steht seit 1984 unter der Verwaltung des Kuratoriums der Frick Collection.

Heute bietet die Sammlung ein riesiges Angebot an Museumsaktivitäten «für jedermann», so, wie Frick es intendiert hatte. Die rund 1100 Objekte umfassende Sammlung wird durch eine große Zahl temporärer Sonderausstellungen erweitert, und Publikationen für Fach- und allgemeines Publikum, Vorträge und Konzerte sowie Bildungsangebote für Schüler ebenso wie für Kunsthistoriker füllen ein vielfältiges Museumsprogramm. Die Ausstellungssäle werden laufend modernisiert und sind mit der neuesten Beleuchtungstechnik ausgestattet. Aufgrund der jährlich rund 300000 Besucher besteht für das Kuratorium, den Direktor und die Kuratoren die größte Herausforderung darin, die heikle Balance zwischen Privathausmuseum und Museum im Privathaus zu wahren. Dieser Balance verdankt die Frick Collection ihren ganz eigenen Charakter inmitten der anderen Institutionen an der New Yorker Museumsmeile. Und durch eben diese Ausrichtung besteht eine enge Verbindung zu anderen großen privaten Museumssammlungen in aller Welt, worauf die Frick Collection sehr stolz ist. Herausragend unter diesen Museen ist die Sammlung Oskar Reinhart «Am Römerholz» in Winterthur, die zu diesem Symposium derart viele Vertreter solcher musealer Einrichtungen zusammengeführt hat.

1 Gilded Age, «Vergoldetes Zeitalter», bezieht sich auf die Zeit von 1877 bis etwa zur Jahrhundertwende, der Blütezeit der Wirtschaft in den Vereinigten Staaten von Amerika. Der Begriff ist dem gleichnamigen Roman von Mark Twain und Charles Dudley Warner von 1873 entnommen, in dem die Zeit des großen wirtschaftlichen Aufschwungs und technologischen Fortschritts beschrieben wird, die vor allem in den Städten mit verheerender Armut und ungebändigter Korruption einherging [Anm. der Redaktion].

2 Ryskamp 1996, S. 26.

3 «[...] a comfortable, well-arranged house, simple, in good taste, and not ostentatious.» Bailey 2006, S. 48.

4 «He intended the Fragonard Room and, indeed, the rest of the house to serve as the setting for the finest objects from Morgan's collection and, beyond that, for objects from Duveen Brothers' stock.» Ebd. S. 73.

5 «He did not wish his house to suggest a museum in any way; any arrangements or placing of works of art which might be methodical, unimaginative, or dull had no place there. [...] The decoration of the walls of the rooms and the character of their furnishings created a completely harmonious environment where every detail enhanced the work of art shown in it. Thus Mr. Frick succeeded in making his Collection speak its very literate message to all lovers of fine art. Here he created a completely sympathetic relation between the works of art, their placing and emphasis, and the response of the public.» Bechtel 1951, o. S.

6 Havemeyer 1993, S. 32, 176 f.

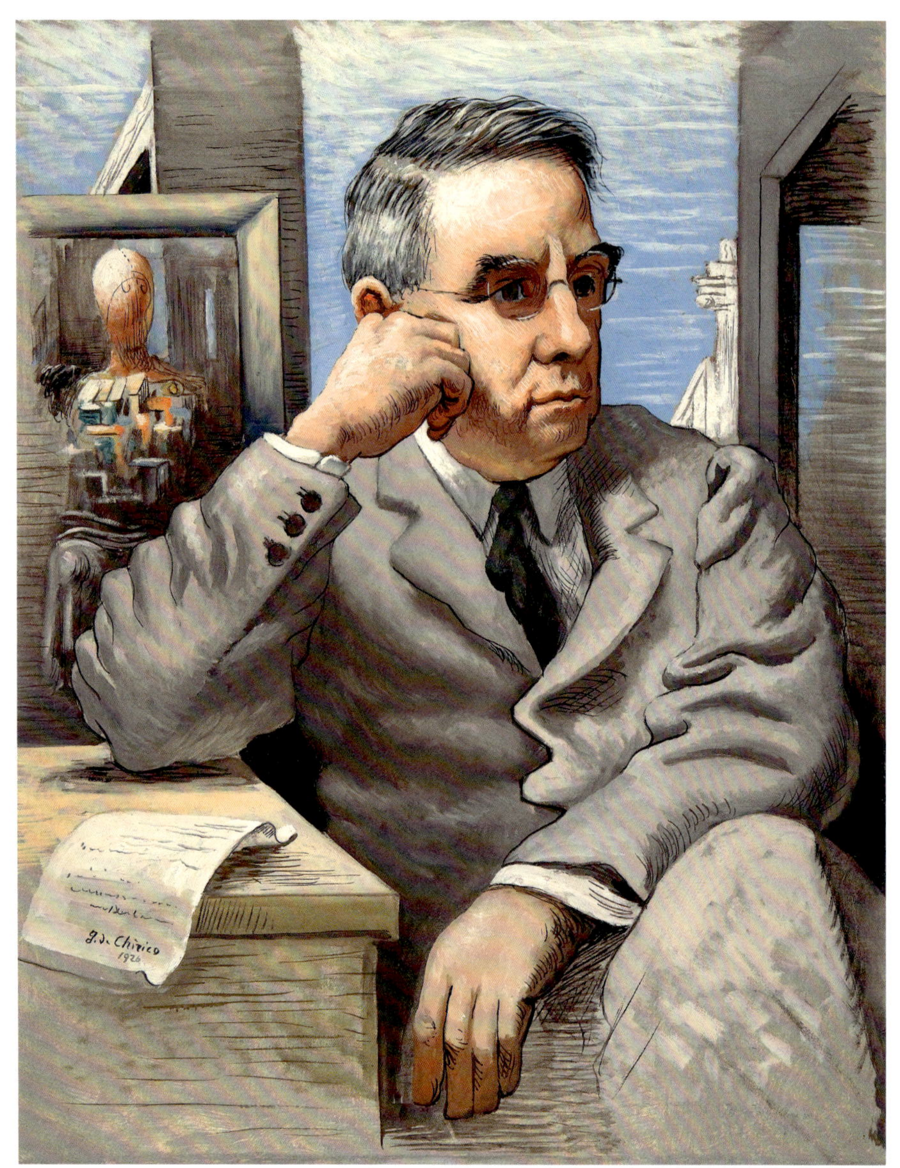

Abb. 1
Giorgio de Chirico
Dr. Albert C. Barnes, 1926
Öl auf Leinwand, 92,7 × 73,7 cm
The Barnes Foundation, Philadelphia and Merion

JUDITH F. DOLKART

«Zu sehen wie der Künstler sieht»

Albert C. Barnes und das Experiment Bildung

Zwischen 1912 und 1951 trug Albert C. Barnes (1872–1951) eine der weltweit bedeutendsten Sammlungen von Gemälden des Postimpressionismus und der frühen Moderne zusammen [Abb. 1]. Indem er Werke der avantgardistischen europäischen und amerikanischen Künstler ankaufte, bewies er seine Courage als Sammler. Anlässlich der Gründung seiner Stiftung im Jahr 1922 beauftragte Barnes den Architekten Paul Cret mit dem Bau einer Galerie in Merion bei Philadelphia für seine wachsende Sammlung und sein fortschrittliches Bildungsprogramm. In diesen Räumen experimentierte Barnes mit der Präsentation seiner Sammlung, indem er regelmäßig Hängungen der Werke in unterschiedlichen «Ensembles» oder symmetrischen Wandkompositionen vornahm.

Betritt der Besucher den zweigeschossigen Hauptsaal der Galerie, fühlt er sich von der überwältigenden und herausfordernden Wirkung der Ensembles aus dicht und teils auch übereinander angeordneten Gemälden und Kunstschmiedearbeiten [Abb. 2 und 3] magisch angezogen. Mit diesem und allen weiteren Räumen löste sich Barnes von der üblichen, nach Nationalität, Stil und Gattung chronologisch angeordneten Präsentation und widersetzte sich damit den Ausstellungstraditionen und einer herrschenden Interpretationskonvention. So flankieren etwa die Gemälde *Zwei Propheten* (Ende 16. Jh.) von Bonifazio de'Pitati und *Zwei Apostel* (um 1520) von Jacopo Tintoretto Pierre-Auguste Renoirs Bild *La Famille d'artiste* (1896) und schaffen damit eine ungebrochene Abstammungslinie von Koloristen. Ein schmiedeeiserner Türbeschlag, der über Henri Matisse' Gemälde des wilden *Rifain assis* von 1912 platziert ist, wiederholt in seiner Schwingung die Nackenlinie der dargestellten Figur. Untergeordnete Genres wie etwa das Stillleben sind hier über das hierarchisch höher bewertete Porträt gehängt, während Genreszenen wie Georges Seurats *Les Poseuses* (1886–88) die monumentalen Proportionen und Wandpositionen von Salonauftritten der Historienmalerei übernehmen. Das Sammlerkabinett, das englische Landhaus und der Französische Salon standen offensichtlich Pate für die dichten Gruppierungen der Bilder in der Stiftung. Gleichwohl durchmischte Barnes diese freien Assoziationen – unter großzügiger Einbeziehung von Gemälden berühmter künstlerischer Ahnherren – mit wissenschaftlichen Erkenntnissen und auf seinen Bildungsreisen erworbenem Wissen. Auch setzte er sich über die hierarchische Ordnung zwischen den akademischen Gattungen, den Schönen Künsten, dem Kunsthandwerk und dem Kunstgewerbe hinweg. Stattdessen verwies er auf die allgemein greifbaren formalen Zusammenhänge zwischen Licht, Linie, Farbe und Raum in künstlerischen Werken.

Die Werkensembles wurden entsprechend den An- und Verkäufen und Barnes' Erkenntnissen neuer ästhetischer Verbindungen zwischen den Arbeiten laufend verändert. Seit dem Tag, an dem Barnes durch einen Autounfall im Jahr 1951 ums Leben kam, ist die einst dynamische Hängung der Sammlung jedoch unangetastet geblieben und wurde so auch später in der neuen Anlage in Philadelphia entsprechend rekonstruiert. [Abb. 2, 3] Der ursprünglich aus Gemälden bestehende Corpus der Sammlung hat sich im Laufe der Jahrzehnte signifikant verändert – vor allem durch die Einbeziehung von afrikanischer Skulptur, Antiquitäten, asiatischer Kunst sowie Keramik, Schmuck und Textilarbeiten der indigenen Völker Amerikas; außerdem kamen Handschriften und Gemälde Alter Meister sowie europäisches und amerikanisches dekoratives Kunsthandwerk und industriell gefertigtes Kunstgewerbe hinzu.

Es war das große Anliegen Albert C. Barnes, durch die Integration von Kunsthandwerk und anderen Objekten aus allen Kulturen und Zeitperioden, die Kontinuität der künstlerischen Tradition und des universellen menschlichen Drangs nach kreativem Ausdruck zu demonstrieren.

Barnes, der Sammler – «How to Judge a Painting»

Barnes offenbarte letztlich wenig darüber, was ihn zu seinem vierzig Jahre umfassenden Sammelabenteuer inspiriert hatte.[1] Bevor er Gemälde sammelte, galt seine Aufmerksamkeit vor allem Pferden. Argyrol, ein von ihm und einem befreundeten deutschen Chemiker entwickeltes Medikament zur Behandlung von Augenentzündungen, hatte ihn bereits in jungen Jahren unvorstellbar wohlhabend gemacht. Barnes und seine Frau, die in Brooklyn geborene Laura Leggett (1875–1966) bauten sich ein Haus in Merion, in Philadelphias elegantem Vorort an der Main Line, weit entfernt von der armseligen Umgebung, in der er aufgewachsen war. 1908 trat er in einen Jagdverein ein und kaufte Pferde, so wie er später Gemälde erwarb. Aber das Interesse an der Jagd erwies sich als kurzlebig. Ruhelos und intellektuell rege, dürfte er sich in den Kreisen, zu denen ihn sein neu erworbenes Vermögen Zutritt verschafft hatte, nicht wohlgefühlt haben.

Über seine geschäftlichen Kontakte lernte Barnes John G. Johnson kennen, einen Anwalt aus Philadelphia und Sohn eines Schmieds, der eine bedeutende Sammlung von Alten Meistern und Gemälden der Schule von Barbizon zusammengetragen hatte. Johnson liebte angeblich eigenwillige Präsentationen, bei denen er Gemälde auf Türen, Decken und auf den Fußenden von Betten anbrachte.[2] Jedenfalls kündigte Barnes im April 1912, als seine obsessive Leidenschaft für das Sammeln einsetzte, seine Mitgliedschaft beim Jagdklub. Und bereits im Januar desselben Jahres schrieb er William Glackens, einem Maler und Freund aus der gemeinsamen Schulzeit an der Central High School: «Ich möchte einige gute moderne Gemälde kaufen. Kann ich Dich am nächsten Dienstag in New York treffen, um mit Dir darüber zu sprechen?»[3]

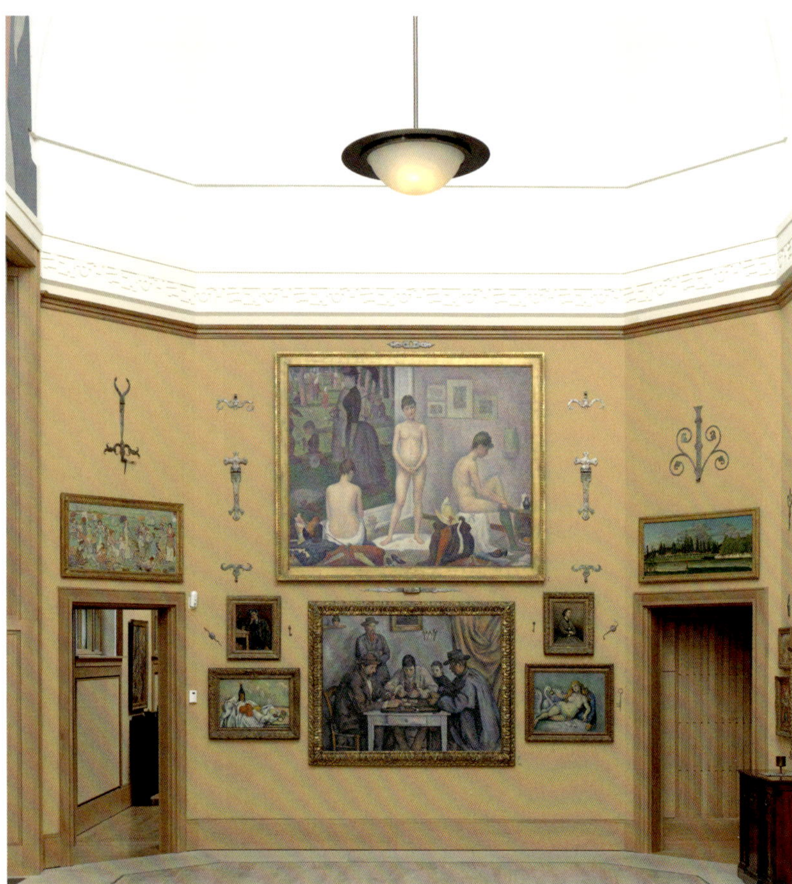

Abb. 2
Hauptsaal der Barnes Foundation, Westwand
The Barnes Foundation, Philadelphia

Der im Kreis der amerikanischen Künstler der Moderne als führende Persönlichkeit anerkannte William Glackens (1870–1938) – zunächst wegen seiner realistischen Darstellungen städtischen Lebens und später wegen der sonnigen Palette und dem impressionistischen Pinselstrich, die sein Gemälde *Race Track* (1908/09) beispielhaft belegt – führte Barnes durch zahlreiche Künstlerateliers.[4] Wissend, was er diesem Künstler verdankt, schrieb Barnes später: «Den einzig wertvollen Einfluss hinsichtlich Bildung hatte für mich der rege Kontakt zu einem langjährigen Freund, der künstlerische Größe und den Verstand eines großen Mannes in sich vereint.»[5] Barnes genoss die Vorstellungskraft dieses Malers, der «rosa Katzen, violette Kühe, schielende Häuser und einige andere Manifestationen eines künstlerischen Genius» zu sehen vermochte.[6] Für den Wissenschaftler Barnes stand hinter seiner Sammlertätigkeit und seinen erzieherischen Ambitionen das Streben nach der Entwicklung einer rigorosen Methode, um «mit den Augen des Künstlers zu sehen».[7]

Barnes sandte Glackens im Februar 1912 auf eine Einkaufsreise nach Paris. Mit 20000 Dollar in der Tasche durchstreifte Glackens die Pariser Galerien zusammen mit dem amerikanischen Maler Alfred Maurer, dessen fließendes Französisch und die Freundschaft mit Leo Stein eine große Hilfe waren.[8] Nach zwei Wochen hatte Glackens 33 Ölgemälde, Drucke und Aquarelle, darunter *Vers la Montagne Sainte-Victoire* (1878/79) von Paul Cézanne [Abb. 5], *Le Postier (Joseph-Etienne Roulin)* (1889) von Vincent van Gogh [Abb. 6] und *Jeune Femme tenant une cigarette* (1901) von Pablo Picasso [Abb. 7] erworben. Auch Gemälde von Maurice Denis, Camille Pissarro, Pierre-Auguste Renoir und Alfred Sisley fanden Platz an den Wänden des Barnes-Hauses und später in den Ensembles der Barnes Foundation.[9] Andere Werke aus den Glackens-Ankäufen veräußerte Barnes in den 1910er-Jahren wieder, häufig durch Vermittlung des Händlers Paul Durand-Ruel, dem er im April 1915 schrieb: «Wie Sie wissen, ist es mein Ziel, nur bedeutende Gemälde in meiner Sammlung zu haben.»[10]

Obwohl er mit Glackens Sichtung und Auswahl von Kunst übereinstimmte, behielt es sich Barnes stets vor, seine endgültigen Kaufentscheidungen selbst zu treffen. Der in Paris lebende amerikanische Maler Alfred Maurer sandte ihm regelmässig Skizzen von Werken, deren Kauf er eventuell in Erwägung ziehen mochte. Im Juni 1912 reiste Barnes selbst nach Paris; das war der Beginn seiner regelmäßigen transatlantischen Reisen, die nur durch die beiden Weltkriege unterbrochen wurden. Paul Guillaume, der Kunsthändler, mit dem Barnes in den 1920er-Jahren Geschäfte machte, beschrieb eine von Barnes, dem «Medici der Neuen Welt», unternommene dreiwöchige Einkaufstour durch Paris und stellte dabei fest, dass sich sein «außergewöhnlicher, demokratischer, leidenschaftlicher, unermüdlicher, charmanter, impulsiver, großzügiger, einmaliger» Kunde während dieser Aufenthalte wenig Zeit für Muße nahm. «Er kaufte, lehnte ab, äußerte Bewunderung oder Kritik. Man mochte ihn, man mochte ihn nicht, er machte sich Freunde und Feinde.»[11] In der Zeit zwischen seinen Europareisen ersteigerte Barnes auch Kunst auf Auktionen und besuchte die New Yorker Dependancen etablierter Händler von impressionistischer und postimpressionistischer Kunst wie etwa Durand-Ruel.

Barnes hielt auch in seiner Heimat Ausschau nach künstlerischen Strömungen und legte über die Jahre eine bedeutende Sammlung von Künstlern der amerikanischen Moderne an: William Glackens und Charles Demuth (1883–1935), Marsden Hartley (1877–1943), Ernest Lawson (1873–1939), Alfred H. Maurer (1868–1932) und die Brüder Maurice Brazil und Charles Prendergast (1858–1924 bzw. 1863–1948). Einige dieser Künstler wurden zu wichtigen Brief- oder Gesprächspartnern und Besuchern seiner Sammlung in Merion.[12] Er kaufte Gemälde Alter Meister wie Frans Hals, Peter Paul Rubens, Claude Lorrain, Lucas Cranach d. Ä., Tintoretto und El Greco in New York und Europa [Abb. 4], ging aber in einem gemesseneren Tempo vor als bei seinen Ankäufen zeitgenössischer Kunst; womöglich nahm er sich hier ein Vorbild an den sorgfältig aufeinander abgestimmten Beständen von Henry und Louisine Havemeyer, die er als «die beste und klügste Sammlung in ganz Amerika»[13] lobte. So äußerte er sich im Jahr 1914 in einem Brief an einen Händler zunächst mit vorsichtiger Zurückhaltung: «Meine Sammlung ist einzig und allein eine moderne, und in ihrer gegenwärtigen Form ist sie vielleicht nicht nur die bedeutendste im Lande, sondern bildet auch ein harmonisches Ganzes hinsichtlich Farbe usw.; es ist mir überaus zuwider, diese Harmonie durch die Einführung dieser alten Gemälde zu stören, die sich in ihrem Grundton so substantiell von den modernen Meistern unterscheiden, die ich habe.»[14]

Ende 1912 besuchte Barnes den Pariser Salon von Gertrude und Leo Stein. Mit Leo schloss er eine Jahrzehnte überdauernde Freundschaft und stand mit ihm in einem regen Briefwechsel, in dem beide über ästhetische Fragen diskutierten. Ebenso wie Glackens spielte Stein eine entscheidende Rolle bei der Entwicklung von Barnes Sammlung und dessen ästhetischen Theorien, was Barnes später bestätigte: «Ich kann wohl sagen, dass meine Gespräche mit

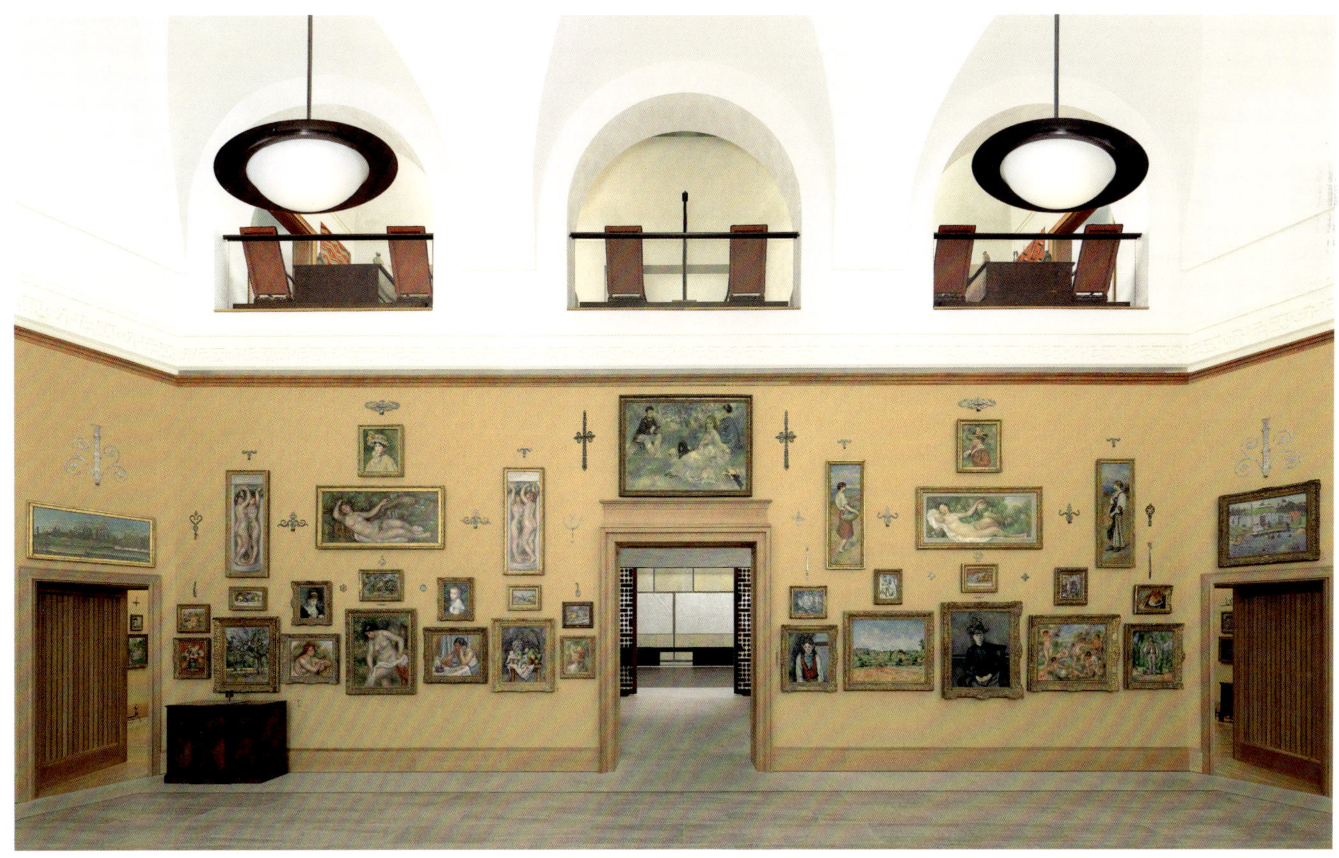

Abb. 3
Hauptsaal der Barnes Foundation, Nordwand
The Barnes Foundation, Philadelphia

ihm in den frühen Jahren den wichtigsten Einfluss auf meine Aktivitäten in der Kunstwelt bekamen.»[15]

Es war Leo Stein, von dem Barnes während der 1912 unternommenen Reise seine ersten Matisse-Bilder kaufte. Insgesamt gehören zur Sammlung ungefähr 35 Werke des Künstlers, die zuvor Stein oder jemand aus dessen Familie besessen hatte, darunter *Le Bonheur de vivre* (1905/06) [Abb. 8]. Steins Lieblingskünstler – Cézanne, Matisse, Picasso und Renoir – wurden für Barnes zu tragenden Säulen seiner Sammlung. Mit allein 181 Werken von Renoir machte Barnes seine 1913 gegenüber Stein geäußerte Ankündigung wahr: «Ich bin überzeugt davon, dass ich gar nicht genug Renoirs bekommen kann.»[16] Und ebenso erfolgreich gelang ihm dies mit Cézanne (69 Werke), Matisse (59 Werke), und Picasso (46 Werke).

Während Stein und Barnes in ihren Briefen über Ästhetik und Psychologie diskutierten, wurde ihr Verhältnis zueinander immer vertrauter. Stein gegenüber bekundete Barnes, sie stünden mit ihren gemeinsamen ästhetischen Überzeugungen auf einsamem Posten: «Ich bin auf diesem ganzen Kontinent mit meiner Art des Bildersammelns fast allein auf weiter Flur.» Auch registrierte er bitter die belustigte Neugier, die seine Sammlung schon 1914 unter «prominenten, erfolgreichen, also notwendigerweise dummen Männern und Frauen»[17] hervorgerufen hatte. Trost fand er jedoch in dem Interesse von Künstlern, die sich von den Beständen inspirieren ließen.

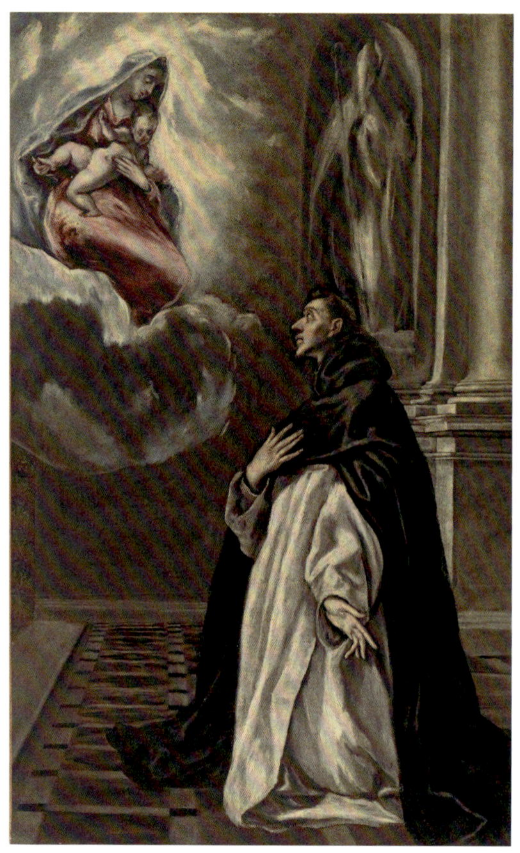

Abb. 4
Domínikos Theotokópoulos, genannt El Greco
Die Erscheinung der Maria mit dem Kind vor dem heiligen Hyazinth, um 1605–10
Öl auf Leinwand, 158,4 × 98,7 cm
The Barnes Foundation, Philadelphia and Merion

«[…] in dem Bemühen, herauszufinden, was gute Malerei ist», wie er im Jahr 1914 an Stein schrieb,[18] als er bereits zweihundert Werke zusammengetragen hatte, vertiefte sich Barnes heißhungrig in die Schriften eines Clive Bell, Bernard Berenson, Roger Fry, Julius Meier-Graefe und Willard Huntington Wright. Doch er zog den Schluss: «kein Buch über Kunst, das je geschrieben wurde, ist auch nur einen Penny wert für denjenigen, der aus eigener Kraft seine Erfahrungen machen und die geistigen Kräfte nutzen will, die er durch die Erziehung und seine persönlichen Anlagen entwickelt hat».[19]

1915 wagte er sich mit seinem Artikel «How to Judge a Painting» in die Arena des Kritikerstreits. Barnes trat für eine unmittelbare, wiederholte Bildbetrachtung ein. «Gute Bilder sind überzeugendere Gefährten als die besten Bücher und das auch unendlich mehr als die meisten noch so netten Menschen», schrieb er.[20] Durch diese beständige Beschäftigung mit seinen Bildern vermochte er die Qualität seiner Bestände stetig zu verfeinern.

Es war die Form, die für Barnes eine wichtige Rolle spielte: eine Reihe seiner Werke Alter Meister werden bis zum heutigen Tag nur nach der betreffenden Malerschule identifiziert – ein deutlicher Ausdruck seines Hauptinteresses für «die wesentlichen Dinge, die den Ausdruck des Geistes unserer Zeit mit den großen Schöpfern der Vergangenheit verbinden.»[21] Seine Strategie brachte neue Erkenntnisse über die Werke und seine eigene Entwicklung als Sammler hervor. Diesbezüglich stellte er fest: «Das ist eine der Freuden einer Sammlung, die Elastizität, mit der die Gemälde sich dem persönlichen Blick des Betrachters anpassen, den sie zunehmend weiterentwickeln.»[22]

In einem Artikel von 1916 mit dem Titel «Cubism. Requiescat in Pace» (Kubismus. Ruhe in Frieden) verurteilte er den Kubismus als «akademisch, banal, repetitiv, tot», gab aber später zu, dass ein Werk Picassos in seiner Sammlung – «eine Symphonie in ihrem strahlenden Gelb, Blau, Rehbraun, Grau, Weiß und Schwarz» – ihn dazu bewogen hatte, den Stil nochmals zu überdenken: «Wenn ein kubistisches Bild mich ästhetisch durch etwas mehr als bloße Muster bewegt, werde ich die Gemälde der Kubisten akzeptieren, auch wenn ich ihre Theorien nicht akzeptieren kann.»[23]

Albert C. Barnes arbeitete beim Aufbau seiner Sammlung mit einer Reihe hauptsächlich französischer Händler – vorrangig dem fest etablierten Impresario der Avantgarde, Paul Durand-Ruel, und dem rührigen, aufstrebenden Paul Guillaume.[24] Durand-Ruel und Guillaume verkauften an ihn aus Galeriebeständen – Barnes Angebot im Jahr 1921, Durand-Ruels Privatsammlung für eine Million Dollar zu erwerben, blieb ohne Erfolg;[25] aber sie waren auch als Agenten für ihn tätig und vermittelten Ankäufe, ohne seine Identität preiszugeben. «Sagen Sie Vollard nicht, dass es für mich ist», schärfte Barnes Durand-Ruel im Jahr 1913 ein,[26] als er Nach-

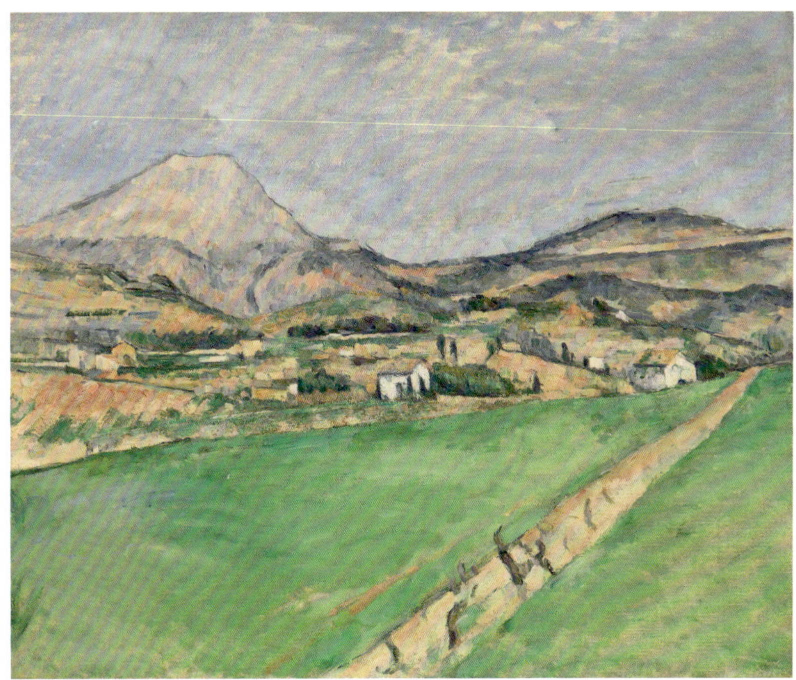

Abb. 5
Paul Cézanne
Montagne Sainte-Victoire, 1878/79
Öl auf Leinwand, 46 × 55 cm
The Barnes Foundation, Philadelphia and Merion

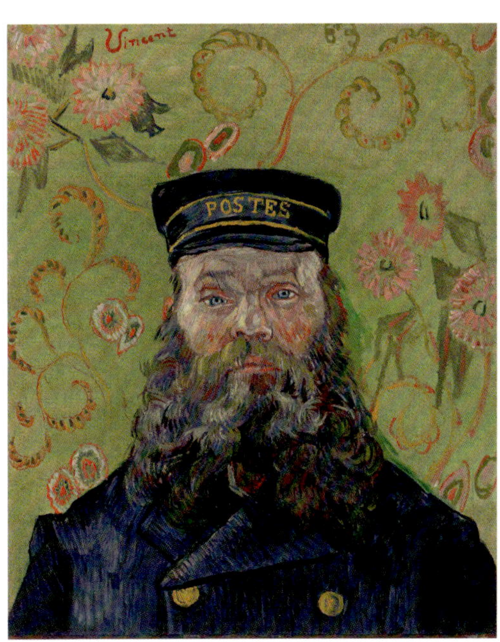

Abb. 6
Vincent van Gogh
Postbote Roulin (Joseph-Etienne Roulin), 1889
Öl auf Leinwand, 65,7 × 55,2 cm
The Barnes Foundation, Philadelphia and Merion

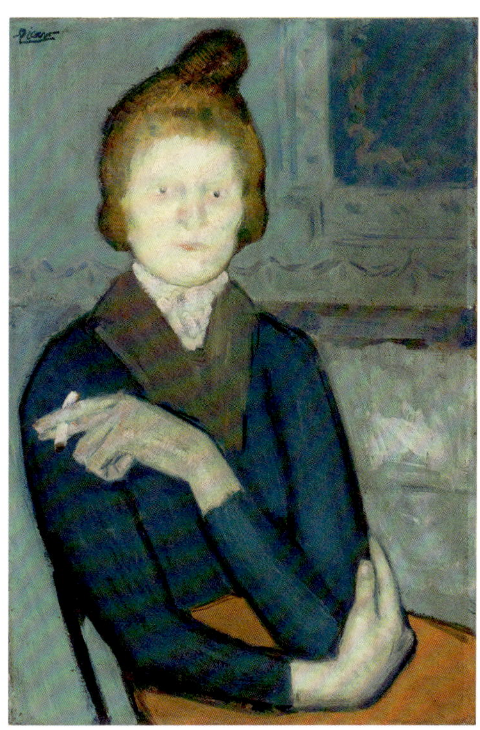

Abb. 7
Pablo Picasso
Frau mit Zigarette, 1901
Öl auf Leinwand, 73,7 × 51,1 cm
The Barnes Foundation, Philadelphia and Merion

forschungen über Werke in den Händen von Ambroise Vollard anstellte, dessen Geschäftspraktiken ihn oft enttäuschten. Später drängte er Guillaume, «Vollards clevere Zurückhaltetaktik» zu unterlaufen[27] und er unternahm eine ungewöhnlich beharrliche, ganze fünf Jahre dauernde Jagd auf Cézannes Gemälde *Les Joueurs de cartes* (1890–92) [Abb. 9], deren erfolgreiches Ende dem Sammler 1925 in einem verschlüsselten Telegramm von Guillaume mitgeteilt wurde.[28]

Im Jahr 1922 beauftragte Barnes Guillaume damit, dem Gemälde *Le Bonheur de vivre* von Matisse nachzusetzen, ungeachtet seiner Verpflichtung zu finanziellen Sparmaßnahmen, da er gerade seine neue Firma aufbaute. Barnes, der Guillaume liebevoll scherzend mit «Your Excellency» anredete, ernannte ihn zum «Außenminister» der Foundation, was für den Kunsthändler die Beförderung zum Sprecher und diplomatischen Vertreter des Unternehmens in Merion bedeutete. Die Interessen seines Auftraggebers und der eben flügge gewordenen Foundation fördernd und vorantreibend, veröffentlichte Guillaume Artikel über Barnes, seine Sammlung und sein Bildungsprogramm. Guillaumes Titel und Position spiegelten auch den Geist kulturellen Austausches wider, dessen Entfaltung Barnes in seiner Galerie erlebte. Guillaume vertrat Giorgio de Chirico, Jacques Lipchitz, Amedeo Modigliani, Jules Pascin und Chaim Soutine, eine Generation von zeitgenössischen, im Ausland geborenen Künstlern, die in Paris lebten und arbeiteten. Barnes, der von Anbeginn an ein großer Bewunderer von Soutines Schaffen war, kaufte auf einen Schlag über fünfzig seiner Gemälde aus dem Kunsthandel Guillaumes.

Im Januar 1923 organisierte Guillaume in seiner Galerie eine mit positivem Interesse aufgenommene Ausstellung von Neuerwerbungen der Foundation, zu denen auch afrikanische Kunstwerke gehörten, die Barnes zu kaufen begonnen hatte. Die Tatsache, dass er die afrikanische Kunst vor allem wegen ihrer formalen ästhetischen Qualitäten und nicht aus ethnografischem Interesse hoch schätzte, hebt Barnes als einen frühen bedeutenden amerikanischen Sammler dieser künstlerischen Werke hervor. Guillaume pflegte seinen Briefen an Barnes Skizzen von afrikanischen Objekten und Regionen beizulegen. Barnes stürzte sich gierig auf allen greifbaren Lesestoff über afrikanische Kunst – erneut las er Clive Bell und Roger Fry sowie Carl Einstein; das meiste aber tat er als Hervorbringungen «von Leuten, die von dem Thema keine wirkliche Ahnung haben» ab.[29] Bei seiner Recherche zu afrikanischer Kunst ebenso anspruchsvoll wie bei seiner Suche nach Gemälden, ermahnte Barnes Guillaume: «Bitte denken Sie daran, ich habe die Absicht, die beste private Sammlung von Negerskulptur der Welt zu haben».[30] Seine aus über hundert Objekten bestehende afrikanische Sammlung trug er durch mehrere große Kaufaktionen zwischen 1922 und 1924 zusammen [Abb. 10]. «Meine Negerskulpturen sind eine ständige Freude und meine Bilder sehen umso besser aus, wenn sie die Schnitzereien als Begleitung haben», schrieb er an Guillaume, ihrer Eingliederung in die Foundation vorgreifend.[31]

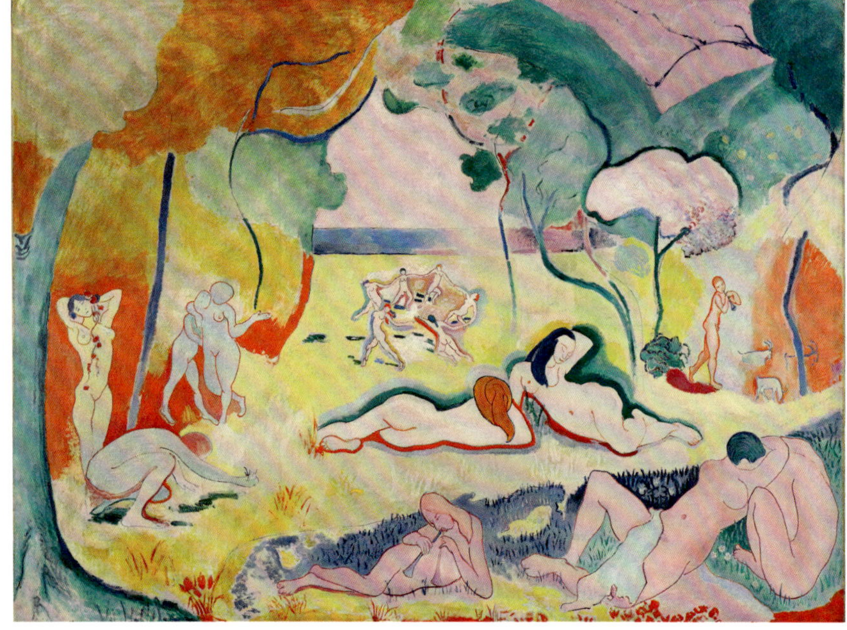

Abb. 8
Henri Matisse
Lebensfreude, 1905/06
Öl auf Leinwand, 176,5 × 240,7 cm
The Barnes Foundation, Philadelphia and Merion

Die Gründung der Barnes Foundation – «Eine Annäherung an die Kunst»

Etwa zehn Jahre nachdem er seine Sammlung zusammengetragen hatte, gründete Barnes eine Stiftung, die «der Förderung der Weiterbildung und des Verständnisses der schönen Künste» gewidmet war.[32] Die aus fünf knapp gefassten Punkten bestehende und im April 1922 auf Hotelbriefpapier gekritzelte Agenda[33] spiegelte seine fortschrittlichen Bildungsziele, in denen er sich ganz der Entwicklung eines für eine gesunde Demokratie notwendigen kritischen Denkens verschrieben hatte. Die Wurzeln dieser Thesen lassen sich auf ein Programm zurückverfolgen, das er fast 20 Jahre zuvor seiner Argyrol-Fabrik zugrunde gelegt hatte. 1922 beschreibt Barnes den genossenschaftlichen Charakter dieser Firma, der so erfolgreich verwirklicht worden war, dass seine Angestellten ihre täglichen Aufgaben innerhalb von 6 Stunden erledigen konnten und so zwei Stunden für Bildungsmaßnahmen im Arbeitsalltag frei wurden.

Auch wenn das Bildungsniveau sehr unterschiedlich war, lasen die Arbeiter gerne Bücher über Kunst oder hörten Vorträge über Philosophie und Psychologie von John Dewey, William James und Bertrand Russell. Als Reaktion auf die enthusiastische Resonanz, die die Texte zu Kunst und Ästhetik von Roger Fry, George Santayana und Percy Moore Turner hervorriefen, initiierte Barnes Seminare und führte moderne Gemälde in der Fabrik ein. Es gibt Aufzeichnungen von Beobachtungen über das Textverständnis der Arbeiter und ihre Reaktio-

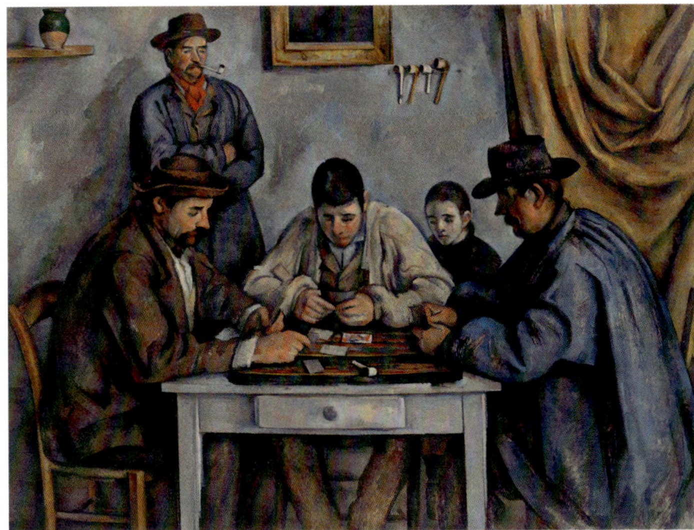

Abb. 9
Paul Cézanne
Die Kartenspieler, 1890–92
Öl auf Leinwand, 135,3 × 181,9 cm
The Barnes Foundation, Philadelphia and Merion

nen auf die Gemälde. In einem Aktenvermerk heißt es, dass eine Arbeiterin namens Alice zwar über keine großen verbalen Ausdrucksmöglichkeiten verfügte, «aber als wir die Bilder betrachteten, konnte sie auf viele der Eigenschaften hinweisen, über die wir gesprochen hatten»[34] und sie schien ein tiefes Verständnis dafür zu haben. Dies bezeichnete Barnes später als «die universale Sprache der Kunst».[35]

In Deweys pragmatischer Philosophie – dem Primat des Lernens durch gelebte Erfahrung – fand Barnes Bestätigung sowohl für seine Sammeltätigkeit, die er 1915 in «How to Judge a Painting» beschrieben hatte, als auch für das Bildungsprogramm in der Fabrik. Dass sich genannte Alice eher mit den Gemälden selbst statt mit den Texten erfolgreich auseinanderzusetzen wusste, untermauerte seine Theorie noch. 1917 übernahm Barnes Deweys Graduiertenseminar an der Columbia Universität, was den Anstoß zu einer jahrzehntelangen Freundschaft und Korrespondenz zwischen den beiden Männern gab. Indem er Dewey als den «‹wirklichen Vater› der Foundation» beschrieb,[36] gab Barnes zu verstehen, dass die Gründung eines breiter angelegten und offiziell anerkannten Bildungsprogramms dem Drängen Deweys geschuldet sei. Und diese Idee wurde in die reale Praxis umgesetzt, als die Stiftung unter dem Namen The Barnes Foundation im Dezember 1922 vom Commonwealth of Pennsylvania ihre Charter-Urkunde erhielt. Schon einen Monat später lud Barnes Dewey ein, die Position eines ersten Bildungsdirektors zu übernehmen, womit er die entscheidende Rolle des Philosophen bei der institutionellen Umsetzung seiner erzieherischen Ideale würdigte.

Seinem Fünf-Punkte-Plan folgend kaufte Barnes ein Haus und eine knapp fünf Hektar umfassende Baumschule, eine Anlage, mit der er und seine Frau Laura, eine eifrige Gärtnerin, bereits lange geliebäugelt hatten. Nach dem Abriss des Hauses errichtete Barnes eine Galerie mit angrenzendem Wohnhaus aus französischem Kalkstein, entworfen in einem historisierenden Stil nach Renaissance-Vorbildern. Im Einklang mit den zeitgenössischen Kunstbeständen seines Bauherrn entwarf der Architekt ein Gebäude «völlig neuen Typs, das die Anforderungen von Gemäldeausstellungen auf eine neuartige Weise erfüllte.»[37] Paul Cret merkte an, dass der weitgehende Verzicht auf üppiges Dekor im Inneren reichlich Raum für die Hängung von Gemälden gewährte. Er versicherte außerdem, die Planung verhindere, «dass sich allzu viele Gemälde in einem einzigen Raum drängen», sie erlaube vielmehr den Bildern, miteinander zu «harmonieren».[38]

Der Architekt führte auch die geplante Nutzung der Haupthalle für musikalische oder theatralische Darbietungen auf – ein Verweis auf die Synthese ästhetischer Erfahrungen, die im Rahmen der Stiftung geboten werden sollten.[39] 1926 lud Barnes den Chor der Manual and Industrial Training School for Youth in Bordentown ein, afroamerikanische Spirituals zu singen, die ihn seit seiner Jugend als zutiefst bewegende Erfahrung in Erinnerung geblieben waren und sein weiteres Leben beeinflusst hatten. Das Programm beinhaltete auch eine Dichterlesung von Charles S. Johnson und Vorträge von Guillaume und Barnes über afrikanische Skulptur und afroamerikanische Musik. Die Motive etlicher kubistischer Reliefs von Lipchitz an der Fassade der Galerie spielten auf Barnes' Leidenschaft für Musik und rhythmische, harmonische Anordnungen an. Im Inneren wurden diese Anspielungen später durch das Triptychon *La Danse* von Matisse (1932/33) verstärkt, das Barnes 1933 für die Lünetten der Haupthalle bei dem Maler in Auftrag gegeben hatte. Ein Plattenspieler in der Galerie erinnert weiterhin an die Bedeutung der Musik für Barnes, der ausgewählte Musikstücke mit Gemälden paarte, die in seinen Vorlesungen diskutiert wurden.

Am Eingangsportal der Galerie verwies Barnes auf Verbindungen zwischen der zeitgenössischen Kunst, die er sammelte, und einigen ihrer Quellen, wofür die mit afrikanischen Motiven verzierten Kacheln des Wanddekors einstanden. Die Krokodil- und Maskenmotive einer geschnitzten Baule-Türe erscheinen zu

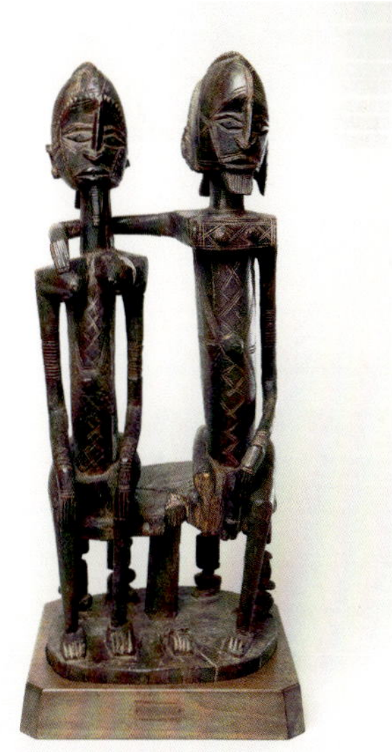

Abb. 10
Volk der Dogon, Mali
Sitzendes Paar, Ende 19./Beginn 20. Jahrhundert
Holz, 69,5 × 27,9 × 26,7 cm und
64,5 × 24,8 × 23,2 cm (mit integriertem Sockel)
The Barnes Foundation,
Philadelphia and Merion

beiden Seiten des Eingangs und sind bekrönt von im Flachrelief gestalteten Figuren der Bamana, Bembe, Fang und Senufo. Mit einer Palette, die «eine Wirkung wie eine Farbkombination des späten Matisse hervorbringen sollte»[40] zielte Barnes darauf ab, Innen und Außen zu harmonisieren.

Die Gründung der Foundation wurde von Forbes Watson, dem Herausgeber der Kunstzeitschrift *Arts*, in reich bebilderten Artikeln enthusiastisch begrüßt. Er lobte den Sammler für seinen unerschrockenen und unabhängigen Weitblick, der ihn in seiner Unternehmung deutlich von den öffentlichen Institutionen unterschied.[41] Die Schlagzeilen der Blätter in Philadelphia drückten dagegen Skepsis aus: «Merion soll die Kunst der Radikalen beherbergen» lästerte der *Evening Bulletin*, während der *Philadelphia Inquirer* einen Teil seines April-Magazins «Amerikas 6 000 000-Millionen-Schrein für die verrückteste Kunst» widmete.[42]

Während der Bau der Galerie weiter fortschritt, machte Barnes Pläne für sein Bildungsprogramm und sorgte dafür, dass die Gemälde, die von Januar bis Februar 1923 in der Ausstellung in Guillaumes Galerie gezeigt worden waren, bereits im April in der Pennsylvania Academy of the Fine Arts präsentiert wurden. Indem er *Le Bonheur de vivre* von Matisse sowie Werke von Modigliani, Soutine und Lipchitz als Leihgaben zur Verfügung stellte, sah Barnes vor seinem geistigen Auge die Ausstellung als «die wichtigste Schau moderner Kunst, die je in Amerika gezeigt wurde.»[43] Obwohl er das Vorwort zum Katalog schrieb, fügte er der Ausstellung weder seinen Namen noch den der Foundation hinzu, stattdessen hob er Guillaume als Organisator hervor. In seinem Text verglich Barnes zeitgenössische Malerei mit avantgardistischer Musik, der man, als sie zum ersten Mal von dem Dirigenten Leopold Stokowski mit dem Philadelphia Orchester vorgestellt wurde, zunächst mit «Gelächter, Hohn und Spott» begegnet war, und die schließlich aber doch akzeptiert wurde.[44] Gleichwohl beschrieb die Presse die Werke als «scheußliche und groteske Kleckse aus brutalen Farben», «verrückte Kunst», «würdelos» und «unsauber».[45] Barnes schleuderte den Zeitungen entgegen: «Ich versuche gerade, die größte Sache für Philadelphia zu machen, die je ein Mensch in Angriff genommen hat.»[46]

Im März 1925 weihte Barnes die Foundation ein. Neben John Dewey, der für die Stiftung als «Bildungsinstitution» eintrat, erschien «für die Künstler von Amerika»[47] Leopold Stokowski, ein für Barnes wichtiger Verbündeter. Barnes stellte Lehrkörper und Verwaltung zusammen, brachte Bildungsseminare und ein solides kontinuierliches Publikationsprogramm in Gang. Leidenschaftlich damit befasst, ein neues Kunstverständnis zu fördern, arbeitete Barnes mit seinem Mitarbeiterstab daran, die herausragende Bedeutung der ästhetischen Erfahrung, die er in seinem Essay *The Art in Painting* (1925) dargelegt hatte, vor Augen zu führen. Er analysierte die Malerei als ein Beziehungsgeflecht von «plastischen» Elementen – Licht, Linien, Farbe und Raum – und legte demzufolge besonderes Gewicht auf ein Verständnis für die dem Künstler eigene, persönliche Betrachtungsweise: «Daher ist das Extrahieren und Verdeutlichen des wahren Charakters von irgendetwas die Aufgabe des Künstlers […] Der Künstler schenkt uns Befriedigung, indem er deutlicher für uns sieht als wir selbst sehen könnten und uns vor Augen führt, was ihn sein Wahrnehmungsvermögen, das empfindsamer und tiefgründiger als unser eigenes ist, gelehrt hat.»[48]

Im Anschluss an diese Veröffentlichung arbeitete Barnes in enger Kooperation mit seinen Mitarbeitern an einer Reihe von Publikationen, darunter *The Art of Henri Matisse* (1933), *The Art of Renoir* (1935) und *The Art of Cézanne* (1939). Im Jahr 1926 veröffentlichten Paul Guillaume und Thomas Munro, ein Lehrer an der Foundation, das Buch *Primitive Negro Sculpture*, eine grundlegende formale Analyse afrikanischer Kunst, die sie auf Wunsch von Barnes und im Einklang mit dessen ästhetischen Kriterien geschrieben hatten.

Der Sammler als Künstler – Die Entwicklung der Ensembles

In ihrem Buch *An Approach to Art* beschrieb Mary Mullen, eine von Albert C. Barnes' Angestellten, die schöpferische Rolle des scharfsichtigen Sammlers: «Wenn der Kunstkenner Gemälde und Skulpturen erwirbt, von denen er weiß, dass sie Ausdruck der wahren Gefühle des jeweiligen Künstlers sind […], arrangiert er die Bilder und Skulpturen der verschiedenen Künstler dergestalt, dass jedes individuelle Werk seinen Teil zur Anlage eines vollkommenen Ganzen beiträgt. Das Resultat ist eine wundervolle Schöpfung, an Einheitlichkeit und Schönheit mit den einzelnen Gemälden vergleichbar; in diesem Fall ist der Sammler der Künstler.»[49]

Barnes hatte noch nicht begonnen, seine Galerie einzurichten, aber Mullens Text beschwörte bereits die Vorstellung einer Anordnung in Ensembles herauf – vielleicht eine Anspielung auf vorherige Hängungen in seinem Heim und in der Fabrik, obwohl uns keine Innenaufnahmen von diesen Räumlichkeiten vorliegen. Barnes führte weder eine umfassende, Wand für Wand auflistende Dokumentation seiner Arrangements, noch gab er Erklärungen zu den spezifischen Gegenüberstellungen von Werken; doch spiegeln die schriftlichen Aufzeichnungen und Fotodokumente in den Archiven die Dynamik der Galerie wider.

Als zentraler Fokus eines Bildungsprogramms, das sein Hauptgewicht auf die direkte visuelle Erfahrung, die unmittelbare Anschauung, legte, veränderten sich diese Ensembles ständig, um so zu neuen Einsichten und Diskussionen anzuregen.[50] Dokumente im Archiv der Stiftung zeigen die detaillierten Instruktionen, die Barnes in Bezug auf die gewünschten Anpassungen bei den einzelnen Ensembles gab, einschließlich einer Skizze, die sich deutlich auf die Symmetrie bezieht, von der diese Wandkompositionen bestimmt waren. «Der neue Rosseau [sic] balanciert über Rousseau, Frau + Kirche» ordnete Barnes an, wobei er mit «balancieren» ein Verb verwendete, das gleich dreimal in einer anderen Reihe von Anweisungen in Bleistift auf Briefpapier der S. S. Olympic erscheint.[51]

In Barnes schriftlichen Instruktionen tauchen Hinweise auf den «Joie-de-vivre-Raum» oder den «griechischen Raum» auf und deuten auf den Inhalt der verschiedenen Galerien hin, ohne jedoch den jeweiligen Raum zu identifizieren. Vage Beschreibungen wie «dicker Akt Renoir» oder «Landschaft Cézanne» – unter den Myriaden von üppigen Badenden und sonnengetränkten provenzalischen Ansichten nur schwer zu bestimmen – machen es zu einer wahren Herausforderung, die Historie der wechselnden Hängungen zu verfolgen.[52] Vier Fotografien, die einen Zeitraum von ungefähr 25 Jahren umspannen, liefern die seltene Dokumentation eines einzelnen Werks in einer Vielfalt von Ensembles: *Avant le bain* (um 1875) von

Renoir. Barnes entschied sich schon frühzeitig dafür, dieses Gemälde als eine Art Fixpunkt auf den betreffenden Wänden einzusetzen, während Werke von Cézanne, Daumier, Gauguin und Monet sowie Gemälde Alter Meister in ihren flankierenden Positionen hin- und herbewegt wurden.

Obwohl Barnes in den letzten beiden Jahrzehnten seines Lebens auch weiter Gemälde kaufte, dehnte er seine Interessen als Sammler aus und erwarb nun ebenfalls industriell gefertigte sowie kunsthandwerkliche Arbeiten. Diese Objekte integrierte er in seine Ensembles. Die in den Raumnischen platzierten Einrichtungs- und Gebrauchsgegenstände – darunter etwa Rücken von Windsor-Stühlen, Arme von Kandelabern, die Tüllen und Henkel von Kaffeekannen – schaffen sanfte Übergänge über die Wände hinweg und lassen die formalen Verbindungen über ein einzelnes Ensemble hinausgreifen, dabei bieten sie gleichzeitig ihre markanten und ergänzenden Formen dar. Die unter den Gemälden von Renoir aufgestellten Keramiken seines Sohnes Jean Renoir, der später ein namhafter Filmemacher wurde, belegen die Kontinuität kunsthandwerklicher und kreativer Traditionen. In einem Brief an den amerikanischen Maler Stuart Davis begründete Barnes die Einbeziehung der Metallarbeiten, die er in den späten 1930er-Jahren in die Galerie einführte: «Erstens haben die in einem Bild erkennbaren Motive wie Arabesken, Muster usw., ihre Entsprechung, manchmal sogar eine sehr enge wie in den Schmiedearbeiten. Zweitens betrachten wir die Schöpfer altertümlicher Schmiedekunst als ebenso authentische Künstler wie einen Tizian, Renoir oder Cézanne.»[53]

Neben den formalen Verbindungen, die Barnes zwischen seinen Beständen herzustellen suchte, sprechen seine Instruktionen gleichermaßen dafür, dass die Hängeordnung der Ensembles verändert wurde, um die Qualität zu erhöhen, während er seine Sammlung weiter ausbaute und verfeinerte: «Den Lebourg in dem griechischen Raum entfernen + mit einem guten Gemälde [Pascin oder Modigliani] ersetzen [...] Die Qualität der beiden großen hinteren Zimmer im 2. Stock heben. Die obigen Veränderungen machen dies möglich.»[54] Die Definition von Qualität dürfte sich für ihn als Sammler im Laufe der Zeit weiterentwickelt haben. Barnes hängte an eine prominente Stelle im Zentrum der Nordwand von Raum 2 Renoirs Gemälde *La Toilette de la baigneuse* (1900/01) [Abb. 11], obwohl er das Werk in *The Art of Renoir* 1935 kritisiert hatte, bevor er es im selben Jahr kaufte: «Mit all seinen köstlichen malerischen Übergängen, seiner gewandten Platzierung der Volumen im Raum und seiner sehr wirkungsvollen piktorialen Anlage ist das Gemälde banal und akademisch; es mangelt ihm an sprühendem Leben und es scheint, als hätte Renoir eine Parodie

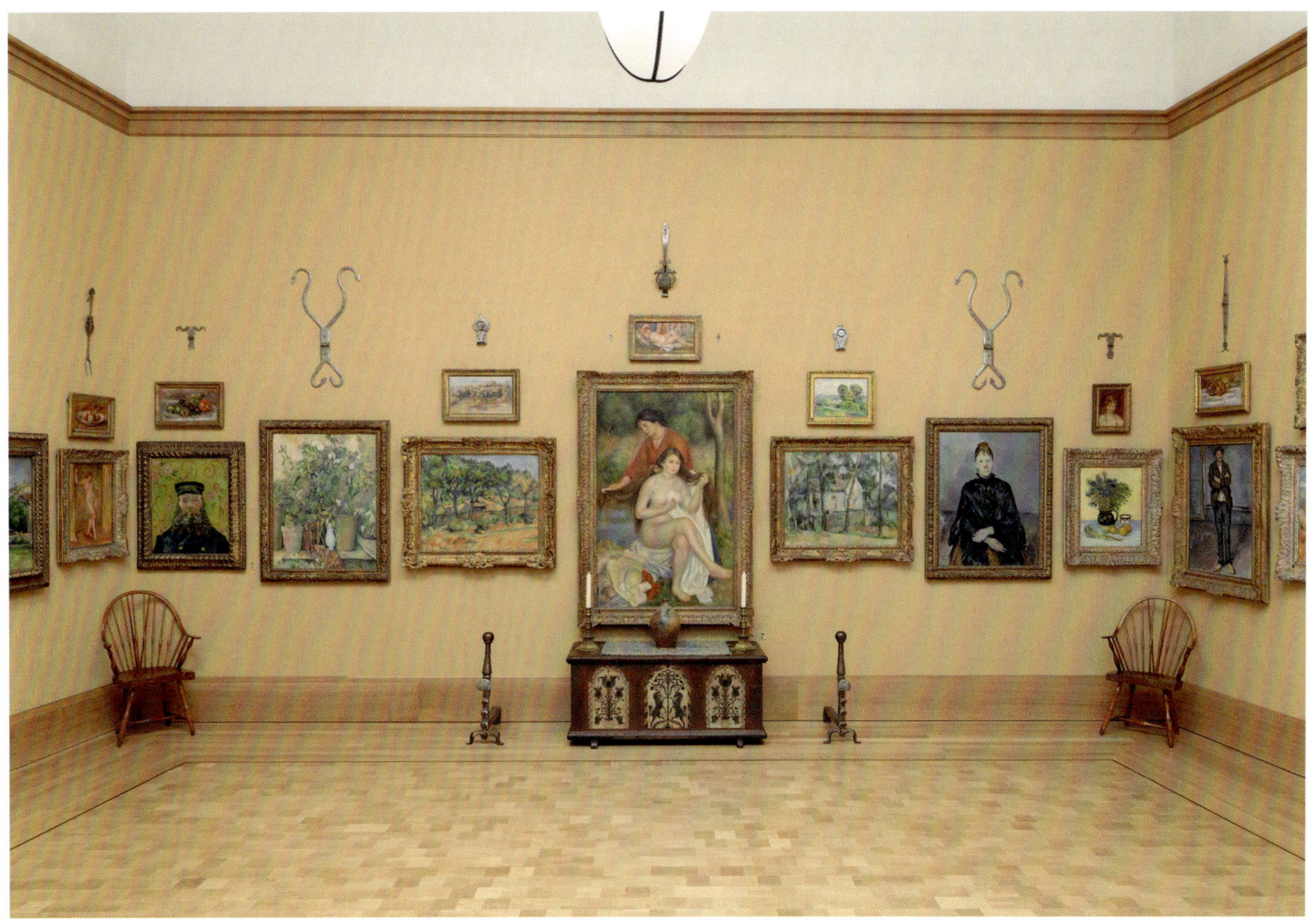

Abb. 11
Raum 2 der Barnes Foundation, Nordwand
The Barnes Foundation, Philadelphia

dessen gemalt [...] was der offizielle Salon eine hervorragende künstlerische Leistung nennen würde.»[55]

Barnes mag seine Meinung über das Werk im Einklang mit der von ihm in seinem Artikel «How to Judge a Painting» vertretenen Philosophie nach weiterer Betrachtung zum Positiven korrigiert haben. Doch könnte er auch beabsichtigt haben, zu Lehrzwecken ein «bedeutendes» Bild nicht einer traditionellen Beurteilung von «gut» oder «schlecht» zu unterwerfen, sondern vielmehr die Erfolge wie auch die Zweifel und Kämpfe im Œuvre eines Malers zu demonstrieren. In seinen Installationen afrikanischer Kunst ließ Barnes ja auch bewusst «bessere» Werke mit «geringeren» Beispielen abwechseln, waren doch ihre jeweiligen formalen Eigenschaften bereits in *Primitive Negro Sculpture* ausgearbeitet worden.[56] Gewiss, das rhythmische Gleichgewicht der Formen in Renoirs Gemälde – Eigenschaften, auf die Kritiker hingewiesen haben[57] – mögen seinen Sinn für Harmonie, die er in den Ensembles zu erreichen suchte, angesprochen haben, selbst wenn er von dem Gemälde an sich wenig überzeugt war. Tatsächlich dürften sich Entscheidungen mit dem Ziel, «die Qualität zu heben» ebenso auf die Wand wie auf die individuellen Objekte in seiner Sammlung bezogen haben.

Während Barnes fast vierzig Jahre damit verbrachte, «zu sehen wie der Künstler sieht», erwiesen sich seine Sammlungen und die Ensembles als Offenbarung für Künstler. So schrieb Matisse: «Etwas vom Bemerkenswertesten in Amerika ist die Barnes Collection. Sie ist durch das Prinzip ihres Aufbaus der Bildung amerikanischer Künstler sehr förderlich. Es wurden dort alte Bilder neben moderne gehängt, ein Zöllner Rousseau neben einen Frühmeister, und diese Annäherung lässt die Studenten manches verstehen, was die Akademien nicht lehren.»[58]

Wie die Ensembles demonstrieren, hatte Albert C. Barnes seine ganz eigene Sichtweise entwickelt, die er durch gezielte und sorgfältige Auswahl der Bestände und eine besondere handverlesene Präsentation vor Augen führte.

1 Im Archiv finden sich Belege von stornierten Schecks aus dem Jahr 1904, die nahelegen, dass Barnes schon vor 1912 Gemälde erwarb; Ausmaß und Intensität dieser Sammeltätigkeit sind aber nicht eindeutig. Siehe hierzu: Richard Wattenmaker, *American Paintings and Works on Paper in The Barnes Foundation*, New Haven 2010, S. 53, Anm. 33. Der Beginn seiner aktiven und leidenschaftlichen Karriere als Sammler wird gemeinhin auf 1912 datiert.

2 John G. Johnson, «Noted Lawyer, Dies», in: *New York Times*, 15. April 1917.

3 Albert C. Barnes an William J. Glackens, 19. Januar 1912, zit. nach Wattenmaker 2010 (wie Anm. 1), S. 18.

4 Wattenmaker 2010 (wie Anm. 1), S. 16.

5 Albert C. Barnes, «How to Judge a Painting», in: *Arts and Decoration* 5, Nr. 6 (April 1915), S. 248; dt. in: Ausst.-Kat. München 1993, S. 9 ff.

6 Albert C. Barnes an Edgar A. Singer, Jr., 16. November 1915. Barnes Foundation Archives, im Folgenden abgekürzt BFA.

7 «to see as the artist sees», Albert C. Barnes, *The Art in Painting*, New York 1937[3], S. 7.

8 Ira Glackens, *William Glackens and the Ashcan Group. The Emergence of Realism in American Art*, New York 1957, S. 157 ff., zit. nach Wattenmaker, 2010 (wie Anm. 1), S. 18.

9 Andere in der Sammlung verbliebene Werke aus den von Glackens 1912 getätigten Ankäufen sind *Maternité*, um 1895 (BF335) von Maurice Denis; *Le long de la Seine (Rouen)* (BF563) von Albert Lebourg; *Le Jardin au grand soleil, Pontoise*, 1876 (BF324) von Camille Pissarro; *Jeunes Filles aux chapeaux*, frühe 1890er-Jahre (BF130), *Vue de Montmartre*, um 1892 (BF144), *Jeune Femme lisant, buste*, um 1909 (BF51) und *Jeune Femme au chapeau rouge* (BF63) von Pierre-Auguste Renoir; sowie *Le Pont de Sèvres*, 1877 (BF321) von Alfred Sisley.

10 Albert C. Barnes an Durand-Ruel, New York, 3. April 1915. BFA.

11 «extraordinary, democratic, ardent, tireless, invincible, charming, impulsive, generous, unique [...] he bought, refused to buy, admired, critiqued; he pleased, displeased, made friends, made enemies.» Paul Guillaume, «Le Docteur Barnes», in: *Les Arts à Paris*, Januar 1923, Nr. 1; dt. zit. nach: Ausst.-Kat. München 1993, S. 29.

12 Zu weiteren Informationen über die Ankäufe amerikanischer Kunst von Barnes siehe Wattenmaker 2010 (wie Anm. 1).

13 «best and wisest collection in America», Albert C. Barnes 1915; dt. zit. nach: Ausst.-Kat. München 1993, S. 9.

14 «My collection is exclusively a modern one, and in its present form is not only perhaps the most important one in the country, but constitutes a harmonious whole as to color, etc., and I am exceedingly loath to disturb this harmony by the introduction of those old paintings which differ so materialy [sic] in key from the modern masters which I have.» Albert C. Barnes an Steinmeyer & Böhler, New York, 28. Februar 1914. BFA.

15 «It is safe to say that my talks with him in the early days were the most important factor in determining my activities in the art world.» Albert C. Barnes an Nina Stein, 1. August 1947. BFA.

16 «I am convinced I cannot get too many Renoirs.» Albert C. Barnes an Leo Stein, 30. März 1913, Yale Collection of American Literature, Yale University, zit. nach: Richard Wattenmaker, «Dr. Albert C. Barnes and the Barnes Foundation», in: *Great French Paintings from the Barnes Foundation. Impressionist, Post-Impressionist, and Early Modern*, New York [1993] 2008, S. 8; dt. zit. nach: Wattenmaker 2010 (wie Anm. 1), S. 9. Zu einem ausgezeichneten Essay, der das gemeinsame Interesse von Barnes und Stein an den Werken Renoirs beschreibt, siehe Martha Lucy, «Late Renoir in the Collections of Albert C. Barnes and Leo Stein», in: Claudia Einecke und Sylvie Patry (Hg.), *Renoir in the 20th Century*, Ausst.-Kat. Galeries Nationales, Paris; Los Angeles County Museum of Art; Philadelphia Museum of Art, Ostfildern 2010, S. 110–121.

17 «I am almost alone in this entire continent in collecting paintings such as mine.»; «[...] prominent, successful men and women, therefore necessarily stupid.» Albert C. Barnes an Leo Stein, 17. Juli 1914. BFA.

18 «[...] in an effort to find out what is a good painting», ebd.

19 «[...] that no book on art ever written is worth a damn for the man who wants to find out for himself and use the qualities of mind that he has developed by education along personal lines.» Ebd.

20 «Good paintings are more satisfying companions than the best of books and infinitely more so than most very nice people.» Barnes 1915 (wie Anm. 5), S. 248.

21 Albert C. Barnes, «An Epoch in Art», Abschrift eines Rundfunkvortrags, 8. Mai 1936. BFA.

22 «That is one of the joys of a collection, the elasticity with which paintings stretch to the beholder's personal vision which they progressively develop.» Barnes 1915 (wie Anm. 5), S. 248.

23 «[...] if a cubist picture moves me aesthetically by means of something more than mere pattern I shall accept their paintings even if I can't accept their theories.» Albert C. Barnes, «Cubism. Requiescat in Pace», in: *Arts and Decoration* 6, Nr. 3 (Januar 1916), S. 121–124; Albert C. Barnes an Scofield Thayer, 17. September 1923. BFA. Wattenmaker hat dieses Werk von Pablo Picasso als *Violon, partition, bouteille* identifiziert, 1914 (BF673), siehe Wattenmaker 2010 (wie Anm. 1), S. 250.

24 Barnes kaufte direkt auch von anderen bedeutenden Händlern und Galerien wie Barbazanges, Bernheim-Jeune, Etienne Bignou, Roger Levesque de Blives, Alex Reid und Earnest Lefèvre sowie Paul Rosenberg.

25 Albert C. Barnes an Durand-Ruel, New York, 11. Januar 1921. BFA.

26 Albert C. Barnes an Durand-Ruel, Paris, 7. Februar 1913. BFA.

27 «[...] sneak under Vollard's crafty defenses», Albert C. Barnes an Paul Guillaume, 27. Februar 1923. BFA.

28 Paul Guillaume an Albert C. Barnes, 23. Dezember 1925. BFA.

29 «[...] people who have no real knowledge of the subject», Albert C. Barnes an Paul Guillaume, 29. März 1924. BFA.

30 «Please remember I intend to try to have the best private collection of Negro sculpture in the world.» Albert C. Barnes an Paul Guillaume, 27. November 1922. BFA.

31 «My negro sculpture is a constant joy and my pictures look all the better for having the carvings for company.» Albert C. Barnes an Paul Guillaume, 12. September 1922. BFA.

32 «[...] the promotion of the advancement of education and the appreciation of the fine arts», zit. nach dem Stiftungsbrief, «Charter. The Barnes Foundation», 4. Dezember 1922. BFA.

33 Albert C. Barnes, «Plans for the Barnes Foundation», 30. April 1922. BFA.

34 «[...] but when we looked at the pictures she could point out many of the qualities we had been talking about.» Anmerkungen über «Alice» in der A. C. Barnes Factory Class, 1920er-Jahre. BFA.

35 «the universal language of art», Albert C. Barnes, «An Epoch in Art», 1936.

36 «the real ‹daddy› of the Foundation», Albert C. Barnes an Gilbert F. White, 11. August 1948. BFA.

37 «an entirely new type, fulfilling the needs of painting exhibitions in a novel manner», zit. nach: Paul Cret, «The Building for the Barnes Foundation», in: *Arts* 3, Nr. 1, Januar 1923, S. 8.

38 «avoid crowding too many paintings in a single room», ebd.

39 Ebd.

40 «give an effect something like a late Matisse in color combinations», Albert C. Barnes an Paul Cret, 12. März 1924. BFA, zit. nach: Kathleen Bickford Berzock und Christa Clarke (Hg.), *Representing Africa in American Art Museums. A Century of Collecting and Display*, Seattle 2011, S. 90.

41 Forbes Watson, «The Barnes Foundation. Part I», in: *Arts* 3, Nr. 1, Januar 1923, S. 9–22; Forbes Watson, «The Barnes Foundation. Part II», in: *Arts* 3, Nr. 2, Februar 1923, S. 140–149.

42 «Merion to House Art of ‹Radicals›», in: *Evening Bulletin*, 13. Januar 1923; «America's $ 6 000 000 Shrine to All the Craziest Art», in: *Philadelphia Inquirer*, 29. April 1923, Magazin.

43 «the most important show of modern art ever held in America», Albert C. Barnes an Paul Guillaume, 15. Januar 1923. BFA.

44 «snickers, jeers and scoffs», in: *Exhibition of Contemporary European Painting and Sculpture*, Ausst.-Kat. Pennsylvania Academy of the Fine Arts, Philadelphia 1923, S. 3.

45 «horrible and grotesque blobs of violent color», zit. nach: Dorothy Grafly, «*Old Portraits Are Praised, Modernists' Art Decried*», in: *North American*, 15. April 1923; «mad art», zit. nach: Francis J. Ziegler, «Many Paintings of Many Different Kinds», in: *Philadelphia Record*, 15. April 1923; «debased», «unclean», zit. nach: «The Contrast», in: *Public Ledger*, 28. April 1923.

46 «I am trying to do the biggest thing for Philadelphia that any one man has ever attempted.» Albert C. Barnes an den *Public Ledger*, 30. April 1923. BFA.

47 «on behalf of the artists of America», Einladung zur Einweihungszeremonie 1925. BFA.

48 «So to draw out and make clear the true character of anything is the task of the artist [...] The artist gives us satisfaction by seeing for us more clearly than we could see for ourselves, and showing us what an experience more sensitive and profound than our own has shown him.» Albert C. Barnes, *The Art in Painting*, New York 1925, S. 26 f.

49 «When the connoisseur acquires paintings and sculpture which he knows are expressions of the artists' true feelings. [...] He arranges the pictures and sculpture of the different artists in such a way that each individual work contributes its share to the making of a perfect whole. The result is a wonderful creation, comparable in unity and loveliness with the separate paintings; in that case the collector is the artist.» Mary Mullen, *An Approach to Art*, Merion 1923, S. 11 f.

50 Wattenmaker 2010 (wie Anm. 1), S. 37.

51 Anweisungen über die Hängeordnung der Sammlung auf Briefpapier der S. S. Olympic, undatiert. BFA.

52 «Arrangement for Main wall in room 14» (Anordnung für die Hauptwand in Raum 14), 31. Januar 1927. BFA.

53 «First – the motives, such as arabesques, patterns, etc., discernible in a picture have their analogue, sometimes a very close one, in the iron work. Second – we regard the creators of antique wrought iron, just as authentic an artist as a Titian, Renoir, or Cézanne.» Albert C. Barnes an Stuart Davis, 1. April 1942. BFA.

54 «Remove Lebourg in Greek room + replace with good painting (Pascin or Modigliani) [...]. Bring up quality of the two large back rooms on 2nd floor. Above changes make this possible.» Hängeanweisungen für die Sammlung, auf Briefpapier der S. S. Olympic, undatiert. BFA.

55 «With all its exquisite passages of painting, its skillful placing of volumes in space, and its very effective pictorial organization, the painting is banal and academic; it lacks the spark of life and seems as if Renoir had painted a parody of [...] what the official Salon would pronounce excellence in art.» Albert C. Barnes und Violette de Mazia, *The Art of Renoir*, New York 1935, S. 424.

56 Vgl. Christa Clarke, «African Art at the Barnes Foundation. The Triumph of l'Art Nègre», in: Berzock und Clarke 2011 (wie Anm. 40), S. 90.

57 Willard Huntington Wright, *Modern Painting. Its Tendency and Meaning*, New York 1915, S. 125, zit. nach: Martha Lucy und John House, *Renoir in the Barnes Foundation*, New Haven 2012.

58 «One of the most striking things in America is the Barnes collection, which is exhibited in a spirit very beneficial for the formation of American artists. There the old master paintings are put beside the modern ones, a Douanier Rousseau next to a Primitive, and this bringing together helps students understand a lot of things the academies don't teach.» Henri Matisse, «Statement to Tériade. On Travel», in: Jack Flam, *Matisse on Art*, Berkeley 1995, S. 92; dt.: Henri Matisse, «Gespräch mit Tériade, 1929/1930. Über das Reisen» in: Jack D. Flam (Hg.), *Henri Matisse. Über Kunst*, Zürich 1982, S. 120.

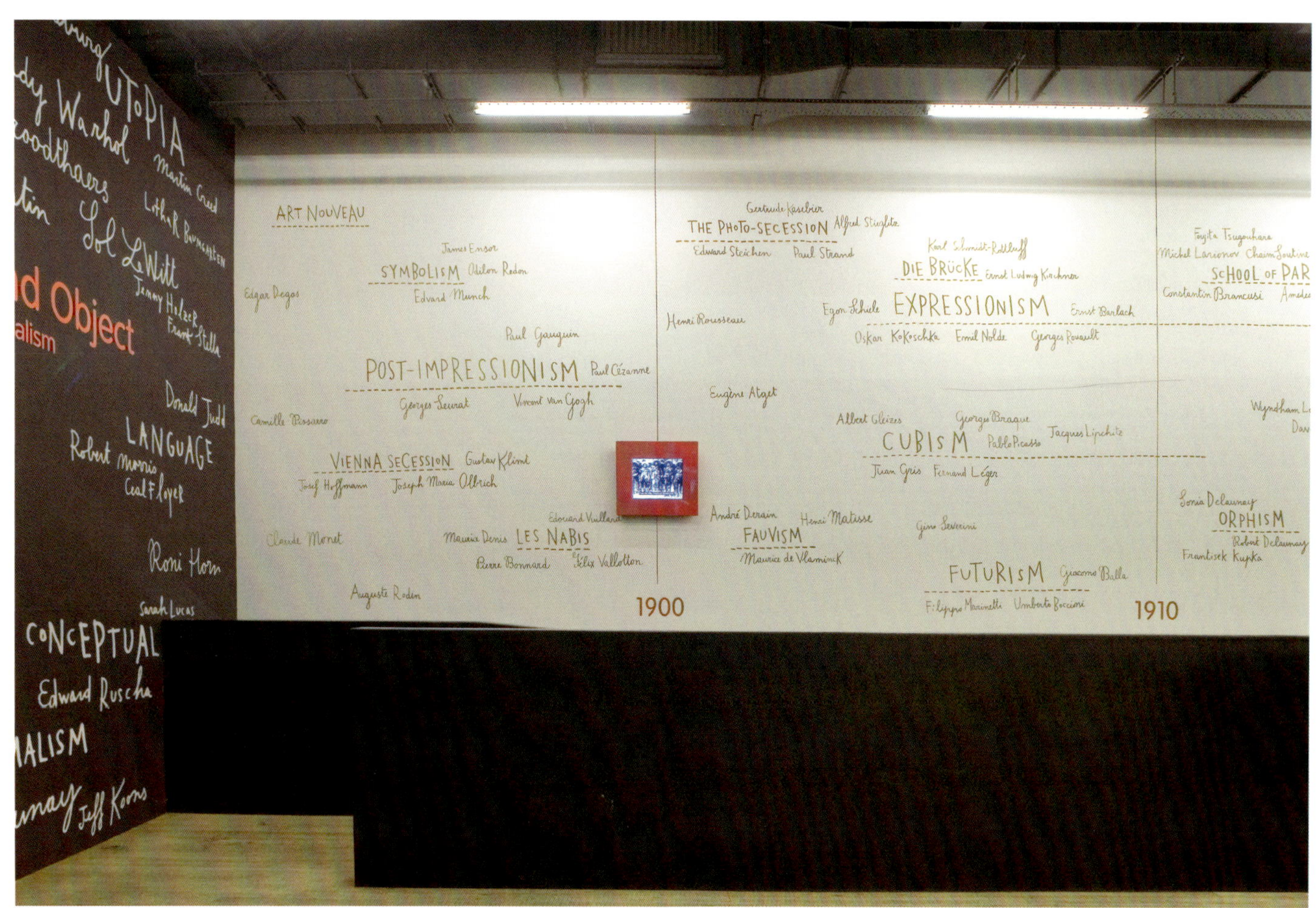

Abb. 1
Sara Fanelli
Kunstentwicklung vor 1900, Chronologie der künstlerischen Bewegungen und Künstler des 20. Jahrhunderts (Detail)
Tate Gallery of Modern Art, London

ROBERT JENSEN

«Classic French modern»

Der Begriff «classic French modern»[1] findet sich in keiner früheren oder heutigen Betrachtung zur französischen Kunst der zweiten Hälfte des 19. Jahrhunderts. Ich habe ihn geprägt, da er sich meiner Ansicht nach gut dafür eignet, den Stellenwert zu beschreiben, der in den Jahren zwischen den beiden Weltkriegen einer kleinen Gruppe französischer Maler, geboren von Mitte bis Ende des 19. Jahrhunderts, von Kunstkennern eingeräumt wurde. Im Gegensatz zu den anerkannten «Ismen» der modernen europäischen Kunst hatte und hat sich das Phänomen, das ich als «classic French modern» bezeichnen möchte, im Großen und Ganzen allen entzogen, deren Aufgabe es grundsätzlich wäre, diese Bewegung und das, was sie darstellt, zu beschreiben. Der Begriff umfasst eine ausgewählte Gruppe von Künstlern, einen Korpus kunstgeschichtlicher Abhandlungen, die diese Künstler über alle anderen europäischen Maler dieser Zeit erhoben, sowie eine Gruppe von Sammlern, die es sich zur Aufgabe gemacht hatten, eine beträchtliche Anzahl erstklassiger Beispiele ihres Schaffens zu erwerben.

Zwar könnte man zweifelsohne eine ganze Reihe anderer Sammler benennen, die in den Zwischenkriegsjahren bedeutende Werke der «classic French modern» erwarben, doch für den Rahmen dieses Essays möchte ich mich auf einige wenige beschränken, nämlich die Schweizer Oskar Reinhart und Emil G. Bührle, die Amerikaner Carroll S. Tyson, Chester Dale, Sterling und Stephen Clark, Duncan Phillips und Albert C. Barnes sowie den Engländer Samuel Courtauld. Mit Ausnahme des etwas älteren Albert C. Barnes und des etwas jüngeren Emil G. Bührle wurden sie alle in den zehn Jahren zwischen 1876 und 1886 geboren.[2] Abgesehen von ihrem gemeinsamen Geburtsjahrzehnt verbindet diese Männer in erster Linie das Bestreben, in den zwanziger und dreißiger Jahren des 20. Jahrhunderts Kunst von nur einigen wenigen französischen Künstlern des 19. Jahrhunderts zusammenzutragen, angefangen bei Eugène Delacroix und Camille Corot bis hin zu den Postimpressionisten. Und bis auf Sterling Clark waren sie zudem alle leidenschaftliche Bewunderer Paul Cézannes.

Diese Sammler der «classic French modern» erwarben fast durchweg herausragende Gemälde von Delacroix, Corot, Honoré Daumier und Gustave Courbet, aber natürlich auch Werke der Impressionisten, insbesondere von Edouard Manet und Pierre-Auguste Renoir. Dennoch könnte man behaupten, dass das Ansehen ihrer Sammlungen vorwiegend auf den Ankäufen von Gemälden aus den 1880er-Jahren und später beruht. Typischerweise findet man in diesen Sammlungen beachtliche Werke der bedeutenden Postimpressionisten: Cézanne, Paul Gauguin, Henri de Toulouse-Lautrec, Vincent van Gogh, bisweilen Georges Seurat und einige andere. Manche kauften auch diesen oder jenen französischen Maler des 18. Jahrhunderts, dabei insbesondere Jean-Siméon Chardin. Doch besitzen weder Werke des Rokoko noch des Neoklassizismus, mit der sehr gelegentlichen Ausnahme eines Jacques-Louis David oder Jean-Auguste-Dominique Ingres, einen größeren Stellenwert in ihren Sammlungen. Auch französische Mitglieder der Académie française und Künstler der Salons sind kaum vertreten oder spielen höchstens eine Außenseiterrolle. Seltsamerweise sind zudem die bei früheren Sammlergenerationen ausgesprochen begehrten Barbizon-Künstler wie Jean-François Millet und Théodore Rousseau nur selten in den Sammlungen der «classic French modern» zu finden.

Angesichts der großen Zahl von Werken, mit der die meisten Impressionisten und Postimpressionisten hier vertreten sind, ist es überdies interessant, dass sich darunter weit weniger Gemälde Claude Monets befinden, als man annehmen möchte.[3] Mutmaßlich spiegelte das vergleichsweise geringe Interesse an Monet eine in dieser Zeit durchgängig vertretene Meinung wider, was große französische Kunst des 19. Jahrhunderts darstellte, eine Meinung die, wie ich darlegen werde, auf Überlegungen zum künstlerischen Temperament beruhte. Da Monet in den fraglichen Jahren gemeinhin als ein im Grunde mechanischer Beobachter visueller

Phänomene galt, dem man entsprechend so gut wie jedes «Temperament» absprach, wurde er in diesen Sammlungen marginalisiert, wenn nicht völlig außer Acht gelassen.

Die kollektive Auffassung, die französische Kunst des 19. Jahrhunderts sei von einer beschränkten Anzahl großer Meister geschaffen worden, die den Vergleich mit den Alten Meistern nicht zu scheuen brauchten, beruhte auf kunsthistorischen Betrachtungen, die teils vor, teils unmittelbar nach dem Ersten Weltkrieg entstanden waren. Den größten Einfluss übten dabei die Schriften des deutschen Kunsthistorikers Julius Meier-Graefe aus.[4] Die Künstler, die er als besonders bedeutende Meister der Moderne bezeichnete, waren vielfach eben diejenigen der «classic French modern». In den zwanziger und dreißiger Jahren übersetzten einige anspruchsvolle Sammler Meier-Graefes Betrachtung in die Zusammenstellung herausragender Gemäldesammlungen, die sich unabhängig von den anderen Neigungen der Sammler gemeinhin an denselben französischen Künstlern orientierten.

Zumindest öffentlich hinterfragten diese Käufer nie das ästhetische und historische Urteil, das ihrem Glauben an die kunstgeschichtlich alles überragende Qualität dieser Künstler zugrunde lag. Sie erwarben diese Gemälde aus der Überzeugung heraus, dass die französische Kunst des ausgehenden 19. Jahrhunderts den Werken aller internationalen Zeitgenossen nicht nur überlegen, sondern sogar derart hoch zu bewerten war, dass sie mühelos dem Vergleich mit den beeindruckendsten Gemälden der Alten Meister standhalten konnte.

Im Laufe der Zeit verloren die Argumente für die exzeptionelle Meisterschaft dieser wenigen französischen Künstler des 19. Jahrhunderts allerdings zunehmend an Überzeugungskraft. Das ging zum Teil auf die im 20. Jahrhundert zahlreich erscheinenden kunsthistorischen Abrisse zurück, in denen die moderne Kunst als eine Abfolge von «Ismen» beschrieben wurde, sowie auf die Aufmerksamkeit, welche die Kunstgeschichte konkurrierenden Nationalschulen widmete. Zudem ignorierten Kunsthistoriker gemeinhin das Nachleben der künstlerischen Geltung ganzer Perioden und geografischer Orte, wie die «classic French modern» sie darstellte. Kunsthistoriker, deren Interesse der Rezeptionsgeschichte galt, beschäftigten sich entweder mit dem späteren Stellenwert einzelner Künstler und/oder mit Künstlern und künstlerischen Richtungen aus der Zeit vor dem 19. Jahrhundert.[5]

Ebenso, wie sich die Bedeutung der «classic French modern» als Messlatte für die Beurteilung der französischen Kunst des späten 19. Jahrhunderts angesichts konkurrierender historischer Narrative verlor, so verblasste auch die kollektive Bedeutung der Sammler, die in den Zwischenkriegs- und unmittelbaren Nachkriegsjahren die Kunst der «classic French modern» erwarben, angesichts der von Museen initiierten Ausstellungen, die sich einzelnen Kunstkennern und ihren Sammlungen widmeten. Noch nie wurden die Sammler der «classic French modern» in ihrer Gesamtheit als ein historisches Phänomen betrachtet, bei dem eine Handvoll Individuen verschiedenster Nationalität bei ihrer Sammeltätigkeit nach ähnlichem Muster vorging, allen voran, dass sie Werke der «classic French modern» erwarben.

In der Betrachtung ihrer Sammlungen gehe ich stark verallgemeinernd vor. Ich weiß nicht, ob sich die Männer untereinander kannten, und ich werde an dieser Stelle auch nicht nachforschen. Ebenso wenig interessiert mich, ob diese Sammler bei denselben Händlern kauften, wiewohl das, wie ich vermute, vielfach der Fall war. Ich werde auch nicht ansatzweise den Versuch unternehmen, zu erklären, weshalb sie der französischen Kunst des 19. Jahrhunderts so großen Wert beimaßen. Was mich interessiert, ist, dass sie es taten und dass sich die dadurch entstehenden Sammlungen der «classic French modern» unserem Blick mittlerweile großteils entziehen. Des Weiteren werde ich meine These erörtern, dass eben diese historisch nahezu unsichtbaren Sammlungen einen nicht zu vernachlässigenden Einfluss auf unsere Wahrnehmung der europäischen Kunst des 19. Jahrhunderts ausübten. Die Privatsammlungen der Kunstkenner und ihre Schenkungen an Museen spielten und spielen nach wie vor eine bedeutende, wenn auch subtile Rolle bei der Kanonisierung der französischen Kunst des 19. Jahrhunderts, und dies nicht nur in Bezug auf die sonstige europäische Kunst dieser Zeit, sondern auch hinsichtlich der Einschätzung, was nach allgemeiner Auffassung als große und zugleich moderne Kunst gilt.

Überdies möchte ich darlegen, dass in den 1920er-Jahren, als also die Sammlungen der «classic French modern» gerade im Entstehen begriffen waren, bei der Beurteilung von moderner Kunst eine Entscheidung getroffen werden musste, die sich uns heute so nicht mehr stellt: Tradition oder Avantgarde? So galt es für Kritiker und Sammler etwa zu bestimmen, ob Cézanne als der im 19. Jahrhundert bedeutendste Erbe der langen Tradition großer europäischer Maler zu betrachten sei (Tradition) oder aber als Vater der Moderne, wie ihn Henri Matisse bekanntermaßen bezeichnete (Avantgarde). Die überwiegende Mehrzahl der Sammler der «classic French modern» optierten für die Tradition und ordneten Cézanne eher Nicolas Poussin bei als Matisse, Pablo Picasso und deren Erben.[6]

Einige Sammler der «classic French modern» erwarben zwar Werke bedeutender Pariser Künstler, die nach 1900 reüssierten, etwa gelegentlich ein Bild Pierre Bonnards oder Edouard Vuillards, vielleicht auch einen frühen Picasso oder Gemälde in Picassos neoklassischem Stil vom Anfang der 1920er-Jahre. Bisweilen kauften sie auch Werke von Künstlern der Ecole de Paris wie Amedeo Modigliani. Nur in seltenen Ausnahmen aber fanden sie Interesse an den extremeren Ausprägungen moderner Kunst nach 1910, wie etwa dem Kubismus, Futurismus, Expressionismus und so weiter. Die Ausnahmen bildeten hier Albert C. Barnes, der zum leidenschaftlichen Fürsprecher Matisses wurde, und Duncan Phillips, der sich in den fünfziger Jahren für die abstrakten Gemälde Mark Rothkos und die Werke anderer sogenannter nicht-objektiver Künstler der Nachkriegszeit begeisterte.

Alle hier genannten Sammler tätigten ihre Ankäufe von Werken der «classic French modern» ab dem Ende des Ersten Weltkriegs mindestens bis Anfang der dreißiger Jahre, solange bis die Weltwirtschaftskrise sie größtenteils dazu zwang, ihre Sammeltätigkeit einzuschränken oder aufzugeben. Erweiterten sie ihre Sammlungen nach Ende des Zweiten Weltkriegs noch, so galt ihr Hauptaugenmerk zumeist anderen Stilen; einzig Emil G. Bührle interessierte sich nach wie vor im Wesentlichen für die Vertreter der «classic French modern». Die anderen Sammler wandten sich zunehmend Alten Meistern, Künstlern lokaler nationaler Herkunft und Schulen und bisweilen verstärkt zeitgenössischen Malern zu. Daraus folgt, dass beim Sammeln der «classic French modern» weit eher der Geschmack einer bestimmten Generation und einer Zeit – nämlich den 1920er- und 1930er-Jahren – bestimmend war als die eigene nationale Zugehörigkeit.

Ausschlaggebend für den Erwerb eines Gemäldes oder einer Skulptur der «classic French modern» war für die Sammler insbesondere die Qualität des betreffenden Werkes. Bemerkenswert ist, dass die meisten von ihnen ihre Sammlung der Nachwelt durch ein Privatmuseum eröffneten, ein Museum also, das fast ausschließlich am persönlichen Geschmack des jeweiligen Kunstliebhabers ausgerichtet war. Lediglich Stephen Clark teilte seine Sammlung auf, und zwar mit großzügigen Schenkungen an drei bedeutende Museen: das Metropolitan Museum of Art und das Museum of Modern Art in New York sowie die Yale University Art Gallery in New Haven. Das konsequente Sammeln von Kunstwerken in Museumsqualität beweist nicht nur den hohen Anspruch der Sammler, sondern auch den historischen Wert der von ihnen erworbenen Werke, insbesondere in Hinblick auf die für viele noch wagemutige Entscheidung für postimpressionistische Künstler innerhalb der «classic French modern».

Der Status dieser Sammler in der Geschichte der modernen Kunst unterscheidet sich von dem anderer Sammler wie etwa der Amerikaner Gertrude und Leo Stein oder des Franzosen Jacques Doucet und ist zudem weniger klar umrissen. Kunstmäzene wie die Geschwister Stein kauften die Werke vom Künstler selbst oder zumindest bei einem Händler, der den Künstler vertrat. Ihre große Leistung bestand darin, dass sie noch vorwiegend unbekannte Künstler entdeckten und förderten. Oskar Reinhart, Samuel Courtauld und unsere anderen Sammler der zwanziger Jahre hingegen lernten die Künstler, deren Werke sie erwarben, nur in seltenen Fällen selbst kennen, und auch die Händler, bei denen sie kauften, erwarben ihren Bestand meist mit der Hilfe von Vermittlern und nicht beim Künstler selbst. Somit trugen diese Sammler wenig zur Förderung zeitgenössischer Kunst und Künstler außerhalb ihrer eigenen nationalen Kunsttradition bei. Allerdings übten ihre Sammlungen einen anderen, subtileren, möglicherweise tiefer greifenden Einfluss aus als die der Steins. Und im Gegensatz zu deren und Doucets Sammlung blieben die ihren in ihrer Gänze erhalten.

Der Generationsunterschied zwischen diesen Sammlern und den Künstlern, deren Werke sie erwarben, erklärt allerdings nur teilweise, weshalb in Monografien zu diesen Sammlern nie ihre gemeinsamen Kaufmuster und die umfassenderen Implikationen ihrer Sammelgewohnheiten erörtert wurden. Mindestens zwei weitere Faktoren trugen ebenfalls dazu bei, dass ihre kollektive Bedeutung und die Relevanz ihrer Sammlungen übersehen wurden. Zum einen hat das mit der Art des kunsthistorischen Narrativs der modernen Kunst des 19. und 20. Jahrhunderts zu tun, dem «modern» in meinem Begriff «classic French modern». Damit meine ich eine transnationale, fortschreitende Geschichte der künstlerischen Innovation, eine Geschichte, die sich mit dem Vergehen der Zeit unaufhaltsam weiterentwickelt, ein Prozess, bei dem das Moderne oder Zeitgenössische von einer Generation zur nächsten ständig neu definiert wird. Interessanterweise wird eben dieses Narrativ im ersten Museumssaal der Tate Modern als museumspädagogische Grafik veranschaulicht. [Abb. 1]

Narrative dieser Art beginnen meist mit Manet und den Impressionisten, auch wenn Delacroix, Corot, Daumier und Courbet als deren Vorläufer häufig ebenfalls Berücksichtigung finden. In solchen historischen Abrissen spielen kanonische Künstler eine tragende Rolle, obwohl sie natürlich «Ismen» untergeordnet werden – wie die Zeitachse in der Tate Modern deutlich vor Augen führt. Vor den zwanziger Jahren des 20. Jahrhunderts war die europäische Kunstgeschichte nach Nationalität, Region oder Stadt sowie nach Schulen und Stilen der Zeit organisiert. Das neue Narrativ der modernen Kunst hingegen spannte ohne expliziten Verweis auf die Nationalität einen Bogen von den Impressionisten und Postimpressionisten über die Nabis, die Fauves, die Kubisten, Dadaisten, Surrealisten und die Kunst nach dem Zweiten Weltkrieg bis hin zur Gegenwart. Selbstredend waren diese Narrative ausgesprochen exkludierend und boten lediglich einer Handvoll Künstler und «Ismen» Platz.

In diesen historischen Narrativen werden Cézanne und die anderen Vertreter der «classic French modern» der enormen kreativen Energie der Avantgarden nach 1900 zugeordnet, wo ihnen in dem ab etwa 1912 unaufhaltsam scheinenden, unumkehrbaren Fortschreiten aufeinanderfolgender Avantgarde-Bewegungen eine Vorreiterrolle zugeschrieben wurde. Diese Entwicklung in der modernen Kunst erfährt man visuell in institutioneller Form bei einem Besuch etwa im Museum of Modern Art in New York oder in der Tate Modern in London, wo in den ersten Sälen Cézanne und andere Postimpressionisten hängen und kurz vor dem Ausgang schließlich die zeitgenössische Kunst zu finden ist. Schriftliche Abhandlungen zur modernen Kunst gehen meist ähnlich vor, sie beginnen bei Manet oder Courbet und enden in der Gegenwart. Seit der Mitte des 20. Jahrhunderts wird auch die «classic French modern» in dieses teleologische Narrativ der modernen Kunst aufgenommen.

Was unserer Anerkennung der tatsächlichen Bedeutung der «classic French modern» und ihrer Sammler allerdings ebenfalls im Wege stand, war, dass diese Sammlungen für uns eine große Selbstverständlichkeit besitzen: Aufgrund der exquisiten Qualität der einzelnen Bilder war es nur folgerichtig, dass unsere Sammler sie erwarben. Wenn wir vor einem bedeutenden Cézanne stehen, können wir uns nur schwerlich einem Standpunkt annähern, von dem aus ein solches Gemälde nicht fraglos als erhabenes Kunstwerk betrachtet wäre. Das heißt, wir können unser Urteil nur mit Mühe als kulturell bestimmt begreifen. Dass die Erwerbungen unserer Sammler als derart selbstverständlich erachtet werden, erklärt den Schlüsselbegriff «classic» in meinem «classic French modern».

Er folgt für mich in diesem Zusammenhang einer ganz bestimmten Bedeutung des englischen Wortes als etwas, «das über eine längere Zeitspanne hinweg als von höchster Qualität und herausragend in seiner Art gilt». Im Englischen wird das Wort «classic» häufig mit «classicism» verwechselt. Beide Begriffe verweisen auf eine transzendente Tradition, sprich auf den Gedanken, dass es Wertmaßstäbe gibt, die über historische und geografische Räume hinausweisen. Aber «classicism» ist eine Tradition, die ausschließlich auf die italienische Renaissance verweist sowie, in der früheren Geschichte, auf die griechisch-römische Antike. «Classicism» definiert sich anhand ganz bestimmter Grundsätze: Prädominanz des Akts, Vorrang der Linie gegenüber der Farbe, und so weiter.[7]

Wenn wir den Standpunkt der 1920er-Jahre einnehmen und klassische Kunst auf die Art begreifen, wie etwa Oskar Reinhart sie verstand, dann muss, so meine These, eine solche

Kunst alle Nationalschulen und insbesondere die romanische Tradition transzendieren. Was in den 1920er-Jahren als «classic» galt, beschränkte sich mitnichten auf akademisch geprägte Werte; vielmehr bildeten sich neue Grundsätze heraus, nach denen man etwa der Farbe Vorrang gegenüber der Linie geben konnte, dem Stillleben gegenüber der figürlichen Malerei, der bewusst sichtbaren Pinselführung gegenüber der geschlossenen Form und der glatten Oberfläche, wie es im «classicism» niemals vorstellbar wäre.

Dem Sammeln der «classic French modern» lag ein eigentümliches Paradox zugrunde. Schließlich waren die Sammler zweifellos der Überzeugung, dass die Kunst an sich universelle Qualitäten besaß. Die Künstler der «classic French modern» jedoch unterwanderten grundlegend die Vorstellung, es gäbe etablierte Wertmaßstäbe, anhand derer jegliche Kunst zu messen sei. Insbesondere die Postimpressionisten waren Wegbereiter des Gedankens, dass künstlerische Qualität stets relativ ist. Überlieferte Grundsätze, deren Befolgen fast automatisch eine Anerkennung als «klassisch» mit sich brachte, gab es nicht; vielmehr ließ sich ein solches Urteil erst mit beträchtlichem zeitlichen Abstand fällen – etwa der Zeitraum zwischen den 1880er- und den 1920er-Jahren –, und nur aus dieser Perspektive konnte man sagen, welche Künstler die Maßgaben, die der zeitgenössischen Kunst zugrunde lagen, am meisten verändert hatten.

Die Künstler der «classic French modern» verwendeten nur selten eine symbolhafte Sprache, und ebenso vermieden sie erzählerische Konventionen. Farbe setzten sie zunehmend unabhängig von der Natur ein und nutzten sie vielmehr als reines Ausdrucksmittel. Cézanne etwa (und alle, die ihm folgten) verzichtete auf eine visuelle Logik, die auf der Renaissance-Perspektive beruhte, und favorisierte stattdessen eine solche, die mehr vom Bild selbst bestimmt war. Ihn interessierte vor allem, was ein gutes Bild ergab, und nicht, was faktisch die Wirklichkeit widerspiegelte. Anders gesagt: Indem die Künstler der «classic French modern» die Definitionsparameter eines guten Gemäldes veränderten, entwickelten sie gemeinsam neue Standards zur Bewertung der Kunst. Wie ein junger englischer Kritiker 1923 schrieb: «Man kann mit Fug und Recht behaupten, dass jemand, der die Schönheiten Cézannes nicht erkennt, auch die Schönheiten der Alten Meister nie richtig wahrgenommen hat.»[8]

Das letzte noch unerläuterte Wort in meinem Begriff «classic French modern», das «französisch», ist erstaunlicherweise das vieldeutigste der drei. Das liegt zum Teil daran, dass nicht alle Vertreter der Bewegung tatsächlich französische Staatsbürger waren, etwa Vincent van Gogh, und zum Teil daran, dass die überwiegende Mehrzahl der späteren Künstler, die sich in den 1920er-Jahren mit der «classic French modern» identifizierten, nämlich die Ecole de Paris, keine Franzosen waren, sondern überwiegend osteuropäische Juden. Das heißt, die «classic French modern» ist einerseits sehr französisch, weil die meisten ihrer Künstler eben das waren, andererseits aber verblüffend transnational, weil nicht der Umstand ihrer französischen Nationalität, also ihr Status als Vertreter einer nationalen Schule der Kunst, der sie bestimmende Faktor war, sondern vielmehr ihre «klassische» Modernität. Es ist nicht unwesentlich, dass es sich vorwiegend um französische Künstler handelte, weit bedeutsamer ist jedoch, dass ihre französische Identität für jene, die den Blick in die Vergangenheit richteten, in einem universalisierenden Argument über transzendente Qualitäten in der Kunst unterging. Für all jene, die den Blick nach vorne richteten, ging ihre französische Identität ebenfalls unter, und zwar in dem transnationalen Argument der multinationalen Nachkommen der Künstler der «classic French modern»: die europäischen Avantgarden.

Den Rest dieses Essays möchte ich nutzen, um den Kontext beim Sammeln der «classic French modern» zu umreißen. Der Tod ihrer letzten großen Vertreter um das Ende des Ersten Weltkriegs – Degas 1917, Renoir 1919, Monet 1926 – gab den Anstoß zu ihrer Kanonisierung. Degas' Tod führte nicht nur zu einem erneuten Interesse an seiner Kunst, bei der Versteigerung seiner Privatsammlung im Jahr 1918 kamen auch viele bedeutende Werke des Künstlers und seiner Freunde auf den Markt. In der Folge von Renoirs Tod gleich nach dem Krieg erschien eine noch weit größere Flut an Veröffentlichungen über den Künstler, einschließlich der einflussreichen Monografie seines Händlers Ambroise Vollard. Bezeichnenderweise am wenigsten folgenschwer war der Tod Claude Monets. Die meisten Sammler der «classic French modern» schätzten ihn geringer als Cézanne, mit Ausnahme Sterling Clarks, der im Gegensatz zu seinem Bruder keinen einzigen Cézanne erwarb, und Chester Dales, der eine große Vorliebe für Monets Landschaften hatte. Entscheidend für die Einstellung zu Monet war die Wahrnehmung seines «Temperaments», eine Frage, auf die ich in Kürze zurückkommen werde.

Der Tod der letzten Vertreter der «classic French modern» fiel zeitlich mit der radikalen historischen Neubewertung ihres Ansehens im Vergleich zu ihren Zeitgenossen der Salons zusammen. Zweifellos hatten sich die Künstler der «classic French modern» grundsätzlich bereits vor dem Ersten Weltkrieg einen Namen gemacht. Kritiker und Kunsthistoriker wie Julius Meier-Graefe hatten maßgebliche Würdigungen aller bedeutenden Künstler verfasst, die zu diesen drei Generationen der französischen Malerei zählten, also den Realisten, den Impressionisten und den Postimpressionisten. Bei den französischen Künstlern, die Meier-Graefe in seiner 1904 erschienenen Geschichte der modernen Kunst nannte, handelte es sich in der Tat um eben diejenigen, die unsere Sammler im Laufe der 1920er- und 1930er-Jahre erwarben: Daumier, Delacroix, Corot, Courbet, Manet und so weiter. Neu in den 1920er-Jahren war der Stellenwert der Vertreter der «classic French modern» in Relation zu ihren Zeitgenossen der Salons.

Ab den 1880er-Jahren sank der Stern der großen Maler des Salon de Paris zusehends. Bekannt ist Cézannes Kommentar, als einige seiner Bilder als Teil der Caillebotte-Stiftung ins Musée de Luxembourg kamen: «Jetzt scheiß ich auf Bouguereau.» – Allerdings vollziehen sich Veränderungen in Kunstinstitutionen immer nur sehr langsam, und der historische Prozess, der Cézannes Triumph über Bouguereau möglich machte, zog sich über viele Jahre hin. Noch bis zum Ersten Weltkrieg wurden dem alten Salon de Paris, seinen früheren Doyens und seinen gegenwärtigen Mitgliedern nicht nur von der Pariser Kunstwelt, sondern auch in den Zeitschriften, Zeitungen und Galerien, die sich der zeitgenössischen Kunst widmeten, großer Respekt entgegengebracht. So veröffentlichte Léonce Bénédite, Chefkurator des Musée de Luxembourg, 1909 einen Überblick über die französische Malerei des 19. Jahrhunderts, in dem er zwar die Bedeutung der Vertreter der «classic French modern» anerkannte, weit mehr Platz räumte er jedoch den großen Künstlern des Salons ein. Noch war es Bouguereau, der über Cézanne triumphierte.[9]

Nach dem Ersten Weltkrieg veränderte sich diese Einstellung von Grund auf. Kunsthistoriker wie Elie Faure sahen die Künstler der «classic French modern» als die legitimen Vertreter des Besten, was die französische Kunst zu bieten hatte. In Faures Geschichte der französischen Malerei des 19. Jahrhunderts von 1921 werden unter den Salon-Künstlern lediglich Puvis de Chavannes und Eugène Carrière erwähnt.[10] Faure vertrat zudem die These, die gesamte Malerei der ersten zwanzig Jahre des 20. Jahrhunderts ginge auf die Gemälde Cézannes und Renoirs zurück.[11]

Das Ableben der letzten Impressionisten stärkte auch die Erkenntnis, dass der Postimpressionismus nicht mehr als Inbegriff der zeitgenössischen Kunst gelten könne. In den 1920er-Jahren verstand man unter dem damals «Zeitgenössischen» etwas ganz Anderes als das, was unsere heutige Sicht der Zwischenkriegszeit prägt, sprich Dadaismus und Surrealismus, die verschiedenen Richtungen der sogenannten nicht-objektiven Kunst und der kritische Realismus in der Malerei und Fotografie der neuen Sachlichkeit, kurz gesagt also, die weiteren Ausprägungen der Vorkriegsavantgarden. Von ihrer Perspektive der Zwischenkriegsjahre aus gesehen, müssen Sammler wie Samuel Courtauld und Oskar Reinhart derartige avantgardistische Zeugnisse der zeitgenössischen Kunst schlicht als unverständlich betrachtet haben, sofern sie sich ihrer überhaupt bewusst waren. Man stelle sich nur vor, sie hätten Cézanne von der Warte der 1920er-Jahre mit dem dadaistischen Werk etwa eines Jean Arp vergleichen müssen! Doch für sie bedeutete die zeitgenössische Kunst etwas völlig Anderes, und vermutlich hielten sie diese der Kunst der «classic French modern» auch nicht für ebenbürtig.

Man kann den Post-Kubisten André Derain als den für diese Sammler typischen Stellvertreter der zeitgenössischen Kunst in den Zwischenkriegsjahren betrachten. Derain war in Paris zu einer symbolischen Alternative zu Picasso und den avantgardistischen Strömungen geworden, die angeblich aus dem Kubismus heraus entstanden waren. Da Derain sich bereits 1910 vom Kubismus abgewandt hatte, galt seine Kunst als Bollwerk der Tradition gegen die Kräfte der Innovation. Diese These bildete sich während des Kriegs heraus, zur selben Zeit also, in der die Ecole de Paris entstand. So beschrieb etwa der bedeutende Kritiker Guillaume Apollinaire in seinem Vorwort zu Derains Einzelausstellung in der Galerie Paul Guillaume 1916 den Künstler als jemanden, der sich leidenschaftlich mit den großen Alten Meistern beschäftigte, und als solcher «überflügelte er [...] noch die wagemutigsten Experimente der zeitgenössischen Kunst, um die Einfachheit und Frische der Grundlagen der Kunst wiederzufinden».[12] Jahre später vertrat Derain selbst die Auffassung, dass der Kult der Originalität – womit er zweifellos auf die europäischen Avantgarden anspielte – eine relativ neue Erfindung sei. Selbst wenn sich die äußeren Formen der Kunst veränderten, so behauptete er, besäßen sie eine innere, allgemeingültige Beständigkeit. Ihm missfiel die Vorstellung, dass Künstler sich einer Privatsprache bedienten, die nur wenige verstünden, und zitierte einen chinesischen Philosophen mit den Worten: «Ich bin kein Erneuerer, ich bin ein Bewahrer.»[13]

Und es stimmt, in den 1920er-Jahren waren die besten zeitgenössischen Pariser Künstler tatsächlich eher Bewahrer als Erneuerer. Es handelte sich großteils um ausländische, vorwiegend jüdische Künstler wie Amadeo Modigliani, Jules Pascin, Chaïm Soutine und andere, die später als Künstler der Ecole de Paris bezeichnet werden sollten. Im Gegensatz zu den Avantgarden der Vorkriegszeit richtete sich ihr Blick in die Vergangenheit, selbstbewusst lehnten sie die radikalen Experimente der unmittelbaren Vorkriegszeit ab. Als Vorbild dienten ihnen vielmehr die «classic French modern», insbesondere Cézanne, Degas, van Gogh und Toulouse-Lautrec (und bezeichnenderweise nie Monet). Und sie, oder zumindest die Käufer ihrer Bilder, wurden für diese Ausrichtung belohnt, denn in den 1920er-Jahren waren die Preise für Bilder Modiglianis und Soutines vergleichbar mit denen für Cézannes. Vor diesem Hintergrund überrascht es nicht, dass einige unserer Sammler Werke der Ecole de Paris und des späteren Derain erwarben, allerdings nicht in der Anzahl und der Qualität ihrer Ankäufe der französischen Malerei des 19. Jahrhunderts.

Die Vorherrschaft dieser erfolgreichen ausländischen Künstler in Paris leistete der zunehmend anerkannten Ansicht Vorschub, die großen Tage der französischen Kunst seien vorüber. In der Flut von Büchern und Artikeln, die sich in dieser Zeit mit den Leistungen der Künstler der Ecole de Paris im Vergleich zu denen ihrer aus Frankreich gebürtigen Zeitgenossen beschäftigte, wurde der angebliche Tod der französischen Malerei von manchen zur Hysterie neigenden Autoren dieser «fremden Invasion» zur Last gelegt.[14] Doch viele der gebürtig französischen Künstler, die Mitte der 1920er-Jahre der «französischen Schule» zugerechnet wurden, waren künstlerisch noch konservativer als die Künstler der Ecole de Paris; bisweilen handelte es sich auch um solche, die ihre beste Zeit bereits hinter sich hatten, oder um schwache Schüler des Kubismus. Im Vergleich zu den großen Künstlern der «classic French modern» erschienen sie unseren Sammlern zweifellos als zweitrangig. So entstand durch die Mittelmäßigkeit der einheimischen zeitgenössischen französischen Kunst sowie durch das Ansehen, das die Künstler der Ecole de Paris damals genossen, eine Situation, in der das Vorwärtsstreben der zu ihrer Zeit gefeierten Vorkriegsavantgarden jetzt als missratenes Experiment betrachtet wurde, ein Experiment, das die von den Künstlern der «classic French modern» etablierten Traditionen missverstand. Von dieser Warte aus gesehen waren aus dem Experiment heraus Künstler entstanden, die man mit Fug und Recht vernachlässigen konnte.

Die Künstler der Ecole de Paris bezahlen kunsthistorisch noch immer einen Preis dafür, dass sie eher als Bewahrer und nicht als Erneuerer in Erscheinung traten: In der Geschichtsschreibung der Kunst des 20. Jahrhunderts finden sie häufig keinerlei Erwähnung. Allerdings erfreuen sie sich bei der allgemeineren kunstinteressierten Öffentlichkeit nach wie vor großer Beliebtheit. Wie die Künstler der «classic French modern» wurden die der Ecole de Paris im Lauf der Zeit zunehmend als individuelle Temperamente wahrgenommen und weniger als Beteiligte einer kollektiven Innovation, als eine Gruppe von Individuen und nicht als Individuen, die sich einer ästhetisch einheitlichen Gruppe unterordneten.

Um die Bedeutung des Temperaments in der Beurteilung der «classic French modern» zu erläutern und gleichzeitig zur Abrundung dieses Essays werfe ich noch kurz einen Blick auf die Rezeption Monets innerhalb dieser Kultur der «classic French modern». Ab etwa 1890 galt er zwar als großer Maler, doch wurde ihm nachgesagt, er dokumentiere lediglich mechanisch die visuellen Daten der Natur. Julius Meier-

Graefe etwa sprach von der «Monetsche[n] Tat, […], einen unfehlbaren Grund rein physiologischer, ganz unbestreitbarer Wirkung festzusetzen.» Die unerbittliche Objektivität, die er in Monets Gemälden am Werk sah, veranlasste ihn dazu, den Künstler als einen «Barbar der Malerei» zu bezeichnen.[15] In seiner *Entwicklungsgeschichte der modernen Kunst* von 1904 stellte der Autor seine Erörterung Monets in den Kreis derer, die er als «Theoretiker» der zeitgenössischen Kunst betrachtete, nämlich die Neoimpressionisten. In deren Werk, wie auch in Monets, triumphiere die Naturwissenschaft über persönliches Gefühl und persönliches Urteil. Anders gesagt war Monet für Meier-Graefe ein Künstler, dem es im Großen und Ganzen an persönlichem Temperament mangelte. Er bagatellisierte Monets Leistung zwar nie, aber es war offensichtlich, dass er unter den Impressionisten Renoir und Degas den Vorzug gab.[16] In späteren Jahren verfasste Meier-Graefe Monografien über Manet, Renoir, Degas und Cézanne, nicht aber über Monet. Die vermeintlichen Schüler Monets und Georges Seurats, sprich Henri Matisse, Pablo Picasso und die größere Zahl der europäischen Avantgarden, waren für Meier-Graefe und Courtauld nie ernst zu nehmende Größen, ebenso wenig wie für die anderen Sammler der «classic French modern», weil sie die Vorherrschaft der Mechanik über die Persönlichkeit, der Vorstellung über die leidenschaftliche Beschäftigung mit dem Medium der Malerei repräsentierten.

Im Laufe der Jahrzehnte verlor das Festhalten an der Tradition zu Lasten dessen, was in der Kunst gerade zeitgenössisch war, allmählich an Gewicht. Die in den 1920er- und 1930er-Jahren bewusste Entscheidung, was Kunst innerhalb einer beständigen Tradition großer Künstler bedeutete, verschwand allmählich, wenn auch nicht zur Gänze, in den Narrativen, die künstlerische Innovation und radikalen Wandel in den Vordergrund stellten. Und dennoch leben die Gemälde an sich und ihr Vermögen, gleichzeitig modern und alt zu sein, in den Privatmuseen dieser großen Sammler der «classic French modern» fort.

1 Es wurde an dieser Stelle und im Folgenden der Begriff «classic French modern» im englischen Original belassen. Zwar gibt es die «klassische französische Moderne» im deutschen Sprachgebrauch, doch wird diese im Englischen «classic French modernism» benannt. [Anm. der Red.]

2 Aufgrund des Altersunterschiedes überrascht es somit nicht, dass Bührles Sammlung der «classic French modern» in großen Teilen später angelegt wurde als die der anderen genannten Sammler.

3 Chester Dale war einer der wenigen Sammler der «classic French modern» der Zwischenkriegszeit, der mehr als einen oder zwei Monets erwarb. Er vermachte der National Gallery of Art, Washington, D. C., insgesamt schließlich sechs Werke des Künstlers.

4 Julius Meier-Graefe veröffentlichte zwar zahlreiche Monografien, seine grundlegenden Betrachtungen zur modernen französischen Kunst sind jedoch in seiner wegweisenden dreibändigen *Entwicklungsgeschichte der modernen Malerei*, Stuttgart 1904, enthalten.

5 Für die Rezeption von Künstlern und Kunst des 19. Jahrhunderts im 20. Jahrhundert gibt es keine vergleichbare Studie zu Haskell 1976, ein Buch, das mit der sich verändernden Einstellung zur Malerei der Alten Meister im 19. Jahrhundert befasst ist.

6 Eine Ausnahme bildeten dabei Albert C. Barnes, der das Werk von Matisse (allerdings nicht das von Picasso) sehr schätzte, und Duncan Phillips, der amerikanische Künstler förderte und später bedeutende Werke der amerikanischen Abstrakten Expressionisten und anderer sogenannter nicht-objektiver Künstler erwarb. Allerdings schufen diese Sammler auch keine repräsentativen Sammlungen europäischer Avantgarde-Künstler aus den Zwischenkriegsjahren. Anders gesagt, ein Besuch in der Phillips Collection stellt ein völlig anderes Erlebnis dar als ein Besuch im Museum of Modern Art in New York.

7 Die Unterscheidung der «classic» vom akademischen «classicism» erfolgte implizit in Bernard Berensons maßgeblichen Veröffentlichungen zur italienischen Kunst, die um die Jahrhundertwende erschienen. 1897 verwirrte er seine Leser noch, als er bei der Erörterung der Landschaftsmalerei beiläufig «[die] köstliche Modellierung Cézannes» (der damals außer einigen wenigen Kritikern und Sammlern völlig unbekannt war) mit Michelangelo in Verbindung brachte und im weiteren Verlauf Monet und Cézanne gemeinsam mit Perugino, Raffael, Poussin, Claude und Turner erörterte. Später, in dem Raffael gewidmeten Abschnitt, verbindet Berenson Pollaiuolo mit Degas, während er die «‹akademischen› Produkte» schmäht, die im «Beinhaus preisgekrönter Werke der Diplom-Galerie in der Ecole des Beaux Arts in Paris» zu sehen sind. Siehe Bernard Berenson, *Die mittelitalienischen Maler der Renaissance*, München 1925, S. 159 und 179.

8 «One can assert that the person who cannot perceive the beauties of Cézanne has never properly seen the beauties of the Old Masters.» Gordon 1923, S. 32.

9 Léonce Bénédite, *La Peinture au XIXe siècle*, Paris 1909.

10 Siehe Elie Faure, *Histoire de l'art*, 5 Bde., Paris 1921–24.

11 Dieses Argument wurde erstmals erwähnt in: Ebd., Bd. 4: *«L'Art moderne»*, S. 456.

12 Apollinaire 1960, hier zit. nach Apollinaire 1989, S. 270.

13 Zitiert im Katalogeintrag zu André Derain, Still Life TO4863 Tate. Gaston Diehls Gespräch mit Derain erschien erstmalig in: *Peintres d'aujourd'hui. Les Maîtres*, Collection Comoedia-Charpentier, Paris 1943, S. 15.

14 Siehe Romy Golans Erörterung des Konflikts zwischen einheimischen und jüdischen Künstlern in Paris, in: «The ‹Ecole Français› vs. the ‹Ecole de Paris›. The Debate about the Status of Jewish Artists in Paris Between the Wars», in: Kenneth E. Silver und Romy Golan (Hg.), *The Circle of Montparnasse. Jewish Artists in Paris 1905–1945*, New York 1985, S. 80–87.

15 Meier-Graefe 1904, Bd. 1, Zweites Buch *Die vier Säulen der modernen Malerei. Renoir und sein Kreis*, S. 196.

16 Ein Beweis für Meier-Graefes Vorliebe für Degas und Renoir vor Monet ist etwa auch der Umstand, dass Degas und Renoir ebenso wie Manet und Cézanne in seiner Entwicklungsgeschichte als Anführer eines «Kreises» von Schülern bezeichnet werden, während Monet von seinen potenziellen Schülern, den Neoimpressionisten, getrennt wird. Manet, nicht Monet, ist eine der «vier Säulen» der modernen Malerei.

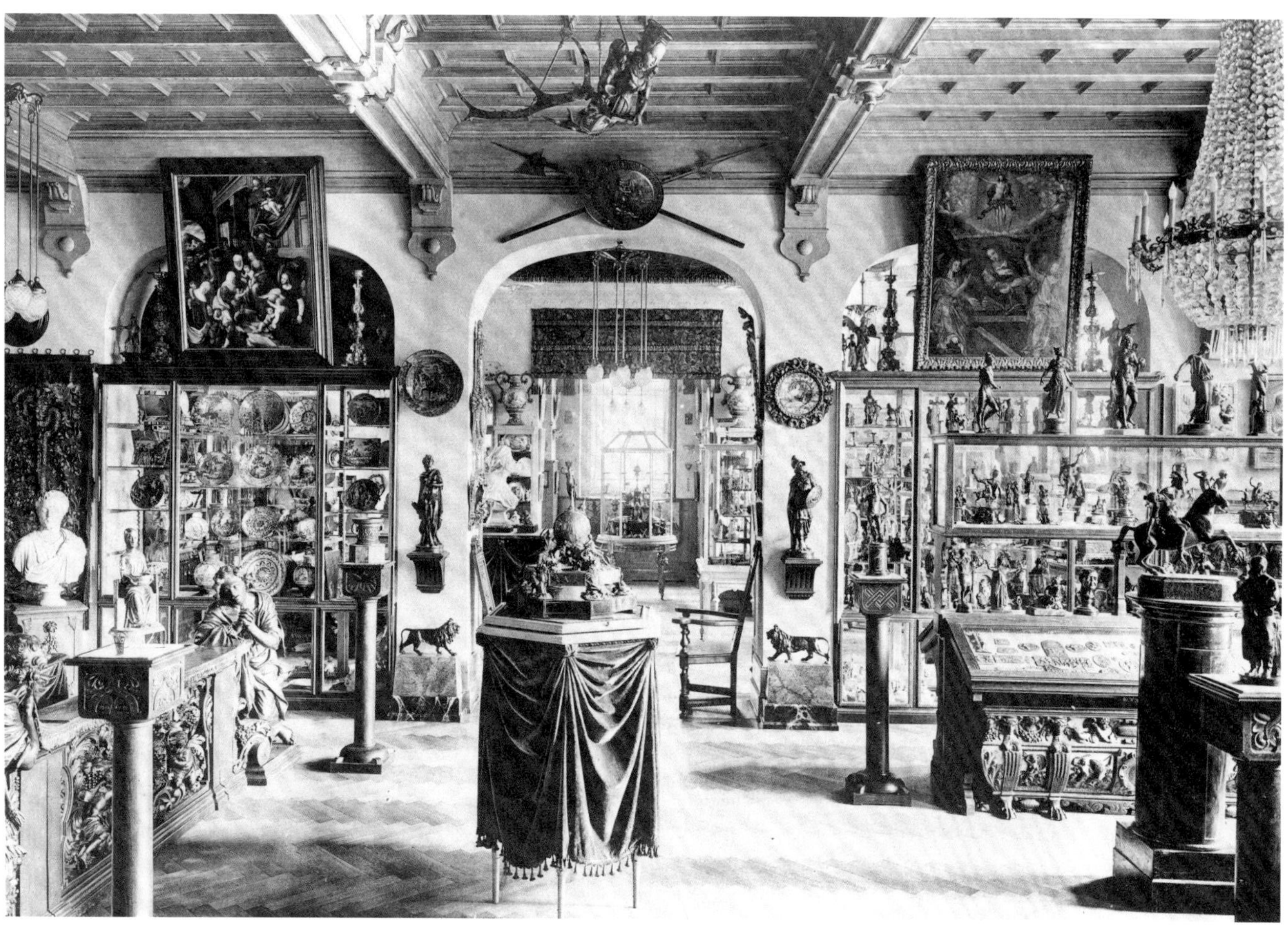

Abb. 1
Die Sammlungsräume in Adolf Hommels Villa «Dem Schönen», Zürich
Anonyme Aufnahme, um 1909

LUKAS GLOOR

Zwischen national-antiquarischer und international-moderner Kunstpflege

Kunstsammlungen in der Schweiz 1890–1940

Die Sammlung historischer Altertümer und die Sammlung Alter Meister

Die Eröffnung des Schweizerischen Nationalmuseums in Zürich 1898 markierte einen Höhepunkt im internationalen Blick auf die Schweiz als Kulturnation. Die Gründung des Museums war ganz wesentlich mit dem Argument verfochten worden, dass die von Abwanderung bedrohten Werke des Schweizerischen Kunstschaffens aus der Vergangenheit geschützt werden mussten,[1] was umgekehrt der Feststellung gleichkam, dass diese Werke inzwischen auf dem internationalen Kunstmarkt gesuchte Objekte waren. Außerdem sollte das neue Museum die historischen Originale dem aktuellen Kunsthandwerk als Vorbilder zugänglich machen,[2] wovon man sich seit dem Debakel auf der Wiener Weltausstellung von 1873 starke Impulse für die Wettbewerbsfähigkeit der Schweizer Produkte versprach. Beides, das hohe Ansehen für das historische Schweizer Kunsthandwerk und die Vorbildfunktion für das zeitgenössische Kunstgewerbe, musste schon kurz nach der Eröffnung des Museums unter dem doppelten Aspekt von Jugendstil und Moderne als völlig überholt gelten. Während das Kunstgewerbe um 1900 die Neo-Stile des Historismus programmatisch für einen aktuellen Zeitstil aufgab, rückte das neue System der künstlerischen Moderne die Malerei immer stärker in den Vordergrund und verwies die Objekte kunstgewerblicher Art – gleich welcher Herkunft – auf nachrangige Plätze.[3]

Das in dieser Übergangssituation entstandene Vakuum kann in der Schweiz im Scheitern der 1890 gegründeten Gottfried Keller-Stiftung anschaulich gemacht werden, die eines der großen Vermögen des Landes der Kunstpflege auf nationaler Ebene hätte zuführen sollen.[4] In ihrer vagen Unbestimmtheit war die Stiftungsurkunde Ausdruck einer Ratlosigkeit, die selbst gut informierte Zeitgenossen vor dem Paradigmenwechsel von einer national-antiquarischen zu einer international-modernen Kunstpflege damals ergriff. Dass die Stiftung sich zu einer einflussreichen nationalen Institution hätte entwickeln können, die nach dem Vorbild des Pariser Musée du Luxembourg oder der Berliner Nationalgalerie nicht nur der Kunst, sondern auch dem aktuellen Kunstsammeln in der Schweiz Impulse gegeben hätte, war von vorneherein durch die Bestimmung verbaut, wonach «zeitgenössische Kunstwerke nur ausnahmsweise dürfen berücksichtigt werden». Woran der Stiftungsrat der Gottfried Keller-Stiftung aber eigentlich scheiterte, war das Unvermögen, sich zwischen dem historisch motivierten Sammeln kunstgewerblicher Objekte und dem kunsthistorisch motivierten Sammeln von Bildern Alter Meister zu entscheiden. Beim Abfassen der Stiftungsurkunde hatte man noch zwischen «Werken des Kunstgewerbes» und «Werken der bildenden Kunst» geschwankt und schließlich letztere zum Stifterwillen erhoben.[5] Doch wusste der Stiftungsrat die ihm dadurch eröffnete Chance nicht zu nutzen. Durch die vereinten Anstrengungen kunsthistorischer Kennerschaft und internationaler Hochfinanz etablierte sich die ganz auf Gemälde Alter Meister konzentrierte Sammlung eben damals weltweit als der führende Sammlungstyp für die nächsten Jahrzehnte. Die erheblichen Mittel der Gottfried Keller-Stiftung hätten erlaubt, wenigstens in einer frühen Phase am Wettbewerb um Werke Alter Meister teilzunehmen und Schweizer Museen ein paar dieser Bilder in erstklassiger Qualität zu sichern. Doch agierte der Stiftungsrat bei vereinzelten Käufen völlig hilflos,[6] und die Stiftungsgelder flossen schließlich zu einem großen Teil in Objekte für das Nationalmuseum, wenn sie nicht – aus reiner Verlegenheit – für Werke jüngst verstorbener Schweizer Künstler ausgegeben wurden. Bei der ersten Ausstellung im Jahr 1904 zogen die Ankäufe der Gottfried Keller-Stiftung so heftige Kritik auf sich, dass der Stiftungsrat sich fortan kleinlaut auf den Kauf schweizerischer Kunst beschränkte, was auch dem Potenzial des inzwischen durch Misswirtschaft gründlich reduzierten Stiftungsvermögens mehr entsprach.[7]

Das Scheitern der Gottfried Keller-Stiftung ist insofern symptomatisch für die Kunstpflege in der Schweiz um 1900, als in dem kleinen, eben erst wirtschaftlich erstarkenden Land die Voraussetzungen für den Handel mit Werken Alter Meister in jeder Hinsicht fehlten. Zunächst mangelte es dem Land ganz konkret an großen adligen oder bürgerlichen Sammlungen, deren Auflösung diesen Handel hätte alimentieren können. Schweizer Kunsthistoriker konnten sich in der Schweiz selbst also nur schwerlich die Expertise aneignen, um Anschluss an das internationale Netz der Kenner zu finden. Die wenigen gleichwohl entstehenden Altmeister-Sammlungen verdankten sich weitgehend dem Rat ausländischer Experten, darunter der Generaldirektor der Berliner Museen Wilhelm von Bode.[8] Bezeichnend für die Schweizer Einschätzung der neuen Aufgabe, die sich dem Fach Kunstgeschichte stellte, war die Haltung Jacob Burckhardts. Er zeigte sich zwar von der Kennerschaft Wilhelm Bodes beeindruckt und förderte den jungen Kollegen, indem er ihm die Neuausgabe seines *Cicerone* anvertraute.[9] Persönlich aber bewahrte Burckhardt gegenüber der um sich greifenden Obsession in Sachen «Echtheit alter Bilder» die ihm eigene skeptische Distanz und erkannte «ein verhängnisvolles, fieberhaftes Treiben» im Bestreben der «Modeleute, welche meinen, nur zwischen echten alten Bildern sei man so recht furchtbar vornehm, und daher ungeheure Summen zahlen und die Preise ganz gewaltig steigern.»[10] Dem kunsthistorischen Typ der reinen Altmeister-Sammlung gegenüber blieb die Schweiz auch deswegen resistent, weil eine eigene nationale Schule älterer Malerei kaum greifbar war. Verbreiteter blieb die historische Sammlung, in der Gemälde lediglich als Teil eines größeren Ganzen in Erscheinung traten.[11] In einer für die Übergangszeit kennzeichnenden Art zwischen den Typen stand der Sammler Adolf Hommel, der seine Villa in Zürich kurz nach dem Bau um das Doppelte vergrößerte, um über 1700 kunstgewerblichen Objekten Raum zu geben. Dabei verzichtete Hommel auf das beliebte Muster sogenannter Stilräume, in denen die Kunstgegenstände zu wohnlichen Arrangements gruppiert waren, und zog eine Aufstellung vor, die den wissenschaftlichen Charakter der Sammlung in den Vordergrund rückte [Abb. 1]. Daneben zielte Hommels Ehrgeiz auf eine repräsentative Gemäldegalerie mit Werken Alter Meister [Abb. 2], deren Echtheit ihm ein persönliches Anliegen war – das historisch-antiquarische Interesse für kunstgewerbliche Objekte und das kunsthistorisch-moderne Interesse an Gemälden fanden bei Hommel also unter einem Dach zusammen.[12] Doch blieb die Sammlung Hommel ähnlich wie die Sammlung Alter Meister des aus Görlitz zugewanderten Gustav Henneberg isoliert. Solche Sammlungen passten nicht in eine Kunstpflege, die sich in der Schweiz nach 1900 rasch und gründlich modernisierte. Während Hennebergs Galerie in Zürich nach ihrer

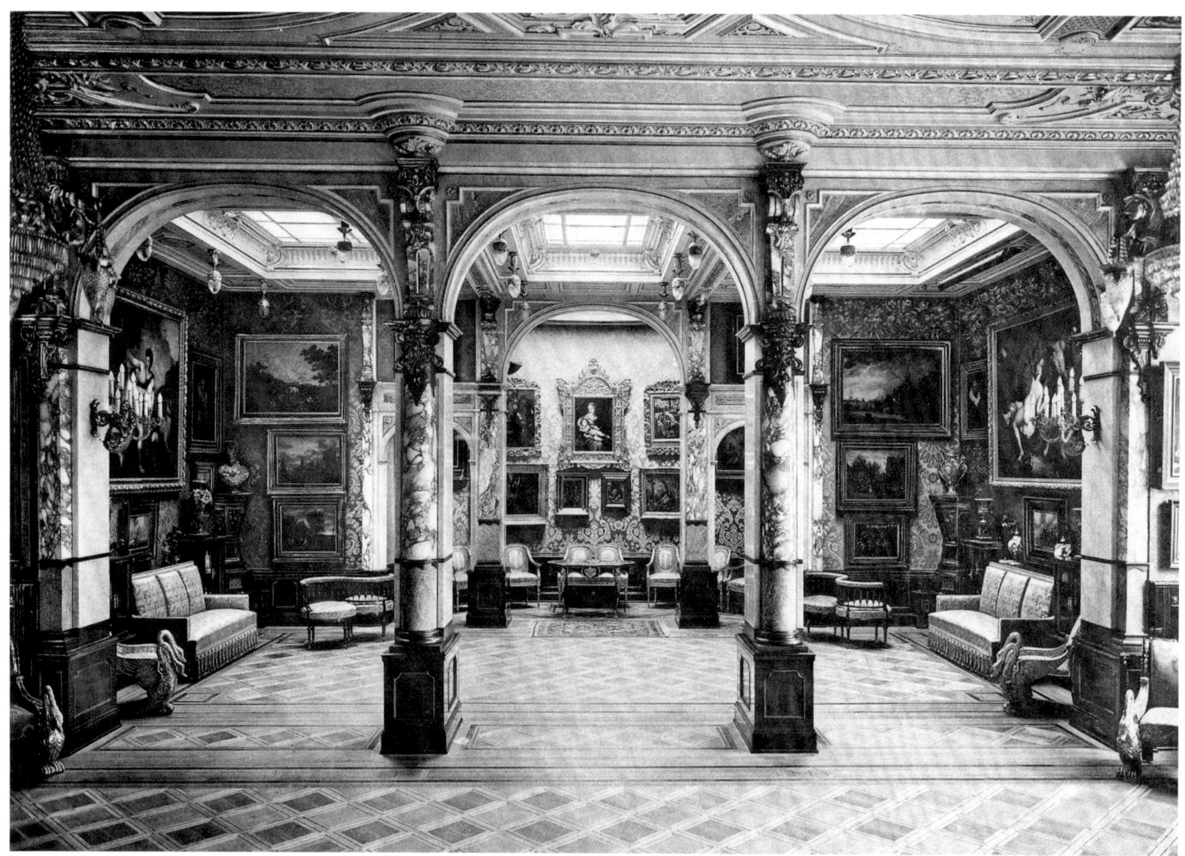

Abb. 2
Die Bildergalerie in Adolf Hommels Villa «Dem Schönen», Zürich
Anonyme Aufnahme, um 1909

Auflösung der heftig umstrittenen Ausstellung der Gottfried Keller-Stiftung als Schauplatz diente und später eine zweite, moderne Bildersammlung aufnahm,[13] geriet die Sammlung Hommel nach ihrer Versteigerung so gründlich in Vergessenheit, dass sie selbst in einem offiziellen Überblick über 150 Jahre Kunstsammeln in der Schweiz 1998 nur gerade noch im lexikografischen Anhang Erwähnung fand.[14]

Die Sammlung lokaler Moderne als Herausforderung an das Bestehende

Seit 1900 wurde in der bildenden Kunst der westlichen Welt eine neue, «moderne» Farbigkeit und Formgebung sichtbar. Die Schweiz besaß gute Voraussetzungen dafür, dass hier die Modernen rasche und nachhaltige Verbreitung fanden. In dieser Beziehung erwies es sich jetzt als Vorteil, dass wertvolle Gemälde Alter Meister in Schweizer Privathäusern selten anzutreffen waren und jüngere Sammler sich gar nicht erst mit der «Last» eines generationenalten Erbes befassen mussten. Auch die große Anerkennung für die moderne Schweizer Schule im Ausland trug dazu bei, das Sammeln moderner Kunst populär zu machen. So erfolgreich wurden die Schweizer Modernen von Ferdinand Hodler bis Cuno Amiet, dass sich im eigenen Land der konservative Widerstand gegen sie ausgerechnet als Sezession formierte – eine Umkehrung der üblichen Begrifflichkeit, die zeigt, wie stark die sogenannte «Hodler-Clique» die Schweiz offiziell repräsentierte.[15] Auch erwiesen sich die Strukturen der Kunstpflege in der Schweiz für die auf Freiheit von institutioneller und staatlicher Bindung pochenden Modernen als ausgesprochen förderlich. Die Ausstellungsinstitute waren von privaten Vereinen getragen und brauchten keine Rücksicht auf lokale Kunstakademien zu nehmen, da solche kaum existierten.[16] War es in den Nachbarländern oft nur aufgrund von Künstlerinitiativen möglich, modernen Tendenzen in Sezessionen und neuen Salons eine Plattform zu geben, geschah das in der Schweiz innerhalb der bestehenden Institutionen mit einer Verschmelzung von privater und öffentlicher Initiative.

Ein Sammler moderner Kunst, der diesen Aspekt beispielhaft verkörperte, war der Zürcher Eisenwarenhändler Richard Kisling. Seit 1904 förderte Kisling Künstler wie Cuno Amiet, Ferdinand Hodler und Giovanni Giacometti mit Ankäufen in rasch wachsender Zahl und schuf ihren farbigen, oft weiß gerahmten Bildern in der hellen Galerie seiner Jugendstil-Villa ein ästhetisch stimmiges Ambiente [Abb. 3].[17] Im Vorstand der Kunstgesellschaft erreichte Kisling gleichzeitig, dass das Kunsthaus Zürich den Schweizer Modernen viel Platz einräumte, wobei er dank dem engen Kontakt zu «seinen» Künstlern auch ihre internationalen Partner gut kannte. Im Mai 1907 erwarb Kisling

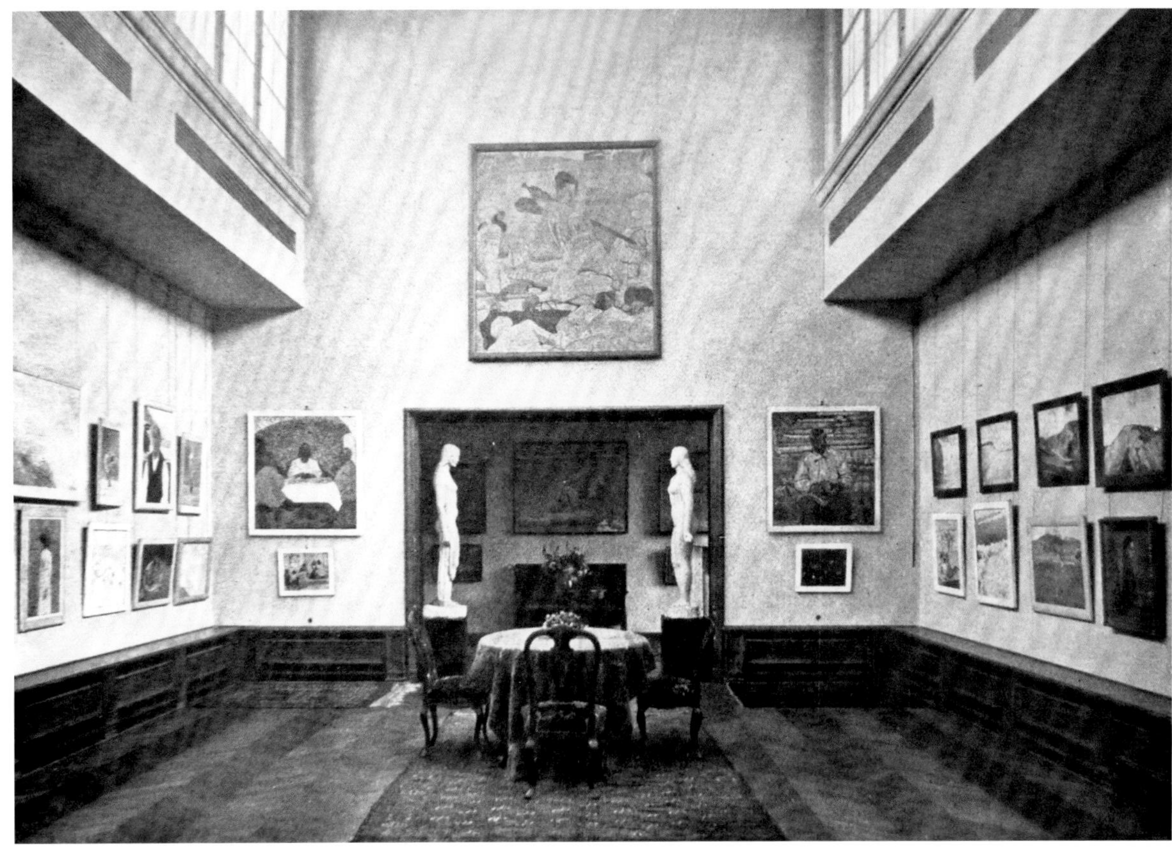

Abb. 3
Die Bildergalerie im Haus von Richard Kisling, Zürich, erbaut 1913 von Karl Moser
Anonyme Aufnahme, um 1918

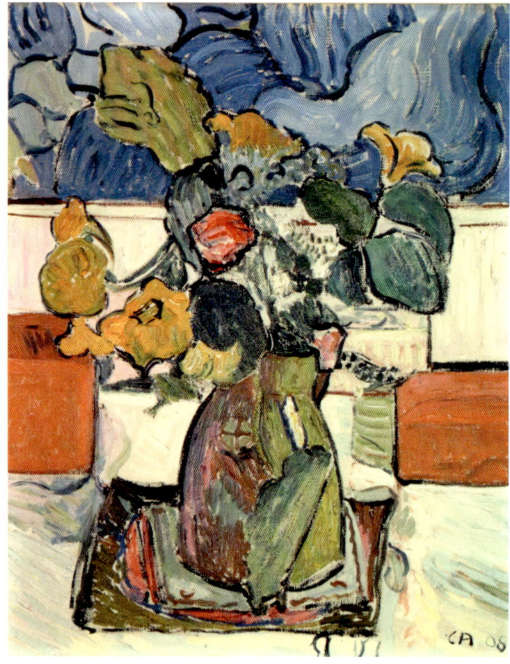

Abb. 4
Cuno Amiet
Stillleben mit Blumen, 1908
Öl auf Leinwand, 40 × 32 cm
Brücke Museum Berlin

auf Veranlassung von Cuno Amiet das erste Bild Vincent van Goghs, das in der Schweiz gezeigt wurde. Er stellte es dem Künstler umgehend für eine Kopie zur Verfügung [Abb. 4]. Damit vollzog sich modellhaft, was Künstler wie Amiet und Giacometti bewegte: der Anschluss an eine Geschichte der modernen Kunst, die sich von der Malerei des französischen Impressionismus herleitete. Indem die beiden Maler ihr Schaffen demonstrativ in diese Entwicklung stellten, erlebte das Publikum sie als «unsere Erzieher zu van Gogh», noch bevor die ersten Bilder des Meisters selbst im Land zu sehen waren. Als im Sommer 1908 in Zürich die erste van Gogh-Retrospektive in der Schweiz stattfand, stieß sie auf ein wohlvorbereitetes Publikum und ein enormes Echo.[18]

Kurz zuvor hatte Cuno Amiet seine Malschülerin Gertrud Müller dazu angeregt, zu ihrem 20. Geburtstag bei der Galerie Miethke in Wien mit dem *Irrenwärter von Saint-Rémy* ein wichtiges Werk van Goghs zu erwerben. Gertrud Müller entstammte einer Industriellenfamilie in Solothurn; früh verwaist, trat sie in sehr jungen Jahren in persönlichen Kontakt zu Hodler und Amiet und begann, deren Bilder zu kaufen. Die Begegnung mit der modernen Kunst verdankte Gertrud Müller dem Papierfabrikanten Oscar Miller, der seit 1900 zu den wichtigen Käufern von Werken der Schweizer Modernen gehörte. Miller begleitete seine Ankäufe mit detaillierten theoretischen Überlegungen, die er unter dem Titel *Von Stoff zu Form* herausgab und die ein großes Echo fanden [Abb. 5].[19] Im zentralen Essay zeichnete Miller nach, wie er selbst von einem «in der gegenständlichen Auffassung befangenen Nörgeler» zu einem Kunstfreund wurde, der sich dem Postulat der gestalterischen Freiheit vorbehaltlos unterwarf. Namentlich vor Amiets Bildern lernte Miller, «dass die gegenständliche und die künstlerische Seite einer Erscheinung sich nicht decken», sondern dass «es einzig darauf ankommt, wie die Farben im Zusammenhang mit dem Ganzen reinkünstlerisch gesehen scheinen.» Miller forderte die Bereitschaft, auf «das massgebende Urteil des Fachmanns» zu hören, «der mit der größten Begabung für den speziellen Beruf die größtmögliche Vertiefung in denselben verbindet», und war damit im Einklang mit der Entwicklung seiner Zeit: Sowohl die Kunsthalle Basel wie auch das Kunsthaus Zürich standen seit 1909 unter professioneller Leitung angestellter Kunsthistoriker.

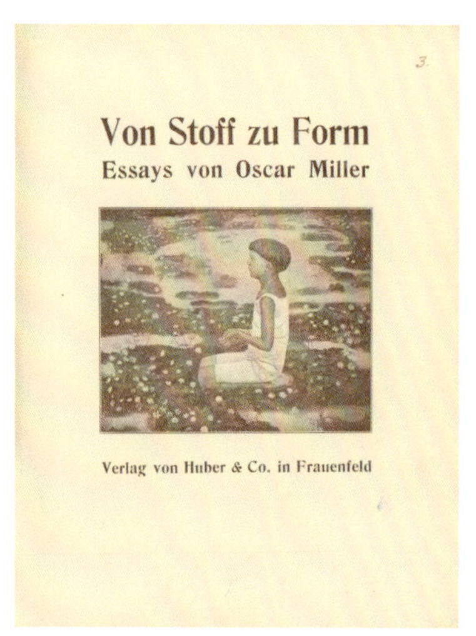

Von Stoff zu Form
Essays von Oscar Miller

Verlag von Huber & Co. in Frauenfeld

Abb. 5
Oskar Miller, «Von Stoff zu Form», 1905,
Titelseite mit einer Abbildung von Ferdinand
Hodlers *Anbetung II*, 1894, Kunsthaus Zürich

Die Sammlung französischer Impressionisten als Verankerung der Moderne

Das Bekenntnis zum «Reinkünstlerischen» rückte Oscar Miller in die Nähe zu einem Kunstschriftsteller, der dem neuen Konzept einer unter rein formalen Aspekten in die Gegenwart hinein fortgeschriebenen Kunstgeschichte besonders wortgewaltigen Ausdruck verlieh. Julius Meier-Graefes *Entwicklungsgeschichte der modernen Kunst* (1904) wurde in der Schweiz ebenso intensiv rezipiert wie die Streitschrift *Der Fall Böcklin* (1905) des gleichen Verfassers, die den berühmten Künstler und Mitbürger ins Visier nahm. Meier-Graefe wurde eingeladen, einen Vortrag zu halten, als in Zürich im Herbst 1908 die erste, intensiv vorbereitete Ausstellung französischer Impressionisten stattfand. Sie war die erste Ausstellung in der Schweiz überhaupt, die nicht einfach einzelnen Künstlern oder Künstlergruppen galt, sondern ein künstlerisches Programm verfolgte.[20] Der Ausstellung blieb zwar der kommerzielle Erfolg der Zürcher van Gogh-Ausstellung versagt, was aber damit zu tun haben mochte, dass Schweizer Kunstliebhaber inzwischen direkt zum Ursprung des Impressionismus gefunden hatten. Zeitgleich zur Zürcher Impressionisten-Ausstellung erwarb der Badener Industrielle Sidney Brown bei Ambroise Vollard in Paris mit einem Stillleben von Paul Cézanne das erste Werk dieses Künstlers für eine Schweizer

Sammlung. [Abb. 6] Und wenn dieser Kauf international gesehen auch keine Pioniertat war, markierte er doch für die Schweiz den Beginn einer Auseinandersetzung mit dem französischen Impressionismus, die sich rasch intensivierte.[21]

An der frühen Vermittlung der französischen Moderne hatten zwei in Paris arbeitende Schweizer Maler wichtigen Anteil: Der Winterthurer Carl Montag[22] und der aus Lausanne stammende Félix Vallotton führten viele Schweizer bei den einschlägigen Pariser Kunsthändlern ein. Namentlich in Winterthur zeichnete sich schon vor dem Ersten Weltkrieg ab, dass der bis dahin vor allem in Deutschland und in den Vereinigten Staaten von Amerika beheimatete neue Sammlungstyp rund um den französischen Impressionismus in der Schweiz starke Verbreitung finden würde.[23] [Abb. 7]

«Kunst ohne Geschichte» und Zeitgeschichte: die Schweizer Impressionismus-Sammlungen im Ersten Weltkrieg

Das Postulat einer entpolitisierten Betrachtung der Kunst, das unter dem Primat eines universalen Qualitätsbegriffs die französische Malerei als den gültigen Ausdruck der jüngsten Vergangenheit proklamierte, war vor dem Krieg hauptsächlich in Deutschland auf politisch motivierten Widerstand gestoßen, der mit der vom Kaiser verfügten Entlassung Hugo von Tschudis als Direktor der Nationalgalerie seinen skandalträchtigen Höhepunkt erreichte. Eine eigentümliche Wendung bescherte der Schweiz dann im Ersten Weltkrieg eine Situation, in der sich die zeitgeschichtlichen Ereignisse positiv auf die Rezeption der französischen Moderne auswirkten. Mit der sich abzeichnenden Niederlage der Zentralmächte sah der deutschsprachige Bevölkerungsteil der Schweiz ein Selbstverständnis in Frage gestellt, das bisher ganz stark auf einer – nicht politischen, aber kulturellen – Identifikation mit dem benachbarten Deutschland beruht hatte. Die gleiche Mehrsprachigkeit, die das Land unter dem Druck des europäischen Krieges innenpolitisch zu zerreißen drohte, bot plötzlich den Deutschschweizern die Chance, ihre Identität neu als Angehörige eines Landes zu definieren, in dem die französische Denk- und Lebensart selbstverständlich präsent war. Das unverfängliche Gebiet der Kultur und ganz besonders der bildenden Kunst, für die keine Sprachbarriere bestand, wurde zu einer idealen Projektionsfläche, über die eine emotionale Neuausrichtung nach Frankreich möglich wurde. Die seit 1916 festzustellende intensivierte Aufnahme der französischen Moderne in der Schweiz war also von einer stark tagespolitischen Motivation getragen – die apolitische «Kunst ohne Geschichte» trat in einen engen Bezug zur Zeitgeschichte. Gefördert von einer aktiven Kulturpropaganda Frankreichs, welche die einschlägigen Kunsthändler in die patriotische Pflicht nahm, eröffneten in der Schweiz plötzlich Ausstellungen von französischer Kunst rund um den Impressionismus in dichter Folge. Den Auftakt machte im neuen Kunstmuseum Winterthur eine *Exposition française*, die eine enorme Breitenwirkung entfaltete.[24] 1917 folgte eine Ausstellung französischer Kunst im Kunsthaus Zürich mit 362 Exponaten, der ein ebenso durchschlagender Erfolg beschieden war. Weit über 20 000 Besucher wurden gezählt und die Verkäufe beliefen sich auf fast eine Viertelmillion Schweizer Franken, beide Resultate nur übertroffen von der Hodler-Ausstellung im selben Jahr, mit der die Schweiz ihrem Nationalmaler die letzte Reverenz vor seinem Tod erwies.[25] Der französische Impressionismus hatte in der Schweiz inzwischen breite Unterstützung gefunden, und das Land war gut gerüstet für die Entwicklung des Kunstgeschmacks in den Jahren zwischen den beiden Weltkriegen, als die um den französischen Impressionismus kreisende Sammlung die Sammlung Alter Meister als den die Epoche prägenden Typus ablöste.

Die Sammlung französischer Impressionisten als Vorbild für die Kunst der Zeit

Im November 1918 endete der Weltkrieg mit der Kapitulation der Zentralmächte vor der Entente, gefolgt von einer grundlegenden innenpolitischen Umwälzung der unterlegenen Nationen, was auf dem Gebiet der Kunstpflege einen umfassenden Modernisierungsschub auslöste. In dem nach der Abdankung des Kaisers von der Nationalgalerie übernommenen Kronprinzenpalais in Berlin erhielten die Impressionisten, die seinerzeit noch Hugo von Tschudis Entlassung provoziert hatten, einen zentralen Auftritt als Anfang aller modernen Malerei, ähnlich wie das bald in ganz Europa von London bis Prag zum verbindlichen Muster wurde.[26] In Schweizer Museen trat die sonst starke Präsenz französischer Kunst seit dem Krieg dagegen noch kaum in Erscheinung.[27] Dass Werke französischer Impressionisten in privaten Sammlungen inzwischen zum festen Kunstbesitz des Landes gehörten, war allerdings durchaus bekannt,[28] und ein lebhafter Ausstellungsbetrieb tat sein Übriges, die französische Malerei in den Schweizer Kunsthallen präsent zu halten, vorab in Basel, wo Wilhelm Barth sie allen Schwierigkeiten zum Trotz ins Zentrum seiner Arbeit rückte.[29] Besonders augenscheinlich wurde der französische Einfluss nach dem Ersten Weltkrieg im zeitgenössischen Kunstschaffen. Der Tod Ferdinand Hodlers im Mai 1918 bot Anlass, neue Maßstäbe zu definieren, und die Selbstverständlichkeit, mit der man sich in allen Landesteilen an der französischen Malerei orientierte, zeigt, wie verbindlich das Konzept einer vom französischen Impressionismus abgeleiteten jüngeren Kunstgeschichte inzwischen war.[30] Oskar Reinharts Einstehen für die Kunst von Alexandre Blanchet war Programm: Reinhart kaufte die *Weinernte im Wallis* aus der *Nationalen Kunstausstellung* 1917, wo Blanchets Bild gegenüber Hodlers Wandbildentwurf zur Schlacht bei Murten hing; er erteilte Blanchet den Auftrag, ein Pendant zum *Viehmarkt in Sitten* (1918) zu malen; er veranlasste die Hängung der beiden Wandbilder im Treppenhaus der Villa «Am Römerholz» und im Treppenhaus des Kunsthauses Zürich in den zwanziger und dreißiger Jahren und war letztendlich auch verantwortlich für die Installation der beiden Bilder in seinem zweiten, lokalen Museum in Winterthur 1951. Dies alles waren Etappen, die den Weg dieser Werke sehr anschaulich machen und sowohl die hohen Erwartungen illustrieren, die im Neubeginn der Nachkriegszeit auf der Cézanne-Nachfolge ruhte, wie auch die stille Resignation vor dem Verlauf der Geschichte, die nur dreißig Jahre später für diese Kunst keinen prominenten Ort mehr fand. Der Anspruch, beispielgebend auf die Kunst der eigenen Zeit einzuwirken, begleitete – mehr oder weniger ausgesprochen – die Schweizer Sammler, die in

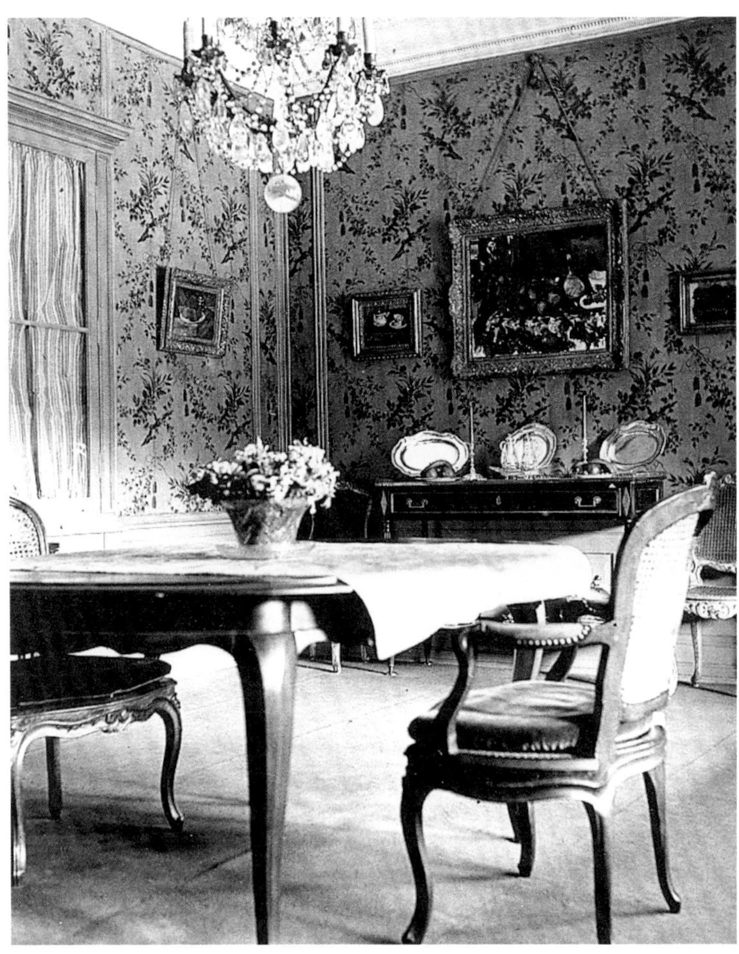

Abb. 6
Ansicht des Speisezimmers der Villa Langmatt, Baden, mit Paul Cézannes *Stillleben mit Pfirsichen*, 1908 erworben
Anonyme Aufnahme, nach 1924
Archiv Museum Langmatt, Stiftung Langmatt Sidney und Jenny Brown, Baden

den 1920er-Jahren ihre Ensembles französischer Kunst weiter ausbauten. Sie blieben weitgehend die gleichen, die schon vor und während des Ersten Weltkriegs existierten, was sich indirekt zeigte, als 1938 auf Veranlassung Carl Montags eine Ausstellung den Schweizer Besitz an französischer Malerei des 19. Jahrhunderts in Paris präsentierte.[31] Im Einklang mit der inzwischen durchaus verbreiteten Auffassung, wonach Pierre-Auguste Renoir und Paul Cézanne – gleichsam als die beiden Kehrseiten der impressionistischen Medaille – die zentralen Figuren waren, an denen sich die jüngeren Generationen orientierten, waren diese beiden Maler in fast allen Schweizer Sammlungen am stärksten vertreten, gefolgt von Vincent van Gogh, dem Schweizer Sammler seit mittlerweile dreißig Jahren ein kontinuierliches Interesse bewiesen. Ein Katalogtext von Hedy Hahnloser gab dem pädagogischen Impetus Ausdruck, der das Sammeln französischer Kunst begleitete.[32] Das Ehepaar Arthur und Hedy Hahnloser verband mit seiner Sammlung den Anspruch, der Schweiz einen Ort zu geben, an dem die Kunstpflege nicht an nationale Grenzen gebunden blieb, sondern in einem internationalen – und das hieß jetzt ganz selbstverständlich: einem französischen – Bezugsrahmen stand. Mit seinen relativ begrenzten Mitteln richtete das Ehepaar sein primäres Interesse auf die zeitgenössische Kunst, und die beiden «impressionistischen Nabis» Pierre Bonnard und Edouard Vuillard nahmen in der Sammlung noch vor dem Ersten Weltkrieg eine zentrale Stellung ein. [Abb. 8] Die Vorgänger aus dem Kreis der Impressionisten folgten später – als Illustration zu einem Kapitel der Kunstgeschichte, das inzwischen anders als in Form einer Entwicklungsgeschichte gar nicht mehr gedacht werden konnte. Bei einer Präsentation der Sammlung Hahnloser 1940 klangen aber erstmals Töne an, die verrieten, dass mittlerweile eine ungleich radikalere Moderne in den Vordergrund drängte. Diese Moderne sah ihre Wurzeln nicht mehr im Impressionismus, sondern leitete sich vom Kubismus und vom Surrealismus her, und ihr Auftreten verwies die vorbildhaften Sammlungen französischer Kunst bald in den Bereich einer überholten, moderaten Moderne. Rasch und gründlich wird die radikale Moderne in der Zeit nach dem Zweiten Weltkrieg den Kunstbetrieb dominieren, und die Sammlung in der entsprechenden Zusammensetzung wird – nach der Altmeister-Sammlung und der Sammlung des französischen Impressionismus – zum dritten, international verbindlichen Typus, an dem sich das private Sammeln von Kunst des 20. Jahrhunderts orientieren kann.

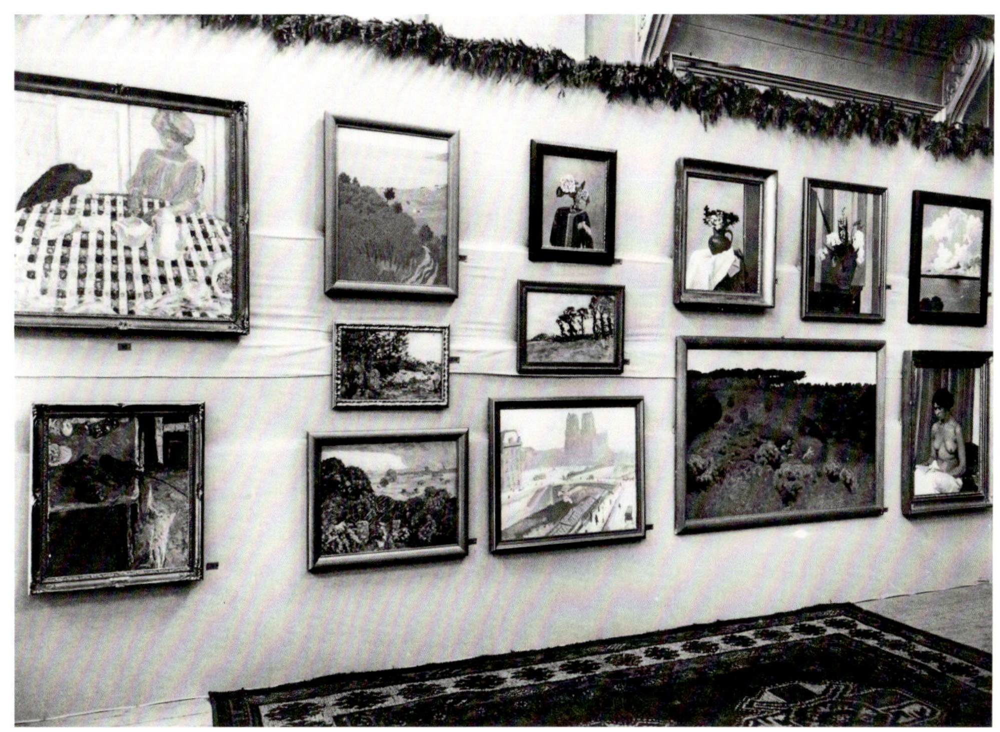

Abb. 7
«Ausstellung von Kunstwerken aus Winterthurer Privatbesitz», 11. Juni bis 2. Juli 1911
im Stadthaussaal, Winterthur (mit Gemälden von Bonnard, Marquet, Vallotton)
Fotografie: Herrmann Linck
Kunstverein Winterthur

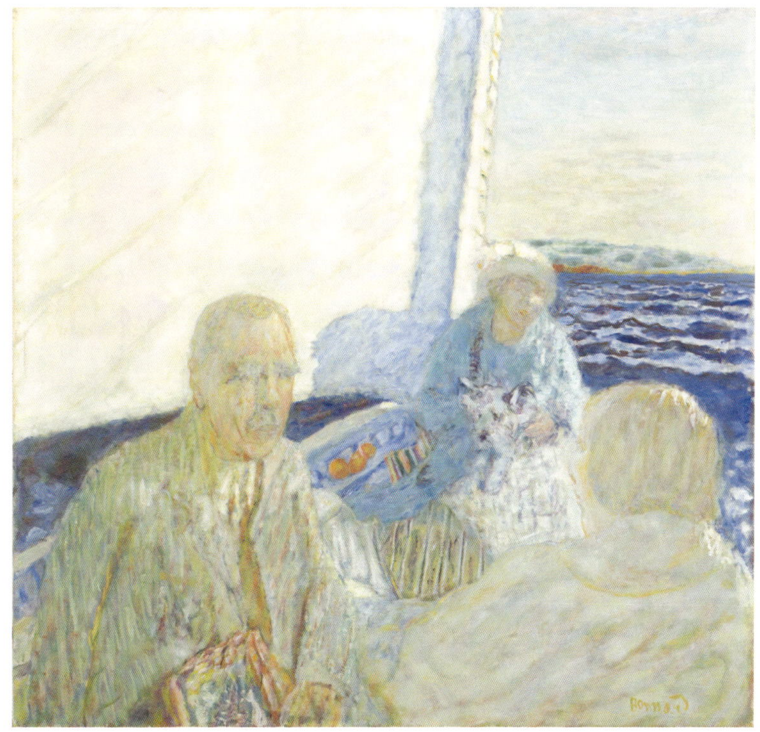

Abb. 8
Pierre Bonnard
Ausflug auf dem Meer, 1924
Öl auf Leinwand, 98 × 103 cm
Privatsammlung

1 Sturzenegger 1999.

2 Die Verknüpfung des Landesmuseums mit dem Zürcher Kunstgewerbemuseum durch Heinrich Angst, dem Initianten und späteren ersten Direktor des Landesmuseums, war einer der Gründe dafür, dass Zürich den erbittert gegen Basel, Bern und Luzern geführten Kampf um den Standort des neuen Museums gewann; vgl. Sturzenegger 1999, S. 157–161. Ein besonders anschauliches Beispiel für die Förderung des aktuellen Kunstgewerbes durch den Rückgriff auf historische Vorlagen schildert Regine Abegg, «Spätgotische Flachschnitzerei um 1900. Als ‹altschweizerisches› Kunstgewerbe entdeckt und wiederbelebt», in: *Zeitschrift für Schweizerische Archäologie und Kunstgeschichte* 66, Nr. 2/3, 2009, S. 131–144.

3 Aufschlussreich ist in dem Zusammenhang das Protokoll der Eidgenössischen Landesmuseumskommission vom 16./17. Januar 1907, in dem vermerkt wird, dass der Antiquitätenhandel rückläufig zu werden beginne und namentlich das hohe Alter von J. Pierpont Morgan die Gefahr berge, dass mit seinem Tod ein eigentlicher Preiseinbruch zu befürchten steht; vgl. Chantal Lafontant Vallotton, «La Vente de la collection d'Heinrich Angst en 1909. Enchères publiques et internationalisation du marché des antiquités», in: Jaccard/Guex 2011, S. 62.

4 Die Stifterin Lydia Welti-Escher war die Tochter Alfred Eschers, der nicht nur Gründer der Schweizerischen Kreditanstalt und der Schweizerischen Rückversicherung war, sondern auch die treibende Kraft für den Bau des Gotthard-Tunnels. Nachdem ihre «Flucht» nach Florenz mit dem Maler Karl Stauffer die Scheidung und die gesellschaftliche Ächtung nach sich gezogen hatte, errichtete Lydia Welti-Escher, weitgehend den Anweisungen ihres geschiedenen Mannes und ihres vormaligen Schwiegervaters Bundesrat Emil Welti folgend, die Gottfried Keller-Stiftung, bevor sie sich bereits Ende 1891 das Leben nahm. Zur frühen Geschichte der Stiftung siehe Jung 1998.

5 Die Anfänge von Lydia Welti-Eschers Stiftungsidee reichten in die Zeit ihrer Ehe mit Friedrich Emil Welti zurück, dessen Schulfreund Karl Stauffer das Ehepaar für den Aufbau einer bedeutenden Sammlung zeitgenössischer Kunst begeisterte und sich zu diesem Zweck ein Bild Anselm Feuerbachs zu sichern suchte. Später gab die Stifterin Werken älterer Kunst den Vorzug, wobei sie die zunächst erwogene Einschränkung auf Werke des Kunstgewerbes auf Geheiß ihres ehemaligen Gatten auf Werke der Kunst ausweitete. Die Gründung eines eigenen Museums für ihre Stiftung verhinderte die Stifterin, indem sie den Wunsch formulierte, den innerschweizerischen Zusammenhalt kulturell dadurch zu fördern, dass die von der Stiftung erworbenen Werke auf Museen der verschiedenen Landesteile verteilt wurden; vgl. Jung 1998, S. 81, 188, 191.

6 Das konnte angesichts seiner Zusammensetzung wenig erstaunen: Präsident der Kommission war Carl Brun, Verfasser des *Schweizerischen Künstler-Lexikons*, weitere Kommissionsmitglieder waren Museumskonservatoren und Künstler; der einzige Kenner des internationalen Kunsthandels in Paris und London, Heinrich Angst, hatte sich bei der Durchsetzung des neuen Nationalmuseums so viele Feinde gemacht, dass seine Wahl in die Kommission der Gottfried Keller-Stiftung nicht durchzusetzen war; vgl. Lafontant Vallotton 2007, S. 125–133.

7 Vgl. Jung 1998, S. 243–284. Die Stiftung wurde daraufhin in erster Linie zu einem Subventionstopf, aus dem zunächst die größeren, später vor allem aber die kleineren Schweizer Museen sich Beihilfe für Ankäufe holten. Mit besonderer Hingabe betrieb die Stiftung außerdem die «Repatriierung» von Schweizer Kunst aus dem Ausland. In gewisser Weise lässt sich die zugespitzte Aussage wagen, wonach die Stiftung den Schweizer Museen vor allem die Werke hat erwerben helfen, die mangels anderer Interessenten eine Generation später ohnehin dorthin gelangt wären.

8 Angeblich unterstützt von Bode verbesserte und ergänzte Louise Bachofen-Burckhardt, Witwe des Rechtshistorikers Johann Jakob Bachofen, die von den Schwiegereltern ererbte Sammlung überwiegend holländischer Malerei, die 1920 ans Basler Kunstmuseum ging. Da Archivalien zur Entstehung der Sammlung fehlen, ist der wiederkehrende Hinweis auf die Unterstützung durch Bode vor allem auch als Zeichen für die wachsende Bedeutung zu werten, die der Instanz des Experten inzwischen zuerkannt wurde. Hinweise auf weitere Schweizer Sammlungen holländischer Malerei in: Petra ten-Doesschate Chu (Hg.), *Im Lichte Hollands. Holländische Malerei des 17. Jahrhunderts aus den Sammlungen des Fürsten von Liechtenstein und aus Schweizer Besitz*, Ausst.-Kat. Kunstmuseum Basel, Zürich 1987, S. 41–53. Zum fast vollständigen Fehlen älterer italienischer Kunst in der Schweiz siehe Mauro Natale (Hg.), *Venezianische Kunst in der Schweiz und in Liechtenstein*, Ausst.-Kat. Seedamm-Zentrum, Pfäffikon; Musée d'art et d'histoire, Genf, Mailand 1978, S. 9.

9 Brief von Jacob Burckhardt, Rom, an Robert Grüninger, Basel, 13. April 1875: «Bode ist hier, und nun treffen wir bald da bald dort zusammen und gehen ganze Galerien durch wie z. B. die vaticanische Pinacoteca und die Galleria Borghese, und zwar kritisch, auf Echtheit, Erhaltung etc. hin. Es ist ganz erstaunlich was der für ein Auge hat», Jacob Burckhardt, *Briefe. Vollständige und kritische Ausgabe*, Bd. 6, Basel und Stuttgart 1966, S. 26. Bode war fast dreißig Jahre lang für Neuauflagen des *Cicerone* verantwortlich; vgl. Werner Kaegi, *Jacob Burckhardt. Eine Biographie*, Bd. 4: *Das Historische Amt und die späten Reisen*, Basel 1967, S. 170–177.

10 Jacob Burckhardt, «Über Echtheit alter Bilder», Vortrag gehalten am 21. Februar 1882, in: ders., *Werke. Kritische Gesamtausgabe*, Bd. 13, Basel und München 2003, S. 379.

11 Ein Beispiel von außergewöhnlich enzyklopädischem Umfang bildete das von seinem Schöpfer und Erbauer Gustave Revilliod 1890 der Stadt Genf vermachte Musée Ariana; vgl. Renée Loche, «La Collection Gustave Revilliod, Genève», in: *Schweizerisches Institut für Kunstwissenschaft* 1998, S. 355–360.

12 Adolf Hommel, *Venus und Adonis von Rubens nach Titian*, Zürich 1903. Bezeichnend auch, dass einige der Hauptlose im Auktionskatalog der Gemälde mit Vergleichsabbildungen dokumentiert wurden, siehe *Sammlung Dr. Adolf Hommel, Zürich. Gemälde älterer Meister. Versteigerung in Zürich*, Auktionskat. J. M. Heberle, 19./20. August 1909, Köln 1909; *Sammlung Dr. Adolf Hommel, Zürich. Kunstgegenstände und Antiquitäten. Versteigerung in Zürich*, Auktionskat. J. M. Heberle, 10.–18. August 1909, Köln 1909: Die Bedeutung von Hommels Sammlung lässt sich anhand der Auktionsresultate etwas näher bestimmen: Die Gemälde erzielten über eine halbe Million Schweizer Franken, die Kunstgegenstände 190 000 Schweizer Franken – damit letzteres mehr als das dreifache Auktionsergebnis der Sammlung von Heinrich Angst im gleichen Jahr, vgl. *Villa dem Schönen, Parkring 30, Zürich. Vom Abbruchobjekt zum Baudenkmal, Festschrift*, Zürich 1995, S. 22; vgl. Lafontant Vallotton 2011, S. 66.

13 Lukas Gloor, «Das Gästebuch der Galerie Henneberg in Zürich», in: *Beiträge zu Kunst und Kunstgeschichte um 1900*, hrsg. vom Schweizerischen Institut für Kunstwissenschaft, Zürich 1986, S. 105–117. Hennebergs erste Sammlung enthielt auch Werke moderner Meister, darunter Arnold Böcklin und Gabriel von Max. Hennebergs schlesische Herkunft war ferner die Ursache dafür, dass sich der Sammler für das Schaffen Adolph von Menzels interessierte und seine Zürcher Galerie Hauptwerke dieses Malers einschloss, darunter *Die Aufbahrung der Märzgefallenen* (1848), das die Kunsthalle Hamburg vor der Versteigerung der Sammlung 1903 direkt erwarb.

14 Schweizerisches Institut für Kunstwissenschaft 1998; indem der kompakt «moderne» Charakter der Schweizer Sammlungslandschaft reflektiert wird, bleibt hier in bezeichnender Weise die Zeit zwischen 1848 und 1898 praktisch unbehandelt.

15 Die internationale Anerkennung für die «moderne Schweizer Schule» zählte umso mehr, als der dreisprachige Kleinstaat gerade auf kulturellem Gebiet stets an einer tiefen Unsicherheit bezüglich seiner Identität litt; vgl. Pascal Ruedin, «1880–1914. Kultureller Nationalismus und internationale Moderne. Die Malerei in der Schweiz zur Zeit Hodlers», in: *Schweizerisches Institut für Kunstwissenschaft* 2006, S. 45–58.

16 Lediglich auf eidgenössischer Ebene existierte mit der *Nationalen Kunstausstellung* ein Gefäß, das den großen staatlich geförderten Veranstaltungen in den Nachbarländern entsprach und das folgerichtig im Verlauf der kommenden Jahrzehnte zusehends marginalisiert wurde.

17 Volkart-Baumann 2008.

18 Zur frühesten van Gogh-Rezeption in der Schweiz vgl. Lukas Gloor, «Die Schweizer Beteiligung an der Kölner Sonderbundausstellung 1912», in: Ausst.-Kat. Köln 2012, S. 156–163.

19 Millers Essays erschienen in immer neuer Gruppierung zwischen 1904 und 1913 in vier Auflagen; hier zitiert die 2. Aufl., Oscar Miller, «Wie ich zu meinen Bildern kam und was sie mir sagen», in: *Von Stoff zu Form*, Frauenfeld 1906, S. 72, 80, 83. Vgl. ferner *Oscar Miller. Sammler und Wegbereiter der Moderne*, Ausst.-Kat. Solothurn 1998.

20 Gloor 1986, S. 109–118.

21 Preiswerk-Lösel 2001, Nr. 24. Bilder Cézannes hingen seit 1896 im Musée du Luxembourg in Paris und in der Nationalgalerie in Berlin, und 1912 avancierte mit Edgar Degas ein Mitglied der Impressionisten zum höchstgehandelten lebenden Maler der Zeit. Die Sammlung Brown nimmt insofern eine Sonderstellung ein, als hier eigens für die Impressionisten Platz geschaffen werden musste. 1906 war nach Plänen von Karl Moser eine Galerie ans Haus Langmatt angebaut worden, die Bilder der Münchner Sezession aufnahm; diese wurden bis zum Ersten Weltkrieg sukzessive verkauft.

22 Eva-Maria Preiswerk-Lösel, *Carl Montag (1880–1956). Maler und Kunstvermittler*, Ausst.-Kat. Stiftung Langmatt, Baden 1992. Auch die Gattin Sidney Browns, Jenny Brown-Sulzer, entstammte einer bekannten Winterthurer Industriellenfamilie und wurde von Montag beraten.

23 Rudolf Koella, «Wie in Winterthur die moderne Kunst entdeckt wurde», in: Hahnloser-Ingold 2011, S. 55–61.

24 Dass das Terrain gut vorbereitet war, zeigt sich an der Tatsache, dass ein Viertel der ausgestellten Bilder Leihgaben aus Schweizer Privatbesitz waren. Eine zentrale Rolle bei der Organisation dieser und der nachstehend geschilderten Zürcher Ausstellung von 1917 spielte Carl Montag, der zeitweise für das französische Außenministerium arbeitete; vgl. Ausst.-Kat. Winterthur 1991, bes. S. 35–53.

25 Scharf davon ab hob sich die laue Reaktion auf die Ausstellung deutscher Malerei, die Harry Graf Kessler 1917 mit Unterstützung der deutschen Botschaft in der Schweiz organisierte und die in Basel und Zürich gezeigt wurde; vgl. Lukas Gloor, «Kunst als Propaganda im Ersten Weltkrieg. Carl Montag als ‹Ambassadeur de l'art français›», in: Ausst.-Kat. Baden 1992, (wie Anm. 22) S. 19–24.

26 Kurt Winkler, «Ludwig Justi und der Expressionismus. Zur Musealisierung der Avantgarde», in: Justi 2011, S. 82. Kulturpolitisch agierte der englische Textilindustrielle Samuel Courtauld, der parallel zum Aufbau einer privaten Sammlung französischer Impressionisten 1923 der Tate Gallery 50 000 Pfund für den Ankauf von Bildern dieser Künstler stiftete; vgl. House 1994. Im selben Jahr gelang in Prag der Ankauf einer größeren Gruppe französischer Moderner für die Nationalgalerie, siehe: Vojtěch Lahoda und Olga Uhrova (Hg.), *Vincenc Kramář. From Old Masters to Picasso*, Ausst.-Kat. Národní galerie v Praze, Prag 2000, S. 236.

27 Dem Kunsthaus Zürich fiel 1920 als Vermächtnis von Hans Schuler ein kleines Legat mit Nachimpressionisten zu, und in Winterthur konnten Besucher fast immer damit rechnen, im Kunstmuseum französische Bilder als Leihgaben aus Privatbesitz zu sehen.

28 Vgl. den in Zusammenarbeit mit Carl Montag entstandenen Artikel: Courthion 1926. Courthion stellte folgende Sammlungen vor: Sidney Brown, Baden; Richard Bühler, Winterthur; Arthur Hahnloser, Winterthur; Emil Hahnloser, Zürich; Georg Reinhart, Winterthur; Oskar Reinhart, Winterthur; Emil Staub-Terlinden, Männedorf, sowie die sonst unbekannt gebliebene Sammlung Alwin Schmid. Die einzige wichtige Sammlung, die fehlte, war diejenige von Rudolf Staechelin in Basel, an deren Zustandekommen Montag keinen Anteil hatte.

29 Von Wilhelm Barths ehrgeizigem Unternehmen einer dreiteiligen Ausstellung zur französischen Malerei seit 1800 kam 1921 nur der erste Teil zustande, dank tatkräftiger Hilfe Carl Montags, aber jetzt ganz ohne Unterstützung durch die offiziellen französischen Stellen. Der Misserfolg dieser Ausstellung und das Fiasko einer Cézanne-Ausstellung im selben Jahr verhinderten eine Fortsetzung; Barth hatte allerdings die Genugtuung, 1924, 1927 und 1928 die beiden anderen Nachimpressionisten Vincent van Gogh und Paul Gauguin in Basel zu zeigen; siehe Gloor 1986, S. 251–254.

30 Ein Kritiker, der ab 1918 diese Neuausrichtung dezidiert vertrat und der diese jüngeren Schweizer Künstler auch sammelte, war Hans Graber; Lukas Gloor, «Oskar Reinhart. Ein Sammler, zwei Museen», in: Ausst.-Kat. Winterthur 2001, S. 43 f.

31 Obwohl keine Gemälde aus den Sammlungen der Brüder Georg und Oskar Reinhart vertreten waren, konnten die Leihgaben von Emil Staub, Sidney Brown und der Brüder Arthur und Emil Hahnloser einen eindrücklichen Überblick bieten. Die Ausstellung umfasste Bilder von sechs Schweizer Museen und 25 Privatsammlern, von denen nur die genannten vier größere Werkgruppen beisteuerten, während die übrigen Leihgaben zeigten, dass ein oder zwei französische Impressionisten in vielen bürgerlichen Häusern der Schweiz inzwischen zur Einrichtung gehörten; siehe *La Peinture française du XIXe siècle en Suisse*, Ausst.-Kat. Gazette des Beaux-Arts, Galerie Wildenstein, Paris 1938.

32 «Notre but était avant tout de doter notre pays d'un centre d'art dépassant le cadre national». Zit. nach Hedy A. Hahnloser-Bühler, «Les Impressionnistes dans la Collection Hahnloser», in: Ausst.-Kat. 1938 (wie Anm. 31), unpaginiert. Mit zahlreichen Werken war der «Nabi étranger» Félix Vallotton vertreten, während ersten Bildern der Schweizer Modernen Giacometti und Hodler nur noch vereinzelte Ankäufe folgten; vgl. Hahnloser-Ingold 2011.

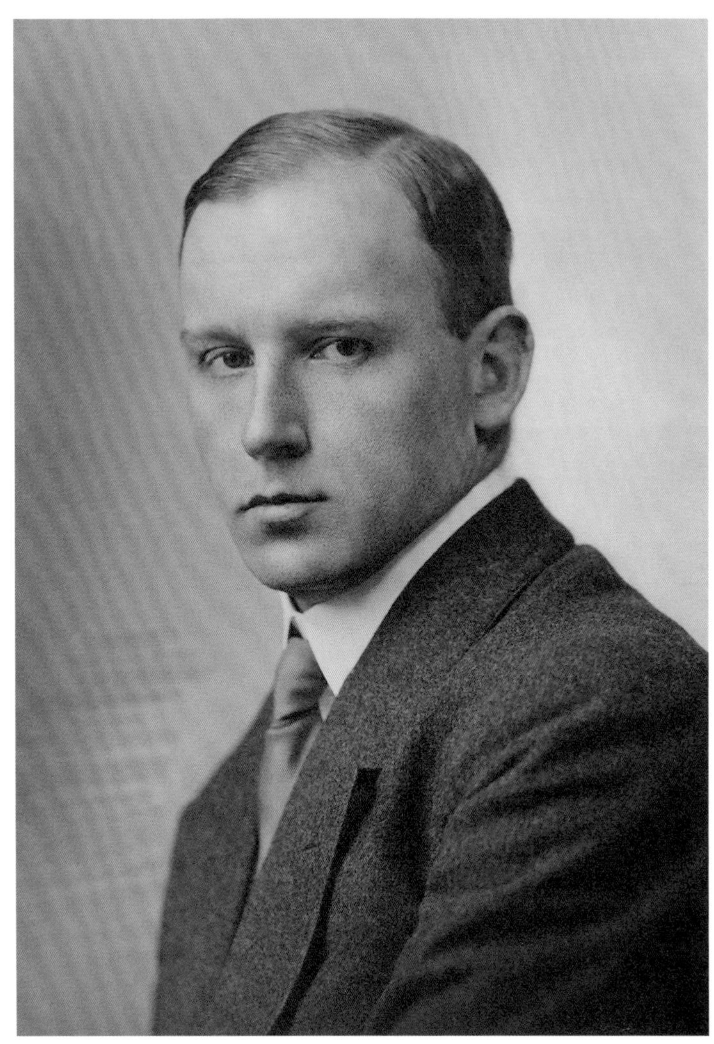

Abb. 1
Oskar Reinhart geb. 1885/Kaufmann Fa. Gebr. Volkart, um 1920
Silbergelatineabzug, 13,6 × 9,6 cm
Fotostudio Linck, Volkart Fotoarchiv im Fotomuseum Winterthur

MARIANTONIA REINHARD-FELICE

Oskar Reinhart – kultivierter Eigensinn mit internationalem Horizont

Bedeutsame Anfänge

Oskar Reinharts Vision einer eigenen Sammlung nimmt bereits in seiner Jugend Konturen an [Abb. 1]. Nicht nur die europäische Vernetzung zeitgenössischer Schweizer und deutscher Künstler, die sein Vater Theodor Reinhart mäzenatisch unterstützt, sondern auch die weltweite Präsenz des Familienunternehmens Gebrüder Volkart, das einen Importhandel von Kolonialwaren aus Indien nach Europa betreibt und in das er 1904 nur widerwillig eintritt, führen Oskar Reinhart schon in jungen Jahren zu den pulsierenden Kunstzentren dieser Zeit. Das rege Kunstleben in den deutschen Metropolen, allen voran in Berlin, übt eine große Anziehungskraft auf ihn aus. Aber auch in Paris und London erfährt er starke Stimuli.[1]

Bald sammelt Oskar Reinhart alte wie neue Druckgrafik. Im Jahr 1909, während seiner Lehrzeit in der Londoner Filiale der Familienfirma, notiert er in seinem Tagebuch eine Reihe von Künstlern, von denen er grafische Blätter erwerben möchte [Abb. 3].[2] Der weit gefasste Horizont seiner Wunschliste entwirft ein repräsentatives Bild der europäischen Kunst und deckt sich mit den vier Säulen, auf denen seine spätere Sammlung ruhen wird: Werke alter Kunst, Kunst des französischen Impressionismus, deutsche und Schweizer Kunst.

Dieses Konzept für Ankäufe von Druckgrafik beginnt er bald auch für Werke der Malerei umzusetzen: Zwischen 1911 und 1913 erwirbt Reinhart in der Kunsthandlung Thannhauser in München jeweils ein Gemälde von Wilhelm Trübner,[3] Ferdinand Hodler,[4] Max Liebermann[5] und Alfred Sisley[6] [Abb. 2]; hinzu kommt eine Landschaft von Pierre-Auguste Renoir aus der Pariser Galerie Durand-Ruel [Abb. 4].[7] Auf diese Weise knüpft Reinhart erste Kontakte mit dem für die französische Moderne führenden europäischen Kunsthandel und trifft mit der Landschaft von Sisley eine hervorragende Wahl. Die ersten Ankäufe zeigen bereits eine Verschiebung seines in der erwähnten Wunschliste vorrangigen Interesses für die Alten Meister hin zu Werken der französischen und deutschen Kunst des 19. Jahrhunderts, die seine Gemäldesammlung prägen werden. In dieser frühen Zeit umreißt er die Hauptlinien seines späteren Agierens als Sammler: nicht nur durch seine gleichzeitige Begeisterung für alte wie für neue Kunst, sondern auch durch seinen legendären Sinn für Qualität sowie seine Souveränität auf dem internationalen Kunstparkett.

Ein weiterer Leitgedanke, der zeit seines Lebens prägend für seine Sammeltätigkeit sein wird, ist, dass Oskar Reinhart das Kunstwerk primär unter dem Gesichtspunkt des künstlerischen Verfahrens perzipiert. Dabei gibt er sich entschieden als Anwalt und Komplize des Künstlers zu erkennen und zeigt eine Präferenz für die malerischen Eigenschaften eines Werkes. So zitiert er etwa für die Eltern im Jahr 1908 aus London die Passage einer Kritik in der Zeitschrift *Kunst und Künstler*, die einer Ausstellung von Emil Rudolf Weiss, einem Schützling seines Vaters, im Kunstsalon Cassirer in Berlin gewidmet ist. Er gibt die Stelle wieder, in der gerade die künstlerische Gestaltung hervorgehoben wird: «Das Hauptinteresse konzentrierte sich auf die neuen Bilder von E. R. Weiss. Die Frage, die man sich seit Jahren vorlegt, lautet: wird es diesem Stilisten gelingen ein Psychologe zu werden? Ein Psychologe des Stillebens, der Landschaft oder des Menschen – das gilt gleichviel. Nach diesen letzten Arbeiten scheint es, als wolle die Entwicklung, deren Schwierigkeiten enorm sind, denn sie umfasst das Problem der Vereinigung von Form und Farbe, von Architektonik und Malerei, persönlich wenigstens gelingen.»[8]

Oskar Reinhart bedient sich bereits auch der vergleichenden Kunstanschauung und erwägt offensichtlich als Pendant zu seiner kleinen Landschaft von Hodler den Ankauf eines Gemäldes von Corot.[9] Die Sichtbarmachung der Formgestaltung eines Kunstwerks in der Hängung durch ästhetisch aufeinander bezogene Nachbarschaften sowie die harmonische Verschmelzung eines individuell gestalteten

Werkensembles mit dem Interieur zu einem komplementären Seherlebnis sind ihm bereits in seinen jungen Jahren ein wichtiges Anliegen. So rät Oskar Reinhart 1908 seinem Vater zu einer entsprechenden Umstrukturierung der Interieurs in der elterlichen Villa am Rychenberg: «Ich habe während der letzten Tage viel darüber nachgedacht, auf welche Weise am Besten die Bilderfrage im Rychenberg gelöst werden kann. Voraussichtlich + hoffentlich wächst die Sammlung ja noch in starkem Masse + gleichzeitig auch das Interesse gewisser Kunstkreise. Es ist somit vorauszusehen, dass in den nächsten Jahren die Besuche leitender Kritiker + Kunstfreunde im Rychenberg häufiger werden. Deshalb wirst Du es sicherlich auch einsehen, dass das Kisten-System im Kellergeschoss auf die Dauer unmöglich ist; [...] zweitens wegen der Unmöglichkeit für den Beschauer, die Bilder in günstigem Licht zu sehen + drittens um den Bildern in seinen eigenen Augen + deren Freunden eine, dem Kunstwert entsprechende Würdigung widerfahren zu lassen. Eine gute Lösung scheint mir folgende: Die aufgespeicherten Bilder im Bilderkeller reisen für 4 Wochen in die anstossende kleine Obstkammer. Darauf wird der grosse Raum geräumt. Sodann werden die für Bilderhängen geeigneten 3 Wände [...] mit Sackleinwand bespannt. Die Wände resp. die Bespannung würde dann je oben + unten durch eine ca. 20 cm breite Bordure in gebeiztem, im Ton verwandten Holz abgeschlossen. Ich würde empfehlen nur (an der Decke) eine Bilderleiste anzuschlagen. [...] In der Mitte des Raumes ein paar Sitzgelegenheiten + dann natürlich Aufstellen der Haller'schen Plastiken. [...] Du glaubst gar nicht, wie sehr mir daran gelegen ist, die verschiedenen Räume in Rychenberg nach + nach mit den darin sich befindlichen Bildern in Einklang bringen erstens im Ton + wo notwendig in der Architektur des Raumes. Mama's Wohnstube ist deshalb so einzig in ihrem Werth, weil alles in der Farbe harmonirt, weil die Bilder glücklich im Raum verteilt sind + beinahe alle herumstehenden Möbel + Objekte einen kunstgewerblichen Werth haben. [...] Mehr Cultur im Hause + die Sünden eines halben Jahrhunderts wieder gut machen, sei die Parole. Wir wollen + verdienen doch nicht, dass hervorragende Leute wenn sie den Rychenberg verlassen, denken: Hier wohnt nicht grosses Kunstverständnis, sondern Kunstsnobismus. Das verdienen wir wirklich nicht. Du musst Dir bewusst sein, dass die jüngeren Generationen + vorallem diejenigen Leute, die sich mit Kunst befassen auch tief in der grossen Bewegung unserer Zeit stecken, die nach einer hohen Cultur im Haus + Garten strebt.»[10]

Mit seinen ambitionierten Vorschlägen verfolgt der junge Oskar Reinhart bereits jene Ästhetisierung der Kunst durch adäquate Präsentation im Einklang mit der Umgebung, die er später im Wohnhaus und in seiner eigenen Gemäldegalerie verwirklichen wird [Abb. 8, 10, 14]. Reinharts sammlerische Anfänge zeigen keineswegs das Bild eines mit Kunst spekulierenden Kaufmanns. Vielmehr tritt uns hier bereits ein von Kunstleidenschaft geleiteter Kenner vor Augen, der nicht tastend seinen Kurs sucht, sondern seinen Weg mit verblüffender Klarheit vorausbestimmt und mit kreativer Konsequenz beschreitet.

Die Prämissen

«Du musst Dir bewusst sein, dass die jüngeren Generationen + vorallem diejenigen Leute, die sich mit Kunst befassen auch tief in der grossen Bewegung unserer Zeit stecken, die nach einer hohen Cultur im Haus + Garten strebt».[11] Diese Stelle aus dem zuletzt zitierten Brief Oskar Reinharts an seinen Vater signalisiert, wie das sein Kunstverständnis bestimmende Denken um 1908 das «Kriterienraster» jener damals angesagten Kunstanschauung widerspiegelt, die sich im Zusammenhang mit der Entdeckung des französischen Impressionismus um die Jahrhundertwende in Amerika[12] und besonders auch in Deutschland entwickelt hat.[13]

Der junge, bildungshungrige Oskar Reinhart macht sich nicht nur mit dem betreffenden Segment des Kunstmarkts, sondern auch mit dem zugehörigen Sammlerkreis und den Museumsreformern vertraut. Bereits 1911 scheint er einen der repräsentativen Vertreter jener Sammler, Otto Gerstenberg, in Berlin besucht zu haben.[14] Und anzunehmen ist auch, dass er sich im Frühjahr 1906 die legendäre Jahrhundertausstellung, die eine Neubewertung der deutschen Malerei beabsichtigte, nicht hat entgehen lassen.[15] Die hier präsentierten Künstler, zu denen Max Liebermann und Wilhelm Trübner zählen, werden später einen wichtigen Part in Reinharts Sammlung einnehmen. Die beiden Ausstellungsinitiatoren Hugo von Tschudi und Alfred Lichtwark haben wesentlich zu den theoretischen Prämissen dieser neuen Kunstanschauung beigetragen; mit ihren ästhetischen Auffassungen beschäftigt sich der junge Reinhart intensiv.[16] So widerspiegelt sich seine revidierte Ein-

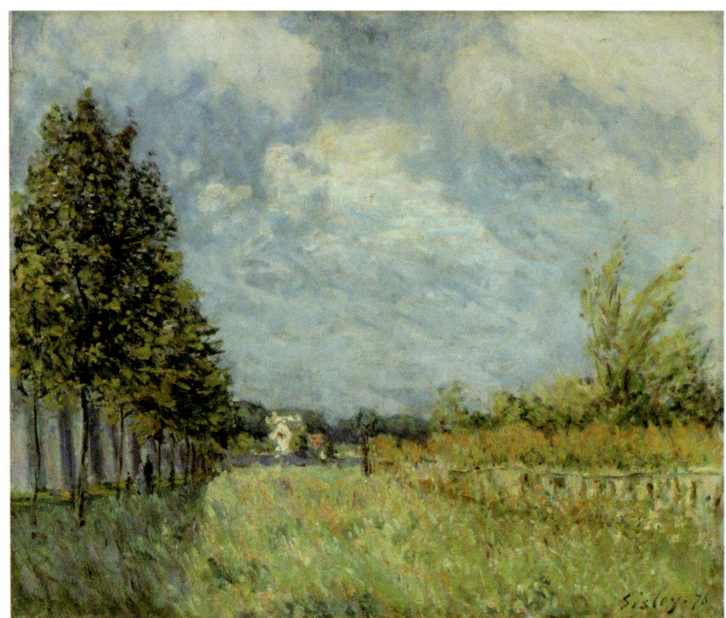

Abb. 2
Alfred Sisley
Beim Aquädukt von Louveciennes, 1876
Öl auf Leinwand, 46,5 × 56 cm
Sammlung Oskar Reinhart «Am Römerholz», Winterthur

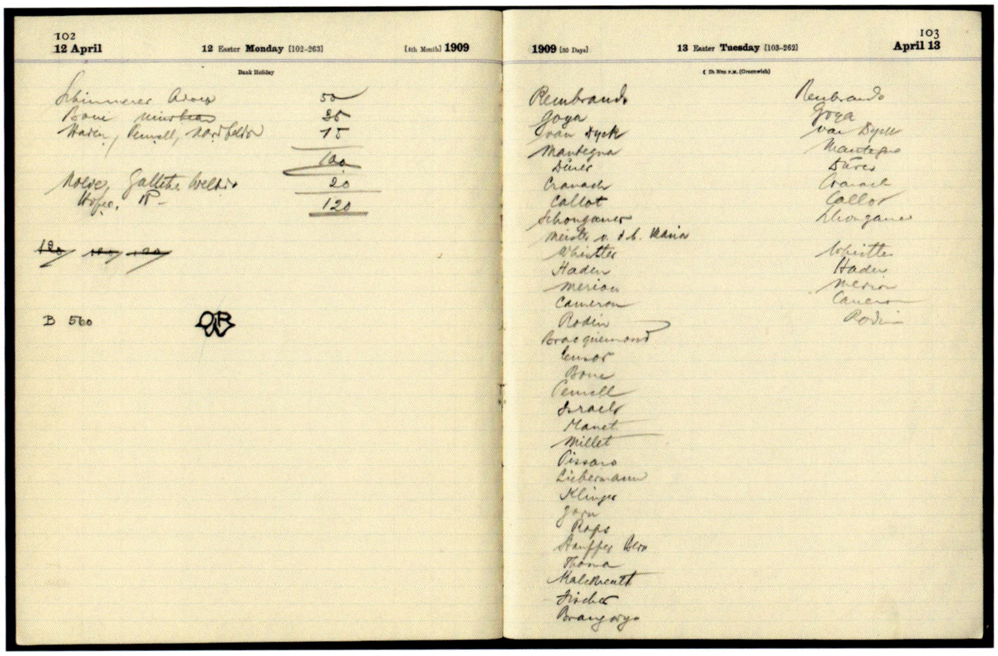

Abb. 3
Oskar Reinhart, Tagebucheintrag vom 13. April 1909
Archiv Sammlung Oskar Reinhart «Am Römerholz», Winterthur

schätzung der Kunst aus dem deutschsprachigen Raum vor dem Hintergrund der französischen Malerei etwa in der erwähnten gedanklichen Verbindung zwischen dem Landschaftsbild von Hodler und einer Corot-Landschaft. Reinhart hat gewiss Richard Muthers 1893/94 in München erschienene *Geschichte der Malerei im XIX. Jahrhundert* gekannt.[17] Eine regelrechte Offenbarung aber wird ihm die 1915 publizierte zweite Ausgabe von Julius Meier-Graefes *Entwicklungsgeschichte der modernen Kunst*.[18] Mit Meier-Graefe wird Reinhart später auch direkt in Kontakt treten.

Aus der Vielzahl der frühen Briefe, in denen Oskar Reinhart den Eltern und Brüdern von seinen ersten Kontakten mit der internationalen Kunstszene berichtet, geht nicht hervor, ob er sich während seines Aufenthalts in London mit der dort allerdings noch verhaltenen Rezeption des französischen Impressionismus befasst hat.[19] In seinen privaten Schreiben erfahren wir hingegen einiges über seine Bewunderung für die zeitgenössische englische Druckgrafik, insbesondere das große Interesse für James McNeill Whistler, dessen Arbeiten er zu diesem Zeitpunkt rege zu sammeln beginnt. Gerade Whistler propagierte in seinen theoretischen Schriften dieselbe formale Betrachtungsweise, die sich auch in England im Zusammenhang mit der Impressionismus-Rezeption entwickelt[20] und mit der sich der junge Sammler bereits vertraut gemacht hat.

Für die Entfaltung und Etablierung von Reinharts Kunstgeschmack sind indessen nicht nur seine Erfahrungen im Ausland, sondern ebenso die Kontakte in der Heimat von wegweisender Bedeutung. So war Ferdinand Hodler in Winterthur und gerade bei Oskar Reinharts Vater, der ihn finanziell unterstützte und förderte, eine vertraute Größe.[21] Hodlers «neue, ‹moderne› Farbigkeit», mit der er rasch einige Anerkennung erlangte, öffnete in der Schweiz den Blick für den Impressionismus. Bereits vor dem Ersten Weltkrieg sollte hier und vor allem in Winterthur das neue, hin zur französischen Moderne sich orientierende Sammlungsmodell tiefe Wurzeln schlagen.[22] Auch diese ersten Schweizer Impressionisten-Sammler beschäftigten sich zugleich mit den «neuen», die moderne Bewegung propagierenden Kritikern und knüpften Kontakte zum Ursprungsland, zu Frankreich, wobei der Schatz an entsprechenden Kunstwerken das Phänomen der Entdeckung des Impressionismus außerhalb Frankreichs überhaupt erst möglich machte. Sogar Oskar Reinharts Vater, der Vorgängergeneration dieses neuen Sammlertypus zugehörig, berichtet 1907 seinem Schützling Karl Hofer, Julius Meier-Graefes *Entwicklungsgeschichte der modernen Malerei* gelesen zu haben.[23] Auf Hofers Frage, «Haben Sie die Cézannes im Herbstsalon gesehen? […]

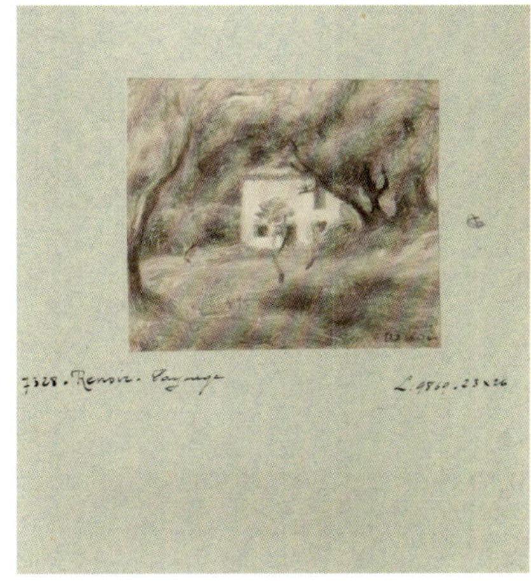

Abb. 4
Reproduktion einer Fotografie mit Pierre-Auguste Renoirs *Paysage*, Nr. 9869 des Fotoalbums der Galerie Paul Durand-Ruel in Paris, das die Ankäufe des Jahres 1912 dokumentiert
Archives Durand-Ruel, Paris

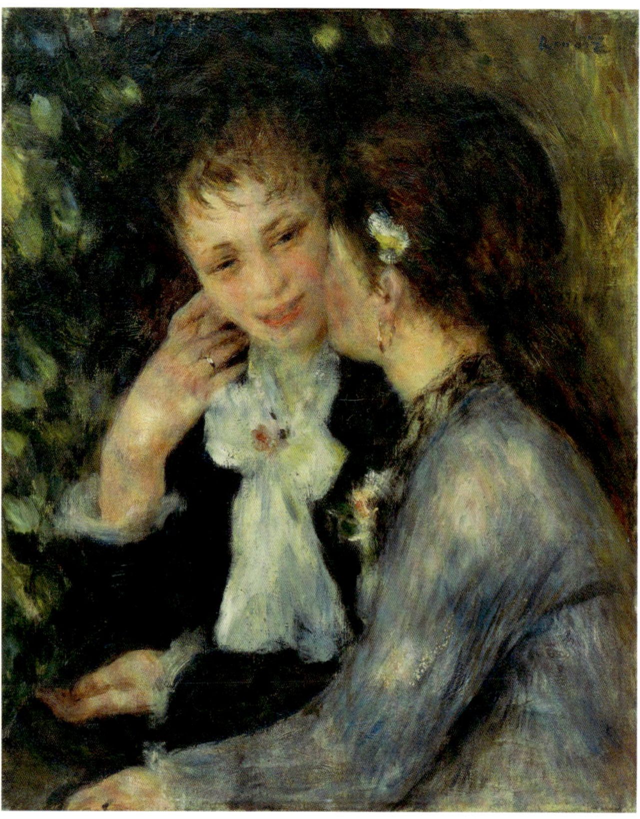

Abb. 5
Pierre-Auguste Renoir
Vertrauliche Gespräche, um 1876/78
Öl auf Leinwand, 61,5 × 50,5 cm
Sammlung Oskar Reinhart «Am Römerholz», Winterthur

Für mich waren sie einer der größten Eindrücke, die ich jemals empfangen habe»,[24] antwortet Theodor Reinhart, aus Paris zurückkommend, allerdings ausweichend. Was ihn bei der Lektüre von Meier-Graefes *Entwicklungsgeschichte* am meisten interessiert habe, war zu erfahren, «*wie*, *wo* und *durch was* diese jene modernen Großen ihre Entwicklung betrieben», um dann unmittelbar auf die älteren Meister zu sprechen zu kommen: «So sagt M.-G., dass Rubens nicht nur die Alten studierte, sondern auch fleissig *kopierte*, und so Delacroix.»[25] Der Sohn jedoch ist für Karl Hofers Begeisterung für die französische Moderne sehr empfänglich. Die jungen deutschen und Schweizer Künstler, die der Vater um sich geschart hatte und deren Werke die Sammlung in der Villa am Rychenberg ausmachten, dürften eine entscheidende Rolle bei Oskar Reinharts ersten Kontakten innerhalb des internationalen Sammlermilieus und bei der Ausbildung seines Kunstgeschmacks gespielt haben. Besonders Karl Hofer ist dem jungen Kaufmann ein wichtiger «Kunst-Erzieher».[26] Im Jahr 1939 wird Reinhart retrospektiv konstatieren: «Unter Künstlern aufwachsen zu dürfen und von ihnen zum Sehen erzogen zu werden, das war der grosse Glücksfall meiner Jugendzeit.»[27]

Bereits in seiner Jugend assimiliert Oskar Reinhart die neue Kunstauffassung zur ganz eigenen *forma mentis*. So entfernt er sich schon in seinen Anfängen von der Ausrichtung der Winterthurer Sammler. Während Theodor Reinhart Ferdinand Hodlers stilisierende spätere Malerei bevorzugte, belegt dagegen bereits Oskar Reinharts erster Hodler-Ankauf eine eindeutige Präferenz für dessen «realistisches» Frühwerk.[28] Indem er darüber hinaus einer Verbindung der französischen Moderne mit der alten und der deutschen Kunst nachspürt, geht Reinhart schon in diesen frühen Jahren abseits des Winterthurer Sammlerestablishments eigene Wege. Auch seine ersten Ankäufe französischer Kunst des Impressionismus unterscheiden sich von denjenigen der übrigen örtlichen Sammler, die demgegenüber die zeitgenössische französische Moderne, namentlich die Nabis, in den Fokus rückten.[29]

Der Ausbau der Sammlung

Mit Antritt der väterlichen Erbschaft ist Oskar Reinhart seit dem Jahr 1920 die seinem Sammleranspruch gemäße finanzielle Freiheit gegeben. Schon 1922 zeigt er ein erstes, in diesen Jahren zusammengetragenes Konvolut von Gemälden alter Kunst in einer Ausstellung von Werken aus einheimischem Privatbesitz im Kunstmuseum Winterthur.[30] Diese Begegnung seiner Werke mit den auf die französische Moderne ausgerichteten Winterthurer Sammlungen macht die zunehmende Distanzierung Oskar Reinharts vom vorherrschenden Sammlergeschmack augenfällig. In einer noch im selben Jahr 1922 zu Papier gebrachten Vision einer zukünftigen eigenen, «ziemlich gross angelegte[n] Gemäldegalerie», die auch einen «Saal der alten Kunst» vorsieht, gedenkt er, diese «als eine Ergänzung zum hiesigen Museum» anzulegen.[31] Hierdurch wird deutlich, dass es ihm weniger um eine Distanznahme und Abgrenzung von den Beständen des Kunstmuseums oder den Vorlieben der Winterthurer Sammler zu tun ist. Vielmehr macht er es sich zur Aufgabe, diesen reichen Fundus im Sinne seines Ideals eines allgemeinen Bildes der europäischen Kunstgeschichte noch zu erweitern. Auch kündigt er mit diesem Ziel schon den musealen Anspruch seines Vorhabens an. Sein Sammlungsentwurf verrät unverkennbar bereits den Charakter des vollendeten Gesamtbestands.

Mit dem En-bloc-Erwerb exzeptioneller Werke aus dem Besitz des dänischen Industriellen Wilhelm Hansen [Abb. 5, 6, 13] und anderen wichtigen Ankäufen folgt Reinhart 1923 weiter stringent seinen Ambitionen und legt einen zentralen Strang seiner Sammlung fest. Dieser zeichnet im Sinne Julius Meier-Graefes die große Tradition der europäischen Malerei nach: ausgehend von den Alten Meistern, dann in erster Linie der französischen Entwicklung folgend bis hin zu den Impressionisten. So sind es Künstlerpersönlichkeiten wie Tintoretto und Rembrandt, gefolgt von Goya, Delacroix, Daumier, Corot und Courbet, die als Bindeglieder zu den von Meier-Graefe als «Säulen» des Impressionismus identifizierten Malern Manet, Cézanne und Renoir führen. Die besondere Stellung, die Daumier,[32] Renoir und Cézanne[33] im vollendeten Sammlungsganzen einnehmen werden, kündigt sich hier bereits an.

Mit dieser konsequenten Ausrichtung verabschiedet sich Oskar Reinhart endgültig von der Linie der Winterthurer Sammler. Darüber hinaus zählt zu diesem Zeitpunkt seine Sammlung bereits zu den wichtigsten Schweizer Kollektionen französischer Impressionisten, die das Sammlerwesen in der Schweiz bis zum Zweiten Weltkrieg prägen werden.[34] Der Moment für den konzentrierten Sammlungsaufbau war durchaus günstig, denn Oskar Reinhart gelang es, sich einen weiteren Lebenstraum zu verwirklichen: Im Jahr 1924 verlässt er das Familienunternehmen, um sich mit ganzen Kräften allein seiner Sammelleidenschaft zu widmen; er bezieht noch im Sommer desselben Jahres die Villa «Am Römerholz» [Abb. 7].

Die Musealisierung des eigenen Hauses

In Anlehnung an die Wohnkultur des späten 19. Jahrhunderts richtet der Genfer Architekt Maurice Turrettini in der 1915 für einen Winterthurer Industriellen erbauten Villa «Am Römerholz» einen Salon im Stil Louis XVI [Abb. 8] sowie ein Wohnzimmer im Stil der italienischen Renaissance ein [Abb. 9]. Leider existieren keine fotografischen Zeugnisse der Einrichtung des Renaissance-Zimmers unmittelbar nach Reinharts Einzug. Die erhaltene Fotografie wurde erst nach dem Ankauf von Pieter Bruegels *Anbetung der Drei Könige im Schnee* im Jahre 1930

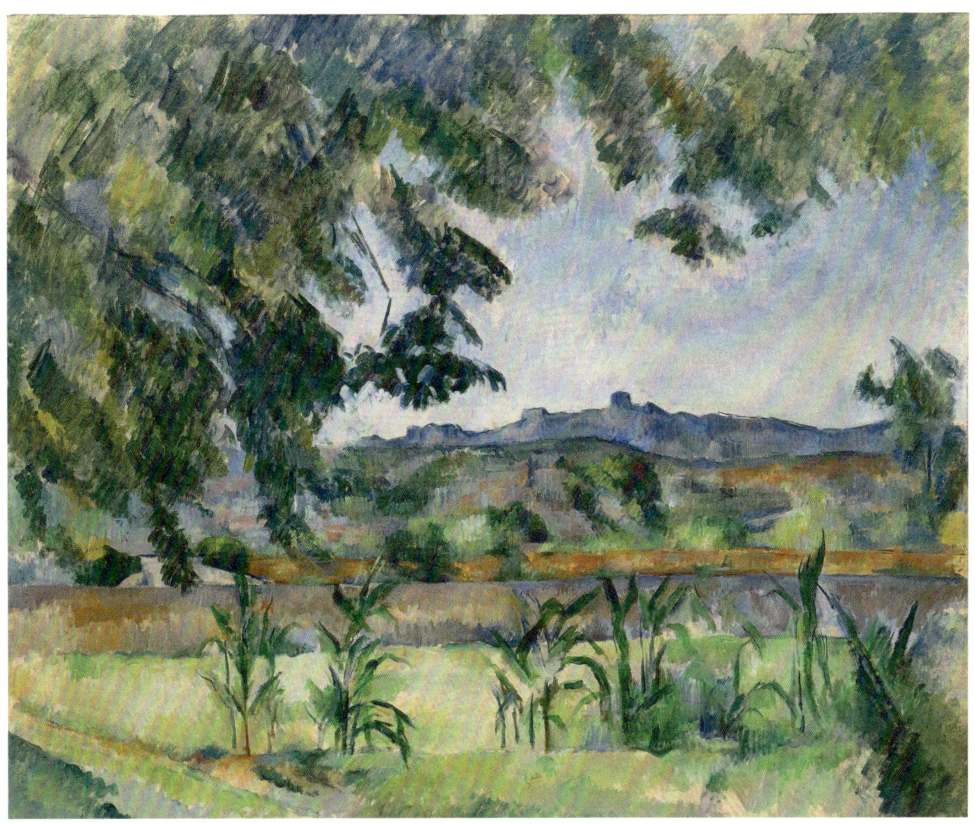

Abb. 6
Paul Cézanne
Le Pilon du Roi, 1887/88
Öl auf Leinwand, 82,3 × 101 cm
Sammlung Oskar Reinhart «Am Römerholz», Winterthur

aufgenommen [Abb. 10]. Spätestens zu diesem Zeitpunkt purifiziert Reinhart den Raum mit der Entfernung des Kaminvorsatzes und der Dekoration der Kassettendecke. Außerdem akzentuiert er den Epochencharakter des Zimmers mit passenden Möbeln der italienischen Renaissance.

Mit diesen Maßnahmen schafft er einen ruhigen und stilgerechten Rahmen für die Präsentation der älteren Werke seiner Sammlung. Die Rekonstruktion von Räumen im Stile der Entstehungszeit der jeweiligen Werke charakterisiert seit dem letzten Viertel des 19. Jahrhunderts die Residenzen der Altmeister-Sammler und ist in diesen frühen zwanziger Jahren sowohl in Europa als auch in Amerika durchaus verbreitet.[35] Eine solchermaßen abgestimmte Korrespondenz zwischen Interieur und alter Kunst dürfte jedoch innerhalb der Schweiz einzigartig gewirkt haben. Das Sammeln Alter Meister hatte hier nämlich kaum Fuß gefasst.[36]

Anregungen zu seinem Stilraum dürfte Reinhart vor allem durch das großartige Beispiel der Sammlung von Henry Clay Frick (1849–1919), die der Winterthurer Sammler 1922 in New York besucht hat, erhalten haben [S. 97, Abb. 4].[37] Doch war er durchaus auch mit dem wohlhabenden Milieu der Berliner Altmeister-Sammlungen vertraut, wo etliche Beispiele vergleichbarer Interieurs anzutreffen waren.[38] 1924 etwa besucht er in Berlin James Simon (1851–1932) und Eduard Simon (1864–1929), der in seinem Haus einen vergleichbaren Wohnraum im Renaissance-Stil mit alter Kunst eingerichtet hatte.[39] Dieser wohlsituierte Sammlerkreis kooperierte eng mit Wilhelm von Bode (1845–1929), dem großen Verteidiger der alten Kunst, ungeachtet der Begeisterung für die französische Moderne, die die Berliner Sammler in den Bann gezogen hatte. In Anlehnung an diese Privatsammlungskultur richtet Bode in seinem 1904 gegründeten Kaiser Friedrich-Museum den Stilraum als Präsentationsform ein.[40] Oskar Reinhart war ein eifriger Leser seiner Schriften[41] und stand mit ihm auch in direktem Kontakt.[42] Weitere Anregungen für die Einrichtung seines Renaissance-Raums konnte Reinhart im Kunsthandel finden, etwa bei der ehemaligen Kunsthandlung Julius Böhler in München, die zur Präsentation ihrer vorrangig angebotenen alten Kunst ein Interieur im Renaissance-Stil eingerichtet hatte.[43]

Der Renaissance-Charakter des großen Wohnzimmers in der Villa «Am Römerholz» bezieht sich stilistisch vor allem auf das *Ehediptychon* von Lukas Cranach d. Ä. aus dem Jahre 1502 [Abb. 11, 12], das Oskar Reinhart bezeichnenderweise 1925 nur wenige Monate nach Bezug der Villa erwirbt.[44] Folgt er in seinen Ankäufen von altniederländischer Malerei und französischer Kunst des 18. Jahrhunderts weitgehend den Schwerpunkten der genannten Altmeister-Sammlungen, so übt die hier im Zentrum stehende Kunst der italienischen Renaissance wenig Anziehungskraft auf ihn aus.

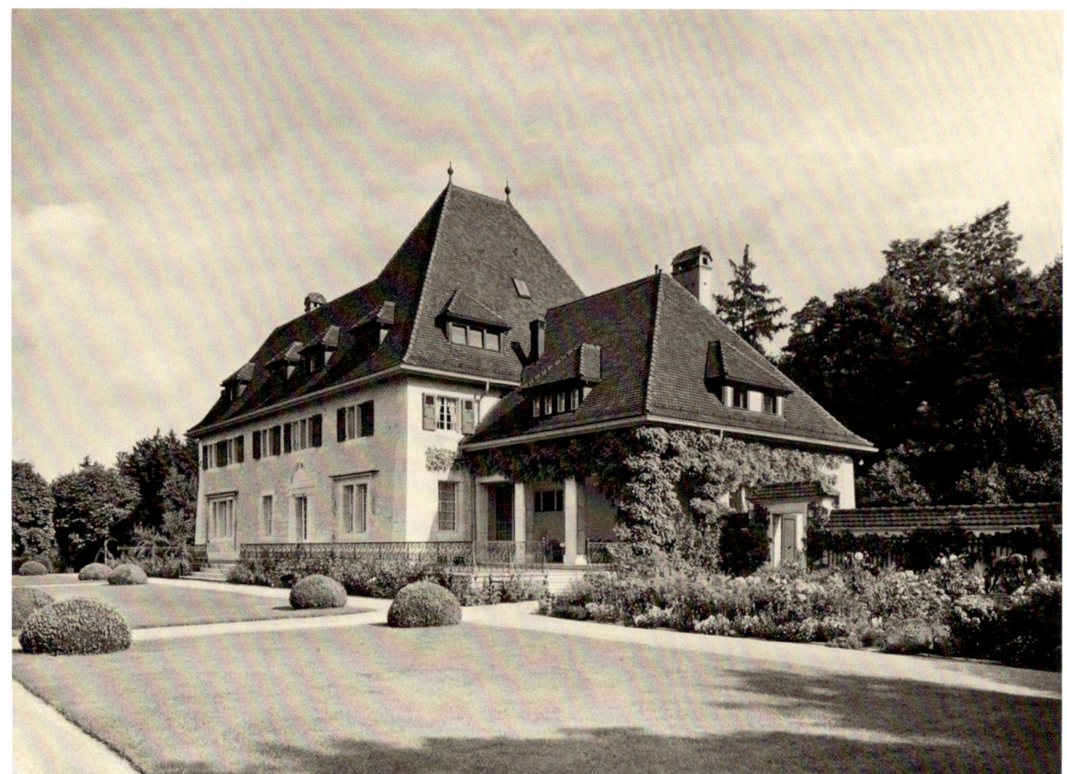

Abb. 7
Villa «Am Römerholz», Südfassade zum Garten
Fotografie: Hermann Linck, Winterthur, nach dem Erwerb durch Oskar Reinhart
Archiv Sammlung Oskar Reinhart «Am Römerholz», Winterthur

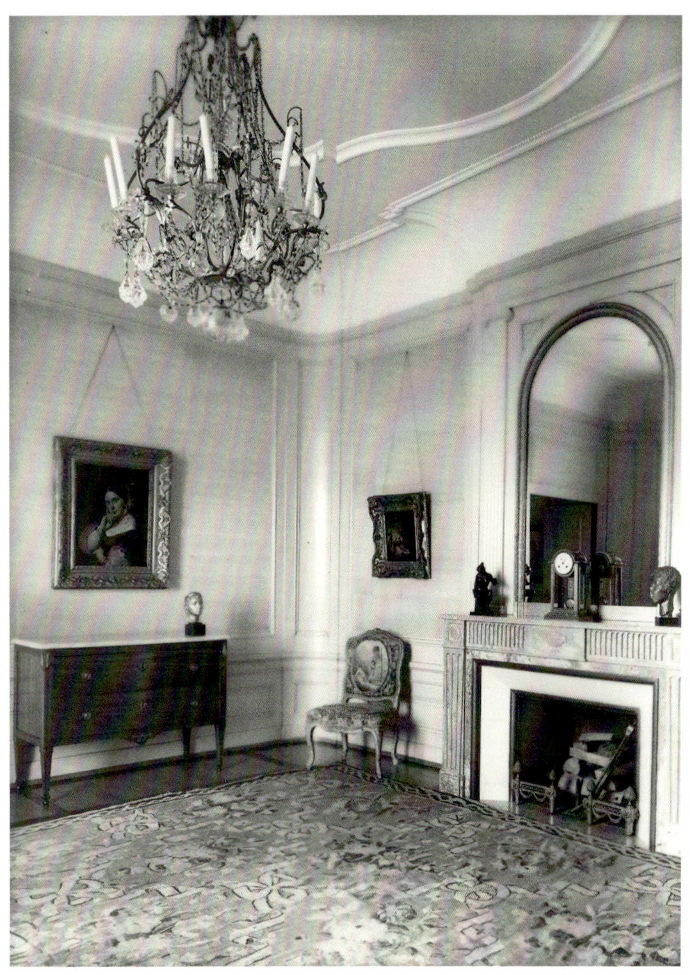

Abb. 8
Salon Louis XVI in der Villa «Am Römerholz»
Anonyme Aufnahme, um 1925–1930
Winterthurer Bibliotheken, Studienbibliothek

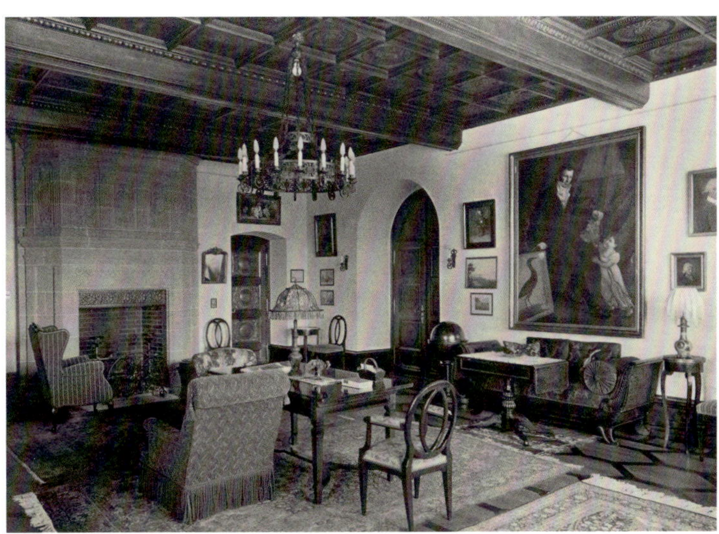

Abb. 9
Renaissance-Zimmer in der Villa «Am Römerholz»
vor dem Einzug von Oskar Reinhart
Fotografie: Hermann Linck, Winterthur
Archiv Sammlung Oskar Reinhart «Am Römerholz», Winterthur

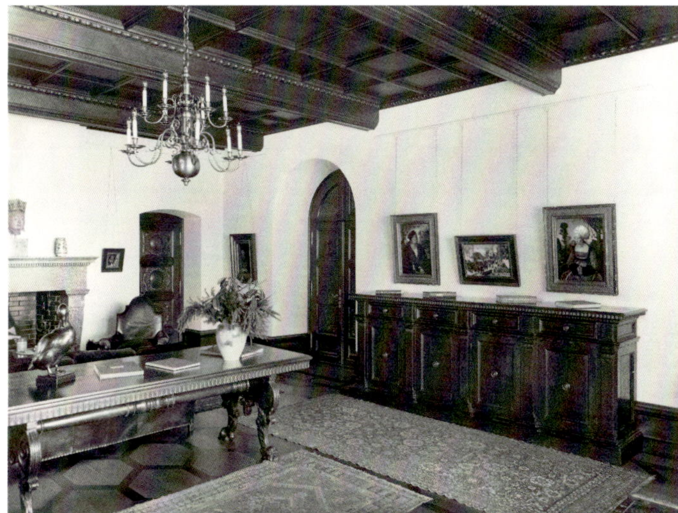

Abb. 10
Reniassance-Zimmer in der Villa «Am Römerholz»
zu Lebzeiten von Oskar Reinhart, nach 1930
Fotografie: Hermann Linck, Winterthur
Archiv Sammlung Oskar Reinhart «Am Römerholz», Winterthur

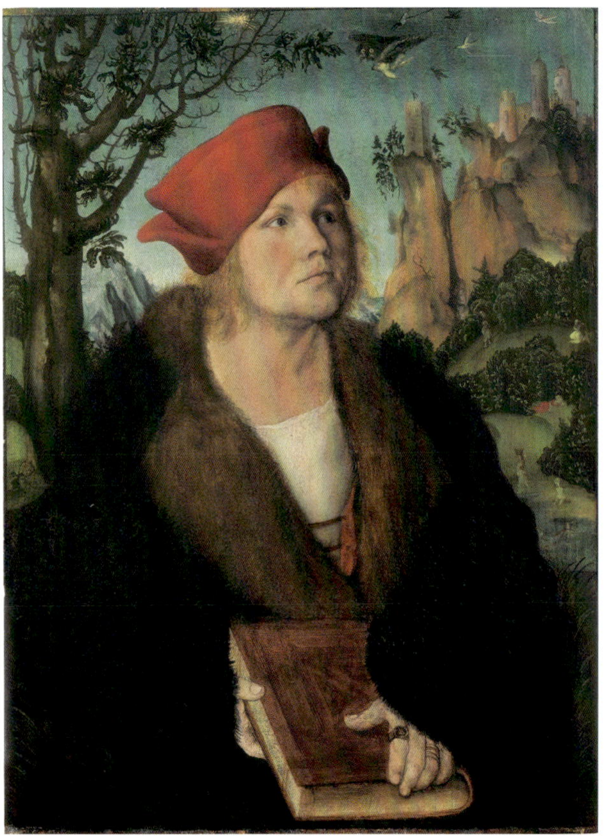

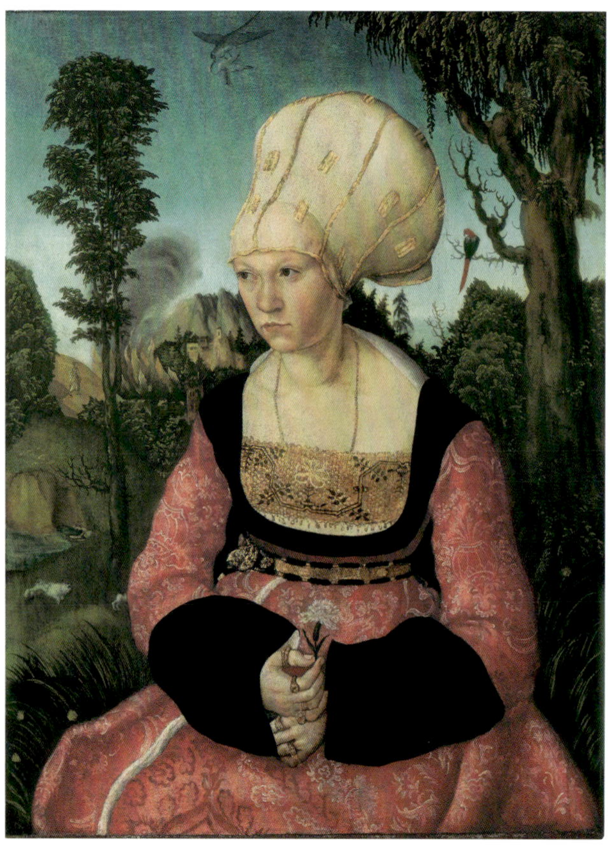

Abb. 11
Lukas Cranach der Ältere
Ehediptychon des Dr. Johannes Cuspinian und der Anna Cuspinian-Putsch, 1502
Öl auf Holz, jeweils 60 × 45 cm
Sammlung Oskar Reinhart «Am Römerholz», Winterthur

Den Vorrang gibt er der deutschen Renaissancemalerei und geht auch hier seinen ganz eigenen Weg.

Das Werk Lukas Cranachs war eine sensationelle Entdeckung und wurde erst nach Reinharts Erwerb von Max J. Friedländer als Frühwerk des Künstlers erkannt und erstmalig auch publiziert.[45] Es war aber nicht der eminente Kenner Friedländer, sondern Julius Wilhelm Böhler, ein Oskar Reinhart eng verbundener Händler und ausgewiesener Fachmann, der ihm das Werk vermittelt hatte.[46] Dieser Fall ist symptomatisch für die Rolle der Berater in Reinharts Ankaufspolitik. Sicherlich profitiert er von seiner Bekanntschaft mit den großen Kennern der alten Kunst, darunter Friedländer und Bode oder Wilhelm Reinhold Valentiner. Dennoch hält er im Gegensatz zu den Sammlern der alten Kunst der früheren Generation wie etwa James und Eduard Simon eher auf Distanz zu dieser Kennerschaft. Er fundiert seine Kaufentscheidungen vielmehr auf der eigenen akribischen Auseinandersetzung mit der einschlägigen Literatur und der Erkundung zugehöriger Sammlerkreise und des betreffenden Kunstmarkts. Im Vergleich zur Kunst der Moderne, bei der er ausschließlich seinem nahezu unfehlbaren Auge traut, behält er sich allerdings im Umgang mit alter Kunst in gewissen Fällen die Unterstützung durch das Gutachten eines ausgewiesenen Kenners vor.[47]

In den zwanziger Jahren lassen sich zwar einzelne Werke Cranachs in internationalen Sammlungen finden, doch konnte nur der ungarische Sammler Marczell von Nemes, der einige Gemälde Cranachs besaß,[48] sich mit einem solch herausragenden Hauptwerk messen. Der Ankauf muss auch heute noch als eine innerhalb des Schweizer Sammlerwesens und der Schweizer Museumslandschaft einzigartige Leistung angesehen werden. Unter den Kunstsammlern jener Zeit interessierte sich nur Louise Bachofen-Burckhardt in Basel für den deutschen Renaissance-Meister.[49] Die Kunstmuseen in Basel und Bern mit ihren herausragenden Altmeister-Beständen dagegen zeigten gegenüber diesem bedeutenden Maler sowie grundsätzlich gegenüber der alten Kunst keinerlei aktives Interesse; die damals in das Kunstmuseum Basel gelangten Werke Cranachs waren Schenkungen aus der Sammlung Bachofen-Burckhardt.[50]

Spätestens im Jahr 1930 platziert Oskar Reinhart Cranachs *Ehediptychon* an der Hauptwand des Raums und trennt bei dieser Gelegenheit die ursprünglich durch ein Scharnier verbundenen Tafeln, um zwischen die beiden

Bruegels *Anbetung* von 1563 zu hängen [Abb. 10, 12]. Die Isolierung der zusammengehörigen Cranach-Porträts durch die unmittelbare Nachbarschaft eines stilistisch abweichenden Gemäldes hob den Eigenwert und die Bedeutung der einzelnen Tafeln hervor. Wie für den Reinhart vertrauten Kreis der Altmeister-Sammler,[51] so steht auch für ihn beim Erwerb alter Kunst die Forderung nach dem Meisterwerk als Garanten für Originalität und Authentizität an oberster Stelle. Daher hindert den Sammler auch nichts daran, sich wieder von einem Werk zu trennen, sollte sich ein Ankauf als Fehlentscheidung erweisen.

Lukas Cranachs *Ehediptychon* befriedigte nicht nur den hohen Qualitätsanspruch Oskar Reinharts, es steht auch im Einklang mit seiner großen Liebe für das Porträt. In diesem Genre offenbart sich sein Interesse an der individuellen Künstlerpersönlichkeit. Gleichzeitig aber nimmt in diesem Diptychon auch die Natur einen bedeutenden Platz ein und trägt einmal mehr Reinharts Vorliebe für die Landschaftsdarstellung Rechnung. Auch manifestiert sich darin seine Haltung, grundsätzlich einer naturalistischen gegenüber einer idealisierenden Kunst den Vorzug zu geben. Zuallererst aber repräsentiert das Gemälde, gemessen an Cranachs Gesamtwerk, die für Reinhart so wesentliche, ausgeprägt malerische Qualität auf höchstmöglichem Niveau.

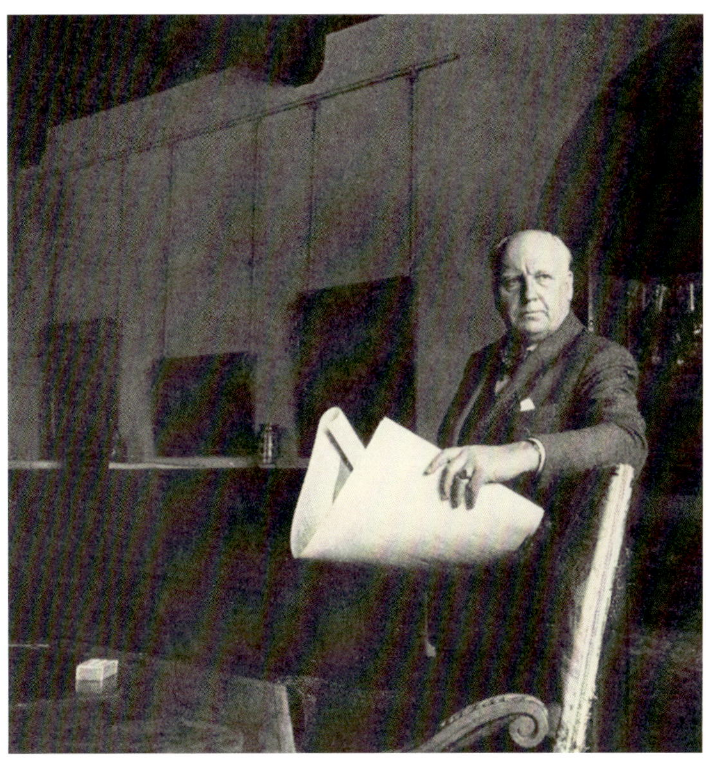

Abb. 12
Oskar Reinhart im Renaissance-Zimmer der Villa «Am Römerholz»
Fotografie: Lee Miller, amerikanische Ausgabe der Zeitschrift *Vogue*, 1947
Archiv Sammlung Oskar Reinhart «Am Römerholz», Winterthur

Die Trennung der einst ein einziges Werk bildenden Tafeln negiert deren ursprüngliche historische Konstellation und Bedeutung und dient dazu, die Bilder harmonisch in das Interieur einzufügen. Farbwerte und Formate unterschiedlicher Gemälde verteilen sich so gleichmäßiger im Raum. In einem Interieur, das durch die ausschließliche Präsenz alter Kunst und die historische Ausstattung bewusst und eindeutig das zeitliche Umfeld von Cranachs Werk in den Fokus rückt, wird das Diptychon zugleich aus seinem spezifischen historischen Zusammenhang herausgelöst. Der Sammler verzichtet darauf zugunsten einer Verbindung aller Elemente zu einer formalästhetischen Gesamtwirkung des Raums, die in der Anschauung durchaus überzeugt.

Die genannten Eigenschaften des Werks und seine Platzierung im Raum entsprechen den Auswahl- und Präsentationskriterien, die Oskar Reinhart bei seinen Ankaufsentscheidungen im Feld der französischen Moderne leiten. Diese Übereinstimmung macht deutlich, dass der Sammler das Meisterwerk der deutschen Renaissance aus der Perspektive seiner Auseinandersetzung mit dem Naturalismus des 19. Jahrhunderts beurteilt – eine Haltung, die schon im ersten Museumsplan von 1922 greifbar wird. Bereits hier hat Oskar Reinhart einen den Alten Meistern gewidmeten Saal vorgesehen. Allerdings nimmt er sich vor, in diesen «Saal der alten Kunst» auch «neuere Meister» zu integrieren.[52] Es ist dies eine Umwertung historischer Kunst, wie sie in den Reinhart nahestehenden Kreisen der Altmeister-Sammler und dem mit ihnen verbundenen Museumsforum (Wilhelm von Bode) schon lange eingebürgert war, wo sich auch ähnliche, rein visuelle Inszenierungsstrategien nachweisen lassen.[53] Die formalästhetische Leseart, die die retrospektive Auffassung historischer Kunst prägt, scheint sogar Max J. Friedländer, einen dezidiert um die geschichtliche Bedeutung des Werks und nicht um dessen Verknüpfung mit der Moderne bemühten Kunsthistoriker, nicht unberührt gelassen zu haben; wenngleich Friedländer zu Cranachs Bildnissen schreibt: «Die Wirkung liegt im Ganzen, nicht in den Einzelheiten. Die Bilder sind nicht mit Besonnenheit gestaltet, nicht mit Wissen konstruiert, vielmehr aus erregtem Gefühl spontan mit raschem Griff eingefangen.»[54]

Die große Galerie

In Einklang mit dem entscheidenden Erwerb französischer Moderne aus der Sammlung Hansen notiert Oskar Reinhart 1923 in seinem Tagebuch, dass er «von den alten Meistern wieder etwas abkommen» wolle, von jenen also, die er «in den öffentl. Galerien bewundern» möchte, ohne ihnen «nachjagen» zu müssen.[55] Mit diesem die Moderne in den Vordergrund stellenden Vorsatz folgt er nicht der Tradition der Altmeister-Sammlung, sondern dem Konzept der modernen Impressionisten-Sammlung in der Art eines Marczell von Nemes, zu deren Präsentation durch Hugo von Tschudi in der Alten Pinakothek Oskar Reinhart 1911 eigens nach München gereist ist [S. 40, Abb. 1].[56] Prägend für Reinhart ist ebenso die Sammlung von Otto Gerstenberg, die er mehrmals besucht und aus der er 1953 das «Krönungsbild» seiner eigenen Sammlung «Am Römerholz», Manets *Im Café*, erwerben wird [Abb. 15].

Die Rezeption des Impressionismus, die diese Sammlungen hervorbrachte, schuf aus der Beschäftigung mit der französischen Moderne eine formalästhetische Kunstanschauung,[57] deren Konstanten in der Manifestation des Kunstwerks als solchem identifiziert werden können: in seiner künstlerischen Gestaltung, in der konsequenten Hervorhebung seines überhistorischen Werts sowie im Verzicht auf eine systematische Vollständigkeit zugunsten einer strengen Werkauswahl. Dieses Sehen wiederum übertrug man auf die Wiederentdeckung und auf die Anschauung alter Kunst.[58] Die Grenzen zwischen alter und moderner Kunst wurden somit fließend, und manche Sammler alter Kunst aus dem vertrauten Kreis um Reinhart öffneten sich nun gegenüber moderneren Richtungen, wobei indes die alte Kunst stets im Fokus ihres Interesses blieb. Eine der vielleicht überraschendsten Auswirkungen dieser Öffnung kann Oskar Reinhart in seiner Heimatstadt erleben: Der ebenfalls in Winterthur geborene Kunsthistoriker Heinrich Wölfflin, ein erklärter Gegner moderner Kunst, hält im Jahr 1916 eine Rede anlässlich der Einweihung des neuen Winterthurer Museums. Das Haus eröffnete mit einer Ausstellung von Werken der französischen Moderne, die die Begeisterung der mit dieser Institution eng verbundenen Winterthurer Sammler für die «neue» Kunst widerspiegelte.[59] Wölfflin vermeidet es, konkret über diese Moderne zu sprechen, und stimmt stattdessen einen allgemeinen Lobgesang an auf die hohe, alle Epochen und Stile in sich vereinende Kunst und ihren Schöpfer, den Künstler. Die Rede skizziert zwar eine Differenzierung der Zeiten und Phänomene, setzt jedoch den Schwerpunkt auf deren Vereinheitlichung. Wölfflin schafft diese mittels einer formalästhetischen Betrachtung, die die Sammler impressionistischer Kunst aus der Auseinandersetzung mit der Gegenwart gewannen und die auch die Sammler alter Kunst leitete: «Im Grunde gibt es keinen andern Maßstab als den Grad der Lebendigkeit, des gut und stark gesehenen Bildes. […] Wo sollte sonst das formal Schöne untergebracht werden, wenn nicht in der bildenden Kunst? […] und diese Schönheit ist eigentlich etwas von stofflicher Art […]; die unendliche Schönheit Rembrandts liegt da, wo andere sie nicht suchen, in Elementen der Farbe, des Lichtes. […] das Bild soll schön sein, als ein Ganzes, […] als etwas, was in sich ruht, eine

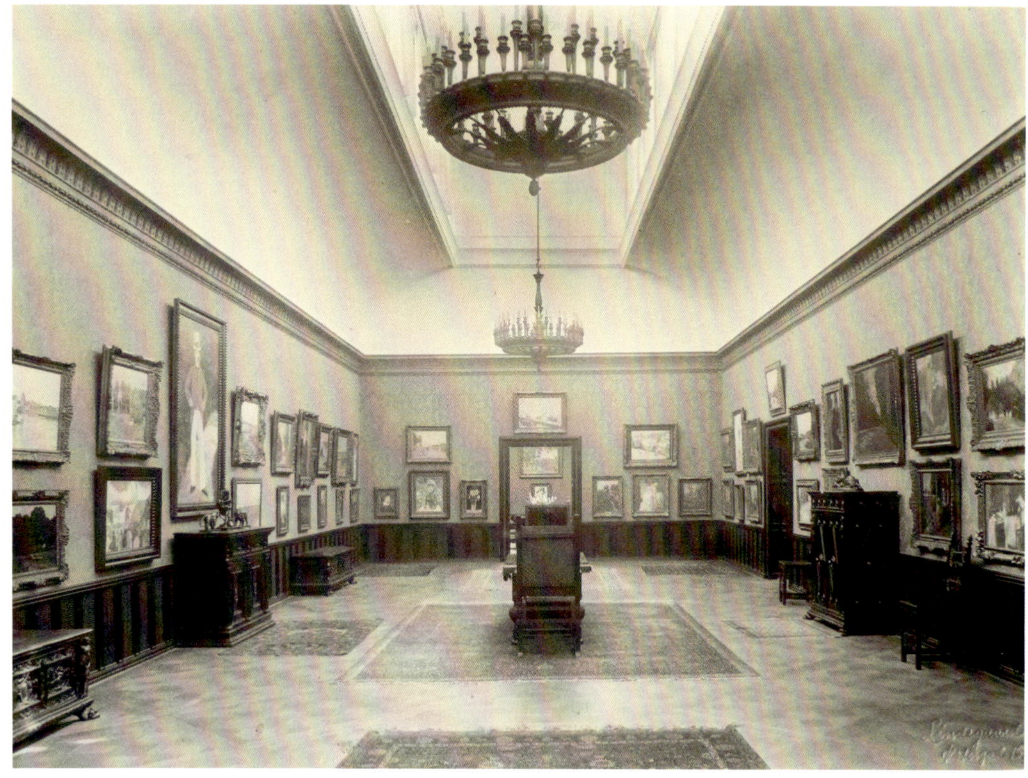

Abb. 13
Die französische Galerie, Galerieanbau am Wohnsitz des dänischen Sammlers Wilhelm Hansen
Fotografie: A. Lindegaard, 1921
Ordrupgaard, Kopenhagen

durch und durch künstlerisch bedingte Welt.»[60] Interessierten sich die Sammler alter Kunst für die Moderne, so ließen sich wiederum Impressionisten-Sammler wie Nemes und Gerstenberg sowie die mit ihnen verbundenen «neuen» Kritiker für alte Kunst begeistern. Sie wurde in die Debatten über die neue Kunst einbezogen, um nicht zuletzt deren Sammeln zu legitimieren. Entsprechend erfolgte die Beurteilung historischer Kunst aus der Perspektive der Moderne. In diesem Sinne formuliert Reinhart: «Ich möchte nur die Ahnherren der modernen Malerei in meiner Sammlung vertreten haben.»[61] Im Vergleich zu Gerstenberg und verwandten deutschen Sammlungen jedoch misst Reinhart wie Nemes der alten Kunst zweifellos eine größere Bedeutung bei, was der Ankauf von Cranachs *Ehediptychon* belegt.

Dieser 1922 festgehaltene Vorsatz ist nach dem Ankauf des Ensembles aus der Sammlung Hansen (1923) und der Erwerbung der beiden Cranach-Tafeln (1925) eingelöst. Es gilt nun, ihn auch in der Präsentation der Werke zu veranschaulichen. Hierfür gibt Oskar Reinhart bei demselben Architekten, der schon die Villa entworfen hatte, den Anbau einer Gemäldegalerie in Auftrag. Das Gebäude ist frei von jeglichen historisierenden Elementen und bietet große Wandflächen [Abb. 14]. Die Neutralität des Ausstellungsraums und das steil auf die Gemälde einfallende Licht aus der mächtigen Laterne reflektieren architektonische Ideen eines deutschen Museumsreformers der ersten Stunde, Alfred Lichtwarks.[62] Oskar Reinhart war dieses Element bereits aus anderen ihm vertrauten Interieurs bekannt: etwa der 1913 errichteten Bildergalerie im Haus von Richard Kisling in Zürich [S. 125, Abb. 3],[63] der Galerie der Sammlung Hansen in Kopenhagen [Abb. 13] oder dem gelben Saal in der Residenz des Berliner Sammlers Eduard Arnhold [S. 63, Abb. 4].[64] Im Vergleich zu diesen Vorbildern ist jedoch Reinharts Galerie weitläufiger und die Möblierung deutlich zurückhaltender.

Mit seiner Galerie schafft Reinhart die idealen Bedingungen, um das seiner Sammlung zugrunde liegende Malereiverständnis vor Augen zu führen. Zugleich verleiht er seiner von Anfang an als museales Ensemble konzipierten Werkauswahl einen adäquaten Rahmen. Fotografien aus den fünfziger Jahren [Abb. 14] zeigen, dass Oskar Reinhart in seiner Galerie alte und neue Kunst unmittelbar aufeinandertreffen lässt; nur ein großer Raum erlaubte eine solche kontrastreiche Begegnung. Das synchrone Nebeneinander historisch wie stilistisch disparater Künstlerpersönlichkeiten hebt zunächst, wie etwa die Gegenüberstellung von Cranach und Bruegel im Renaissance-Zimmer, die überzeitliche Instanz des singulären Meisterwerks hervor.

Allerdings handelt es sich keineswegs um eine bloße Ansammlung von Spitzenleistun-

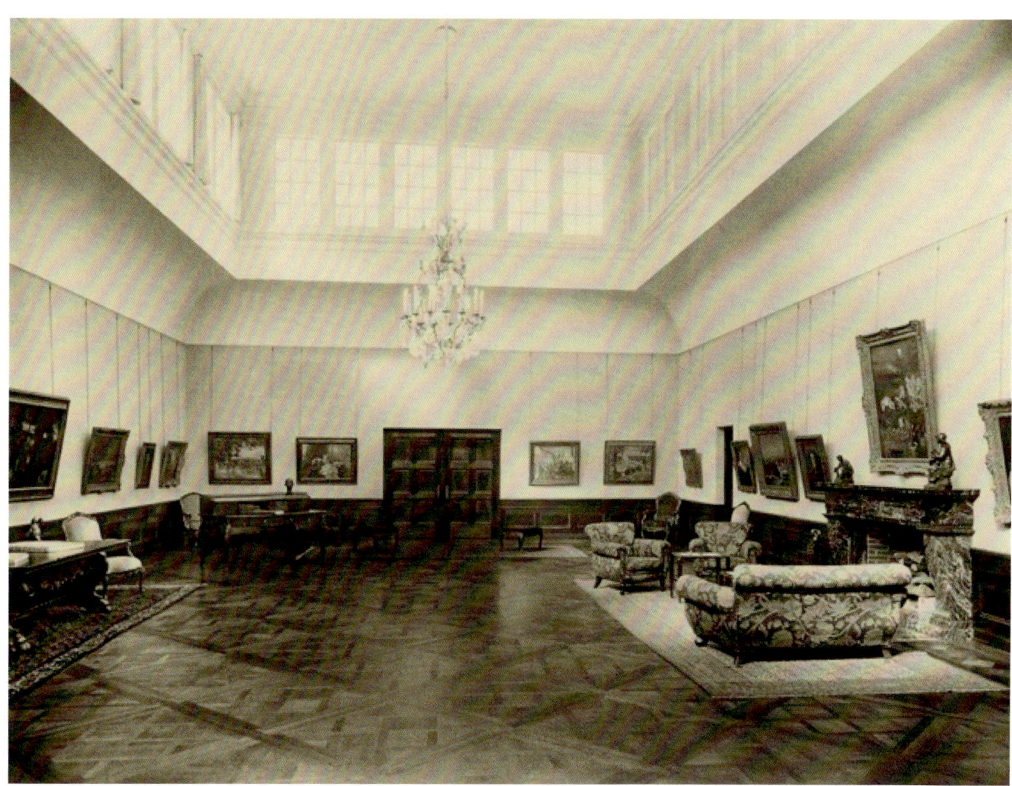

Abb. 14
Großer Saal in der Gemäldegalerie, Anbau zur Villa «Am Römerholz»
Von links nach rechts: Jacopo Bassano, *Anbetung der Hirten*; Eugenio Lucas Villamil zugeschrieben, *Corrida*; Paul Cézanne, *Pilon du Roi*; *Stillleben mit Fayencekrug und Früchten*; Vincent van Gogh, *Der Krankensaal des Hospitals von Arles*; *Der Innenhof des Hospitals von Arles*; *Bildnis Augustine Roulin*; ein nicht näher bestimmbares Altmeisterbildnis, das sich nicht mehr in der Sammlung befindet; Gustave Courbet, *Die Woge*; Francisco de Goya, ehemals zugeschrieben, *Bildnis eines jungen Mannes mit Halsbinde*; Pierre-Auguste Renoir, *Kalla und Treibhauspflanzen*; Théodore Géricault, *Geisteskranker mit militärischem Größenwahn* (angeschnitten); Eugène Delacroix, *Szene aus dem griechischen Freiheitskrieg*; El Greco, *Bildnis eines Kardinals* (die beiden letzten Gemälde sind auf einer anderen Fotografie dieser Serie erkennbar).
Fotografie: Hermann Linck, Winterthur, um 1950
Archiv Sammlung Oskar Reinhart «Am Römerholz», Winterthur

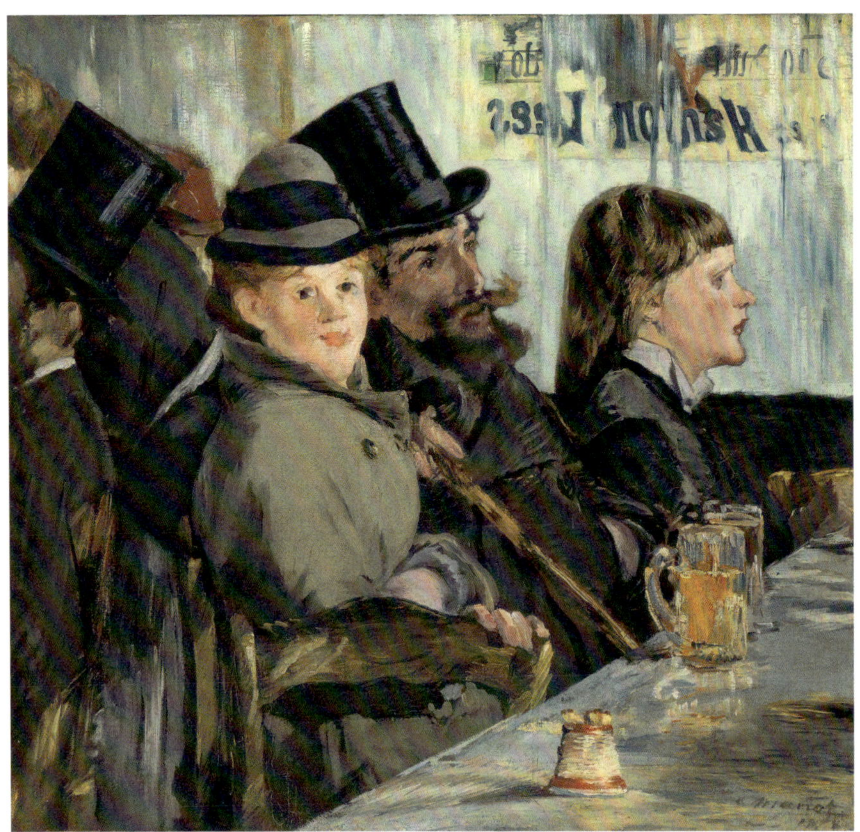

Abb. 15
Edouard Manet
Im Café, 1878
Öl auf Leinwand, 78 × 84 cm
Sammlung Oskar Reinhart «Am Römerholz», Winterthur

gen: Die Inszenierung der Werke auf den Fotografien der fünfziger Jahre lässt eine durchaus verbindende Komponente zwischen den Glanzstücken zutage treten, die der Kunstkritiker Waldemar-George bereits 1932 so eindrücklich beschrieben hat: «In der Art wie mit ihm auf der Tribüne von Monsieur Oskar Reinhart umgegangen wird, hat das Gemälde damit aufgehört, bloßes Wandornament zu sein. Es schafft sich eine andere Aufgabe. Ohne Zweifel ist das Gemälde ein Farbfleck. Aber um seinen malerischen Wert und seine optische Wirkung zu bewahren, muss es einem System tonaler Instrumentierung unterworfen sein. […] Auf diese Weise wird jedes Gemälde integrierter Bestandteil eines Ensembles, ohne dabei seine jeweilige Besonderheit aufzugeben. Das Ausstrahlen der Farben im Raum schafft unter den Werken letztlich nachdrücklichere Verknüpfungen als die Beziehungen der Formen oder der linearen Rhythmen.»[65]

Die Gemälde treten über Farbakkorde miteinander in Verbindung, was das primäre Interesse des Sammlers an der sich vom Sujet des Gemäldes lösenden Form manifest macht. Er kreiert somit ein Gesamtfarbenbild, das eine dem kunsthistorisch-chronologischen Prinzip zuweilen entgegenlaufende Entwicklung der künstlerischen Gestaltung, ausgehend von der alten hin zur modernen Kunst, konstruiert. Innerhalb der Präsentation der Werke in der Galerie, wie diese Fotografien zeigen, dominiert die neuere französische Malerei über die ältere Kunst. Dieses Verhältnis wird auch in den chromatischen Bezügen deutlich: Hier orientiert sich die inszenierte Farbregie an den formalen Eigenschaften des Impressionismus und seiner Vorläufer, mit denen sich die Werke alter Kunst zu verknüpfen hatten. Ganz im Sinne der Wiederentdeckung von Frans Hals im Rahmen der Rezeption der französischen Moderne[66] ist es zum Beispiel die Begeisterung für den Impressionismus, die Oskar Reinhart zu dem großen holländischen Porträtmaler führt. Explizit sucht er nach einem Bild des Meisters «als Ahnherr der Moderne mit einer ausgesprochenen impressionistischen Note».[67] Auch erwirbt er von Jacques-Louis David nicht etwa ein Historienstück, sondern ein intimes Porträt, dessen Frottis-Maltechnik und freier Pinselstrich sowie lebhafte Farbakkorde ihm erlauben, die Brücke zum Impressionismus zu schlagen.[68] Die Ankäufe mussten nicht nur jeweils für sich genommen Reinharts ästhetischem Qualitäts-

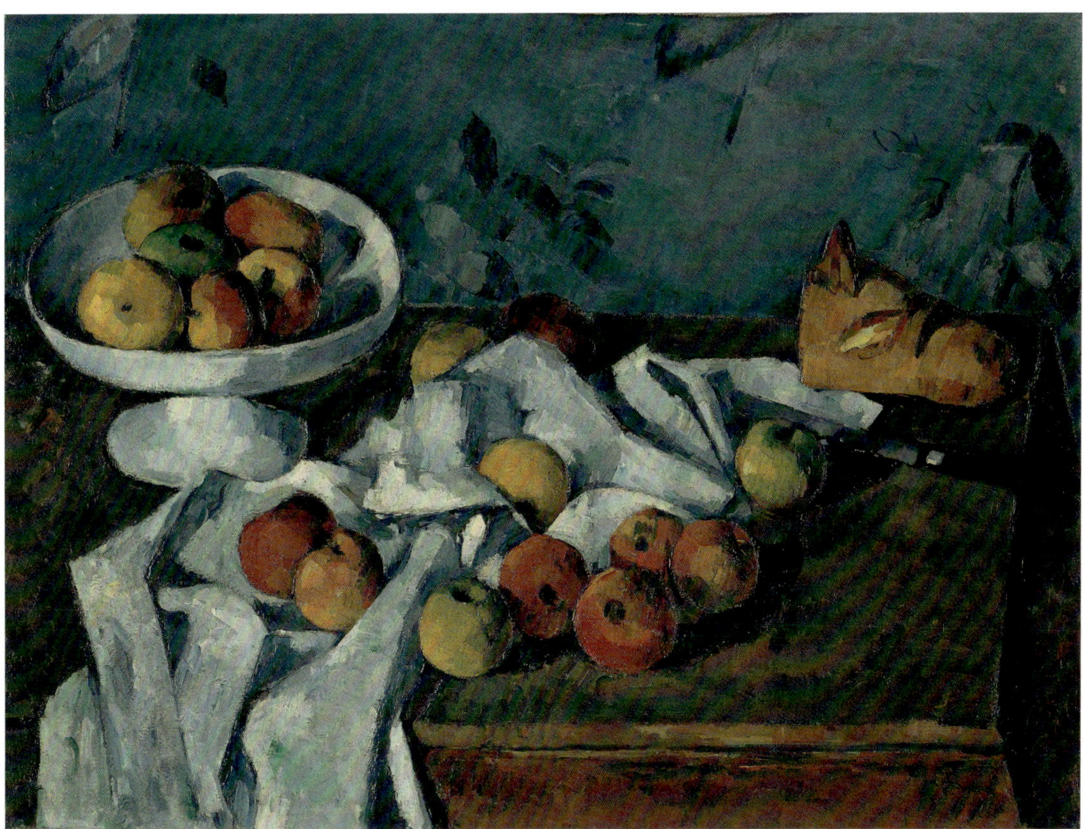

Abb. 16
Paul Cézanne
Stillleben mit Obstschale, Äpfeln und Brot, 1879/80
Öl auf Leinwand, 55,1 × 74,4 cm
Sammlung Oskar Reinhart «Am Römerholz», Winterthur

urteil standhalten, sondern vor allem auch mit dem bestehenden Ensemble korrespondieren, um so das Gesamtfarbenbild zu bewahren und zu stärken. Daher pflegte er sich für ein ausgewähltes Werk endgültig erst zu entscheiden, nachdem dieses an dem «geschlossenen Ganzen»[69] der bestehenden Sammlung vor Ort gemessen worden war.

Bedeutete die vergleichbare Inszenierung der Werke, die sich der junge Kunstliebhaber für seinen Vater im Elternhaus gewünscht hatte, noch eine Form bürgerlicher Selbstkultivierung, ist Reinharts ästhetische Sensibilität im eigenen Haus nun in erster Linie ein Mittel, dem individuellen Geschmack Gestalt zu verleihen. Ziel ist es, die Sammlung als Ganzes zu einem Kunstwerk zu erheben, um sie ästhetisch zu erfahren und zu genießen.

Die Aktualität des Festhaltens an einem historischen Malereiverständnis

Mit diesem Profil tritt Oskar Reinhart als einer der letzten die Nachfolge jenes neuen Sammlertypus an, den Hugo von Tschudi in Analogie zu Marczell von Nemes 1911 als einen «Freund des Impressionismus» definiert hatte. Diesen interessiere die alte Kunst nur insofern, als «deren heimliche Tendenzen auch in dem Schaffen unserer Zeit nach Ausdruck ringen».[70] Im Unterschied zur Entstehungszeit dieses Sammlertyps im ersten Jahrzehnt des 20. Jahrhunderts hatte allerdings in den zwanziger Jahren, als Reinhart seine Sammlung aufbaute, der Impressionismus schon weltweit Anerkennung erlangt. Er markierte für Reinhart nicht wie in Tschudis Vision oder wie für die anderen Winterthurer Sammler einen Aufbruch in die Gegenwart, sondern vielmehr ein *fait accompli* und war damit bereits Teil der Tradition. In diesen Jahren und auch danach steht Oskar Reinhart mit seinem Beharren auf einem nun historisch gewordenen Malereiverständnis indessen nicht alleine da. So scheinen in Deutschland in den zwanziger Jahren nicht nur der Kunsthandel, sondern auch die Kunstkritik weiterhin an der französischen Vorkriegsmoderne festzuhalten.[71] Da verwundert es nicht, dass einer der altgedienten deutschen Apologeten des Impressionismus, Karl Scheffler (1869–1951), sich 1927 vornimmt, die Sammlung Oskar Reinharts in seiner Monatszeitschrift *Kunst und*

Künstler zu würdigen.[72] In diesem Zusammenhang ist es bezeichnend, dass Reinhart zur Erweiterung seiner Kenntnisse noch 1929 aus dieser Zeitschrift ein umfangreiches Verzeichnis verschiedener Aufsätze vor allem aus den Vorkriegsjahren bibliografiert;[73] *Kunst und Künstler* war damals in Deutschland das wirksamste kämpferische Sprachrohr für den Impressionismus als die maßgebliche Richtung moderner Kunst. Und der dem Sammler nahestehende Schweizer Kunsthistoriker Gotthard Jedlicka (1899–1965) wird noch im Jahr 1938 sein der «Französische[n] Malerei» gewidmetes Buch mit Paul Cézanne enden lassen.[74]

Der französische Impressionismus und die mit ihm verbundene formalästhetische Anschauung zogen noch in den zwanziger Jahren so bedeutende Sammler wie Albert C. Barnes (1872–1951)[75] oder Duncan Phillips (1886–1966)[76] in ihren Bann. Sie machten gerade in den für Reinhart entscheidenden Jahren 1921 und 1922 ihre Sammlungen in den Vereinigten Staaten einem allgemeinen Publikum zugänglich. Und nicht zuletzt beginnt in England Samuel Courtauld (1876–1947) im Jahr 1921 ebenfalls nach ähnlichen Kriterien zu sammeln.[77]

Robert Jensen hat die Parallelen der «konservativen» Haltung dieses Kreises von Sammlern hervorgehoben, die er entsprechend als Sammler der «classic French modern» bezeichnet.[78] Darüber hinaus verbindet er das Phänomen mit den Tendenzen der Zeit. Auch wenn Jensens innovativer Versuch, die Sammler à la Oskar Reinhart in den zwanziger und dreißiger Jahren unter dem gemeinsamen Nenner «classic» in Übereinstimmung zu bringen, deren individuelle Prägung vielleicht zu stark nivelliert, so ist folgende Erkenntnis dennoch zutreffend: Seit Ende des Ersten Weltkriegs bis Anfang der dreißiger Jahre besann man sich in Europa wie in Amerika auf eine der Vergangenheit eigene Ordnung. Es galt, Konstanten zu suchen, die über die stilistischen Entwicklungen hinaus das Neue mit dem Alten zu verbinden vermochten.[79]

Reinhart teilt mit diesen Sammlern vergleichbaren Profils die Vorliebe für jene impressionistischen Künstler, die am Rande der Bewegung angesiedelt waren und der alten Kunst noch besonders verpflichtet blieben – Manet, Renoir und Cézanne. Ähnliche Präferenzen sind auch bezüglich der Vorläufer und Nachfolger der Impressionisten auszumachen. Allerdings verhält sich Oskar Reinhart dem Postimpressionismus gegenüber viel reservierter und sucht nicht wie andere den Anschluss an die Positionen der aktuellen Kunst. Ein frühes Porträt von Picasso markiert die Grenze seines Ensembles französischer Malerei zur Klassischen Moderne.

Reinharts Moderne erweist sich nicht nur zeitlich betrachtet als eine moderne Klassik. Nicht nur die berücksichtigten Künstler, sondern auch die ausgewählten Werke, die der Sammler schließlich ankauft, weisen im Allgemeinen eine ausgesprochen klassische Qualität auf. So ist ihm die klassische Form nicht nur Maßstab für die beste Kunst, sie erlaubt ihm darüber hinaus auch, die formalästhetische Bindung an die alte Kunst zu verwirklichen, die für die «Geschlossenheit» seines Gesamtfarbenbildes unabdingbar ist. In diesem Sinn schreibt Reinhart 1921 an Meier-Graefe: «Das grosse Stilleben von Cézanne aus den siebziger Jahren [Abb. 16], wovon ich Ihnen die Photo zeigte, habe ich erworben. Es ist ein herrliches Stück + so klassisch wie ein Chardin.»[80]

Das Bedürfnis, das Neue an alter Kunst zu messen, und der daraus resultierende Geschmack für die klassische Form ist auch bei den verwandten Sammlern seiner Zeit als Leitmotiv feststellbar. Sprechend hierfür ist etwa der erklärte Vorbehalt Albert C. Barnes' gegenüber Claude Monet, dem Impressionisten, der sich am weitesten vom Kanon der alten Kunst entfernt hatte. Noch in der 1937 überarbeiteten Ausgabe seiner erstmals 1925 erschienenen Abhandlung *The Art in Painting* schreibt der amerikanische Sammler: «Monet irrte gründlich darin, bei der Darstellung von Gegenständen oder Situationen seine Technik einzusetzen, die offensichtlich wenig dafür geeignet war. Er war so sehr damit beschäftigt, die besonderen und flüchtigen Effekte des Sonnenlichts auf den Gegenständen zu den verschiedenen Tageszeiten einzufangen, dass das Ergebnis eine oft zu prosaische Reproduktion der Erscheinungsoberfläche der Gegenstände zeigte und nicht genug die Empfindung des Wesentlichen wiedergab oder eine ästhetische Wirkung hervorrief, die sich einstellt, wenn plastische Mittel mit dem größeren Ziel der Gestaltung zusammengebracht werden.»[81]

Mit dieser Auffassung Barnes' übereinstimmend, erwirbt Oskar Reinhart nur ein einziges Bild von Monet, *Die Seine bei Eisgang* von 1880/81.[82] Und er äußert gar in den dreißiger Jahren den Wunsch, dieses in Komposition und Farbauftrag sehr modern anmutende Gemälde gegen ein früheres Werk auszutauschen.[83]

Allerdings macht gerade der Vergleich mit Barnes die besondere persönliche Prägung, die der Winterthurer Sammler jenseits der allgemeinen Tendenzen seiner Zeit erfuhr, deutlich. Zwar teilte Reinhart mit dem amerikanischen Sammler die Vorliebe für das Œuvre Pierre-Auguste Renoirs. Doch während Albert C. Barnes «gar nicht genug Renoirs bekommen» konnte[84] und in seinem 181 Werke umfassenden Konvolut mehr als die Hälfte aus den späten Jahren nach 1900 stammen, bevorzugte Reinhart sehr ausgesuchte Beispiele. Diese zeichnen sich sowohl durch eine klassische Formensprache als auch durch eine ausgeprägte sensuelle Note aus, was Douglas Cooper in seiner Schrift über die Sammlung mit dem Satz «Charm et volupté it seems are weighed against harsh reality» kommentierte.[85] Reinhart bezog bei seiner Auswahl das ganze Schaffen Renoirs ein. Einzig die sogenannte klassizistische Periode fand, da ihre harte Formgebung und kühle Tonalität seinen Kriterien widersprachen, keinen Eingang in die Sammlung. Die besondere Wertschätzung Renoirs verband Oskar Reinhart auch mit Samuel Courtauld, der die visuelle Schönheit in dessen Werken in enge Relation zu seinen verehrten Alten Meistern stellte.[86]

Letzter Akt: Ausbau der Sammlung deutscher und Schweizer Kunst

Ende der zwanziger Jahre ist Oskar Reinharts Sammlung alter und französischer Kunst in ihrer Grundstruktur abgeschlossen. Jetzt wendet er sich konsequent der Kunst aus dem deutschsprachigen Raum zu, der er bereits in seinen sammlerischen Anfängen Beachtung geschenkt hatte. Hier bildet er nun bedeutende Schwerpunkte in der Malerei der deutschen Romantik [Abb. 17, 18] und des deutschen Realismus [Abb. 19, 20]. «Wenn man in Winterthur Oskar Reinharts Sammlung durchschreitet, so ist es immer wieder der stärkste Eindruck, wie Thoma, Leibl, Anker, Böcklin brüderlich neben den Franzosen stehen», schrieb 1932 der damalige Direktor des Kunstmuseums Basel, Georg Schmidt, anlässlich der Ausstellung dieses Sammlungsteils in der Kunsthalle Basel.[87]

Die Kombination von französischer Moderne und Alten Meistern mit deutscher Kunst ist charakteristisch für die prototypischen deutschen Sammlungen, die sich im ersten Viertel des 20. Jahrhunderts entwickelt hatten, wie die von Otto Gerstenberg, insbesondere aber diejenige Eduard Arnholds. Aus eben dieser Sammlung Arnhold [Abb. 19] wird Oskar Reinhart in den frühen fünfziger Jahren das «Krönungsbild» dieses Sammlungsbereichs und eine Ikone des deutschen Realismus erwerben: Wilhelm Leibls Hauptwerk *Die Dorfpolitiker* von 1877 [Abb. 20].[88] Seine Auswahl deutscher Malerei folgt im Wesentlichen noch dem Konzept der erwähnten Berliner Jahrhundertausstellung von 1906. Präsentiert wurden damals Künstler aus dem deutschsprachigen Raum aus der Zeit von 1775 bis zum Durchbruch des französischen Impressionismus. Dem Fokus dieser Umbruchzeiten entsprechend waren Künstler vertreten, die jenseits der Akademie einer persönlichen Fühlung mit der lebendigen Natur nachspürten. Wegweisend für diese Ausrichtung war die parallele Entwicklung der französischen Malerei, die dieser Forderung der Gegenwart mit der Darstellung von Luft, Licht und Bewegung durch das Primat der Farbe Gestalt verlieh. Solche formalen Aspekte wurden in der Jahrhundertausstellung im Begriff des «Malerischen» oder der «malerischen Qualität» verankert und als grundlegende Aufgabe der Malerei bestimmt. Demzufolge wird das «Malerische» auch zum Maßstab der Anschauung und Auswahl von Kunst aus dem deutschsprachigen Raum. Sind in der Sammlung Reinhart viele der Künstler, die die Jahrhundertausstellung unter dieser Prämisse gezeigt hatte, zu finden, ging der Sammler mit seinem beachtlichen Ensemble von Werken Ferdinand Hodlers, der in der Berliner Ausstellung unberücksichtigt blieb, entschlossen über deren Künstlerkreis hinaus. Auch war in diesen späten Jahren sein Interesse für die deutsche Kunst exklusiv.

Die Jahrhundertausstellung verwirklichte den nationalen Gedanken. Alfred Lichtwark hebt diesen in einer Charakterisierung des Sammlers in der Zeitschrift *Kunst und Künstler*, in einem Artikel, den Oskar Reinhart 1929 im erwähnten Lektüreverzeichnis vermerkt hat, hervor.[89] «Es giebt den Maler, den Dichter, den Musiker und in dieser volklichen Ausprägung als deutschen, französischen, italienischen Künstler. Was sie schaffen, ist von dem Gesamtgeist ihres Volkes getragen».[90] Die nationale Kunst wird nicht nur zur Aufgabe des deutschen Sammlers, sondern analog auch der internationalen Sammelkultur, die der vorliegende Band untersucht. Oskar Reinhart verankert folgerichtig diesen Gedanken in der einheimischen Kunst.

Einen Höhepunkt im Sammlungsbereich der Schweizer Kunst bildet die Genfer Malerei seit Jean-Etienne Liotard, die Reinhart in den dreißiger Jahren zu sammeln beginnt. Je größer die politischen Spannungen zwischen den Nationen in Europa wurden, desto ernsthafter konzentriert er sich auf die nationale Kunst. Er stiftet diese Bestände 1940 seiner Heimatstadt Winterthur, die elf Jahre später in seinem ersten als «Stiftung Oskar Reinhart» gegründeten Museum, dem Museum Oskar Reinhart, ihren endgültigen Platz finden sollten [Abb. 17]. Seine durch weitere Ankäufe ergänzte Römerholz-Sammlung, zu der auch ein Konvolut von

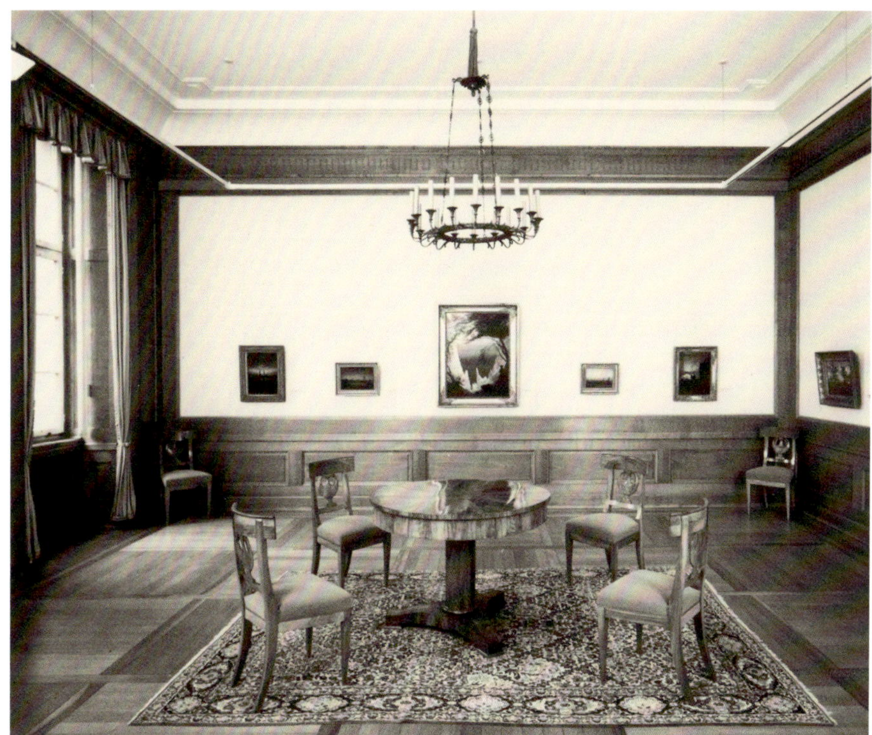

Abb. 17
Saal mit Werken der deutschen Romantiker im Museum Oskar Reinhart, in der Mitte der Rückwand: Caspar David Friedrich, *Kreidefelsen auf Rügen*, 1818

Zeichnungen und Skulpturen gehörte, ging kraft testamentarischer Verfügung an die Schweizerische Eidgenossenschaft.

Im Vergleich zu seiner Altmeister- und Franzosen-Sammlung verbindet sich die strenge Werkauswahl in Reinharts «Stiftungssammlung» jedoch mit der Absicht, die historische Entwicklung der Malerei der ausgewählten Epochen nachzuzeichnen. Mit seinem vierfachen Interesse – der Konzentration auf die Alten Meister, die französische, die deutsche und die Schweizer Kunst – realisiert Oskar Reinhart als einer der letzten großen Privatsammler den Traum von einer umfassenden Galerie der europäischen Kunst. Mit seinen beiden Schenkungen verwirklicht er die museale Absicht, die ihn bei seinem Sammeln von Anfang an leitete. Stellte er sich sein Museum der europäischen Kunst in den zwanziger Jahren als «willkommene Ergänzung des Kunstmuseums Winterthur» vor,[91] sieht er es 1939 «als eine willkommene Ergänzung der Basler und Berner Sammlungen» durch «grosse[r] Kunstwerke vergangener Zeit».[92] Seine Worte machen deutlich, dass er ganz im Sinne der Klassizität seiner Moderne mit seiner Sammlung – im Gegensatz zu den ersten Befürwortern des Impressionismus – keine Propaganda für die «neue» Kunst beabsichtigte, sondern auf dem Feld bereits etablierter Werte für die Schweizer Museen klug das nachholen wollte, was die Museen im Ausland im Laufe ihrer langen Geschichte bereits geleistet hatten. In diesem Sinn sagt er 1939 in der Eröffnungsrede zur Ausstellung seiner Sammlung im Kunstmuseum Bern: «So haben denn die heutigen tragischen Tage bewirkt, dass das, was ich stets als meine Lebensaufgabe auffasste, eine frühzeitige Veröffentlichung erfahren hat, und eine Sammlung grosser Kunstwerke vergangener Zeiten ausgestellt wird, die ich nicht zuletzt zur Bereicherung der kulturellen Güter unserer lieben Heimat zusammengebracht habe.»[93]

Und so erwies sich der passionierte Kunstliebhaber als ein verantwortungsvoller Kulturpolitiker, der gerade durch die Hinwendung zu «Kunstwerken vergangener Zeit» zu einem *Spiritus rector* werden konnte.

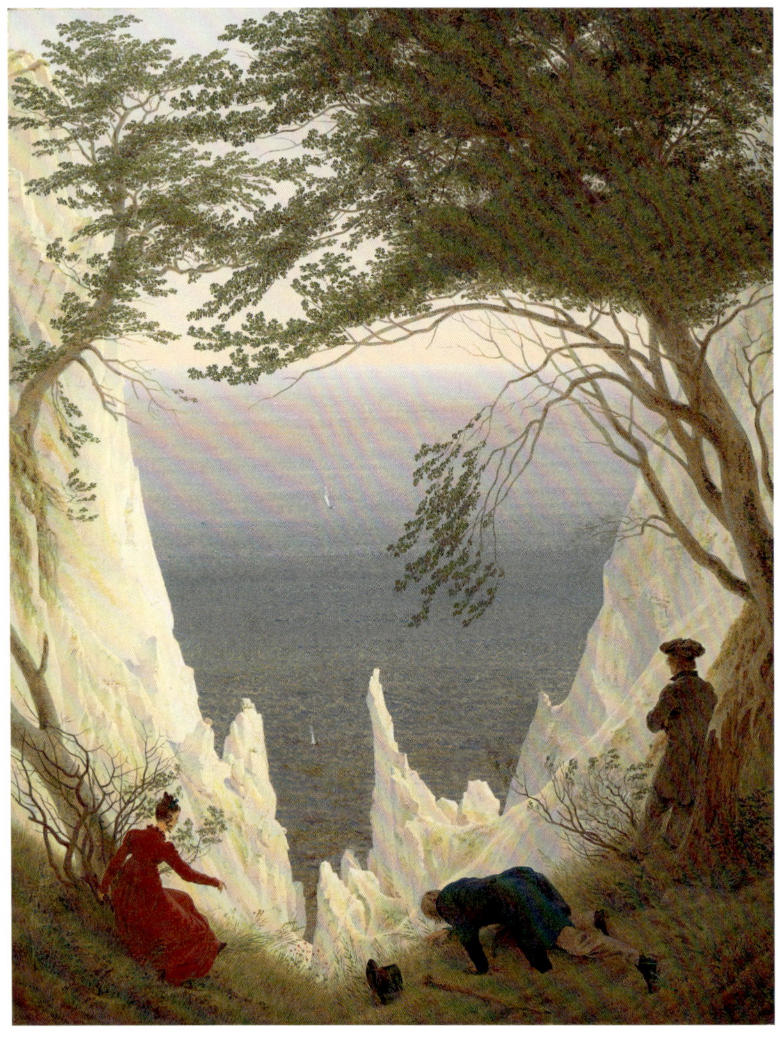

Abb. 18
Caspar David Friedrich
Kreidefelsen auf Rügen, 1818
Öl auf Leinwand, 90 × 70 cm
Museum Oskar Reinhart, Winterthur

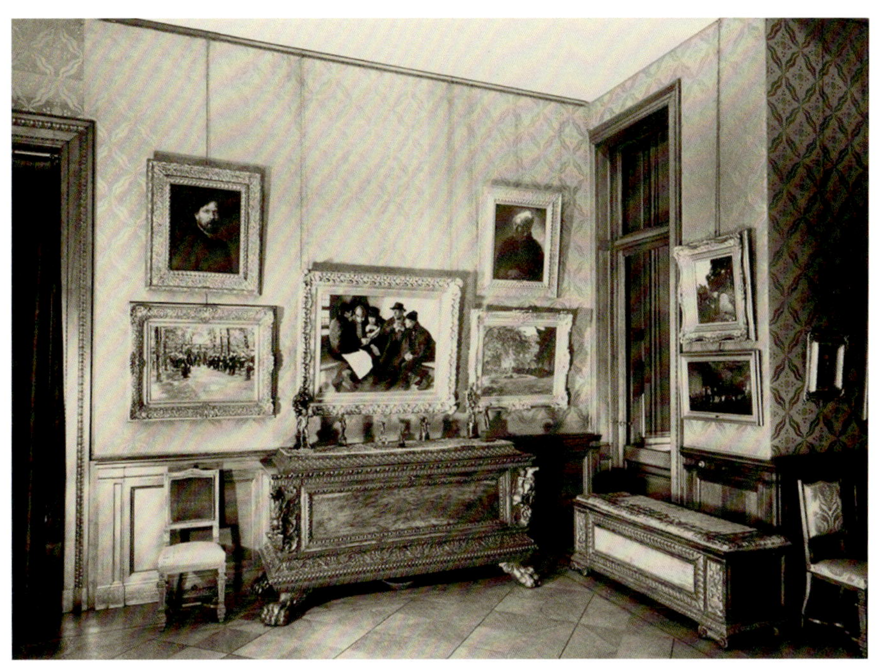

Abb. 19
Interieur der ehemaligen Sammlung von Eduard Arnhold (1849–1925) in Berlin, im Zentrum des Ensembles mit deutschen Künstlern des 19. Jahrhunderts *Die Dorfpolitiker*, 1877, von Wilhelm Leibl
Anonyme Aufnahme, undatiert, Privatarchiv

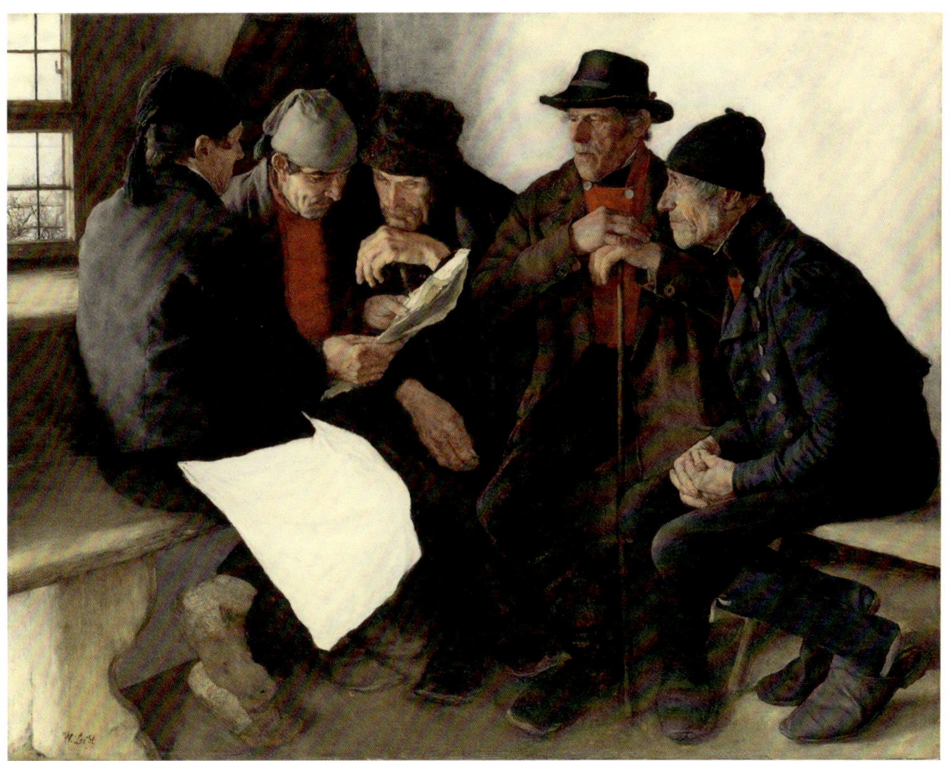

Abb. 20
Wilhelm Leibl
Die Dorfpolitiker, 1877
Öl auf Leinwand, 76 × 97 cm
Museum Oskar Reinhart, Winterthur

1 Zur näheren Erläuterung der Geschichte der Sammlung siehe: Lukas Gloor, «Oskar Reinhart. Ein Sammler, zwei Museen», in: Ausst.-Kat. Winterthur 2001, S. 37–67; Mariantonia Reinhard-Felice, «Der Sammler als Vermittler ästhetischer Werte» in: Reinhard-Felice 2003, S. 17–99; dies., «Oskar Reinhart, der letzte europäische ‹Sammler großen Stils›», in: *100 Meisterwerke aus der Sammlung Oskar Reinhart «Am Römerholz», Winterthur*, Winterthur 2008, S. 13–27; Lukas Gloor, «Die Sammlung Oskar Reinhart im Kontext ihrer Zeit», in: Ausst.-Kat. Winterthur 2009, S. 12–29.

2 Tagebuch Oskar Reinhart, Eintrag vom 13. April 1909, Archiv Sammlung Oskar Reinhart (ASOR).

3 Brief von Oskar Reinhart an die Eltern vom 11. September 1907, ASOR; Brief von Oskar Reinhart an Georg Reinhart vom 31. Oktober 1911, Studienbibliothek Winterthur; Brief von Oskar Reinhart an seine Mutter vom 31. Oktober 1911, ASOR.

4 Tagebuch Oskar Reinhart, Eintrag vom 7. Juli 1911, ASOR.

5 Peter Vignau-Wilberg, *Stiftung Oskar Reinhart*, Winterthur, Bd. 2: *Deutsche und österreichische Maler des 19. Jahrhunderts*, Zürich 1981, Nr. 71.

6 Siehe Reinhard-Felice 2003, S. 30 f., Anm. 81–85. Die hier angeführten Dokumente legen den Ankauf dieses Bildes durch Oskar Reinhart um 1911 bei Cassirer für die väterliche Sammlung sowie die spätere Überführung in seine Sammlung «Am Römerholz» nahe. Ein neues fotografisches Dokument bestätigt diese These: Eine Aufnahme der Franzosen-Ausstellung von 1916 im Kunstmuseum Winterthur (Fotosammlung Kunstmuseum Winterthur) zeigt, dass das von Theodor Reinhart hierfür ausgeliehene Gemälde Sisleys mit demselben Titel und Datum mit dem betreffenden Werk in der Sammlung «Am Römerholz» (SOR Kat.-Nr. 131) tatsächlich identisch ist.

7 Diesen Ankauf belegen folgende Briefe: der ältere Bruder Georg Reinhart (1877–1955) an Oskar Reinhart nach Winterthur, 7. Mai 1912, ASOR; Paul Durand-Ruel an Oskar Reinhart, 1. Juli 1912, in dem das Datum des Ankaufs, 13. April 1912, angegeben wird, Archives Durand-Ruel, Paris.

8 Brief von Oskar Reinhart an die Eltern vom 12. Mai 1908, ASOR. Reinhart zitiert darin aus *Kunst und Künstler* 6, 1908, S. 348 f.

9 Brief von Hans Reinhart an Oskar Reinhart vom 15. August 1911, ASOR. Tatsächlich ist Reinharts frühe Hodler-Landschaft dem *«paysage intime»* seines Genfer Lehrers Barthélemy Menn (1815–1893) und dadurch der vorimpressionistischen französischen Landschaftsmalerei verpflichtet. Auch wird in gewissen frühen Werken Hodlers der Einfluss von Corot spürbar; siehe dazu Matthias Fischer, *Der junge Hodler. Eine Künstlerkarriere 1872–1897*, S. 43 ff.

10 Brief von Oskar Reinhart an seinen Vater aus London vom 1. Februar 1908, Studienbibliothek Winterthur.

11 Ebd.

12 Alice Cooney Frelinghuysen, Gary Tinterow, Susan Alyson Stein, Gretchen Wold, Julia Meech (Hg.), *Splendid Legacy. The Havemeyer Collection*, Ausst.-Kat. Metropolitan Museum of Art, New York 1993; Angela Schneider, Anke Daemgen, Gary Tinterow (Hg.), *Französische Meisterwerke des 19. Jahrhunderts aus dem Metropolitan Museum of Art, New York*, Ausst.-Kat. Metropolitan Museum of Art, New York; Nationalgalerie, Staatliche Museen zu Berlin, Berlin 2007.

13 Vor allem die Beiträge von Stephanie Marchal (S. 51–58), Sven Kuhrau (S. 33–39) und Alexis Joachimides (S. 41–48) im vorliegenden Band gehen auf diesen Kontext näher ein.

14 Brief von Oskar Reinhart an seinen Vater vom 10. August 1911, ASOR.

15 Ein Brief des Bruders Werner Reinhart vom 9. Juni 1906 belegt, dass sich Oskar Reinhart kurz zuvor in Hamburg, Bremen und Berlin aufgehalten hat. Der Bruder vermutet, dass Oskar «für die Jahrhundert-Ausstellung wohl zu spät» gekommen sei. Aufgrund des Einflusses, den diese bis Mai 1906 dauernde Ausstellung auf Oskar Reinhart gehabt hat, ist es jedoch wahrscheinlicher, dass er sie doch noch hatte besuchen können. Noch 1938 hält er in seinem Tagebuch fest: «Katalog der Jahrh. Ausst. 1906 durchgesehen»; Tagebuch, Eintrag vom 26. Juni 1938, ASOR.

16 Oskar Reinhart erhält die gesammelten Schriften Tschudis 1912 mit einem Bildnis des Autors und einer Widmung von Hans Reinhart, «Meinem Bruder Oskar zur Weihnachten 1912 von Hans», ASOR.

17 Richard Muther, *Geschichte der Malerei im XIX. Jahrhundert*, 3 Bde., München 1893/94. Der Bruder Hans hatte Oskar diese Lektüre empfohlen; Brief von Oskar Reinhart an die Eltern vom 12. November 1907, ASOR.

18 Meier-Graefe 1914/15.

19 Frances Fowle erläutert in ihrem Beitrag im vorliegenden Band die Motivation und die Hintergründe des Sammelns französischer Kunst in Großbritannien in dieser Zeit; siehe S. 81–90.

20 Ebd., S. 81 f.

21 Rudolf Koella, «Hodler und Winterthur», in: *Hodler und seine Schweizer Künstlerfreunde Cuno Amiet, Giovanni Giacometti und Rodo de Niederhäusen. Aus der Sammlung Arthur und Hedy Hahnloser-Bühler und anderem Winterthurer Besitz*, Ausst.-Kat. Villa Flora, Winterthur 2000, S. 7–22.

22 Siehe hierzu den Beitrag von Lukas Gloor im vorliegenden Band, S. 123–131.

23 Brief von Theodor Reinhart an Karl Hofer vom 22. Oktober 1907 und vom 5. November 1908, in: Hofer/Reinhart 1989, S. 210 und S. 253. Julius Meier-Graefe besucht 1908 Theodor Reinhart in Winterthur.

24 Brief von Karl Hofer an Theodor Reinhart vom 21. Oktober 1907, in: Hofer/Reinhart 1989, S. 210.

25 Brief von Theodor Reinhart an Karl Hofer vom 22. Oktober 1907, in: Hofer/Reinhart 1989, S. 210.

26 Karl Hofer informiert den jungen Oskar Reinhart über Privatsammlungen und aktuelle Ausstellungen in Paris, siehe die Briefe von Karl Hofer an Oskar Reinhart aus Paris vom 20. März und vom 6. Juli 1912, ASOR. Hofer siedelt 1913 nach Berlin über, von wo aus er zwischen dem jungen Oskar Reinhart und dem für die französische Malerei führenden Kunsthandel vermittelt, siehe Briefe von Karl Hofer an Oskar Reinhart aus Berlin vom 29. April und 13. Juni 1914, ASOR.

27 *Reden, gehalten bei Anlass der Eröffnung der Ausstellung «Sammlung Oskar Reinhart» im Kunstmuseum Bern*, den 16. Dezember 1939, Rede von Dr. h. c. Oskar Reinhart, S. 18, ASOR.

28 Matthias Wohlgemuth und Franz Zelger, *Stiftung Oskar Reinhart Winterthur*, Bd. 3: *Schweizer Maler und Bildhauer seit Ferdinand Hodler*, Zürich 1984, S. 7 f. (Einleitung) und S. 141–209, Kat.-Nrn. 58–84.

29 Siehe hierzu die Ausführungen von Lukas Gloor im vorliegenden Band, S. 123–131, inbes. S. 128.

30 Kunstverein Winterthur, *Katalog der Ausstellung von Meisterwerken aus Privatsammlungen im Museum*, Winterthur 1922.

31 Notizblätter 9, 11. Januar 1922, ASOR.

32 Bei Hansen erwarb Oskar Reinhart vier bedeutende Werke der zwanzig Gemälde und Zeichnungen Daumiers in seiner Sammlung: die Zeichnungen *Ein Waggon dritter Klasse*, SOR Kat.-Nr. 97, *Die Biertrinker*, SOR Kat.-Nr. 100, *Pause im Théâtre Français*, SOR Kat.-Nr. 105, und das Gemälde *Don Quijote und Sancho Pansa in den Bergen*, SOR Kat.-Nr. 90.

33 Entscheidend für den rasanten Zuwachs der Werke von Cézanne und besonders Renoir, die zu einem Höhepunkt der impressionistischen Kunst in Reinharts Sammlung werden sollten, ist in diesem Jahr 1923 der Ankauf beim Pariser Kunsthändler Ambroise Vollard, siehe Brief von Ambroise Vollard an Oskar Reinhart vom 6. Juni 1923, ASOR.

34 Vgl. hierzu den Beitrag von Lukas Gloor im vorliegenden Band, S. 123–131, insbes. S. 127 f.

35 Für seine Entwicklung in Bezug auf die Villa «Am Römerholz» siehe Lukas Gloor, «Die historischen, in ‹Stilräumen› arrangierten Sammlungen», in: Ausst.-Kat. Winterthur 2009, S. 14–19.

36 Vgl. hierzu Lukas Gloor im vorliegenden Band, S. 123–131, S.123 f.

37 Reisenotizen von Oskar Reinhart auf dem Briefpapier des Hotels The Ambassador während seines Aufenthaltes in New York vom 12. September bis 27. Oktober 1922, ASOR. Siehe auch den Beitrag von Susan Grace Galassi zur Frick Collection im vorliegenden Band, S. 93–101.

38 Siehe dazu den Beitrag von Sven Kuhrau im vorliegenden Band, S. 33–39.

39 Notizbuch 7, Berlin Oktober, November 1924, ASOR. Siehe die Reproduktion einer Fotografie im Katalog zur Versteigerung der Sammlung bei Paul Cassirer, Bd. 1, 1929, S. 12.

40 Siehe Joachimides 2001, S. 81–95.

41 In Reinharts Bibliothek findet sich u. a. Wilhelm von Bode, *Mein Leben*, 2 Bde., Berlin 1930.

42 Reinhart trifft Bode in Berlin Oktober/November 1924, wo er auch das Kaiser Friedrich-Museum

besucht; siehe Notizbuch 7, ASOR. Wilhelm von Bode schreibt an Oskar Reinhart vermutlich am 1. Juli 1925, ASOR.

43 Die Fotografie dieses Raumes, um 1910 von einem anonymen Fotografen aufgenommen, befindet sich im Bayerischen Wirtschaftsarchiv in München.

44 SOR Kat.-Nr. 6.

45 Max J. Friedländer, «Zwei Bildnisse von Lucas Cranach», in: *Kunst und Künstler* 24, 1926, S. 381 ff. Das Frühwerk des Künstlers wurde Ende des 19. Jahrhunderts entdeckt; in ihm erkannte man bis weit ins 20. Jahrhundert alleine Cranachs Leistung.

46 Julius Wilhelm Böhler, Sohn von Julius Böhler, des Gründers der in München ansässigen gleichnamigen Kunsthandlung, gründet 1920 zusammen mit Fritz Steinmeyer die Kunsthandlung Böhler & Steinmeyer in Luzern.

47 Nach genauesten Recherchen auf dem Kunstmarkt, um ein hervorragendes spätes Porträt von Rembrandt zu finden, erwarb Oskar Reinhart bei Julius W. Böhler das Gemälde *Jan Boursse vor einem Ofen sitzend* (SOR Kat.-NR. 32) als «Originalgemälde von Rembrandt, anerkannt von Bode, Bredius, Hofstede de Groot und Valentiner», wie aus der Rechnung der Kunsthandel A.-G., Luzern, vom 16. März 1922 (ASOR), hervorgeht.

48 *Die Verkündigung an Joachim*, 1516–18, Szépművészeti Múzeum, Budapest; *Urteil des Paris*, um 1528, The Metropolitan Museum of Art, New York; *Kardinal Albrecht von Brandenburg als Hieronymus*, John and Mable Ringling Museum of Art, Sarasota, Florida; *Porträt eines bärtigen jungen Mannes*, 1518, The Los Angeles County Museum of Art, Los Angeles. Ich danke Herrn István Németh für die Angabe der Werke von Lukas Cranach d. Ä. im ehemaligen Besitz von Nemes.

49 Zur schwachen Beziehung der Schweizer Sammler zur alten Kunst siehe den Beitrag von Lukas Gloor im vorliegenden Band, S. 123–131.

50 Otto Fischer, «Geschichte der Öffentlichen Kunstsammlung», in: *Festschrift zur Eröffnung des Kunstmuseums*, Basel 1936, S. 7–118; Paul Ganz, *Meisterwerke der Öffentlichen Kunstsammlung in Basel*, München 1924, S. 13. Louise Bachofen-Burckhardt hielt sich beim Aufbau ihrer reichen Altmeister-Sammlung an den Rat Wilhelm von Bodes; damit folgt sie der Tradition der deutschen Altmeister-Sammlungen, die Sven Kuhrau im vorliegenden Buch, S. 33–39, näher erläutert.

51 Siehe hierzu die Beiträge von Sven Kuhrau, S. 33–39, und Susan Grace Galassi, S. 93–101, im vorliegenden Band.

52 Notizblätter 9, 11. Januar 1922, ASOR.

53 Siehe Joachimides 2001, S. 81–97.

54 Friedländer 1926 (wie Anm. 45), S. 382.

55 Oskar Reinhart, Tagebuch «Was mir durch den Kopf geht», Eintrag vom 21. April 1923, ASOR.

56 Von Juni 1911 bis Januar 1912 zeigt der Münchner Museumsdirektor Hugo von Tschudi eine Auswahl von 36 Werken Alter Meister sowie Vertreter der Moderne aus der Sammlung Marczell von Nemes im Spanischen Saal der Alten Pinakothek; siehe Ausst.-Kat. München 1911.

57 Siehe hierzu den Beitrag von Stephanie Marchal im vorliegenden Band, S. 51–58.

58 Siehe hierzu die Beiträge von Sven Kuhrau, S. 33–39, und Alexis Joachmides, S. 41–48, im vorliegenden Band.

59 *Ausstellung französischer Malerei*, Kunstverein Winterthur, 1916.

60 «Heinrich Wölfflins Rede», in: *Neue Züricher Zeitung* 19, 5. Januar 1916.

61 Brief von Oskar Reinhart an Paul Cassirer vom 6. Januar 1922, ASOR.

62 Siehe dazu Alfred Lichtwark, «Die Beleuchtung der Innenräume», in: *Jahrbuch der Gesellschaft Hamburgischer Kunstfreunde* 18, 1912, S. 5362; ebenso Joachimides 2001, S. 107 ff.

63 Siehe den Beitrag von Lukas Gloor im vorliegenden Band, S. 123–131.

64 Siehe den Beitrag von Michael Dorrmann im vorliegenden Band, S. 61–70.

65 Waldemar-George, «Collection Oskar Reinhart», in: *Formes*, Paris 1932, S. 286: «Traité comme il l'est dans la *Tribuna* de M. Oskar Reinhart, le tableau cesse d'être un ornement du mur. Il acquiert une fonction différente. Sans doute agit-il comme une tache chromatique. Mais pour conserver sa valeur pittoresque et sa portée optique il doit être soumis à un régime d'orchestration tonale. […] Ainsi, sans cesser d'être un cas particulier, chaque tableau fait partie intégrante d'un ensemble. La radiation des couleurs dans l'espace crée entre les œuvres des liens plus effectifs que des rapports de formes ou de rythmes linéaires.»

66 Siehe hierzu die Ausführungen von Alexis Joachmides im vorliegenden Band S. 41–48.

67 Brief von Oskar Reinhart an Julius Wilhelm Böhler, Kunsthandel A.-G., Luzern, vom 2. März 1922, ASOR.

68 SOR Kat.-Nr. 54.

69 Die Definition der Sammlung als «geschlossenes Ganzes», wie sie die geschilderten Intentionen vermittelt, wird häufig in den nachgelassenen Schriften von Oskar Reinhart formuliert, siehe z. B. Notizblätter 9, 11. Januar 1922, ASOR.

70 Hugo von Tschudi, «Vorwort», in: Ausst.-Kat. München 1911.

71 Andrea Meyer, «Paris. Die französische Kunst und ihre Bedeutung für Deutschland», in: *Französische Kunst – Deutsche Perspektiven. 1870–1945. Quellen und Kommentare zur Kunstkritik*, hrsg. Andreas Holleczek und Andrea Meyer unter Mitarbeit von Knut Helms und Friederike Kitschen, Berlin 2004, S. 25–35, insbes. S. 34 f.

72 Scheffler 1927. Siehe den Beitrag von Stephanie Marchal im vorliegenden Band, S. 51–58.

73 Notizbuch 21, *Kunsthandel-Notizen*, um 1928/29, ASOR. Siehe den Beitrag von Stephanie Marchal im vorliegenden Band, S. 51–58.

74 Gotthard Jedlicka, *Französische Malerei. Ausgewählte Meisterwerke aus fünf Jahrhunderten*, Zürich und Berlin 1938.

75 Siehe den Beitrag von Judith Dolkart im vorliegenden Band, S. 103–113.

76 *The Eye of Duncan Phillips. A Collection in the Making*, hrsg. Erika D. Passantino und David Scott, The Philipps Collection Washington, D. C., in Zusammenarbeit mit The University Press, New Haven und London 1999.

77 Zur Rezeption des Impressionismus in England siehe den Beitrag von Frances Fowle im vorliegenden Band, S. 81–90.

78 Siehe den Beitrag von Robert Jensen im vorliegenden Band, S. 115–120.

79 Siehe dazu Jean Laude, «Retour et/ou rappel à l'Ordre?», in: *Le Retour à l'Ordre dans les Arts plastiques et l'Architecture, 1919–1925*, Traveaux III (Actes du second colloque d'Histoire de l'Art contemporain…, 1974), Centre Interdisciplinaire d'Etudes et de Recherche sur l'Expression Contemporaine, Université de Saint-Etienne, Saint-Etienne 1975, S. 7–44.

80 Brief von Oskar Reinhart an Julius Meier-Graefe vom 15. Dezember 1921.

81 Albert C. Barnes, *The Art in Painting*, 3. erw. Ausg., New York 1937, S. 302: «Monet erred seriously in making his technique the means of portraying objects or situations to which it was manifestly ill-adapted. He was so preoccupied by the particular and evanescent effects of sunlight upon objects at various hours of the day, that the result was very often a too literal reproduction of the superficial appearance of things, and not enough of either the feeling of essentials or the esthetic effect which results when plastic means are coordinated with the larger ends of design. Greater artists, namely Pissarro, Renoir and Cézanne, used the method with more discrimination, through adaptations of their own better suited to express their individual vision. In the hands of Renoir and Cézanne, the modified impressionistic method reached the stage where the technique as such became generalized, went into solution, and is recognizable only by a careful study of the transition from the original to the finished manner.»

82 SOR Kat.-Nr. 135.

83 Brief von Oskar Reinhart an Paul Cassirer vom 6. Dezember 1930, ASOR.

84 Brief Albert C. Barnes an Leo Stein, 30. März 1913, zitiert im Beitrag von Judith Dolkart im vorliegenden Band, S. 106; zu Barnes: Richard J. Wattenmaker, «Dr. Albert C. Barnes and The Barnes Foundation», in: Wattenmaker/Distel 1993, S. 3–27.

85 Cooper 1963, S. 210.

86 Cooper 1954, S. 7; zu Courtauld siehe auch: Ernst Vegelin van Claerbergen, «The Courtauld Gallery», in: *The Courtauld Gallery. Masterpieces*, London 2007, S. 7–13.

87 «Erläuterung der Ausstellung der deutschen und Schweizer Künstler aus der Sammlung von Oskar Reinhart 1932 in der Basler Kunsthalle», in: *Nationalzeitung*, 11. April 1932.

88 Zur Sammlung Arnhold siehe den Beitrag von Michael Dorrmann im vorliegenden Band, S. 61–70.

89 Notizbuch 21, *Kunsthandel-Notizen*, um 1928/29, ASOR.

90 Alfred Lichtwark, «Der Sammler», in: *Kunst und Künstler* 10, 1912, S. 230.

91 Notizblätter 9, 11. Januar 1922, ASOR.

92 Wie Anm. 27.

93 Ebd.

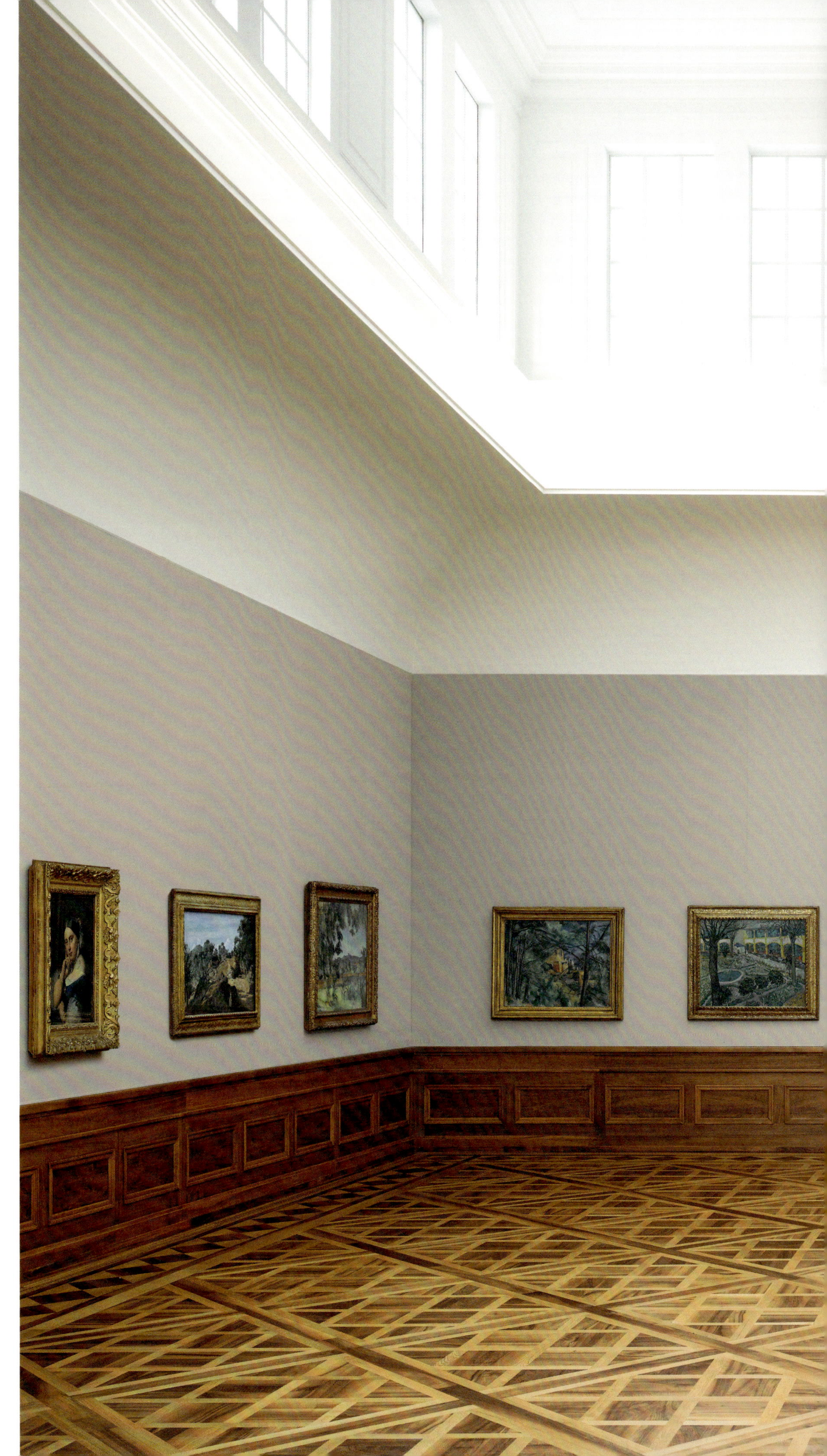

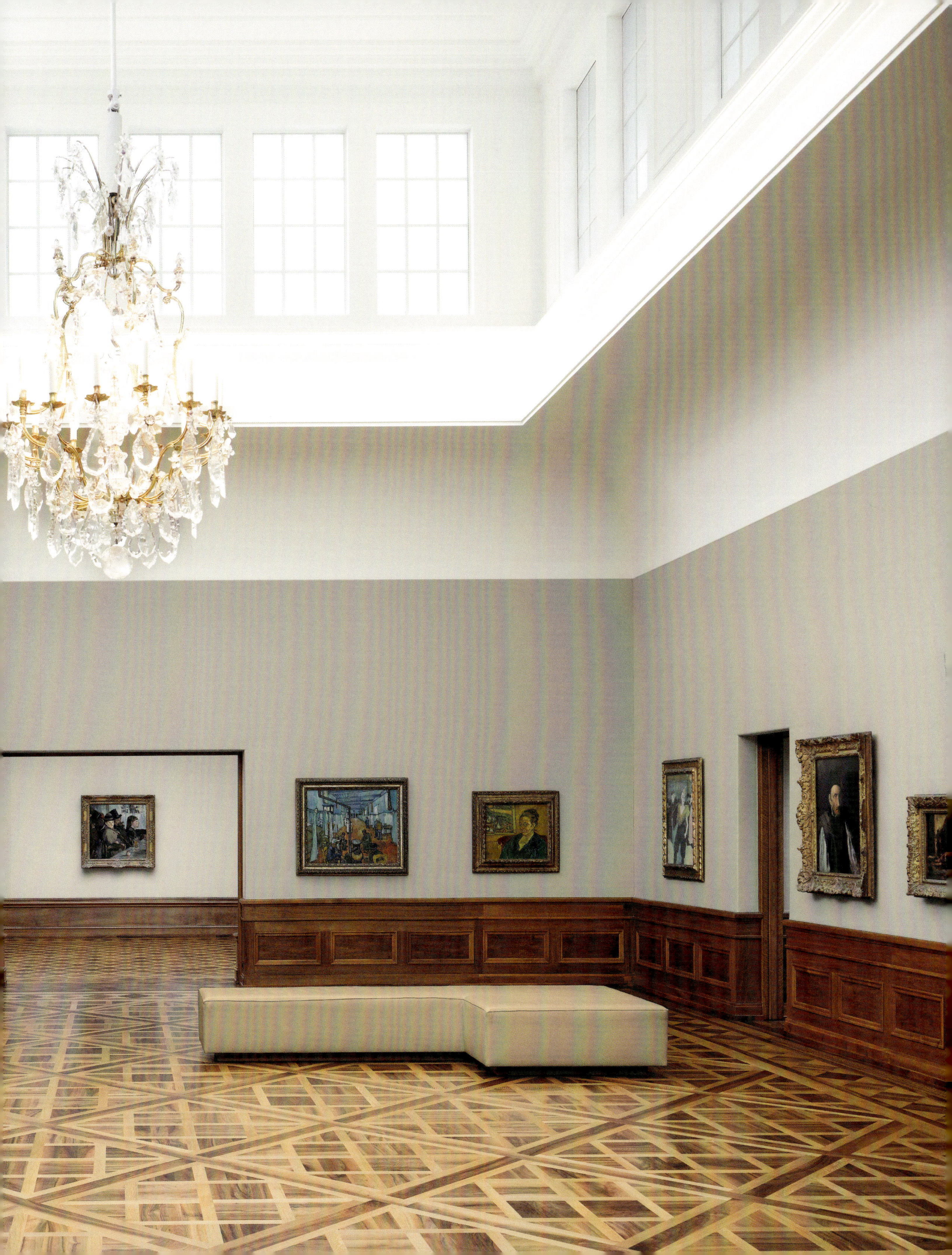

Die Sammler und ihresgleichen

Ein Gespräch

Andreas Beyer:

Die Ausstellung «Entre nous» und die sie begleitende Tagung in der Sammlung Oskar Reinhart «Am Römerholz» geben uns Gelegenheit, ein Thema anzusprechen, das in der umfangreichen Literatur zum Sammlerwesen überraschend marginal geblieben ist. Wie nämlich verhält sich die private zur öffentlichen Sammlung?

Schon in einem der Gründungstexte zur Sammlungsgeschichte, Goethes Briefnovelle *Der Sammler und die Seinigen* (1799), der über alternative Wahrnehmungsmuster der Kunst nachdenkt, wird ja das fiktive Kunstkabinett des «Oheims» der Dresdner Galerie nahezu gleich- bzw. gegenübergestellt. Als «pädagogisches» Unternehmen zielt das Werk darauf ab, die Kunst sich als phänomenale Gestalt im Betrachtenden verwirklichen und erfüllen zu lassen – und eben nicht durch theoretische oder historische Spekulation und Reflektion. Steht dieser ausgeprägt subjektive und individuelle Gestus nicht in einem Widerspruch zur öffentlichen Sammlung, dem Museum, das diese Freiheit sich möglicherweise nicht und nie hat nehmen können, weil es klassifizieren muss, historisch und geografisch, weil es einen Kanon formulieren und vorgeben muss?

Thomas W. Gaehtgens:

Wie so häufig kann man auch auf diese Frage nur mit Ja und Nein antworten. Die Leidenschaften der Sammler sind und waren in der Geschichte höchst unterschiedlich. Hierbei spielen soziale Herkunft, Bildung und natürlich auch Vermögen eine entscheidende Rolle. Viele fürstliche Sammlungen entstanden aus repräsentativen Gründen, nur wenige Prinzen waren Kenner. Von Balzacs *Le Cousin Pons ou les deux musiciens* (1847) wissen wir dagegen, dass Sammler geradezu manisch ihrer Leidenschaft verfallen können.

Und dann gibt es Sammler wie Oskar Reinhart, die ihr Sehen regelrecht trainiert und ihr Wissen stets erweitert haben. Ihr Kanon ist weniger die Vollständigkeit als die Qualität der Werke. Oskar Reinhart wie auch Bernhard Sprengel in Hannover oder Norton Winfred Simon in Kalifornien haben immer wieder ein Bild verkauft, um ein ihrer Ansicht nach qualitätsvolleres zu erwerben. Häufig sind die Kriterien dieser «Verbesserung» der Sammlung für Außenstehende nur schwer nachzuvollziehen. Es sind oft ganz persönliche Entscheidungen.

Was den Kanon betrifft, von dem Du sprichst, würde ich vorsichtig formulieren: einen, allerdings individuell gebildeten, Kanon hat der Privatsammler auch. Seine Grundlage ist jedoch anders als die des Museums. Das Museum sammelt, konserviert, ordnet und präsentiert nach den Vorstellungen unserer Disziplin der Kunstgeschichte, wie sie sich in den letzten Jahrhunderten entwickelt und gewandelt hat. Der Sammler bleibt von diesem Kanon nicht unberührt. Er geht ja schließlich auch ins Museum! Aber er orientiert sich zugleich nach seinen eigenen Vorstellungen, seinen Vorlieben, ja seinem Charakter. Er ist daher inspirierend für uns alle. Er kann gegen den Strom schwimmen, kann entdecken, kann uns die Augen öffnen. Große Sammlungen sind wie Kunstwerke. Die Sammlung Reinhart ist das schönste Beispiel für diesen Umstand.

Und noch einmal zum Kanon: Müssen wir uns nicht fragen, ob die öffentlichen Museen heute überhaupt noch diesen Kanon setzen? Bestimmen nicht längst – jedenfalls in der zeitgenössischen Kunst – die Privatsammler den Kanon? Seit 1900 sind im deutschsprachigen Raum cirka vierzig Privatmuseen entstanden. Viele von ihnen widmen sich der Kunst der Gegenwart. Ich vermute, dass der Ankaufsetat der Privatsammler in diesem Bereich bei Weitem den der öffentlichen Museen übersteigt. Die Sammler sind also nicht nur entscheidende Stifter, sondern auch immer stärker die Gründungsväter und Gestalter des Kanons der zeitgenössischen Kunst sowohl auf dem aktuellen Kunstmarkt als auch im Museum.

AB:

Zahlreiche Museen leben freilich vom Erwerb oder Zustiftungen privater Sammlungen, die zu einem bestimmten Zeitpunkt in ihrem Bestand aufgehen. Zumal für die Berliner Nationalgalerie hat eindrucksvoll nachgezeichnet werden können, wie etwa der frühe Ankauf der Sammlungen Giustiniani oder Edward Solly, wie die Schenkung der Privatsammlung von Johann Heinrich Wilhelm Wagener bis hin zu den Sammlungen von Erich Marx, Scharf-Gerstenberg oder Heinz Berggruen – von der Sammlung Ulla und Heiner Pietzsch wollen wir vorderhand erst einmal schweigen –, wie also privat angelegte Ensembles diese Galerie und ihre Dependancen nicht nur überhaupt erst eigentlich konstituiert und ihren bedeutenden Rang begründet haben, sondern auch, wie dabei persönlicher Geschmack, ganz partikulare Vorlieben und nicht zuletzt wohl auch pure Zufälligkeiten mit dem «verbürgten» Bestand in einen Dialog, vielleicht aber auch in einen Konflikt geraten.

Berühmt ist der 1939 erschienene Essay «Le Regard» des damaligen Kurators für asiatische Kunst am Louvre und späteren Direktors der Musées de France Georges Salles, der den Reichtum und Überfluss der öffentlichen Sammlungen als das «produit d'efforts particuliers» («das Resultat privater Mühen») charakterisiert hat. Die Kunstwerke erhielten nach Salles ihren eigentlichen Wert oder «Mehrwert» erst durch die zahlreichen Stationen, die sie durchliefen: «Sie sind auch Zeugen der Epoche, die sie wiedergefunden, des Gelehrten, der sie studiert, des Fürsten, der sie erworben hat, und schließlich der Kunstliebhaber, die sie immer wieder neu ordnen. Auf ein und demselben Gegenstand kreuzen sich die Strahlen unzähliger Blicke, naher und ferner, die ihm ihr Leben mitteilen. An dem Tag, da der Staat der einzige Sammler sein wird, würde dieses gebündelte Licht aufhören zu strahlen.»[1]

Darf man behaupten, dass das Phänomen «Privatsammlung», ob sie nun in einem Museum aufgeht oder als eigene Entität (im doppelten Sinn des Wortes) fortlebt, das Nachdenken über das öffentliche Sammeln von Kunst erst wirklich ergiebig macht? Und zwar in dem notwendig sich öffnenden «Konflikt» zwischen intimer Sphäre und öffentlichem Raum, eigenem Gusto und allgemeinem Geschmack, individuellen Bedürfnissen und gesellschaftlichen Interessen?

TWG:

Da bin ich mit Dir ganz einverstanden! Aber vielleicht kann man noch einen weiteren Gedanken anfügen. Ich bin mir unsicher, ob Sammler von vornherein für Museen sammeln. Sie sammeln für sich, selbst wenn sie, was ja bei den Formaten, die heute üblich sind, die Kunstwerke nicht bei sich zuhause aufbewahren können oder wollen. Das Museum löst ja im Grunde ihre Sammlung auf. Interessant ist doch, dass einige Sammler ihre Stiftung mit der Forderung verbinden, die Werke müssten zusammen ausgestellt werden, in einem nur ihnen gewidmeten Museumsflügel etwa. Manche verweigern sogar die Erlaubnis, dass Kunstwerke auch nur vorübergehend in Ausstellungen ausgeliehen werden. Dahinter steht doch wohl die Überzeugung, dass nicht nur das Einzelwerk zählt, sondern das Gesamtbild des Zusammengebrachten. Dieses Ganze zu interpretieren ist eine legitime kunsthistorische Aufgabe. Die Sammlung von Albert C. Barnes kann in ihrer Vielfalt, in ihrem einzigartigen Reichtum und auch in ihrer Kuriosität beschrieben und als eine individuelle, ich sage dies einmal etwas pathetisch, «Schöpfung» analysiert werden. Die Sammlung würde im Sinne von Georges Salles dann nicht mehr als «gebündeltes Licht [...] strahlen», wenn die einzelnen Teile in einen musealen Zusammenhang integriert würden.

Übrigens hat Salles dies verhältnismäßig noch ganz freundlich ausgedrückt; er bekennt sich natürlich grundsätzlich zur Institution des Museums. Paul Valéry war da durchaus sarkastischer als er Museen als Institutionen bezeichnete, «die etwas vom Tempel und Salon, von Friedhof und Schule haben [...] Ich glaube, daß weder Ägypten noch China, noch Griechenland, denen man Weisheit und Verfeinerung nachrühmt, dieses System des Nebeneinanderstellens von Kunstwerken gekannt haben, wo eins das andere verschlingt. Sie pflegten nicht, aufgrund abstrakter Prinzipien, unvereinbare Werke mit Katalognummern zu versehen.»[2]

Deine Frage kann auch noch zu einer weiteren Überlegung führen. Wie lange können eigentlich die öffentlichen Museen das Erbe der Privatsammler annehmen? Die Annahme einer Stiftung bedeutet ja häufig, dass für ein Museum ein Anbau erforderlich wird. Daraus ergeben sich sehr komplexe Probleme, vor allem finanzieller Art. Es kommt nur selten vor, dass Sammler in ihrem Testament bestimmen, die Sammlung solle für einen guten Zweck veräußert werden. Die Sammlung Gustav Rau, die in Teilen zugunsten von UNICEF versteigert wird, ist ein Beispiel hierfür. Selten allerdings werden Stiftungen an Museen mit dem Zusatz gemacht, dass verkauft werden könnte, was nicht in den musealen Kontext passt.

AB:

Es stellt meines Erachtens eine neue und dringliche Herausforderung für die Kunstgeschichte dar, sich mit Blick auf eine zunehmend «globalisierte» Kunstwelt zu fragen, wie sich in anderen Kulturen das Sammeln artikuliert hat, wie sich dort das Verhältnis von privatem zu öffentlichem Sammeln darstellt, vor allem historisch – Du hast Paul Valéry schon zitiert. Das dürfte Erhellendes beitragen auch zu den ganz grundsätzlichen Fragen nach dem Kunst- oder Kultcharakter von Werken und Dingen, nach Geschichtlichkeit und nicht zuletzt nach dem Problem des «Patrimoniums». Ich habe den Eindruck, dass sich zwischen der privaten und der öffentlichen Kunstsammlung die Definition von «nationalem Kulturgut» besonders fruchtbar problematisieren ließe.

TWG:

Da gibt es zweifellos große Herausforderungen! Im 19. Jahrhundert wurde die Frage nach der nationalen Identität im Rahmen eines neuen Bewusstseins der «Nationalstaaten» vehement diskutiert. In diesem Zusammenhang erhielten die Museen ihre Bestimmung als «Nationalmuseen». Wie Du schon erwähnt hast, die Berliner Nationalgalerie wurde auf der Grundlage eines Vermächtnisses von Konsul Wagener an den Kronprinzen gegründet. Im Giebel dieses Museums steht bis heute: «Der Deutschen Kunst», eine Bestimmung, die in schweren Kämpfen gegen Kaiser Wilhelm II. von wegweisenden Museumsdirektoren, insbesondere Hugo von Tschudi, zugunsten der Erwerbung moderner französischer Kunst überwunden wurde.

Heute stellen sich andere Fragen. Wir sind ja mit der ganzen Welt «connected». In unserer globalen Gegenwart werden die lokalen und nationalen Besonderheiten eingeebnet. Wenn Du auf die Biennale nach Venedig fährst, gehst Du von einem «nationalen» Pavillon zum nächsten. Die Kunst, die in ihnen zu sehen ist, ist völlig austauschbar. Übrigens stellen mittlerweile die Kuratoren der Länderpavillons Werke von Künstlern anderer Länder aus. Diese Entwicklung haben natürlich auch die Sammler mitvollzogen. Das führt zu dem kuriosen Resultat, dass man in Berlin und in Melbourne, in Tokio und São Paulo in den Museen Werke derselben Künstler besichtigen kann.

AB:

Wir befinden uns in den unvergleichlich schönen Räumen der Sammlung Oskar Reinhart «Am Römerholz». Auch wenn sich der ursprüngliche Kontext nicht mehr in Gänze erhalten hat – «Einrichtungen letzter Hand» sind ja nur ein Privileg der Literaturgeschichte –, so appelliert dieses Interieur, nicht anders als etwa jenes der Barnes Foundation (auch an ihrem neuen Standort in Philadelphia), das der Frick Collection in New York oder jenes des Musée Jacquemart-André in Paris, daran, Hängung und Disposition als ganz entscheidenden Gestus und kunsthistorische *episteme* ernst zu nehmen. Für die privaten Sammlungen gilt, dass man sich über diese «Ausstattungsfragen» stets besondere Gedanken gemacht und versucht hat, sie, vielleicht auch nur virtuell, zu rekonstruieren. Weil in der Platzierung der Werke, ihrer Abfolge und Konfrontation, nicht zuletzt in den oft ja auch wechselnden Arrangements, sich ein «Sprechen in Bildern» artikuliert, das vom kunsthistorischen «Diskurs» oft gar nicht eingeholt werden kann. Soweit ich sehe, ist eine solche Rekonstruktion von «Hängungen» für die öffentlichen Museen (das gilt übrigens auch für Ausstellungen) noch immer ein großes Desiderat; wenngleich jetzt vielerorts einiges zu passieren scheint. Geben uns da die Privatsammlungen für die öffentlichen möglicherweise eine zentrale Anregung?

TWG:

Jedes Arrangement von Kunstwerken in einem privaten Ambiente bietet eine Erzählung. Es ist nicht immer einfach, diesen narrativen Zusammenhang zu erklären. Bei großen und bedeutenden Sammlungen ist das aber eine entscheidende kunsthistorische Frage, mit der sich unser Fach erst in den letzten Jahren intensiver beschäftigt hat. Wir haben lange Zeit mit der Vorstellung gelebt, dass unsere Disziplin mit Vasari als Künstlergeschichte beginnt und in Winckelmann den Gründervater eines wissenschaftlichen historischen Faches gefunden hat. Das ist sicher nicht unrichtig. Es gibt daneben aber auch eine andere parallele Geschichte. Sammler haben die Kunstwerke, die sie erwerben konnten, geordnet. Wenn diese Sammlungen dann so umfangreich wurden wie die des Papstes oder des Deutschen Kaisers und der Kurfürsten, mussten sie nach Fachleuten suchen, die diese Aufgabe übernehmen konnten. Die Kennerschaft für eine solche Tätigkeit galt es aber erst noch zu erwerben. Dies alles geschah bereits vor Winckelmann, der seine Werke zu einem Zeitpunkt schrieb, als sich bestimmte Ordnungskriterien, wie etwa nationale Schulen, bereits durchgesetzt hatten.

Wenn wir uns in diesem Raum umsehen, können wir bestimmte Gesichtspunkte und Wahrnehmungen erkennen, die Oskar Reinhart bewegt haben. Der Raum hat ja etwas «museales» bereits von seiner Dimension her. Die Ordnung der Bilder – ob sie heute noch vollständig von Reinhart stammt, wollen wir einmal beiseite lassen – stellt historische und kunstgeschichtliche Zusammenhänge her. Reinhart war zweifellos ein Kenner, der nach seiner persönlichen Vorstellung von der Geschichte der Kunst und der Bedeutung bestimmter Künstler seine Sammlung ergänzte. Die Hängung von Gemälden, ob nun im 18. Jahrhundert oder heute, erlaubt Rückschlüsse auf die Motivation ihrer Erwerbung und sogar ihre Deutung durch den Sammler. Diese Zusammenhänge sind häufig von den Quellen her nur schwer zu rekonstruieren. Aber es gelingt doch in manchen Fällen und hat der Kunstgeschichte ein ganz neues Forschungsfeld eröffnet.

AB:

Wir sollten uns vielleicht doch noch etwas ketzerisch fragen, wie «privat» Privatsammlungen eigentlich sind? Ich meine das nicht so sehr in Hinblick auf Besitzverhältnisse oder Zugänglichkeit (auch darüber ließe sich gewiss anregend sprechen …). Ich meine es in Hinsicht auf deren individuellen Charakter. Es fällt ja doch auf, dass, zumal um 1900, viele Sammlungen nicht unerhebliche Schnittmengen aufweisen. Zeitgeschmack spielt da eine Rolle; Moden, Konkurrenz und nicht zuletzt die Rolle der Händler sind entscheidende Faktoren. Es erschiene mir dennoch besonders hilfreich, aus der vermeintlichen Uniformität das jeweils Unverwechselbare herauszufiltern. Sicherlich wird das oft etwas verborgen liegen. Aber gerade dort läge dann wohl der archimedische Punkt, als den ich mir die Privatsammlung *sui generis* gerne vorstelle.

TWG:

Auch hier ist die Bandbreite natürlich groß, zu unterschiedlich bieten sich Privatsammlungen dar. Grundsätzlich wird man aber doch sagen können, dass ihnen jeweils etwas Individuelles eigen ist. Ihre Zusammenstellung ist, wie Du sagst, von der Zeit bestimmt, in der sie entstand. Allerdings lernen wir aus der Geschichte auch, dass die Sammler oft Entdecker waren. Sie suchten den persönlichen Kontakt zum

Künstler, ja unterstützten ihn durch ihre Ankäufe. Diese Art des Sammelns kommt geradezu einem Bekenntnis zu einer künstlerischen Persönlichkeit und einem Kunstwerk gleich. Bei Theodor und Georg Reinhart kann man ja sehr schön unterschiedliche Sammlungsschwerpunkte beobachten. Oskar Reinhart folgte zunächst seinem Vater Theodor und sammelte zeitgenössische Kunst mit einem weiten Blick über die Schweiz hinaus, bevor er sich, angeregt durch Julius Meier-Graefe und Hugo von Tschudi, der französischen Malerei der Moderne vom Impressionismus bis zu diesem noch verpflichteten Positionen des Postimpressionismus widmete. Sein älterer Bruder Georg, der ihm ein wichtiges Vorbild war, ging über diese Grenze hinaus und setzte in erster Linie auf den Postimpressionismus. Das Museum «Am Römerholz» ist mir stets als ein Ort erschienen, in dem die Individualität des Sammlers und das Genie des Sammelns noch spürbar ist. Anders ausgedrückt, man kann gerade in diesem Galerietrakt das Haus als Museum von Meisterwerken besuchen. Und dennoch bewahrt es die Atmosphäre der Epoche, in der der Sammler mit seinen Kunstwerken gelebt hat.

* Das Gespräch war Teil des Symposiumsprogramms und wurde für diese Publikation von den Gesprächspartnern rekonstruiert.

1 «Ils sont aussi les témoins de l'époque qui les a retrouvés, du savant qui les a étudiés, du prince qui les a acquis, enfin des amateurs qui ne cessent de les reclasser. Sur le même objet s'entrecroisent les rayons venus d'innombrables regards, proches ou lointains, qui lui prêtent leur vie. Du jour où l'Etat serait devenu l'unique collectionneur, cet éclairage en faisceau cesserait sans doute de jouer.» Georges Salles, *Le Regard*, Paris (1939) 1992, S. 48. Deutsche Ausg.: ders., *Der Blick*, Berlin 2001, S. 54.

2 «Bientôt, je ne sais plus ce que je suis venu faire dans ces solitudes cirées, qui tiennent du temple et du salon, du cimetière et de l'école [...]
Je crois bien que l'Égypte, ni la Chine, ni la Grèce, qui furent sages et raffinées, n'ont connu ce système de juxtaposer des productions qui se dévorent l'une l'autre. Elles ne rangeaient pas des unités de plaisir incompatibles sous des numéros matricules, et selon des principes abstraits.» Paul Valéry, «Le Problème des musées» (1923), in: *Œuvres*, Bd. II: *Pièces sur l'art*, Paris 1960, S. 1290–1293, erstmals erschienen in: *Le Gaulois*, 4. April 1923. Deutsche Ausg.: ders., *Werke*, Bd. 6: *Zur Ästhetik und Philosophie der Künste*, hrsg. von Jürgen Schmidt-Radefeldt, Frankfurt a. M. und Leipzig 1995; darin: «Das Problem der Museen» (1923), S. 445–449, hier S. 446 und 447.

Bibliografie

Apollinaire 1960
Leroy Clinton Breunig (Hg.), *Guillaume Apollinaire. Chronique d'Art*, Paris 1960

Apollinaire 1989
Hajo Düchting (Hg.), *Apollinaire zur Kunst. Texte und Kritiken 1905–1918*, Köln 1989

Arnhold 1928
Ein Gedenkbuch. Eduard Arnhold, hrsg. von Johanna Arnhold, Berlin 1928

Aufseesser 1925
Julius Aufseesser, «Aus meinem Sammlerleben» (Teil I), in: *Kunst und Künstler* 23, 1925, S. 15–23

Ausst.-Kat. Atlanta 1999
Ann Dumas und Michael Edward Shapiro (Hg.), *Impressionism. Paintings Collected by European Museums*, Ausst.-Kat. High Museum of Art, Atlanta, New York 1999

Ausst.-Kat. Berlin 1995
Wilhelm von Bode. Museumsdirektor und Mäzen, Ausst.-Kat. Staatliche Museen zu Berlin, Berlin 1995

Ausst.-Kat. Berlin und München 1996
Johann Georg Prinz von Hohenzollern und Peter-Klaus Schuster (Hg.), *Manet bis van Gogh. Hugo von Tschudi und der Kampf um die Moderne*, Ausst.-Kat. Nationalgalerie, Staatliche Museen zu Berlin; Neue Pinakothek, München, München und New York 1996

Ausst.-Kat. Bern 1939/40
Sammlung Oskar Reinhart Winterthur, Ausst.-Kat. Kunstmuseum Bern 1939–1940

Ausst.-Kat. Budapest 2011
El Grecótól Rippl-Rónaiig. Nemes Marcell, a mecénás műgyűjtő, Ausst.-Kat. Szépművészeti Múzeum Budapest, 2011

Ausst.-Kat. Düsseldorf 2012
Beat Wismer und Michael Scholz-Hänsel (Hg.), *El Greco und die Moderne*, Ausst.-Kat. Museum Kunstpalast, Düsseldorf, Ostfildern 2012

Ausst.-Kat. Edinburgh 2008
Frances Fowle (Hg.), *Impressionism and Scotland*, Ausst.-Kat. National Galleries of Scotland, Edinburgh 2008

Ausst.-Kat. Hamburg 2001
Ulrich Luckhardt (Hg.), *Private Schätze. Über das Sammeln von Kunst in Hamburg bis 1933*, Ausst.-Kat. Hamburger Kunsthalle, Hamburg 2001

Ausst.-Kat. Hamburg, Dresden und Budapest 2005
Greco, Velázquez, Goya. Spanische Malerei aus deutschen Sammlungen, Ausst.-Kat. Bucerius Kunst Forum, Hamburg; Staatliche Kunstsammlungen Dresden, Gemäldegalerie; Szépművészeti Múzeum, Budapest, 2006, München 2005

Ausst.-Kat. Köln 2012
Barbara Schaefer (Hg.), *1912 Mission moderne*, Ausst.-Kat. Wallraf-Richart Museum, Köln 2012

Ausst.-Kat. München 1911
Katalog der aus der Sammlung des Kgl. Rates Marczell von Nemes Budapest in der Alten Pinakothek zu München ausgestellten Gemälde, Ausst.-Kat. Alte Pinakothek, München 1911

Ausst.-Kat. München 1993
La Joie de vivre. Die nie gesehenen Meisterwerke der Barnes Collection, Ausst.-Kat. Haus der Kunst, München 1993

Ausst.-Kat. Paris 2002
Geneviève Lacambre und Gary Tinterow (Hg.), *Manet, Velázquez. La Manière espagnole au XIXe siècle*, Ausst.-Kat. Musée d'Orsay, Paris 2002; engl. Ausg.: *Manet, Velázquez. The French Taste for Spanish Painting*, Metropolitan Museum of Art, New York 2003

Ausst.-Kat. Winterthur 1991
75 Jahre Kunstmuseum Winterthur. Das gloriose Jahrzehnt. Französische Kunst 1910–1920 aus Winterthurer Besitz, Ausst.-Kat. KunstmuseumWinterthur, Winterthur 1991

Ausst.-Kat. Winterthur 2001
Lukas Gloor und Peter Wegmann (Hg.), *Im Licht der Romandie. Oskar Reinhart als Sammler Westschweizer Kunst*, Ausst.-Kat. Museum Oskar Reinhart am Stadtgarten, Winterthur 2001

Ausst.-Kat. Winterthur 2009
Lukas Gloor (Hg.), *Im Dialog. Die zwei Sammlungen Oskar Reinhart* Winterthur, Ausst.-Kat. Museum Oskar Reinhart am Stadtgarten, Winterthur 2009

Bahr 2005
Hermann Bahr, *Studien zur Kritik der Moderne* (1894), hrsg. von Claus Pias, Weimar 2005

Bailey 2006
Colin B. Bailey, *Building the Frick Collection. An Introduction to the House and Its Collections*, New York 2006

Bailey 2008
Colin B. Bailey, «The Origins of the Barnes Collection, 1912–15», in: *The Burlington Magazine* 150, 2008, S. 534–543

Bailey et al. 2011
Colin B. Bailey et al., *The Frick Collection, New York*, New York 2011

Ballon 2009
Hilary Ballon, *Mr. Frick's Palace*, New York 2009

Baudelaire 1975/76
Charles Baudelaire. Œuvres complètes, hrsg. von Claude Pichois, Paris, Bd. I, 1975, Bd. II mit der Kunstkritik 1976

Baudelaire 1975–1992
Charles Baudelaire, *Sämtliche Werke/Briefe*, 8 Bde., hrsg. von Friedhelm Kemp, Claude Pichois in Zusammenarbeit mit Wolfgang Drost, München 1975–1992

Baudelaire 2006
Charles Baudelaire, *Salon de 1859. Texte de la Revue française*, hrsg. von Wolfgang Drost unter Mitarbeit von Ulrike Riechers, Paris 2006

Bechtel 1951
Edwin de T. Bechtel, «Forward. The Significance of Henry Clay Frick's Collection of Drawings and Prints», in: *The Frick Collection. An Illustrated Catalogue of the Works of Art in the Collection of Henry Clay Frick*, Bd. 4, Pittsburgh 1951

Biermann 1913/1
Georg Biermann, «Die Kunst auf dem internationalen Markt», in: *Der Cicerone* 1, 1913, S. 309–326

Biermann 1913/2
Georg Biermann, «Die Sammlung Marczell von Nemes», in: *Der Cicerone* 5, 1913, S. 359–384

Bode 1905
Wilhelm von Bode (Hg.), *Führer durch das Kaiser Friedrich-Museum*, Berlin 1905

Borst 1941
Hugo Borst, *Wie ich Sammler wurde. Erinnerungen und Bekenntnisse*, Stuttgart 1941

Cooper 1954
Douglas Cooper, *The Courtauld Collection. A Catalogue and Introduction*, London 1954

Cooper 1963
Douglas Cooper, *Great Private Collections*, London 1963

Courthion 1926
Pierre Courthion, »L'Art français dans les collections privées en Suisse«, in: *L'Amour de l'art* 7, 1926, S. 1–32, 37–68

Dolkart 2012
Judith F. Dolkart, «‹Seeing as the Artist Sees›. Albert C. Barnes and the Experiment of Education», in: *Masterworks. The Barnes Foundation*, Philadelphia und New York 2012

Donath 1918
Adolph Donath, *Psychologie des Kunstsammelns* (1911), Berlin 1918

Dorrmann 2002
Michael Dorrmann, *Eduard Arnhold (1849–1925). Eine biographische Studie zu Unternehmer- und Mäzenatentum im Deutschen Kaiserreich*, Berlin 2002

Echte/Feilchenfeldt 2011
Bernhard Echte und Walter Feilchenfeldt (Hg.), *«Das Beste aus aller Welt zeigen». Kunstsalon Bruno & Paul Cassirer. Die Ausstellungen 1898–1901*, Wädenswil 2011

Fechter 1910
Paul Fechter, «Die Sammlung Schmitz», in: *Kunst und Künstler* 8, 1910, S. 15–25

Fechter 1948
Paul Fechter, *Menschen und Zeiten. Begegnungen aus fünf Jahrhunderten*, Gütersloh 1948

Flint 1984
Kate Flint (Hg.), *Impressionists in England. The Critical Reception*, London 1984

Fowle 2010
Frances Fowle, *Van Gogh's Twin. The Scottish Art Dealer Alexander Reid (1854–1928)*, Edinburgh 2010

Friedländer 1919
Max J. Friedländer, *Der Kunstkenner*, Berlin 1919

Friedländer 1921
Max J. Friedländer, »Über das Kunstsammeln«, in: *Mitteilungen der Galerie Flechtheim*, Heft 2/3, Mai 1921, S. 65–69

Friedländer 1992
Max J. Friedländer, *Von Kunst und Kennerschaft* (1942, dt. 1946), Leipzig 1992

Gaehtgens 1992
Thomas W. Gaehtgens, *Die Berliner Museumsinsel im Deutschen Kaiserreich. Beiträge zur Kulturpolitik der Museen in der wilhelminischen Epoche*, Berlin 1992

Gaehtgens und Paul 1997
Thomas W. Gaehtgens und Barbara Paul (Hg.), *Wilhelm von Bode. Mein Leben*, 2 Bde., Berlin 1997

Galassi 2012
Susan G. Galassi, «Henry Clay Frick's Galerie Espagnole», in: Inge Reist und José Luis Colomer (Hg.), *Collecting Spanish Art. Spain's Golden Age and America's Gilded Age*, New York 2012, S. 125–147

Gautier 1994
Théophile Gautier. Critique d'Art. Extraits des Salons (1833–1872), hrsg. von Marie-Hélène Girard, Paris 1994

Gloor 1986
Lukas Gloor, *Von Böcklin zu Cézanne. Die Rezeption des französischen Impressionismus in der deutschen Schweiz*, Bern u. a. 1986

Gordon 1923
Jan Gordon, *Modern French Painters*, London 1923

Gurlitt 1899
Cornelius Gurlitt, *Die deutsche Kunst des 19. Jahrhunderts, ihre Ziele und Thaten*, 2 Bde., Berlin 1899

Hahnloser-Ingold 2011
Margrit Hahnloser-Ingold (Hg.), *Die Sammlung Arthur und Hedy Hahnloser, Winterthur. Mit den Augen der Künstler*, Bern und Lausanne 2011

Hanke 1910
Erich Hanke, «Die Sammlung Stern», in: *Kunst und Künstler* 8, 1910, S. 536–548

Haskell 1976
Francis Haskell, *Rediscoveries in Art. Some Aspects of Taste, Fashion, and Collecting in England and France*, Ithaca, NY 1976

Havemeyer 1993
Louisine Havemeyer, *Sixteen to Sixty. Memoirs of a Collector*, hrsg. von Susan Alyson Stein, New York 1993

Heilbut 1904
Emil Heilbut, «Die Sammlung Linde in München» [Teil 1], in : *Kunst und Künstler* 2, 1904, S. 6–20

Herrmann 1999
Frank Herrmann, *The English as Collectors. A Documentary Sourcebook*, London 1999

Hofer/Reinhart 1989
Karl Hofer – Theodor Reinhart. Maler und Mäzen. Ein Briefwechsel in Auswahl, hrsg. von Ursula und Günter Feist, Berlin 1989

House 1994
John House (Hg.), *Impressionism for England. Samuel Courtauld as Patron and Collector*, London 1994

Jaccard/Guex 2011
Paul-André Jaccard und Sebastien Guex (Hg.), *Le Marché de l'art en Suisse. Du XIXe Siècle a nos jours*, Zürich und Lausanne 2011

Joachimides 2001
Alexis Joachimides, *Die Museumsreformbewegung in Deutschland und die Entstehung des modernen Museums 1880–1940*, Dresden und Basel 2001

Jung 1998
Joseph Jung, *Das imaginäre Museum. Privates Kunstengagement und staatliche Kulturpolitik in der Schweiz. Die Gottfried Keller-Stiftung 1890–1922*, Zürich 1998

Justi 2000
Ludwig Justi, *Werden, Wirken, Wissen. Lebenserinnerungen aus fünf Jahrzehnten*, aus dem Nachlass hrsg. von Thomas W. Gaehtgens, Berlin 2000

Justi 2011
Ludwig Justi. Kunst und Öffentlichkeit, hrsg. von den Staatlichen Museen zu Berlin und der Richard-Schöne-Gesellschaft für Museumsgeschichte e. V., Berlin 2011

Kern 1989
Josef Kern, *Impressionismus im Wilhelminischen Deutschland. Studien zur Kunst- und Kulturgeschichte des Kaiserreichs*, Würzburg 1989

Kuhrau 2005
Sven Kuhrau, *Der Kunstsammler im Kaiserreich. Kunst und Repräsentation in der Berliner Privatsammlerkultur*, Kiel 2005

Lafontant Vallotton 2007
Chantal Lafontant Vallotton, *Entre le Musée et le marché. Heinrich Angst, collectionneur, marchand et premier directeur du Musée national suisse*, Bern u. a. 2007

Lichtwark 1894
Alfred Lichtwark, *Wege und Ziele des Dilettantismus*, München 1894

Lichtwark 1912
Alfred Lichtwark, «Der Sammler», in: *Kunst und Künstler* 10, 1912, S. 281–291

Lichtwark 1912
Alfred Lichtwark, «Vom Kunst-$sammeln», in: *Deutsche Kunst und Dekoration* 30, 1912, S. 16 f.

Lichtwark 1923
Alfred Lichtwark, *Reisebriefe, Briefe an die Kommission für die Verwaltung der Kunsthalle*, hrsg. von Gustav Pauli, 2. Bde., Braunschweig und Hamburg 1923

Ludewig 2012
Anna-Dorothea Ludewig (Hg.), *Aufbruch in die Moderne. Sammler, Mäzene und Kunsthändler in Berlin, 1880–1933*, Köln 2012

Mai/Paret 1993
Ekkehard Mai und Peter Paret (Hg.), *Sammler, Stifter und Museen. Kunstförderung in Deutschland im 19. und 20. Jahrhundert*, Köln 1993

Marks 1983
Richard Marks, *Burrell. Portrait of a Collector*, Glasgow 1983

Meier-Graefe 1904
Julius Meier-Graefe, *Entwicklungsgeschichte der modernen Kunst. Vergleichende Betrachtung der bildenden Künste, als Beitrag zu einer neuen Aesthetik*, 3 Bde., Stuttgart 1904

Meier-Graefe 1905
Julius Meier-Graefe, *Der Fall Böcklin und die Lehre von den Einheiten*, Stuttgart 1905

Meier-Graefe/Klossowski 1908
Julius Meier-Graefe und Erich Klossowski, *La Collection Cheramy. Catalogue raisonné, précédé d'études sur les maîtres principaux de la collection*, München 1908

Meier-Graefe 1913
Julius Meier-Graefe, «Der Sammler Nemes», in: *Die Zukunft*, 7. Juni 1913, S. 322–335

Meier-Graefe 1914/15
Julius Meier-Graefe, *Entwicklungsgeschichte der modernen Kunst*, 3 Bde., München 1914/15[2]

Meier-Graefe 1959
Julius Meier-Graefe, *Grundstoff der Bilder. Ausgewählte Schriften*, hrsg. von Carl Linfert, München 1959

Meier-Graefe 1987
Julius Meier-Graefe, *Entwicklungsgeschichte der modernen Kunst*, hrsg. von Hans Belting [Neuausg. d. 1924 erschienenen Fassung], 2 Bde., München 1987

Meier-Graefe 2001
Julius Meier-Graefe, *Kunst ist nicht für Kunstgeschichte da. Briefe und Dokumente*, hrsg. und kommentiert von Catherine Krahmer, Göttingen 2001

Meller 1930/31
Simon Meller, »Marczell von Nemes«, in: *Zeitschrift für bildende Kunst* 65, 1931/32, S. 24–30

Moore 1893
George Moore, *Modern Painting*, London 1893

Muther 1914
Richard Muther, *Aufsätze über bildende Kunst*, 3 Bde., Berlin 1914

Németh 2012
István Németh, «Von El Greco zu den französischen Impressionisten. Die Ausstellung von Marczell von Nemes in Budapest, München und Düsseldorf», in: *El Greco und die Moderne*, Ausst.-Kat. Museum Kunstpalast, hrsg. von Beat Wismer und Michael Scholz-Hänsel, Düsseldorf 2012, S. 386–393

Pächt 1977
Otto Pächt, *Methodisches zur kunsthistorischen Praxis. Ausgewählte Schriften*, hrsg. von Joerg Oberhaidacher, München 1977

Paret 1981
Peter Paret, *Die Berliner Secession. Moderne Kunst und ihre Feinde im Kaiserlichen Deutschland*, Berlin 1981

Paul 1988
Barbara Paul, «Drei Sammlungen französischer impressionistischer Kunst im kaiserlichen Berlin – Bernstein, Liebermann, Arnhold», in: *Zeitschrift des Deutschen Vereins für Kunstwissenschaft* NF 42, 3, 1988, 11–30

Paul 1993
Barbara Paul, *Hugo von Tschudi und die moderne französische Kunst im Deutschen Kaiserreich*, Mainz 1993

Pias 2007
Claus Pias (Hg.), *Secession. Essays* (1900), Weimar 2007

Piper 1947
Reinhard Piper, *Vormittag. Erinnerungen eines Verlegers*, München 1947

Pophanken/Billeter 2001
Andrea Pophanken und Felix Billeter (Hg.), *Die Moderne und ihre Sammler. Französische Kunst in deutschem Privatbesitz vom Kaiserreich zur Weimarer Republik*, Berlin 2001

Reinhard-Felice 2003
Mariantonia Reinhard-Felice, «Der Sammler als Vermittler ästhetischer Werte» in: *Sammlung Oskar Reinhart ‹Am Römerholz› Winterthur. Gesamtkatalog*, hrsg. von Mariantonia Reinhard-Felice, Basel 2003, S. 17–99

Röhl 2001
John C. G. Röhl, *Wilhelm II. Der Aufbau der persönlichen Monarchie. 1888–1900*, München 2001

Ryskamp 1996
Charles Ryskamp, «Collector and Collections», in: Charles Ryskamp und Joseph Focarino (Hg.), *Art in The Frick Collection. Paintings, Sculpture, Decorative Arts*, New York 1996, S. 15–33

Sanger 1998
Martha Frick Symington Sanger, *Henry Clay Frick. An Intimate Portrait*, New York 1998

Saltzman 2008
Cynthia Saltzman, *Old Masters, New World. America's Raid on Europe's Great Pictures*, New York 2008

Scheffler 1912
Karl Scheffler *Gesammelte Essays*, Leipzig 1912

Scheffler 1921
Karl Scheffler, «Die Sammlung Oskar Schmitz in Dresden», in: *Kunst und Künstler* 19, 1921, S. 178–190

Scheffler 1927
Karl Scheffler, «Die Sammlung Oskar Reinhart in Winterthur», in: *Kunst und Künstler* 25, 1927, S. 3–13

Scheffler 1930
Karl Scheffler, «Die Sammlung Alfred Cassirer», in: *Kunst und Künstler* 28, 1930, S. 450–460

Scheffler 1932
Karl Scheffler, *Der neue Mensch*, Leipzig 1932

Schiefler 1974
Gustav Schiefler, *Meine Graphiksammlung*, Hamburg 1974

Schiefler 1999
Gustav Schiefler. Der schriftliche Nachlaß, Hamburg 1999

Schlenker 2007
Sabine Schlenker, *‹Mit dem Talent der Augen›. Der Kunstkritiker Emil Heilbut (1861–1921). Ein Streiter für die moderne Kunst im Deutschen Kaiserreich*, Weimar 2007

Schwarz 1998
Dieter Schwarz (Hg.), *Die Sammlung Georg Reinhart*, Winterthur 1998

Schweizerisches Institut für Kunstwissenschaft 1998
Die Kunst zu sammeln. Schweizer Kunstsammlungen seit 1848. L'Art de collectionner. Collections suisses depuis 1848. L'arte di collezionare. Collezioni svizzere d'arte dal 1848, hrsg. vom Schweizerischen Institut für Kunstwissenschaft, Zürich 1998

Schweizerisches Institut für Kunstwissenschaft 2006
Das Kunstschaffen in der Schweiz 1848–2006, hrsg. vom Schweizerischen Institut für Kunstwissenschaft, Bern und Zürich 2006

Stockhausen 2001
Tilman von Stockhausen, *Gemäldegalerie Berlin. Die Geschichte ihrer Erwerbungspolitik 1830–1904*, Berlin 2001

Sturzenegger 1999
Tommy Sturzenegger, *Der grosse Streit. Wie das Landesmuseum nach Zürich kam*, Zürich 1999

Swarzenski 1917
Georg Swarzenski, «Die Sammlung Hugo Nathan in Frankfurt», in: *Kunst und Künstler* 15, 1917, S. 105–120

Tschudi 1909
Hugo von Tschudi, «Die Sammlung Arnhold» [Teil 1], in: *Kunst und Künstler* 7, 1909, S. 3–24

Tschudi 1912
Hugo von Tschudi, *Gesammelte Schriften zur neueren Kunst*, hrsg. von Ernst Schwedeler-Meyer, München 1912

Uhde 1938
Wilhelm Uhde, *Von Bismarck bis Picasso. Erinnerungen und Bekenntnisse*, Zürich 1938

Uhde-Bernays 1947
Hermann Uhde-Bernays, *Im Lichte der Freiheit. Erinnerungen aus den Jahren 1880 bis 1914*, Wiesbaden 1947

Ursprung 1996
Philip Ursprung, *Kritik und Sezession. ‹Das Atelier›. Kunstkritik in Berlin zwischen 1890 und 1897*, Basel 1996

Volkart-Baumann 2008
Silvia Volkart-Baumann, *Richard Kisling (1862–1917). Sammler, Mäzen und Kunstvermittler*, hrsg. von Jiří Dvořak und Babette Dvořak Kisling, Zürich 2008

Waldmann 1910
Emil Waldmann, «Moderne Bildersammler», in: *Die neue Rundschau* 21, 1910, S. 1714–1730

Waldmann 1913
Emil Waldmann, «Die Sammlung Reber», in: *Kunst und Künstler* 11, 1913, S. 441–451

Waldmann 1920
Emil Waldmann, *Sammler und ihresgleichen*, Berlin 1920

Wattenmaker/Distel 1993
Richard J. Wattenmaker und Anne Distel (Hg.), *Great French Paintings from The Barnes Foundation. Impressionist, Post-Impressionist and Early Modern*, New York 1993

Weisbach 1910/11
Werner Weisbach, *Impressionismus. Ein Problem der Malerei in der Antike und Neuzeit*, 2 Bde., Berlin 1910 und 1911

Weitzenhoffer 1986
Frances Weitzenhoffer, *The Havemeyers. Impressionism comes to America*, New York 1986

Wimmer et al. 2009
Dorothee Wimmer, Christina Feilchenfeldt und Stephanie Tasch (Hg.), *Kunstsammlerinnen. Peggy Guggenheim bis Ingvild Goetz*, Berlin 2009

Woesthoff 1996
Indina Woesthoff, *‹Der glückliche Mensch›. Gustav Schiefler (1857–1935). Sammler, Dilettant und Kunstfreund*, Hamburg 1996

Autorenbiografien

Andreas Beyer

Professor für Kunstgeschichte der Neuzeit, Universität Basel

Andreas Beyer studierte Kunstgeschichte, Klassische Archäologie, Romanistik und Theaterwissenschaften in München, Florenz und Frankfurt. 1993/94 war er Fellow am Center for Advanced Studies in the Visual Arts, National Gallery of Art, Washington, von 1994 bis 1997 Professor für Neuere Kunstgeschichte an der Friedrich-Schiller-Universität Jena. Von 1997 bis 2003 war er Inhaber des Lehrstuhls für Kunstgeschichte an der Rheinisch-Westfälischen Technischen Hochschule Aachen (RWTH), 1997 Fellow am Clark-Art-Institute Williamstown, Mass., und 1998 Scholar am Research Institute for the Arts and the Humanities des Getty Center in Los Angeles. Im Jahr 2000 hielt er eine Clark-Visiting-Professur beim Graduiertenprogramm des Williams College in Williamstown. Von 1999 bis 2002 war er Vizerektor der RWTH Aachen und begleitet seit 2003 das Amt des Ordinarius für Kunstgeschichte der Neuzeit an der Universität Basel. 2009 bis 2014 war er Direktor des Deutschen Forums für Kunstgeschichte, Paris, und von 2005 bis 2013 Projektleiter (Modul 2) bei EIKONES, Nationaler Forschungsschwerpunkt des Schweizerischen Nationalfonds/Universität Basel. Er ist Präsident der Wissenschaftlichen Kommission des Schweizerischen Instituts für Kunstwissenschaft sowie Mitherausgeber der *Zeitschrift für Kunstgeschichte*.

Publikationen (Auswahl): *Das Porträt in der Malerei*, München 2002; mit Matteo Burioni und Johannes Grave, *Das Auge der Architektur. Zur Frage der Bildlichkeit in der Baukunst*, Paderborn 2011; *Die Kunst des Klassizismus und der Romantik* (2011); mit Ernst Osterkamp (Hg.), *Goethe-Handbuch Supplemente*, Bd. 3: *Kunst* (2011); mit Danièle Cohn (Hg.), *Die Kunst denken. Zu Ästhetik und Kunstgeschichte* (2012).

Anne Distel

Honorarhauptkonservatorin des Kulturerbes der Nationalmuseen Frankreichs

Anne Distel war bis 2008 Conservateur général du patrimoine honoraire an den Musées nationaux de France. Sie begann ihre Laufbahn 1969 am Musée du Jeu de Paume in Paris und war bis 2003 leitende Konservatorin am Musée d'Orsay.

Spezialisiert auf die Malerei des Impressionismus war sie an zahlreichen internationalen Ausstellungen und Ausstellungspublikationen beteiligt, u. a. «Centenaire de l'Impressionnisme» (1974) im Grand Palais, Paris, sowie «Impressionism. A Centenary Exhibition» (1974/75) im Metropolitan Museum of Art, New York; «Pissarro» (1980) und «Renoir» (1985), beide in Zusammenarbeit mit dem Arts Council of Great Britain in London und dem Museum of Fine Arts in Boston; «Seurat» (1991) im Metropolitan Museum of Art, New York; «From Cézanne to Matisse. Great Paintings from the Barnes Foundation» (1993–95) in Washington u. a.; «Gustave Caillebotte» (1994) in Zusammenarbeit mit dem Art Institute of Chicago; «Un ami de Cézanne et Van Gogh. Le docteur Gachet» (1999) und «Paul Signac» (2001), beide im Metropolitan Museum of Art, New York.

Anne Distel veröffentlichte zahlreiche Beiträge zu Sammlern impressionistischer Kunstsowie den Band *Les collectionneurs des impressionistes. Amateurs et marchands* (1989). Ihre jüngste Publikation, eine Monografie über Renoir, erschien 2009.

Judith F. Dolkart

Direktorin der Addison Gallery of American Art, Andover, Massachusetts

Als stellvertretende Direktorin und Gund Family Chief Curator war sie bis 2014 verantwortlich für die Pflege und die Vermittlung der Kunst- und Archivsammlungen der Barnes Foundation. Sie leitete die Abteilungen für Ausstellungswesen, Restaurierungen, Veröffentlichungen, Bildrechte und Administration sowie die Kunstbibliothek und die Archive. Judith F. Dolkart begleitete organisatorisch den Sammlungsumzug nach Philadelphia und war verantwortlich für das Ausstellungsprogramm der Stiftung. Zuvor arbeitete sie neun Jahre als Kuratorin am Brooklyn Museum in New York. Dort führte sie 2003 und 2008 die beiden bedeutenden Neuhängungen der europäischen Gemäldesammlung durch. Für das Brooklyn Museum konzipierte sie u. a. die Ausstellungen «Michelangelo of the Menagerie. Bronzes by Antoine-Louis Barye» (2005) und «James Tissot. The Life of Christ» (2009). 2009 kuratierte sie die Ausstellung «Gustave Caillebotte. Impressionist Paintings from Paris to the Sea».

Judith F. Dolkart unterrichtete am Hunter College mit den Epochenschwerpunkten Realismus, Impressionismus und Postimpressionismus und ist Vorstandsmitglied der Association of Art Museum Curators. Ihre jüngste Publikation titelt *The Barnes Foundation. Masterworks* (2012).

Michael Dorrmann

Historiker und Ausstellungskurator, Berlin

Michael Dorrmann studierte Neuere und Neueste Geschichte in München und Berlin. Von 1996 bis 1999 war er als wissenschaftlicher Mitarbeiter am Institut für Geschichtswissenschaften der Humboldt Universität Berlin tätig. 2001 promovierte er mit einer Arbeit über den Unternehmer, Kunstsammler und Mäzen Eduard Arnhold (1849–1925).

Bereits seit 1990 war Michael Dorrmann an verschiedenen Ausstellungsprojekten des Deutschen Historischen Museums Berlin beteiligt und begleitete 1995/96 als wissenschaftlicher Mitarbeiter die Präsentation «Das große Sterben» am Deutschen Hygiene-Museum Dresden. Seit 1997 zeichnet er als Kurator für zahlreiche kulturhistorische Ausstellungsprojekte verantwortlich, zuletzt 2007 für «Schlaf und Traum» im Deutschen Hygiene-Museum Dresden sowie 2008/09 für «Raub und Restitution. Kulturgut aus jüdischem Besitz von 1933 bis heute» im Jüdischen Museum Berlin. Seit Mai 2010 ist er als Ausstellungskurator für die Stiftung Flucht, Vertreibung, Versöhnung tätig.

Publikationen (Auswahl): mit Hans Wilderotter (Hg.), *Wege nach Weimar. Auf der Suche nach der Einheit von Kunst und Politik* (1999); *Eduard Arnhold (1849–1925). Eine biographische Studie zu Unternehmer- und Mäzenatentum im Deutschen Kaiserreich* (2002); mit Helmuth F. Braun (Hg.), *«Dem Deutschen Volke». Die Geschichte der Berliner Bronzegießer Loevy* (2003); mit Inka Bertz (Hg.), *Raub und Restitution. Kulturgut aus jüdischem Besitz von 1933 bis heute* (2008).

Wolfgang Drost

Professor emeritus für Romanistik, Universität Siegen

Wolfgang Drost studierte in Tübingen und Paris und war von 1960 bis 1966 Lektor an der Universität Florenz. 1969 wurde er zum Ordinarius für Romanistik an die Universität Stuttgart berufen und folgte 1973 einem Ruf an die Universität Siegen, wo er 1995 emeritierte.

Publikationen (Auswahl): *Strukturen des Manierismus in Literatur und bildender Kunst. Eine Studie zu den Trauerspielen Vicenzo Giustis (1532–1619)* (1977); als Hg., *Fortschrittsglaube und Dekadenzbewußtsein im Europa des 19. Jahrhunderts* (1986); *Jean de La Fontaine dans l'univers des arts* (1991); *Recherchen eines Dilettanten zur Kunst und Literatur vom Manierismus bis zum fin de siècle* (2005); als Hg., *Charles Baudelaire. Salon de 1859* (2006); als Hg., *Gautier. Über das Schöne in der Kunst* (2011). Zahlreiche weitere Artikel schrieb er über D'Aubigné, Carlo de' Dottori, Meryon, Töpffer, Flaubert, über das Bildgedicht und Buchillustration, Kunstkritik von Musset, Gautier, Baudelaire, Stendhal, Heine, Proust und Rilke.

Frances Fowle

Oberkustodin für Französische Kunst, National Gallery of Scotland, Dozentin für Französische und Britische Kunst des 19. Jahrhunderts, The University of Edinburgh

Frances Fowles Fachgebiet an der Scottish National Gallery und der University of Edinburgh ist die französische Kunst des 19. Jahrhunderts, das Sammlungswesen und der Kunstmarkt. Sie veröffentlichte das Buch *Van Gogh's Twin. The Scottish Art*

Dealer Alexander Reid (2010) und kuratierte 2008 die Ausstellung «Impressionism and Scotland» in der National Gallery of Scotland.

Als Kuratorin war sie beteiligt an der Ausstellung «Van Gogh and Britain. Pioneer Collectors», die 2006 in der National Gallery of Scotland, Edinburgh, stattfand und schrieb Katalogbeiträge zu den Ausstellungen «Gauguin's Vision», 2005 in der Royal Scottish Academy, Edinburgh; «Alfred Sisley», 2002 in Ferrara, Madrid und Lyon; sowie «Degas and America. The Early Collectors», 2001 im High Museum, Atlanta. Weitere Publikationen: *Monet and French Landscape. Vétheuil and Normandy* (2006) und, gemeinsam mit Richard Thomson, *Soil and Stone. Impressionism, Urbanism, Environment* (2003).

Sie zeichnet mitverantwortlich für die Ausstellung «Van Gogh to Kandinsky. Symbolist Landscape in Europe 1880–1910» (2012/13) mit Stationen in Amsterdam, Edinburgh und Helsinki sowie für die Ausstellung «American Impressionism» (2014) in Zusammenarbeit mit dem Musée des impressionnismes, Giverny, und dem Museo Thyssen-Bornemisza, Madrid.

Thomas W. Gaehtgens

Direktor des Getty Research Institute, Los Angeles

Thomas W. Gaehtgens wurde 1966 am Kunsthistorischen Institut der Universität Bonn promoviert und habilitierte 1972 an der Universität Göttingen. 1979 war er Gastprofessor am Institute for Advanced Studies in Princeton, von 1980 bis 2006 hatte er eine Professur am Kunsthistorischen Institut der Freien Universität in Berlin inne. In den Jahren 1985/86 war er Getty Scholar am J. Paul Getty Center for the History of Art and the Humanities, Santa Monica. 1992 organisierte er den 26. Internationalen Kongress für Kunstgeschichte in Berlin und war von 1992 bis 1996 Präsident des Comité international d'histoire de l'art (CIHA). Professor Gaehtgens lehrte 1995 am Collège de France und hatte dort 1998/99 den Chaire européenne inne. Er war Direktor des Deutschen Forums für Kunstgeschichte/Centre allemand d'histoire de l'art in Paris, das er 1997 gründete.

Im Jahr 2004 erhielt er die Ehrendoktorwürde des Courtauld Institute of Art, London, und 2011 die Ehrendoktorwürde der Universität Paris-Sorbonne. Seit 2007 ist er Direktor des Getty Research Institute in Los Angeles. 2009 erhielt er den Grand Prix de l'Académie Française pour la Francophonie und wurde 2011 in die American Academy of Arts and Sciences gewählt. Zu seinen Forschungsgebieten gehören die französische und deutsche Kunst des 18. bis 20. Jahrhunderts sowie die Geschichte des Museums.

Publikationen (Auswahl): *Zum frühen und reifen Werk des Germain Pilon* (1966); *Versailles als Nationaldenkmal* (1984); mit Jacques Lugand, *Joseph-Marie Vien, peintre du roi (1716–1809)* (1988); *Anton von Werner. Die Proklamierung des Deutschen Kaiserreiches. Ein Historienbild im Wandel preußischer Politik* (1990); *Die Berliner Museumsinsel im Deutschen Kaiserreich. Zur Kulturpolitik der Museen in der wilhelminischen Epoche* (1992); mit Barbara Paul, *Mein Leben. Wilhelm von Bode* (1997); mit Krzysztof Pomian, *Le XVIIIe siècle. Histoire Artistique de l'Europe* (1998); *L'Art sans frontières. Les Relations artistiques entre Paris et Berlin* (1999); *Ludwig Justi. Werden, Wirken, Wissen. Lebenserinnerungen aus fünf Jahrzehnten*, 2 Bde. (2000); mit Mathilde Arnoux und Friederike Kitschen, *Perspectives croisées. La Critique d'art franco-allemande, 1870–1945* (2009); mit Gregor Wedekind, *Le Culte des grands hommes* (2009); mit Louis Marchesano, *Display of Art. The Düsseldorf Gallery and Its Catalogue; L'Art, l'historie, l'histoire de l'art* (2011). Außerdem veröffentlichte Thomas W. Gaehtgens zahlreiche Beiträge zur französischen und deutschen Kunst des 18., 19. und 20. Jahrhunderts.

Susan Grace Galassi

Oberkustodin, The Frick Collection, New York

Susan Grace Galassi promovierte 1991 am Institute of Fine Arts, New York University, und begann im selben Jahr ihre Laufbahn bei der Frick Collection, ab 2000 in der Position einer Kuratorin. Neben zahlreichen Ausstellungen mit jeweils mehreren Stationen, die sie für die Frick Collection koordinierte, war sie auch für viele weitere Ausstellungen verantwortlich tätig. 2003 organisierte sie mit Margaret MacDonald und Aileen Ribeiro die Ausstellung «Whistler, Women, and Fashion». In Zusammenarbeit mit Jonathan Brown konzipierte sie 2001 die Schau «El Greco. Themes and Variations» und im Jahr 2006 «Goya's Last Works». Im Herbst 2011 kuratierte sie zusammen mit Marilyn McCully «Picasso's Drawings 1890–1921. Reinventing Tradition» und war Koautorin des begleitenden Ausstellungskatalogs. Gemeinsam mit Colin B. Bailey und Jay A. Clarke kuratierte und organisierte sie 2013 die Ausstellung «The Impressionist Line from Degas to Toulouse-Lautrec».

Mit Forschungsschwerpunkt auf die Kunst des 19. und 20. Jahrhunderts veröffentlichte sie zahlreiche Beiträge zu Pablo Picasso und schrieb das Buch *Picasso's Variations on the Masters. Confrontations with the Past* (1996). Außerdem publizierte sie Essays in den Katalogen zu den Picasso-Ausstellungen 2009 in der National Gallery, London, 2008 im Louvre und im Musée Picasso, beide Paris, sowie im gleichen Jahr im Museu Picasso in Barcelona. Sie schrieb in zahlreichen Publikationen zum Bestand der Frick Collection. Susan Grace Galassi verfügt außerdem über eine reiche Lehrerfahrung und war in den Jahren 2004 bis 2009 Direktorin des Vorstands der College Art Association.

Lukas Gloor

Direktor der Sammlung Stiftung
E. G. Bührle, Zürich

Lukas Gloor studierte an der Universität Basel und wurde 1986 an der Universität Bern zum Thema «Von Böcklin zu Cézanne. Die Rezeption des französischen Impressionismus in der deutschen Schweiz» promoviert. Er war als Assistent am Kupferstichkabinett der Öffentlichen Kunstsammlung Basel, als Assistent des Direktors am Schweizerischen Institut für Kunstwissenschaft in Zürich sowie als Kulturattaché am Schweizerischen Generalkonsulat in New York tätig. Seit 2002 leitet er die Stiftung Sammlung E. G. Bührle, Zürich.

Ausstellungen und Publikationen (Auswahl): «Arnold Böcklin», 1977 im Kunstmuseum Basel; *Geschichte des Basler Kunstvereins und der Kunsthalle Basel 1839–1989* (1989); «Ferdinand Hodler. Sammlung Thomas Schmidheiny», 1998 an der Universität St. Gallen; «Von München nach Paris» (Sammlung Brown), 1998 im Museum Langmatt, Baden (mit Katalog); «Im Licht der Romandie. 50 Jahre Museum Oskar Reinhart am Stadtgarten», 2001 in Winterthur (mit Katalog); «Van Gogh echt falsch», 2005 in der Stiftung Sammlung E. G. Bührle, Zürich; «Im Dialog. Die zwei Sammlungen Oskar Reinhart», 2009 im Museum Oskar Reinhart am Stadtgarten, Winterthur (mit Katalog); «Van Gogh, Cézanne, Monet. Die Sammlung Bührle zu Gast im Kunsthaus Zürich», 2010. Ferner publizierte er Beiträge in Ausstellungs- und Sammlungskatalogen für Museen in Baden, Basel, Bern, Budapest, Chur, Genf, Köln, Tübingen, Winterthur, Zürich. Lukas Gloor hielt Vorlesungen an den Universitäten Zürich (2001) und Lausanne (2011).

Robert Jensen

Direktor der Hochschule für Kunst
und Bildwissenschaften,
University of Kentucky, Lexington

Robert Jensen promovierte an der University of California, Berkeley, und lehrt seit 1995 an der University of Kentucky, heute in der Position eines Associate Professor of Art History an der School of Art & Visual Studies. Er ist Autor der Publikation *Marketing Modernism in Fin-de-Siècle Europe* (1994) sowie anderer Studien zur Wechselbeziehung von Künstlern und Kunstmarkt ab dem 15. Jahrhundert bis zur Gegenwart. Sein Vortrag «Classic French Modern» basiert auf zwei seiner jüngsten Forschungsarbeiten: Die erste zum frühen Handel mit Werken Paul Cézannes, in Teilen publiziert in seinem Essay «Cézanne and Vollard. An Anatomy of a Relationship» im Ausstellungskatalog *Cézanne to Picasso. Ambroise Vollard, Patron of the Avant-Garde*, Metropolitan Museum of Art, New York, Art Institute of Chicago und Musée d'Orsay, Paris, 2006/07. Seine zweite Untersuchung widmet sich der School of Paris, deren Ergebnisse in der geplanten Publikation *The Geography of Innovation and Other Essays* in seinem Essay «Why the School of Paris Is Not French» erscheinen werden.

Alexis Joachimides

Professor für Neuere Kunstgeschichte,
Kunsthochschule der Universität Kassel

Studium der Kunstgeschichte und Klassischen Archäologie an der Freien Universität Berlin und am Courtauld Institute of Art London. Von 1994 bis 1996 ist er wissenschaftlicher Mitarbeiter an der Freien Universität Berlin und wird 1996 zum Thema «Die Museumsreformbewegung in Deutschland und die Entstehung des modernen Museums 1880–1940» promoviert. An der Ludwig-Maximilians-Universität München ist er von 2000 bis 2007 als wissenschaftlicher Assistent, von 2007 bis 2011 als akademischer Oberrat und Privatdozent tätig. Seine Habilitation «Verwandlungskünstler. Der Beginn künstlerischer Selbststilisierung in den Metropolen Paris und London im 18. Jahrhundert» legt er 2006 vor. Seit 2011 ist Alexis Joachimides Professor für Neuere Kunstgeschichte an der Kunsthochschule der Universität Kassel.

Publikationen (Auswahl): «The Museum's Discourse on Art. The Formation of Curatorial Art History in Turn of the Century Berlin», in: Susan A. Crane (Hg.), *Museums and Memory* (2000); *Die Museumsreformbewegung in Deutschland und die Entstehung des Modernen Museums 1880–1940* (2001); «Museumspraxis und historische Selbstreflexion. Justis Umgestaltung der Berliner Nationalgalerie vor dem Ersten Weltkrieg», in: Kristina Kratz-Kessemeier, Tanja Moormann (Hg.), *Ludwig Justi – Kunst und Öffentlichkeit. Beiträge des Symposiums aus Anlaß des 50. Todestages von Ludwig Justi (1876–1957)*, Beiheft zum Jahrbuch der Berliner Museen N. F. 52, 2010 (2011).

Sven Kuhrau

Gastprofessor für Architekturgeschichte
und Architekturtheorie, Institut
für Geschichte und Theorie der Gestaltung,
Universität der Künste Berlin

Sven Kuhrau studierte Kunstgeschichte, Geschichte und Archäologie in Tübingen, London und Berlin. Er wurde zum Thema «Der Kunstsammler im Kaiserreich. Kunst und Repräsentation in der Berliner Privatsammlerkultur» promoviert. Nach einem Museumsvolontariat arbeitete er als Ausstellungskurator und wissenschaftlicher Assistent für das Haus der Brandenburg-

Preußischen Geschichte Potsdam, für die Stiftung Stadtmuseum Berlin, die Stiftung Brandenburger Tor – Max-Liebermann-Haus, für das Deutsche Historische Museum und die Staatlichen Museen zu Berlin – Lipperheidesche Kostümbibliothek. Seit 2004/05 ist er Gastprofessor für Architekturgeschichte und -theorie an der Universität der Künste Berlin.

Publikationen (Auswahl): mit Alexis Joachimides, Viola Vahrson und Nikolaus Bernau (Hg.), *Museumsinszenierungen. Zur Geschichte der Institution des Kunstmuseums. Die Berliner Museumslandschaft 1830–1990* (1995); mit Claudia Rückert (Hg.), *«Der Deutschen Kunst …». Nationalgalerie und nationale Identität 1876–1998* (1998); «Der Kunstsammler als Mäzen. Sammeln und Stiften als Praxis der ‹kulturellen Elite› im wilhelminischen Berlin», in: Thomas W. Gaehtgens und Martin Schieder (Hg.), *Mäzenatisches Handeln. Studien zur Kultur des Bürgersinns in der Gesellschaft* (1998); *Der Kunstsammler im Kaiserreich. Kunst und Repräsentation in der Berliner Privatsammlerkultur* (2005); mit Ulrike Wolff-Thomsen (Hg.), *Geschmacksgeschichte(n). Öffentliches und privates Kunstsammeln in Deutschland 1871–1933* (2011).

Stephanie Marchal

Postdoc-Stipendiatin an der Leuphana Universität Lüneburg

Von 1999 bis 2005 studierte Stephanie Marchal Kunstgeschichte und Romanistik an den Universitäten in Heidelberg, Siena und Neapel. 2005/06 war sie wissenschaftliche Assistentin an der Schirn Kunsthalle Frankfurt und von 2006 bis 2008 Mitarbeiterin an der Graduiertenakademie der Universität Heidelberg. Von 2006 bis 2011 lehrte sie am Institut für Europäische Kunstgeschichte Heidelberg sowie an der Pädagogischen Hochschule Heidelberg. 2008 bis 2011 war sie als Koordinatorin des Interdisziplinären Doktorandinnen-Kolloquiums (IDK) der Universität Heidelberg tätig. Sie wurde 2010 an der Universität Heidelberg zum Thema «Gustave Courbet in seinen Selbstdarstellungen» promoviert. Ab 2011 arbeitete sie als wissenschaftliche Assistentin am Deutschen Forum für Kunstgeschichte in Paris und erhält ab Oktober 2012 ein Postdoc-Stipendium an der Leuphana Universität Lüneburg. Seit Januar 2013 ist Stephanie Marchal Gerda-Henkel-Stipendiatin und forscht zu Julius Meier-Graefe und die «neue» Kunstkritik.

Publikationen (Auswahl): *Die Selbstdarstellung Gustave Courbets* (2012); *Der stürzende Ikarus in der Skulptur von Rodin bis Heute* (2008).

István Németh

Konservator Abteilung Alte Meister, Museum der Bildenden Künste, Budapest

István Németh studierte Geschichte, Kunstgeschichte und Niederlandistik in Budapest und wurde dort über die holländische Genremalerei des 17. Jahrhunderts promoviert. Seit 1989 ist er Kurator der Abteilung Alte Meister im Szépművészeti Múzeum, Budapest, und lehrt seit 1999 als Dozent an der Károli Gáspár Protestante Universität Budapest. Er veröffentlichte zahlreiche Schriften zur Kunst des 17. Jahrhundert, u. a. zu Joost Cornelisz. Droochsloot, Jacob Duck, Jacob Jordaens, Nicolaes Maes und Jan Steen sowie zur Sammeltätigkeit von Marczell von Nemes.

Mariantonia Reinhard-Felice

Leiterin der Sammlung Oskar Reinhart «Am Römerholz», Winterthur

Mariantonia Reinhard-Felice studierte Kunstgeschichte und Romanistik an der Universität Basel. Als Assistentin des Ordinarius für ältere Kunstgeschichte wurde sie 1987 an der Universität Basel promoviert. Zwischen 1987 und 1990 war Mariantonia Reinhard-Felice als wissenschaftliche Assistentin an der Sammlung Thyssen-Bornemisza in Lugano und von 1991 bis 1996 in gleicher Position am Kupferstichkabinett der Öffentlichen Kunstsammlung Basel tätig. Seit 1996 leitet sie die Sammlung Oskar Reinhart «Am Römerholz» in Winterthur.

Publikationen (Auswahl): Als Hg. und Koautorin, *Sammlung Oskar Reinhart «Am Römerholz». Gesamtkatalog*, (2003); als Hg. und Koautorin, *Manet trifft Manet. Geteilt, wiedervereint* (2005); als Hg. und Koautorin, *Venite adoremus. Geertgen tot Sint Jans und die Anbetung der Könige* (2007); als Hg. und Koautorin, *Eugène Delacroix. Spiegelungen. Tasso im Irrenhaus* (2008); als Hg. und Koautorin, *100 Meisterwerke aus der Sammlung Oskar Reinhart «Am Römerholz», Winterthur. Kurzkatalog* (2008); als Hg. und Koautorin, *Corot. L'Armoire secrète. Eine Lesende im Kontext* (2011).

Fotonachweis

- Archives Durand-Ruel, Paris: Reinhard-Felice Abb. 4
- Barilla Collection of Modern Art, Parma: Dorrmann Abb. 5
- The Barnes Foundation, Philadelphia and Merion, © Succession H. Matisse / 2014, ProLitteris, Zürich: Dolkart Abb. 8
- The Barnes Foundation, Philadelphia and Merion, © The Barnes Foundation: Dolkart Abb. 1–7, 9–11
- *Berliner Illustrirte Zeitung* 8, 1899, Nr. 26, S. 5: Kuhrau Abb. 6
- © bpk / Zentralarchiv, SMB: Joachimides Abb. 3
- © bpk / Nationalgalerie, SMB, Verein der Freunde der Nationalgalerie / Fotografie Jörg P. Anders: Dorrmann Abb. 8
- © bpk / Nationalgalerie, SMB / Fotografie Jörg P. Anders: Joachimides Abb. 2, 7
- © bpk / Nationalgalerie, SMB / Fotografie Klaus Göken: Joachimides Abb. 10
- © bpk / Bayerische Staatsgemäldesammlungen: Joachimides Abb. 1, Németh Abb. 3
- Hans Bloesch, «Das Heim eines Mäzens», in: *Das Werk* 5, 1918: Gloor Abb. 3
- Brücke-Museum Berlin © M. u. D. Thalmann, CH-3360 Herzogenbuchsee: Gloor Abb. 4
- The Burell Collection, Glasgow © Culture & Sport Glasgow CIC Glasgow Museums Collection: Fowle Abb. 1, 3–5
- © Christie's Images / The Bridgeman Art Library: Dorrmann Abb. 6
- The Courtauld Institute of Art, London: Fowle Abb. 6–8
- The Courtauld Institute of Art, London © Samuel Courtauld Gallery, London / The Bridgeman Art Library: Fowle Abb. 9
- © The Frick Collection, New York / Michael Bodycomb: Galassi Abb. 1–8
- © Hamburger Kunsthalle, Hamburg / The Bridgeman Art Library: Joachimides Abb. 4
- © Jüdisches Museum Berlin / Fotografie Jens Ziehe: Dorrmann Abb. 1
- Kunsthistorisches Museum, Wien: Kuhrau Abb. 8
- Kunstmuseum St. Gallen / Fotografie Sebastian Stadler 2013: Kuhrau Abb. 9
- Landesarchiv Berlin: Dorrmann Abb. 2
- LENTOS Kunstmuseum Linz: Németh Abb. 5
- © Madrid, Museo Nacional del Prado: Kuhrau Abb. 7, Joachimides Abb. 6
- W. Martin, *Alt-Holländische Bilder. Sammeln, Bestimmen, Konservieren*, Bibliothek für Kunst- und Antiquitätensammler, Bd. 13, 1921[2], Abb. 105: Kuhrau Abb. 4
- © 2013 The Metropolitan Museum of Art / Art Resource / Scala, Florenz: Dorrmann Abb. 7, Drost Abb. 10, Joachimides Abb. 9
- Musée des Beaux-Arts, Lille © Musée des Beaux-Arts, Lille / Giraudon / The Bridgeman Art Library: Drost Abb. 2
- Museo Thyssen-Bornemisza, Madrid © 2013, Museo Thyssen-Bornemisza / Scala, Florenz: Németh Abb. 1
- Museum Langmatt, Stiftung Langmatt Sidney und Jenny Brown, Baden: Gloor Abb. 6
- Museum of Fine Arts, Boston, Geschenk von Richard C. Paine in Erinnerung an seinen Vater Robert Treat Paine II © Museum of Fine Arts, Boston / The Bridgeman Art Library: Fowle Abb. 2
- Museum of Fine Arts, Boston, Maria Antoinette Evans Stiftung © Museum of Fine Arts, Boston / The Bridgeman Art Library: Distel Abb. 5
- Museum Oskar Reinhart, Winterhur: Reinhard-Felice Abb. 17, 18, 20
- © The National Gallery, London: Drost Abb. 4
- National Gallery of Art, Washington, Distel Abb. 3, Marchal Abb. 1
- © Neal Auction Company, Louisiana: Drost Abb. 3
- Ordupgaard, Kopenhagen, Fotografie A. Lindegaard: Reinhard-Felice Abb. 13
- Privatsammlung: Gloor Abb. 8
- Privatsammlung, Berlin: Dorrmann Abb. 1, 3, 4, 9; Reinhard-Felice Abb. 19
- Rippl-Ronai Múzeum, Kaposvár: Németh Abb. 4
- © RMN-Grand Palais (Musée d'Orsay), Paris / Fotografien Hervé Lewandowski: Distel Abb. 4, Joachimides Abb. 5, 8; Fotografie Gérald Blot / Hervé Lewandowski: Drost Abb. 8; Fotografie René-Gabriel Ojéda: Drost Abb. 7; Musée d'Orsay: Distel Abb. 2, 6
- © RMN-Grand Palais (Musée du Louvre), Paris / Fotografie Gérald Blot: Drost Abb. 6, 9
- Hermann Rückwardt, *Ausgeführte Bauten von Alfred Messel, Königl. Professor, Messel & Altgeld*, Berlin 1896, Tafeln unpaginiert: Kuhrau Abb. 1
- *Sammlung Dr. Adolf Hommel Zürich. Kunstgegenstände und Antiquitäten, Versteigerung zu Zürich, Oberer Parkring 2, Villa «Dem Schönen» unter Leitung von J. M. Heberle (H. Lempertz Söhne), G.M.B.H. in Köln a. Rh., Dienstag, den 10. bis Mittwoch, den 18. August 1909*, Auktionskat. J. M. Heberle (H. Lempertz Söhne), Köln 1909, unpaginiert: Gloor Abb. 1, 2
- Sammlung Georg Schäfer, Schweinfurt: Kuhrau Abb. 2
- Sammlung Oskar Reinhart «Am Römerholz», Winterthur © Bundesamt für Kultur, Bern: Distel Abb. 1, 6; Drost Abb. 1, 5, 11–13; Németh Abb. 2; Reinhard-Felice Abb. 2, 5, 6,11, 15, 16; Bibliothek SOR: Abb. Marchal 2; Archiv SOR: Abb. Marchal 3; Reinhard-Felice Abb. 3, 7, 9, 10, 12, 14
- San Francisco Museum of Modern Art, Nachlass Elise S. Haas © Succession H. Matisse / 2013, ProLitteris, Zürich: Drost Abb. 14
- H. von Sp., «Die Sammlung Gumprecht in Berlin», in: *Velhagens & Klasings Monatshefte* 20, 1905/06, Bd. 1, S. 365: Kuhrau Abb. 3
- Tate Gallery of Modern Art London © Fotografie Robert Jensen, Kentucky: Jensen Abb. 1
- Georg Treu (Hg.), *Carl und Felicie Bernstein. Erinnerungen ihrer Freunde*, Dresden 1914, unpaginiert: Kuhrau Abb. 5
- Winterthurer Bibliotheken, Studienbibliothek © Kunstverein Winterthur: Gloor Abb. 7
- Winterthurer Bibliotheken, Studienbibliothek: Reinhard-Felice Abb. 1 (Einführung, S. 4), Abb. 8
- Volkart Fotoarchiv, Fotomuseum Winterthur: Reinhard-Felice Abb. 1
- Zentralbibliothek, Zürich: Gloor Abb. 5

Wir haben uns mit aller gebührenden Sorgfalt bemüht, die Rechteinhaber und oder Urheber der Reproduktionsvorlagen ausfindig zu machen.

Impressum

Diese Publikation erscheint als Band I der Reihe *Scripta manent. Schriften zur Sammlung Oskar Reinhart «Am Römerholz»* und beinhaltet die Akten des internationalen Symposiums «Kunst ohne Geschichte. Ästhetisch motiviertes Sammeln in Europa und Amerika», das am 7. und 8. September 2012 in der Sammlung Oskar Reinhart «Am Römerholz» veranstaltet wurde.

Konzeption des Symposiums
Mariantonia Reinhard-Felice, Winterthur, in Zusammenarbeit mit **Andreas Beyer**, Basel

Herausgegeben von
Mariantonia Reinhard-Felice,
Sammlung Oskar Reinhart, Winterthur

Konzept und Durchführung
Mariantonia Reinhard-Felice
unter Mitwirkung von
Kerstin Richter, Sammlung Oskar Reinhart, Winterthur

Übersetzung
aus dem Englischen
Ingrid Hacker-Klier, Hebertsfelden
(Essay Dolkart)
Ursula Wulfekamp, München
(Essays Fowle, Galassi, Jensen)

aus dem Französischen
Caroline Gutberlet, Berlin (Essay Distel)

Editorische Koordination und Lektorat
Christine Traber, Stuttgart

Korrektorat
Tanja Bokelmann, München

Gestaltung und Satz
Neeser & Müller, visuelle Gestaltung, Basel

Reproduktionen
Repromayer, Reutlingen

Druck und Bindung
Offsetdruckerei Karl Grammlich GmbH,
Pliezhausen

Sammlung Oskar Reinhart «Am Römerholz»
Haldenstrasse 95
8400 Winterthur
Schweiz
Telefon 0041 (0)58 466 77 40
sor@bak.admin.ch
www.roemerholz.ch

Erschienen im
Hirmer Verlag
Nymphenburger Straße 84
80636 München
Deutschland
Telefon 0049 (0)89 121 516-10
Fax 0049 (0)89 121 516-10
info@hirmerverlag.de
www.hirmerverlag.de

ISBN 978-3-7774-2184-1

Printed in Germany

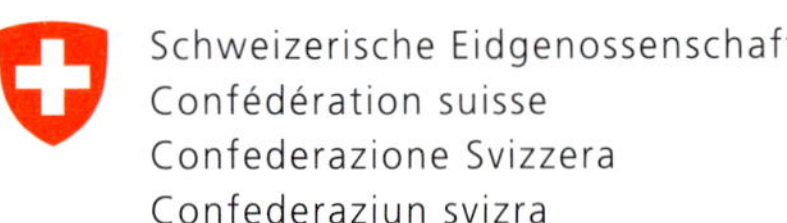

Eidgenössisches Departement des Innern EDI
Bundesamt für Kultur BAK

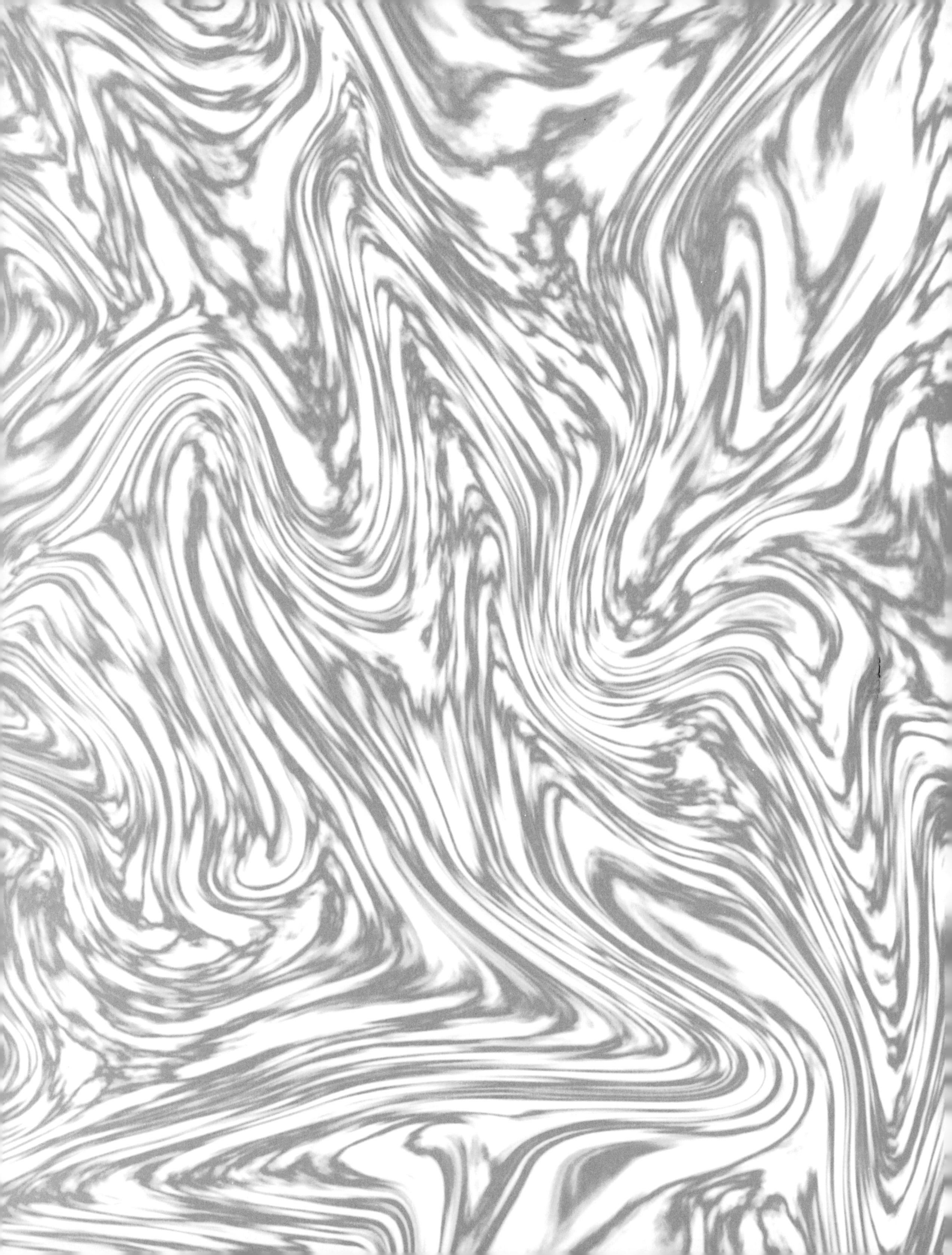

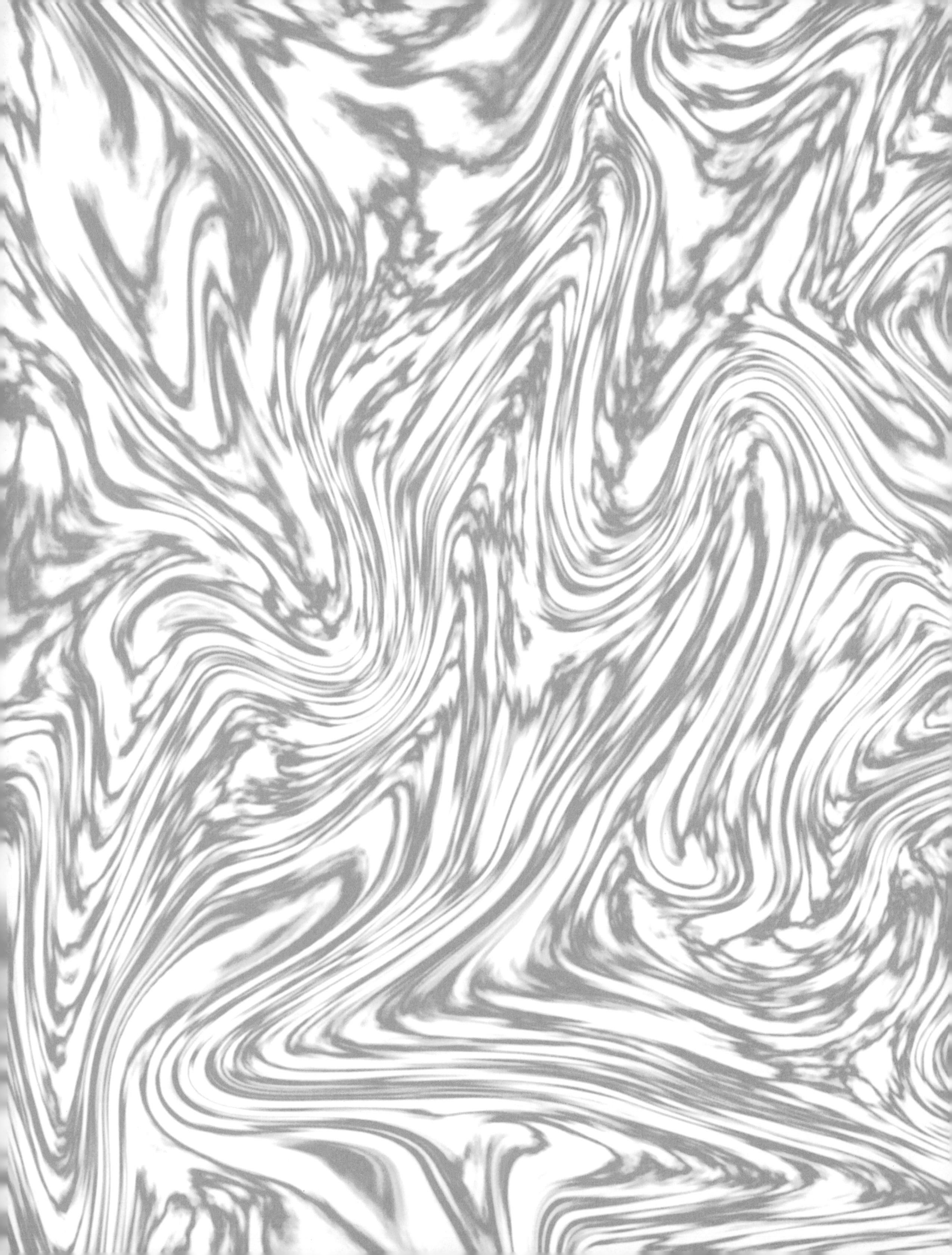